**Schillers Europa**

# Perspektiven der Schiller-Forschung

Herausgegeben von
Peter-André Alt und Marcel Lepper

## Band 1

# Schillers Europa

Herausgegeben von
Peter-André Alt und Marcel Lepper

unter Mitarbeit von
Catherine Marten

DE GRUYTER

Gedruckt mit Unterstützung der VolkswagenStiftung

ISBN 978-3-11-063414-3
e-ISBN (PDF) 978-3-11-043395-1
e-ISBN (EPUB) 978-3-11-043304-3

**Library of Congress Cataloging-in-Publication Data**
A CIP catalog record for this book has been applied for at the Library of Congress.

**Bibliografische Information der Deutschen Nationalbibliothek**
Die Deutsche Nationalbibliothek verzeichnet diese Publikation in der Deutschen Nationalbibliografie; detaillierte bibliografische Daten sind im Internet über http://dnb.dnb.de abrufbar.

© 2018 Walter de Gruyter GmbH, Berlin/Boston
Dieser Band ist text- und seitenidentisch mit der 2017 erschienenen gebundenen Ausgabe.
Einbandabbildung: Johann Heinrich von Dannecker: Gipsbüste Friedrich Schiller. 1794. DLA Marbach
Satz: fidus Publikations-Service GmbH, Nördlingen
Druck: Hubert & Co. GmbH & Co. KG, Göttingen

♾ Gedruckt auf säurefreiem Papier
Printed in Germany

www.degruyter.com

# Inhaltsverzeichnis

Siglenverzeichnis —— VII

Peter-André Alt
**Einleitung** —— 1

Ute Frevert
**Europas Schiller** —— 6

John A. McCarthy
**Schillers europäische ‚Mindmap'. Von *Lykurgus und Solon* zu *Wallenstein* und *Tell*** —— 20

Rüdiger Görner
**Dichten aus dem Geist der Historie. Das Europäische in Schillers Lyrik** —— 44

Yvonne Nilges
**Geist der Utopie. Europa in Schillers historischen Schriften** —— 58

Alice Stašková
**Schillers philosophische Prosa und die Sprachen der Karlsschule** —— 74

Alexander Košenina
**Die europäische Tradition juristischer Pitavalgeschichten für Schillers fragmentarische Kriminaldramen** —— 88

Anett Lütteken
**Europas Geschichte – publizistisch betrachtet. Schillers *Sammlung historischer Memoires vom zwölften Jahrhundert bis auf die neuesten Zeiten*** —— 102

Nina Birkner
**‚König Ödipus in Böhmen' oder ein ‚deutscher Macbeth'? Schillers *Wallenstein*-Trilogie und die europäische Dramentradition** —— 117

Winfried Woesler
**Spurensuche. Zur frühen Rezeption der *Jungfrau von Orleans*** —— 137

Astrid Dröse
**Schillers Kampf um den „brittischen Aeschylus": die *Macbeth*-Bearbeitung —— 146**

Ellen Strittmatter
**Schillers Porträts – eine europäische Bildsprache? Ein Blick in die Marbacher Bestände —— 174**

Jörg Robert
**Paris-Bilder – Schiller im Dialog mit Mercier —— 217**

Jürgen Barkhoff
**Wilhelm Tell als Schweizer und als Europäer – im Kontext des Schweizer Europadiskurses —— 241**

Francesco Rossi
**Italiener, ein „Künstlervolk". Zur Charakterisierung Italiens bei Friedrich Schiller —— 260**

Nikolas Immer
**Von der „Wohlthat [...], in Europa gebohren zu seyn". Schillers elitärer Eurozentrismus —— 275**

**Abbildungsverzeichnis —— 293**

# Siglenverzeichnis

FA
Friedrich Schiller: Werke und Briefe in zwölf Bänden [Frankfurter Ausgabe]. Hg. v. Otto Dann, Heinz Gerd Ingenkamp, Rolf-Peter Janz, Gerhard Kluge, Herbert Kraft, Georg Kurscheidt, Matthias Luserke, Norbert Oellers, Mirjam Springer, Frithjof Stock. Frankfurt/Main 1988–2004.

NA
Schillers Werke. Nationalausgabe. Im Auftrag des Goethe- und Schiller-Archivs, des Schiller-Nationalmuseums und der Deutschen Akademie. Hg. v. Julius Petersen, Gerhard Fricke [1948 ff.: Im Auftrag des Goethe- und Schiller-Archivs und des Schiller-Nationalmuseums hg. v. Julius Petersen, Hermann Schneider; 1961 ff.: Hg. i. A. der Nationalen Forschungs- und Gedenkstätten der klassischen deutschen Literatur in Weimar (Goethe- und Schiller-Archiv) und des Schiller-Nationalmuseums in Marbach v. Lieselotte Blumenthal, Benno von Wiese; 1979 ff.: Hg. v. Norbert Oellers, Siegfried Seidel; seit 1992: Hg. i. A. der Stiftung Weimarer Klassik und des Schiller-Nationalmuseums Marbach v. Norbert Oellers].

JbDSG
Jahrbuch der Deutschen Schillergesellschaft. Internationales Organ für neuere deutsche Literatur. Im Auftrag des Vorstands begr. u. hg. [1957 ff. v. Fritz Martini, Herbert Stubenrauch, Bernhard Zeller; 1960 ff. hg. v. Fritz Martini, Walter Müller-Seidel, Bernhard Zeller; 1988 ff. hg. v. Wilfried Barner, Walter Müller-Seidel, Ulrich Ott; 1999 ff. hg. v. Wilfried Barner, Christine Lubkoll, Ernst Osterkamp, Ulrich Ott; 2006 ff. hg. v. Wilfried Barner, Christine Lubkoll, Ernst Osterkamp, Ulrich Raulff; seit 2016 hg. v. Alexander Honold, Christine Lubkoll, Ernst Osterkamp u. Ulrich Raulff]. Stuttgart 1957–2004; Göttingen 2005–2013; Berlin 2014 ff.

Peter-André Alt
# Einleitung

Schiller war, wie schon Heine betont hat, Kosmopolit. Schiller bedurfte der empirischen Anschauung nicht, um ein literarischer Weltbürger zu werden. Unter der Regie seiner Imagination bereiste er die Geschichte, an deren zentralen Konfliktfällen und Umbrüchen er seiner Zeit die Diagnose stellte. Nach eigenem Verständnis sah Schiller sich nicht ausschließlich als Schriftsteller der Deutschen, sondern in der Rolle des kosmopolitischen Autors, dessen intellektuelle Aufmerksamkeit den historischen Prozessen der europäischen Kultur, kaum aber nationalen Einzelinteressen galt. Friedrich Heinrich Jacobi erläutert er am 25. Januar 1795 unter Bezug auf das Bildungsprogramm der neu begründeten Zeitschrift *Die Horen*: „Wir wollen, dem L e i b e n a c h, Bürger unserer Zeit seyn und bleiben, weil es nicht anders seyn kann; sonst aber und d e m G e i s t e n a c h ist es das Vorrecht und die Pflicht des Philosophen wie des Dichters, zu keinem Volk und zu keiner Zeit zu gehören, sondern im eigentlichen Sinne des Worts der Zeitgenoße aller Zeiten zu seyn." (NA 27, 129) Durch den hier umrissenen Anspruch, mit den Mitteln der Imagination die engen Grenzen von Erfahrung und Vernunft, von Nation und Epoche zu sprengen, gehört Schillers Werk zum kosmopolitischen Projekt der europäischen Aufklärung und damit zur Weltliteratur.

Schillers intellektuelle und künstlerische Realität kannte kaum Grenzen; seine Dramenstoffe beziehen das ganze Europa von Italien bis Russland, von England bis Spanien ein, erstrecken sich auch über die Weltmeere – man denke an die in der jüngeren Forschung stark beachteten Fragmente *Das Schiff* und *Die Flibustier*. Spricht man von Schillers Kosmopolitentum, so muss man gleichwohl präzisieren, dass sein Weltbürgertum zu weiten Teilen innerhalb der Grenzen Europas verbleibt. Trotz ihrer globalen Perspektiven richten sich Schillers Schriften auf den europäischen Kontext: auf die geschichtlichen Prozesse seit der Antike, auf Kulturkonzepte, Staatskonstruktionen und Ideenrepertoires europäischer Prägung. Die Ressourcen der Philosophiegeschichte und die Denkmuster der politischen Theorie, die Sujets der Haupt- und Staatsaktionen wie die Stoffe der Erzählungen sind eingebettet in den Rahmen dieses Kontinents. Jenseits von Europa ist noch nicht einmal die Alterität, sondern nur: *terra incognita*.

Zuallererst als Historiker – um einmal gegen die Konvention mit dieser Rolle zu beginnen – ist Schiller europäischer Weltbürger, behandelt er doch Begebenheiten der deutschen, österreichischen, niederländischen, spanischen, französischen, italienischen und britischen Geschichte. Seine Universalhistorie denkt er im doppelten Sinne, als Systementwurf, der teleologische und psychologische Ableitungen aus der Faktografie einzelner Ereignisse vorzunehmen erlaubt, und als Gefüge von Verkettungen zwischen den Staaten Europas, die durch ihre politische Interaktion – sei es friedlich, sei es konfligierend – miteinander verbunden sind. Schiller übernimmt den Konstruktionsgedanken der Universalhistoriker, wenn er Geschichte als System begreift, das den Gesetzmäßigkeiten der Vernunft gehorcht und damit die innere Konsequenz kulturellen Fortschritts widerspiegelt. Die organisierte Balance von Faktenwissen und Spekulation, die der Kopf des Geschichtsschreibers herzustellen hat, bildet das Modell für den Ordnungswillen, mit dem er seinen Stoff zu gliedern hat. So heißt es in der Jenaer Antrittsvorlesung vom Mai 1789: „Er nimmt also diese Harmonie aus sich selbst heraus, und verpflanzt sie ausser sich in die Ordnung der Dinge, d. i. er bringt einen vernünftigen Zweck in den Gang der Welt, und ein teleologisches Prinzip in die Weltgeschichte." (NA 17, 374) Den Ausgangspunkt für die Beobachtungskunst des Historikers bildet die Gestaltung eines konstruktiven Rahmens, innerhalb dessen die Fakten dann so arrangiert werden müssen, dass ihr innerer Zusammenhang als Widerschein eines höheren Vernunftgesetzes hervortritt. Ein wesentlicher Indikator bei der Auswahl des Materials bleibt die Funktion, die es im Zuge der Entwicklung des historischen Prozesses erfüllt. Die teleologische Verlaufsform der Geschichte wird freigelegt durch den Nachweis der genealogischen Bedeutung, die vergangene Ereignisse für aktuelle Konstellationen besitzen. Dabei impliziert die Annahme einer teleologischen Ordnung bei Schiller jedoch niemals einen mechanischen Fortschrittsoptimismus, sondern besitzt approximativen Charakter. Das Idealziel der Geschichte stellt einen Näherungswert dar, den der Historiker durch eine reflektierende, rhetorisch spannungsvolle Argumentationskultur beleuchten soll, so dass seine Möglichkeit jenseits realer Verhältnisse sichtbar werden kann. Europa ist im Sinne dieser Konstruktion zweierlei: das Produkt einer psychologischen Erfindung im Kopf des Historikers und ein Baukasten einzelner Elemente, die im narrativen Schwung der Darstellung zur Einheit gefügt werden müssen. Je weiter Schillers praktische Erfahrung als Historiker voranschritt, desto fragiler wurde diese Einheit, desto düsterer geriet das Licht, in dem sich Europa präsentierte.

Nicht nur als Historiker denkt Schiller in europäischen Dimensionen. Das Gewicht Europas ist auch in seinem ästhetischen System deutlich erkennbar. Seine Kunstphilosophie beruft sich auf den Klassizismus Frankreichs wie auf die großen Dramen Shakespeares – und bezieht daraus ihr spannungsreiches Gepräge. Seine Ästhetik stützt sich auf die Erbmasse der französischen Aufklärung, verarbeitet den Cartesianismus ebenso wie – mit kritischem Aplomb – den Materialismus (La Mettrie, d'Holbach), rezipiert den britischen Empirismus (Locke, Hume) und die Moral-Sense-Philosophie (Ferguson, Hutcheson), aber auch die spanischen Klugheitslehren des 17. Jahrhunderts und die französische Schulrhetorik des *grand siècle*. Schillers Idee der ästhetischen Erziehung wiederum wäre ohne die höfische Kultur der italienischen Renaissance, die bürgerliche Öffentlichkeit im London des 18. Jahrhunderts und die französischen Salons der Vorrevolution nicht denkbar. Als Theoretiker der Kunst operiert Schiller auf dem Boden eines europäischen Kosmopolitismus, der seine Gedankenwelt in vielfältigster Weise beeinflusst.

Europa ist schließlich ganz handfest in Schillers Texten präsent, durch die Topografien der Dramen, die Lokalitäten der Balladen und Erzählungen. Das Genua Fieskos, das Madrid des Karlos, Wallensteins Eger, Marias London, Johannas Reims, das Sizilien der *Braut von Messina* und Tells Vierwaldstädter See bilden keine bloßen Kulissen, sondern gewinnen eine eigene Ausdrucksqualität als zeichenhafte Orte, die das dramaturgische Geschehen spiegeln. Mit Nachdruck unterstützte Schiller Ifflands Berliner Inszenierungen durch detaillierte Angaben zum räumlichen Arrangement, an denen sichtbar wird, welche Rolle das theatralische Potenzial der Lokalitäten für seine Dramaturgie spielte. Der Raum ist ein Schauplatz der Seele und besitzt damit eine psychologische Dimension. Europa wird jenseits politischer Implikationen zur inneren Topografie, an der das Theater die Zustände seiner Figuren sichtbar macht. Ähnliches gilt für die Landschaften der Balladen – Wälder, Meerespanorama und Gebirge – und für die Städte der Erzählungen – man denke an das düstere Venedig des *Geistersehers*. Schillers europäische Orte stehen für ein literarisches Wirkungskonzept, das den Text über Topografien und deren Stimmungswert organisiert.

Eine Konferenz zum europäischen Denken Schillers musste das ästhetische Potenzial eines intellektuell gelebten Kosmopolitismus ausloten und dessen Spuren im Werk erschließen. Der vorliegende Tagungsband bietet daher Beiträge, die das Thema nicht nur an der Oberfläche einzelner Motivketten verfolgen, sondern ihm im besten Sinn auf den Grund gehen, so dass Schillers europäisches Erbe als programmatisches und strukturelles Muster in seinen Entwürfen und Werken gleichermaßen zum Vorschein kommt. Das Konzept der Tagung ging über bisher Geleistetes hinaus, indem es die engeren strukturellen, topischen und ästhetischen Verbindungen zwischen Schillers Texten und dem Tradierungsmodell Europa sichtbar machte.[1] Zu den wichtigsten Themen gehören dabei: Schillers europäische ‚Mindmap' (Vorbilder, Bezugspunkte), die Politik und Geschichte Europas in seinen historiografischen Entwürfen, die europäische Topografie von Städten und Landschaften in seinem Werk, die europäische Tradition seiner Dramatik (auch im Blick auf Tanz und Oper) und das Sujet des Kosmopolitentums in Schillers Texten.

---

**1** Vgl. zu früheren Ansätzen Stašková, Alice (Hg.): *Friedrich Schiller und Europa: Ästhetik, Politik, Geschichte*. Heidelberg 2007; Henke, Silke (Hg.): *Schiller und Europa*. Weimar 2010.

Dass die Deutsche Schillergesellschaft und das Deutsche Literaturarchiv in Marbach 2014 eine internationale Konferenz über den bedeutendsten Dramatiker der Deutschen organisierten, hatte mehrere Gründe. Zum einen: durch die Jubiläumsjahre 2005 und 2009 ist die Schillerforschung weltweit enorm angekurbelt worden. Nach einigen Jahren der Stagnation – zwischen 1985 (als Wolfgang Riedels Dissertation über die *Anthropologie des jungen Schiller* erschien) und 1996 (mit Hans-Jürgen Schings' Buch *Schiller und der Geheimbund der Illuminaten*) – gab es endlich wieder den erforderlichen Schwung, der neue Debatten in Gang setzte: Diskussionen über die Fragmente (etwa *Die Polizey*), Neuverortungen der Ästhetik, Versuche, Anthropologie und Literaturprogramm Schillers enger zusammenzuführen. Das alles sollte einfließen in die Themen der Tagungssequenz, die wiederum Gelegenheit bot, Kräfte zu bündeln und der wissenschaftlichen Gemeinde ein Forum für Diskussionen zu verschaffen. Zweitens: Die Schillerforschung ist längst kein nationales Unternehmen mehr, das sich auf die deutschsprachigen Länder beschränkt. In den letzten zehn Jahren sind z. B. in Großbritannien, Frankreich, Italien, Portugal, Tschechien und den USA gewichtige Schiller-Studien entstanden, die die Forschung entscheidend beeinflussten (das gilt nicht nur für den Bereich der Rezeptionsgeschichte, sondern auch im Hinblick auf ideengeschichtliche und politische Tendenzen des Werks). Die Marbacher Schiller-Tagungen werden dem auch künftig Rechnung tragen, indem sie einschlägig ausgewiesene Referentinnen und Referenten aus sämtlichen der hier genannten Länder einbeziehen. Für die kommenden Jahre sind Konferenzen über Schillers Theaterpraxis und Schillers Rhetorik in Marbach geplant. Die Ergebnisse werden in einer geschlossenen Reihe publiziert und durch ein Register im dritten Band erschlossen.

Fünf Themenblöcke gliederten die Konferenz zu Schillers Europa. Der erste befasste sich mit der *Universaltheorie eines Kontinents* und Schillers europäischer Geschichte. Der Systematiker, der doch seine eigenen Entwürfe nie ganz erfüllt hat, interessiert unter zweierlei Aspekten: als Geschichtspsychologie mit meisterlicher Porträt- und Erzählkunst, aber auch als unbefriedigter Aufklärer – Hegel zu zitieren –, der sich an den Anforderungen einer teleologischen Historiografie abarbeitet. Die zweite Sektion galt dem Topografischen: *europäischen Städten und Landschaften bei Schiller*. Dabei kamen Städtebilder – Paris – ebenso in den Blick wie Landschaften. Für Schiller waren die Metropolen Europas allein Räume der Einbildungskraft, die er am Schreibtisch durchwanderte, ausgerüstet mit dem Kartenmaterial der Historiker und den Zeugnissen der Reiseliteratur. Empirische Bezüge gab es hier kaum – seine Welt blieb die der Imagination. Ein erlesenes Europa also, aber ernstzunehmend in der Prägnanz, mit der hier das nie Gesehene neu erdacht wurde. Sektion drei war der *Typologie von Nationen und Völkern in Schillers Texten* gewidmet. Ein schwieriges Terrain, auf der einen Seite ein

Spielfeld epistemischer Konfigurationen zwischen Aufklärung und Idealismus, auf der anderen Seite der Vorhof zum Chauvinismus des 19. Jahhunderts, wie er sich reich gespiegelt in der Schillerrezeption nach 1859 findet. Nicht einfach zu bewältigen war hier die Balance zwischen wissensgeschichtlicher und rezeptionsgeschichtlicher Perspektive, die zu halten den Vorträgen aufgegeben bleibt. Die vierte Sektion präsentierte sich als eine Agora der Zukunft, als Ideen- und Projektforum der jungen Schillerforscherinnen und -forscher. Die abschließende fünfte Sektion beschäftigte sich mit den *europäischen Bühnenkünsten* aus Italien, Frankreich, England und ihrem Einfluss auf Schillers Dramaturgie und Theater. Hier ist noch einmal der Kosmopolit mit Händen zu greifen, der bei Corneille und Goldoni, bei Shakespeare und Voltaire in die Schule geht. Schiller tut das als kritischer Beobachter, sich abgrenzend von der Tradition und sie sich doch einverleibend, wie das Genie allein es tun darf: gefräßig und rücksichtslos, mit einem ganz eigenen Impetus, der sich am Ende das fremde Material im Wortsinn aneignet.

Am Schluss bleibt Dank abzustatten: der Volkswagen Stiftung für die großzügige Förderung der Tagung und die Gastfreundschaft an schönem Ort, im Schloss Herrenhausen in Hannover; dem Verlag De Gruyter für die Betreuung des Bandes und die Aufnahme in die neugegründete Reihe *Perspektiven der Schillerforschung*; Marcel Lepper und seinem Marbacher Team, insbesondere Catherine Marten, für die wie immer gute Zusammenarbeit bei der Vorbereitung der Tagung und des Bandes. Das Ergebnis kann sich, so denke ich, sehen lassen. Und es zeigt, dass die Deutsche Schillergesellschaft ihre Aufgabe, das Gedächtnis zu sein für die Tradierung eines bedeutenden literarischen Werkes, jenseits jeden Anflugs von Musealität im Dienst wissenschaftlicher Diskussion wahrzunehmen in der Lage ist. Die Hannoveraner Tagung hat diese Aufgabe umgesetzt, indem sie Kontroversen nicht scheute, unterschiedliche Positionen markierte und Standpunkte verglich. Damit blieb sie Schillers würdig, der ein streitbarer Geist war, in Debatten niemandem etwas schenkte und im Gespräch lernte.

Ute Frevert
# Europas Schiller

Historiker sind im Allgemeinen nicht für ihre zutreffenden Prognosen bekannt. Schließlich sind sie Experten für Vergangenes, nicht für Zukünftiges. Aber manchmal gelingt ihnen doch eine Voraussage, die sich im Nachhinein als richtig erweist. 2005, anlässlich der Feiern zu Schillers 200. Todestag, referierte ich in Marbach über die wechselvolle Geschichte der Schiller-Rezeption und Schiller-Verehrung in Deutschland.[1] Die Auseinandersetzung mit dem Schwaben, der oft als deutscher Nationaldichter apostrophiert wurde, verlief mal kritischer, mal affirmativer. Fast immer aber war sie gekennzeichnet von Streit und heftigen Deutungskontroversen, und gerade das hielt sie am Leben. 2005 allerdings war von Streit nichts mehr zu sehen und zu hören, und das verhieß wenig Gutes. Denn ein Dichter, über den nicht mehr disputiert und um dessen ‚richtige' Interpretation nicht mehr gerungen wird, ist endgültig tot und mumifiziert.

Vielleicht jedoch, so lautete damals mein Ausblick, war das zweihundertjährige, um Schillers Werke kreisende Drama nationaler Selbsterforschung nur zu einem vorläufigen Ende gelangt. Vielleicht würden die zentralen Schiller-Themen, nämlich Freiheit und Solidarität (oder das, was man in nationaler Verkürzung lange als Einheit und Einigkeit gedeutet hatte), vor anderem, diesmal europäischem Publikum neu verhandelt und mit Bedeutung gefüllt. Diese vorsichtige Prognose aus dem Jahre 2005 wusste noch nichts von Finanzcrash und europäischem Rettungsschirm, sah weder Eurokrise noch Eurobonds voraus. Sie hatte auch noch keine Ahnung von dem dramatischen Konflikt um Freiheit und Solidarität, der sich seit Anfang 2014 an der Ostgrenze der EU abspielt. Aber bereits vor diesen aufrüttelnden Ereignissen gab es eine intensive Debatte über das, was das europäische Projekt jenseits seiner Institutionen eigentlich zusammenhält. Immer wieder beschworen wurde dabei die kulturelle Identität Europas. Anders als in den 1920er oder 1950er Jahren suchte man sie nicht so sehr in gemeinsamen religiösen und kulturellen Wurzeln (‚Abendland'), sondern in Europas Vielfalt und transnationaler Aufeinander-Bezogenheit. Dafür stehen die europäischen Kulturhauptstädte, dafür steht das Museumsprojekt in Brüssel, dafür stehen die *Collèges d'Europe* in Brügge und Natolin, dafür steht – neben vielem anderen – auch das *Théâtre de l'Europe*, das seit 1983 im Pariser *Odéon* residiert.

---

[1] Frevert, Ute: „Ein Dichter für viele deutsche Nationen". In: *Friedrich Schiller. Dichter, Denker, Vor- und Gegenbild.* Hg. v. Jan Bürger. Göttingen 2007, S. 57–75.

Vor diesem Hintergrund ist es in der Tat angesagt und reizvoll, nach dem europäischen Schiller zu fragen. Dabei kann die Fragerichtung entweder von Schiller selber ausgehen: von seinen Europa-Vorstellungen und von der Rolle, die nicht-deutsche, europäische Staaten und deren Geschichte in seinem Werk spielen. Oder man dreht, wie in diesem Beitrag, die Perspektive um und fragt nach dem Blick, den ‚Europa' auf Schiller wirft. Wie nahm und nimmt das europäische Publikum den Dichter wahr? Nimmt es ihn überhaupt wahr, ist Schiller ein Autor, der außerhalb seiner eigenen Sprachinsel ein Publikum fand und findet? Und was sagt der Befund – ja oder nein – über die Eigenschaften eines europäischen Kulturraums aus, über dessen innere Verflechtungen und äußere Abgrenzungen? Der historische Rückblick erlaubt es, jene Eigenschaften am Beispiel Schillers und seiner Rezeption zu rekonstruieren. Er zeigt zugleich, wie und wann sich jener Kulturraum konstituierte und wie und wann er auseinanderbrach oder fragmentierte.

## 1 Europas Hymne

Wer nach Europas Schiller fragt, denkt vermutlich als erstes an die Europa-Hymne, Beethovens Vertonung der Ode *An die Freude* im vierten Satz seiner neunten Symphonie. Bereits kurz nach Veröffentlichung der Ode 1786 hatte der Komponist sich mit dem Gedanken ihrer musikalischen Aufbereitung getragen; in seiner letzten Symphonie, 1824 als Auftragswerk der *London Philharmonic Society* in Wien uraufgeführt, verwirklichte er diesen Plan.

Beethovens Neunte mit dem ungewöhnlichen Chorfinale wurde ein Hit, ein Dauerbrenner des deutschen, europäischen und außereuropäischen Musikbetriebs. Kurz nach der Uraufführung stand sie auf den Londoner, Pariser, St. Petersburger Konzertprogrammen, New York und Boston folgten auf dem Fuße. Heute gehört sie zu den weltweit populärsten Stücken klassischer Musik.

Damit ist auch Schillers Ode in aller Munde und Ohr, vor allem seit zuerst der Europarat und 1985 dann die Staats- und Regierungschefs der EG-Mitgliedstaaten den Hauptteil des vierten Satzes zur Europa-Hymne bestimmten. Die Idee ging auf den Paneuropa-Gründer Richard Graf Coudenhove-Kalergi zurück, der sich seit den 1920er Jahren für die ‚Vereinigten Staaten von Europa' einsetzte und den Hymnen-Vorschlag 1955 unterbreitete. Als polyglotter Weltbürger hatte er vermutlich die Vokalversion vor Augen. Die Verantwortlichen des Europarats aber beließen es bei der Melodie und gaben bei Herbert von Karajan verschiedene Instrumentalbearbeitungen in Auftrag. Das war im vielsprachigen Europa sicher eine pragmatische Entscheidung: Niemand musste sich durch den deutschen Text ausgeschlossen fühlen, die Töne verstanden jeder und jede. Dass es dabei um Freude, um ausgelassene, jauchzende Lebensbejahung geht, macht die Musik mehr als deutlich.

Schiller war damit gleichsam abwesend-anwesend.[2] Man wusste – oder konnte wissen –, dass sein Gedicht die Musik inspiriert hatte und ihr zugrunde lag. Aber man musste das Gedicht selber nicht kennen, um seine Vertonung zu goutieren, zumal es Beethoven genau genommen nicht um Vertonung gegangen war, sondern um eine eigenständige musikalische Semantik, die den Text im doppelten Sinn instrumentalisierte.

Dass Musik Sprachgrenzen generell sehr viel leichter überspringt als Literatur, ist eine Binsenweisheit (wobei es selbstverständlich auch hier kulturbedingte Verständnisgrenzen gab und gibt, wie jeder Besuch einer Peking-Oper oder eines indischen Mehfil zeigt). Auf den Opernbühnen Europas und bei Konzerten der Instrumentalmusik finden sich seit dem 19. Jahrhundert alle arrivierten europäischen Komponisten in bunter Mischung. Verdi ist im deutschen Sprachraum mindestens ebenso beliebt wie Wagner, aber auch Wagner-Anhänger kommen, wie alljährlich in Bayreuth zu besichtigen, aus allen Ländern.[3]

Bühnenautoren haben es da sehr viel schwerer, wie überhaupt literarische Werke trotz aller (von der EU geförderten) Übersetzungen nach wie vor sehr national bzw. nationalsprachlich rezipiert werden. Das betrifft selbstverständlich nicht die internationalen Mega-Bestseller à la Stieg Larsson oder E. L. James. Doch werden selbst Nobelpreisträger wie Günter Grass oder Patrick Modiano in ihren Heimatländern ungleich stärker wahrgenommen als im Ausland, obwohl ihre Bücher in viele Sprachen übersetzt vorliegen. Und bevor es Dramatiker in fremdsprachige Theater verschlägt, fließt viel Wasser die Leine oder Themse oder Seine hinab. Auch hier bestätigen Ausnahmen wie Yasmina Reza oder Sarah Kane die Regel.

Wie steht es angesichts dessen mit Schiller? Dass er auf deutschsprachigen Bühnen regelmäßig zu Gast ist, muss nicht verwundern. Im europäischen Ausland aber sei das nicht unbedingt zu erwarten, meinte 2005 der britische Kritiker Michael Billington im *Guardian*: „Who would have thought it – Schiller in Shaftesbury Avenue?" Tatsächlich füllte damals eine *Don-Karlos*-Produktion allabendlich die fast tausend Sitze des Gielgud-Theaters im Londoner West End, also dort, wo vorher Produktionen der *Royal Shakespeare Company* gezeigt wurden

---

[2] Matuschek, Stefan: „Der Dichter der Europahymne. Schiller ohne Worte". In: *Schiller und Europa*. Hg. v. Silke Henke u. Nikolas Immer. Weimar 2010, S. 15–27.
[3] Müller, Sven Oliver: *Das Publikum macht die Musik. Musikleben in Berlin, London und Wien im 19. Jahrhundert*. Göttingen 2014.

oder *One Flew over the Cuckoo's Nest*. Das Publikum, wusste Billington zu berichten, war „spellbound" und reagierte mit „loud huzzahs". „The evening", so das Kritiker-Fazit, „is a triumph that at last puts Schiller centre stage".⁴

## 2 Europas Theater: 19. Jahrhundert

In der Mitte der britischen Bühnenlandschaft hatte Schiller offenbar schon lange nicht mehr gestanden. Zwar waren fast alle seiner Dramen in englischer Übersetzung zugänglich: *Die Räuber* hatte man bereits 1792 übertragen, Samuel Taylor Coleridge übersetzte den *Wallenstein* acht Jahre später. Thomas Carlyle war 1825 der erste begeisterte Biograf des Dichters, auch wenn sich sein *Life of Schiller* nicht übermäßig gut verkaufte. 1844 gab der Schriftsteller und Parlamentsabgeordnete Sir Edward Bulwer-Lytton eine umfangreiche Sammlung Schiller'scher Gedichte und Balladen heraus, der er eine hundertseitige Kurzbiografie voranstellte. Auch in der *Gallery of Portraits*, die die *Society for the Diffusion of Useful Knowledge* 1837 veröffentlichte, tauchte Schiller auf, als „universally acknowledged" Leitfigur deutscher Kultur, deren Ruhm bereits die „utmost limits of European civilization" erreicht habe.⁵

Das war vielleicht etwas hochgegriffen und der an erhabenen Superlativen reichen Rhetorik jener Zeit geschuldet. Die äußersten Grenzen der europäischen Zivilisation – wo lagen diese damals, zumal aus Londoner Perspektive? In den schottischen Highlands? Im katholischen Irland? In Moskau und St. Petersburg? Auf dem Balkan? Tatsächlich gab es dort und fast überall in der ersten Hälfte des 19. Jahrhunderts eine ansehnliche und wortmächtige Schiller'sche Fangemeinde. Manchmal rührten deutsche Emigranten die Werbetrommel, wie in London selber, wo sie 1859 im hochmodernen Kristallpalast Schillers 100. Geburtstag feierten. So sehr diese Feier, wenn man dem Organisator Gottfried Kinkel glaubt, eine Feier deutschen Selbstgefühls und Nationalstolzes war, so wenig war sie „for Germans only": der tausendstimmige Chor, der das *Lied von der Glocke* into-

---

4 Billington, Michael: Don Carlos, 2005. http://www.theguardian.com/stage/2005/feb/04/theatre (Stand: 05.09.2016).
5 Zitate in Davies, Steffan: „Von Carlyle zum Kristallpalast. Der Schiller der Briten (1825–1859)". In: *Friedrich Schiller in Europa*. Hg. v. Anne Feler u. a. Heidelberg 2013, S. 121–140, Zitate S. 131; vgl. auch Burwick, Frederick: „Schiller's Plays on the British Stage, 1797–1825". In: *Who is this Schiller now? Essays on his Reception and Significance.* Hg. v. Jeffrey L. High u. a. Rochester 2011, S. 302–320.

nierte, bestand aus Briten. Und in der britischen Presse wurde die Feier sowohl angekündigt als auch positiv besprochen.

Zugleich allerdings dokumentierte gerade diese Jahrhundertfeier die Nationalisierung Schillers, seine Vereinnahmung als Dichter einer deutschen Nation (die es damals als staatliche Einheit noch gar nicht gab). So sah es nicht nur der Festredner Kinkel, sondern auch die *Illustrated London News*. Sie erkannte das Geheimnis von Schillers Popularität gerade darin, dass er das verkörperte, was die Deutschen so sehnlichst ins Leben rufen wollten: „the NATIONALITY OF GERMANY".[6] Es war eben jene politische Indienstnahme Schillers in der deutschen Wahrnehmung, die seine Rezeption außerhalb Deutschlands mittel- und langfristig behinderte. Je offensiver zudem die deutsche ‚nationality', das deutsche Nationalbewusstsein und, seit 1871, auch der deutsche Nationalstaat auftraten, desto stärker rückte man im Ausland von einem Dichter ab, der zu Recht oder zu Unrecht aufs Panier dieser Bewegung gehoben worden war.

Das lässt sich, mehr noch als in Großbritannien, in Frankreich beobachten. Auch dort war Schiller rasch bekannt geworden; schon 1793 hatte der Elsässer Jean Henri Ferdinand Lamartelière *Die Räuber* für ein französisches Publikum aufbereitet. *Robert chef de brigands* trat hier als edler Held und Befreier auf, der gegen die „oppresseurs de notre patrie"[7] kämpfte und am Ende wegen seiner noblen Moral begnadigt wurde. Seine Räuber waren Ehrenmänner und rechtschaffene Kämpfer. Schillers Drama sah sich also „in den Dienst einer gemäßigten Revolution"[8] gestellt und erteilte politische Lektionen, die offenbar im Publikum gut ankamen. *Robert* wurde in Paris, aber auch in der Provinz zum „meistgespielten und beliebtesten Drama",[9] mit zahlreichen Besprechungen in der Tagespresse und in Literaturzeitschriften. Im Tornister der französischen Revolutionsarmeen mitgereist wurde es ab 1796 auch in verschiedenen italienischen Städten aufgeführt, da es sich angeblich besonders eignete, um philosophische und republikanische Institutionen bei einem Volk zu verbreiten, das noch die Stigmata „de la superstition et du royalisme"[10] trug und aus französischer Perspektive viel zu abergläubisch, unaufgeklärt und dynastisch schien.

Schillers Name war Franzosen allerdings schon vor Lamartelières revolutionärer Adaption geläufig. Von den *Räubern* gab es seit 1785 eine französische

---

6 Zitate in Davies: „Von Carlyle zum Kristallpalast", S. 138.
7 Feler, Anne: „Lamartelières Bearbeitung der *Räuber* in Frankreich im Jahre 1793. Eine revolutionäre ‚Idealisierung' von Schillers dramatischer Praxis und Ästhetik". In: *Schiller in Europa*. Hg. v. Anne Feler u. a., S. 143–162, Zitate S. 147.
8 Ebd., S. 157.
9 Ebd., S. 161.
10 Unfer Lukoschik, Rita: *Friedrich Schiller in Italien (1785–1861)*. Berlin 2004, S. 58.

Übersetzung, und vermutlich war sie es, die Schiller die Ehre einbrachte, zusammen mit anderen politischen und Geistesgrößen das französische Bürgerrecht angetragen zu bekommen. Der ursprünglichen, im August 1792 von der Nationalversammlung beschlossenen Liste wurde sein Name („le sieur Gille") zwar erst nachträglich hinzugefügt, und die Zustellung des Dekrets dauerte aufgrund der Kriegswirren mehrere Jahre. Immerhin aber befand sich Schiller damit an der Seite von George Washington, Thomas Paine, Jeremy Bentham und, aus dem deutschen Sprachraum, Joachim Heinrich Campe und Friedrich Gottlieb Klopstock. Sie alle wurden wegen ihrer Verdienste um die Sache der Freiheit und die Befreiung der Völker *(la cause de la liberté und l'affranchissement des peuples)* von eben jener Nation geehrt, die sich als Speerspitze dieser Bewegung verstand.[11]

Einen anderen Schiller als den der *Räuber* konnten die nach-revolutionären Franzosen dann vornehmlich durch Madame de Staël kennenlernen. Ihr emphatisches Deutschland-Buch wurde zwar von Napoleon verboten, war aber seit den 1820er Jahren auch französischen Lesern zugänglich. Gerade über Schiller goss sie eimerweise Lob aus: als „Mann von seltenem Genie und vollkommener Gewissenhaftigkeit", als „bewunderswürdig, sowohl durch seine Tugenden als durch seine Talente". Zwar habe er sich „bei seinem Eintritt in die Welt [...] durch Verirrungen der Phantasie" geschadet – damit spielte sie auf die wilden *Räuber* an. „Im reifen Mannesalter aber fand er jene erhabene Reinheit wieder, die aus hohen Gedanken entspringt". Das bezeugten vor allem die Dramen, die Madame in aller Breite wiedergab und kritisch kommentierte.[12]

Wie dieses Staël'sche Schiller-Marketing in Frankreich ankam, weiß niemand so genau. Die Schiller-Forschung weist auf zahlreiche Übersetzungen und meist recht freihändige Adaptionen hin. Man kennt den Einfluss Schillers auf Victor Hugo und Alexandre Dumas.[13] Man weiß auch um die Mittlerdienste, die die Übertragungen ins Französische für die weiträumige europäische Rezeption des deutschen Dichters leisteten. Henry MacKenzie, der 1788 in der *Royal Society of*

---

11 Friedrich v. Schiller, *Bürger von Frankreich: Faks. d. Bürgerbriefes d. Franz. Republik*, Weimar 1984; vgl. Oellers, Norbert: „Bürger Frankreichs". In: *Schiller. Bilder und Texte zu seinem Leben*. Hg. v. Axel Gellhaus u. Norbert Oellers. Köln 1999, S. 178–187.
12 Staël, Germaine de: *Über Deutschland*. Hg. v. Sigrid Metken. Stuttgart 1962, S. 158–160, Zitate S. 211 ff.
13 Eggli, Edmond: *Schiller et le romantisme français*. 2 Bände. Paris 1927; Darras, Gilles: „,Der erhabene Moment der Zeit'. Die Schiller-Rezeption der französischen Romantik im ästhetisch-politischen Spannungsfeld von Revolution und Restauration". In: *Schiller in Europa*. Hg. v. Feler u. a., S. 163–175; Minder, Robert: „Schiller, Frankreich und die Schwabenväter". In: Ders.: *,Hölderlin unter den Deutschen' und andere Aufsätze zur deutschen Literatur*. Frankfurt 1968, S. 154–186, insb. S. 181–185.

*Edinburgh* über „German Theatre" referierte und dabei ebenso ausführlich wie enthusiastisch auf Schiller einging, bezog seine Kenntnisse aus einer zwölfbändigen französischen Anthologie über das *Nouveau Théâtre Allemand*. Sie enthielt neben 26 anderen Theaterstücken eine Übersetzung von Schillers *Räubern*.[14] Auch in Italien war es diese Stückesammlung, die Schiller dem Publikum nahebrachte.[15] Welche seiner Dramen jedoch wann mit welchem Erfolg und welcher Resonanz in Frankreich zur Aufführung gelangten, ist noch nicht erforscht. Gerade *Maria Stuart*, die Madame de Staël als die „pathetischste und am besten durchdachte von allen deutschen Tragödien" rühmte, wurde in der Originalfassung offenbar erstmals 1951 in Paris aufgeführt – dann aber mit so großem Erfolg, dass das Theater monatelang ausverkauft war und sich das Stück viel länger auf dem Spielplan hielt, als ursprünglich geplant.[16] Die *Jungfrau von Orleans* hingegen schaffte es, weil national unmittelbar anschlussfähig, schnell ins Repertoire französischer Theater.

Allerdings machte sich in der zweiten Hälfte des 19. Jahrhunderts auch in Frankreich eine ähnliche Absetzbewegung bemerkbar, wie sie schon in Großbritannien zu beobachten war. Schiller verschwand sukzessive aus den Leselisten französischer Gymnasien, während Goethe, Heinrich Heine und später Thomas Mann sich darauf behaupten konnten. 1928 kommentierte der Essayist und Germanist Robert d'Harcourt diese Entwicklung mit dem knappen Urteil: „Goethe est Européen, Schiller est Allemand".[17]

Diese Wahrnehmung eines ‚deutschen Schiller' reagierte auf die nationale Kanonisierung des Dichters und seine vielfältige politische Indienstnahme noch vor den literaturpolitischen Exzessen des Nationalsozialismus. Im August 1870, kurz nach Beginn des deutsch-französischen Krieges, hatte eine Aufführung des *Wilhelm Tell* das von „patriotischer Erhebung" beseelte Berliner Publikum von

---

**14** MacKenzie, Henry: „Account of the German Theatre". In: *Transactions of the Royal Society of Edinburgh*. Bd. 2. Edinburgh 1790, S. 154–192, insb. S. 180–192.
**15** Unfer Lukoschik: *Schiller in Italien*, S. 42. Auch in Spanien lief die Schiller-Rezeption über französische Texte und Autoren: Koch, Herbert: *Schiller und Spanien*. München 1973, S. 103 f.; Siguan, Marisa: „Schillersche Abenteuer in Spanien". In: *Schiller in Europa*. Hg. v. Feler u. a., S. 223–240.
**16** „Kleist und Schiller in Paris. Über die deutsch-französischen Kulturbeziehungen in den Nachkriegsjahren". In: ZEIT, Nr. 26, 26.06.1952. http://www.zeit.de/1952/26/kleist-und-schiller-in-paris (Stand: 05.09.2016).
**17** Boerner, Peter: „Schiller im Ausland: Dichter-Denker und Herold der nationalen Befreiung". In: *Schiller-Handbuch*. Hg. v. Helmut Koopmann. Stuttgart 1998, S. 795–808; Dann, Otto: *Friedrich Schiller in Deutschland und Europa*, 2005. http://www.bpb.de/apuz/29204/friedrich-schiller-in-deutschland-und-europa (Stand: 05.09.2016).

den Stühlen gerissen. 1905, zum 100. Todestag des Dichters, bekamen die preußischen Schüler schulfrei, und die Schiller-Reden, Schiller-Feste und Schiller-Ausgaben nahmen kein Ende. Zunehmend mischten sich völkische Töne in die breite Schiller-Begeisterung, etwa in Gestalt des 1906 gegründeten Deutschen Schillerbundes, der aus der rechtsnationalistischen Heimatschutzbewegung hervorging.[18]

Dass es in Deutschland auch eine andere, nicht-nationalistische Schiller-Rezeption gab, nämlich die der sozialistischen Arbeiterbewegung, war im Ausland entweder nicht bekannt oder galt als unmaßgeblich. Generell machte man wenig Unterschiede zwischen dem Dichter und seinen Verehrern. Dass sich weder Schillers Deutung als deutscher Nationaldichter noch seine Vereinnahmung als „Bundesgenosse des arbeitenden Volkes"[19] auf seine Werke berufen konnte, dass beides Interpretationen waren, die den Interessen und Zielen der jeweiligen Rezipienten gehorchten, kam kaum jemals zur Sprache.

Dabei galt dies selbstverständlich auch für die Schiller-Rezeption außerhalb Deutschlands. Auch sie folgte je spezifischen, von nationalen Kontexten bestimmten Konjunkturen und Bedürfnissen. Und auch hier kann man nicht von einer einzigen Rezeptionslinie sprechen; vielmehr konkurrierten stets verschiedene Aneignungen und Bezugnahmen. Ein Beispiel ist Italien, ähnlich wie Deutschland ein über weite Strecken des 19. Jahrhunderts ungeeintes Land, das zudem in seinen nördlichen und mittleren Regionen unter direktem oder indirektem Einfluss der Habsburgermonarchie stand. Gegen diese österreichische Herrschaft erhob sich Widerstand, der in der Bewegung des Risorgimento gipfelte. Für viele seiner intellektuellen Wortführer und *romantici* war Schillers *Schaubühne als moralische Anstalt* ein Schlüsseltext. Vor allem Giuseppe Mazzini, der Cheftheoretiker des Risorgimento, verehrte Schiller als „poeta della speranza", als Dichter der Hoffnung, dessen Mission einer moralischen Erneuerung und politischen Einigung für Italien und den gesamten europäischen Kontinent zielweisend sei. Besonders *Don Karlos* und die Figur des Posa repräsentierten für ihn das Prinzip des Rechts, der freien Vernunft und des Fortschritts.[20]

Dass diese Grundsätze nicht nur und in erster Linie von der Theaterbühne, sondern vor allem von der Opernbühne vermittelt wurden, war das Verdienst

---

**18** Vgl. Frevert: „Dichter", S. 64 f.
**19** Oellers, Norbert: *Schiller – Zeitgenosse aller Epochen. Dokumente zur Wirkungsgeschichte Schillers in Deutschland*. Bd. 2. München 1976, S. 237.
**20** Unfer Lukoschik, Rita: „,Risorgimento in Schillerscher Manier'. Zu der politischen Rezeption des Schillerschen Theaters im Italien des 19. Jahrhunderts". In: *Schiller in Europa*. Hg. v. Feler u. a., S. 193–210, insb. S. 198–200. Vgl. auch Bevilacqua, Giuseppe: „Federico Schiller – eine Galionsfigur des Risorgimento". In: *Friedrich Schiller*. Hg. v. Bürger, S. 42–56.

Giuseppe Verdis. Seine Vertonungen Schiller'scher Stoffe erreichten ein weit größeres Publikum, bis heute und weltweit. Als Komponist des Risorgimento, dessen Nachname als Akronym für Vittorio Emanuele Re d'Italia zum politischen Schlachtruf wurde, gab er zahlreiche Libretti in Auftrag, von den *Räubern* (*I Masnadieri*, 1847) über *Kabale und Liebe* (*Luisa Miller*, 1849) und die *Jungfrau von Orleans* (*Giovanna d'Arco*, 1845) bis zu *Don Karlos* (*Don Carlo*, 1867). *Wilhelm Tell* war bereits 1829 von Gioachino Rossini vertont worden.

Von den österreichischen Herrschern über die Lombardei (bis 1859) und Venetien (bis 1866) wurden solche Produktionen einerseits argwöhnisch beäugt und von der Zensur überwacht. Vor allem der *Tell* verfiel einem Aufführungsverbot, weil man Anspielungen auf die aktuelle Situation befürchtete. Zugleich und andererseits aber förderte die Wiener Politik Übersetzungen Schiller'scher Texte, um auf diese Weise deutschsprachige Kultur in Italien gesellschaftsfähig zu machen. Der Trientiner Andrea Maffei, der zwischen 1827 und 1858 das gesamte Schiller'sche Dramenwerk ins Italienische übertrug, wurde mit Preisen und Auszeichnungen überhäuft. Maffei, der dem Risorgimento eher ablehnend gegenüberstand, war es auch, der das Libretto zu Verdis *Masnadieri* verfasste. Dass es bei der Aufführung der Oper in Modena im Februar 1849 zu tumultartigen Auseinandersetzungen zwischen liberalen Risorgimento-Anhängern und österreichischen Soldaten kam, war weder in Maffeis Sinn noch lag es im Habsburger Interesse, im Gegenteil. Aber es zeigte, wieviel politischer Sprengstoff trotz Zensur und Textzähmung in Verdis Oper enthalten geblieben war und wie sich dieser Stoff bei Bedarf zünden ließ.[21]

## 3 Europas Osten: 20. Jahrhundert

Ähnliche Konfliktlagen kann man auch in weiten Teilen Osteuropas beobachten. Besonders interessant ist die Rezeption Schillers in der ostjüdischen, auf Jiddisch oder Hebräisch geschriebenen Literatur. Schiller war, hieß es Anfang des 20. Jahrhunderts, „der Dichter des Ghetto; namentlich gilt dies für Polen und Österreich". Fast alle seine Balladen zirkulierten dort, oft als Travestien. Vor allem das *Lied von der Glocke* wurde in jiddischen Übersetzungen vielfältig parodiert, und zwar häufiger im Sinne einer Selbst- denn einer Schiller-Parodie. Im hochkulturellen Hebräischen fand dagegen die Ode *An die Freude* immer neue Übersetzer, die das Angebot der Weltverbrüderung mit einer spezifisch jüdischen Religiosität anrei-

---

[21] Unfer Lukoschik: „Risorgimento", insb. S. 202 u. 209.

cherten. Da die rabbinische Orthodoxie die Lektüre Schillers (wie aller weltlichen Autoren) verbot, fand sie im Geheimen statt, was viele Erzählungen zum Thema machten. Schiller erschien hier als Verfechter politischer, vor allem aber emotionaler Freiheit; er half den Lesern, aus den Fesseln der Tradition und des jüdischen Gesetzes auszubrechen, in Gedanken, vielleicht sogar in der Wirklichkeit.[22]

In den west- und südslawischen Literaturen im Einzugsbereich der Habsburger Monarchie war es dagegen die politische Freiheitsbotschaft, die Schiller im 19. Jahrhundert zu einer zentralen Referenz machte. Selbst in Bulgarien boten seine Theaterstücke Stoff für politische und kulturelle Debatten, in denen das Verhältnis zum Osmanischen Reich verhandelt wurde. Auch in den Literaturszenen Russlands und Polens spielte Schiller seit den 1820er Jahren eine zentrale Rolle als Dramatiker der dort hochgeschätzten Romantik.[23] Der Adlige Vasily Zhukovsky übersetzte seine Gedichte und Balladen ins Russische; diese Übertragungen fanden rasch Eingang in russische Schulbücher und Anthologien. „Already in childhood", hieß es 1911, „we come to understand and love Schiller through Zhukovsky, as if he were our national poet who speaks to us in Russian sounds".[24] Dieser Als-Ob-Nationaldichter fand interessanterweise sowohl bei europäisch orientierten Intellektuellen als auch bei ihren slawophilen Gegenspielern Anklang. Viele russische Dichter und Schriftsteller bewunderten und ahmten ihn nach, von Lermontow bis Dostojewski. Alexander Herzen, scharfer Kritiker der Zarenherrschaft und ausgesprochener ‚Westler', nannte Schiller seinen ‚alten Lehrer'. Als 1900 eine russische Ausgabe von Schillers Werken in St. Petersburg erschien, schrieb der Herausgeber, Schiller sei einer der populärsten, wenn nicht gar *der* populärste aller großen westlichen Schriftsteller in Russland geworden. Die Nationalisierung Schillers in Deutschland tat seiner Beliebtheit in Osteuropa offenbar keinen Abbruch, denn seine Freiheitsrhetorik blieb hier, anders als im Westen, unabgegolten und unmittelbar anschlussfähig.

Auch nach der Oktoberrevolution 1917 ebbte die Schiller-Begeisterung nicht ab. Aleksandr Blok, Dichter und Intendant des Petrograder Dramatischen Thea-

---

22 Kilcher, Andreas B.: „Ha-Gila. Hebräische und jiddische Schiller-Übersetzungen im 19. Jahrhundert". In: *Monatshefte* 100 (2008), S. 67–87, das Zitat von Ludwig Geiger aus dem Jahr 1903, ebd. S. 73.
23 Drews, Peter: *Schiller und die Slaven*. München 2005, S. 163–165.
24 Kostka, Edmund: „The Vogue of Schiller in Russia and in the Soviet Union". In: *The German Quarterly* 36 (1963), S. 2–13, Zitat S. 4. Vgl. auch Passage, Charles E.: „The Influence of Schiller in Russia 1800–1840". In: *American Slavic and East European Review* 5 (1946), S. 111–137; Peterson, Otto P.: *Schiller in Russland 1785–1805*. München 1934; Harder, Hans-Bernd: *Schiller in Rußland. Materialien zu einer Wirkungsgeschichte (1789–1814)*. Bad Homburg 1969; Pein, Annette: *Schiller and Zhukovsky: Aesthetic Theory in Poetic Translation*. Mainz 1991.

ters, ließ Schiller vor Soldaten der Roten Armee aufführen und rühmte sowohl *Die Räuber* als ewig revolutionäres Drama („in tyrannos!") als auch *Don Karlos*, letzteren interessanterweise gerade wegen seiner Vermenschlichung des absolutistischen Königs. 1955, zu Schillers 150. Todestag, erschien in Moskau eine siebenbändige Ausgabe seiner Werke. Sie feierte ihn als Vorkämpfer für die klassenlose kommunistische Gesellschaft, wie sie in der Sowjetunion und ihren Satellitenstaaten verwirklicht worden sei.[25]

Diese offizielle Lesart gab den Schiller-Ton im gesamten Ostblock vor. In der Tschechoslowakei führte man vorzugsweise *Kabale und Liebe* sowie *Don Karlos* auf, da sie, wie es hieß, „das Thema der Klassenunterdrückung, wie auch der Auflehnung dagegen und das Thema der Freiheit als Ausdruck der Sehnsucht nach einer gerechten Gesellschaftsordnung für alle Menschen" formulierten.[26] Auch in Ungarn gehörte *Kabale und Liebe* zu den meistgespielten Stücken und erlebte zwischen 1950 und 1983 immerhin 22 Inszenierungen.[27] Allerdings veränderte sich die Interpretation erheblich: Seit den 1970er Jahren waren es nicht mehr der Klassenwiderspruch, sondern „Probleme des Individuums" und „Fragen des gegenwärtigen Lebensstils", die die Regisseure und ihr Publikum bewegten. Anstatt den Konflikt zwischen Adel und Bürgertum in den Mittelpunkt zu stellen, schauten die neuen Inszenierungen auf die „persönliche Verantwortung der Individuen am Entstehen jenes beängstigenden Räderwerkes, bei dem am Ende zwei junge Menschen zugrunde gehen". Gerade die Widersprüchlichkeit, nicht die vorgebliche Eindeutigkeit der Schiller'schen Figuren reizte das neue sozialistische Theater, in Prag und Budapest nicht minder als in Ost-Berlin.[28]

Und noch etwas war auf einmal für die Theaterleute attraktiv bzw. wurde neu entdeckt: die Emotionalität und Leidenschaftlichkeit dieser Figuren. So hieß es 1984 auf einem Weimarer Kolloquium, wo „Theaterschaffende" aus fünf sozialistischen Ländern über ihre Erfahrungen mit Schiller diskutierten:

> Eine überschwengliche Subjektivität sowie ein hoher ideeller und emotionaler Anspruch stecken in diesen Schiller'schen Wort-Kaskaden: Das Individuum meldet sich mit all seinen Sensibilitäten zu Wort, meldet sein Recht an, so zu empfinden und zu denken und zu handeln, wie es ihm geboten erscheint.

---

**25** Kostka: „The Vogue of Schiller", S. 6 f., 10.
**26** *Schiller auf den Bühnen sozialistischer Länder.* Hg. v. Verband der Theaterschaffenden der DDR. Berlin 1986, S. 19.
**27** Ebd., S. 26; insgesamt gab es in Ungarn 48 Schiller-Inszenierungen in diesem Zeitraum mit ca. 1300 Vorstellungen und ungefähr einer halben Million Zuschauer (bei einer Einwohnerzahl von 10 Millionen).
**28** Ebd., Zitate S. 21 f., vgl. auch S. 24, 52–60.

Der Ost-Berliner Theaterwissenschaftler Helmut Pollow sah darin „viele Berührungspunkte mit einer gesellschaftlichen Entwicklung, wie sie sich seit den siebziger Jahren bei uns [im real-existierenden Sozialismus] abzeichnet". Angesichts allfälliger „Zweifel" an der „rationalen Bewältigung" gegenwärtiger Konfliktlagen werde dem Subjektiven und Emotionalen mehr Raum gegeben. Hierin erkannte der Redner eine „Affinität zur Romantik", die für „die Leidensfähigkeit und die Empfindsamkeit des Individuums, seine Gefährdung und Verletzbarkeit" sensibilisierte.[29]

Solche Sätze lassen aufmerken. Sie hätten damals auch in Marbach fallen können oder an anderen Orten des westlich-spätkapitalistischen Europas. Auch dort lernte man Schiller anders lesen: subjektiver, emotionaler, romantischer. Die Zeiten eindeutiger politischer Vereinnahmung waren vorbei. Selbst in der Schweiz, wo *Wilhelm Tell* seit der zweiten Hälfte des 19. Jahrhunderts *das* Nationaldrama *par excellence* gewesen war, versuchte man sich seit den 1960er Jahren an einer selbstkritischen Sicht; Max Frischs *Wilhelm Tell für die Schule* verursachte 1971 nur noch einen kleinen Skandal.[30]

## 4 Europas Gegenwart und Zukunft: 21. Jahrhundert

Hat die skizzierte Ent-Nationalisierung Schillers, wie sie in den deutschsprachigen Ländern nach dem Zweiten Weltkrieg zu beobachten war, die Wieder- und Neuentdeckung des Dichters in Westeuropa befördert? Ist aus dem deutschen Nationaldichter ein europäischer *lieu de mémoire* geworden, vielleicht sogar ein europäischer *lieu d'inspiration?* Die Zeichen sind uneindeutig: In Großbritannien scheint Schiller dank neuer Übersetzungen tatsächlich ‚angekommen' zu sein; nach *Don Karlos* feierte *Maria Stuart* 2005 ebenfalls Erfolge im Londoner West End, und die auf dem Stratforder Shakespeare-Festival 2013 gezeigte Neu-Inszenierung war monatelang ausverkauft.[31]

---

29 Ebd., Zitate S. 54, 58 f.
30 Zeller, Rosmarie: „Schiller-Rezeption in der Schweiz". In: *Schiller in Europa*. Hg. v. Feler u. a., S. 103–120; Muschg, Adolf: „Schillers Schweiz". In: *Friedrich Schiller*. Hg. v. Bürger, S. 76–93.
31 Göbels, Bettina: „In the Bard's Shadow: Shakespearian Affinities as an Obstacle to the Reception of Schiller's Plays in Britain, 1945–2005". In: *Modern Language Review* 102 (2007), S. 427–439; Guthrie, John: „Classical German Drama on the British Stage: Schiller's *Wallenstein* at the Chichester Festival". In: *Modern Drama* 54 (2011), S. 121–140; Billington, Michael: *Mary Stuart – review*, 2012. http://www.theguardian.com/stage/2012/jan/11/mary-stuart-review (Stand:

Das Pariser *Théâtre de l'Europe* hingegen zeigte dem Dichter die kalte Schulter. Seit 1983 wurde er nur einmal aufgeführt (typischerweise mit der *Jungfrau von Orleans*), während Shakespeare 21 Inszenierungen erfuhr, Molière elf, Tschechow zehn und Brecht immerhin sieben. Ob die Ausstellung, die die Straßburger *Bibliothèque Nationale et Universitaire* 2005 über „Schiller et l'idéal européen" zeigte, das französische Desinteresse hat aufbrechen können, ist fraglich, selbst wenn die Ausstellungsmacher Schiller als französischen Staatsbürger und „écrivain emblématique de la culture européenne" anpriesen, als Verteidiger europäischer Grundwerte und Inspirator der europäischen Hymne.³² Dass Schiller 2008 bei einem Arte-Projekt, das den europäischen *King of Drama* suchte, auf dem zweiten Platz landete – nach Shakespeare, aber vor Molière und Brecht –, lag sicher nicht an hohen Stimmzahlen aus dem französischen Sendegebiet.³³

Über Europas Schiller ist also noch nicht das letzte Wort gesprochen. Auch wenn Re-Nationalisierungen mehr als unwahrscheinlich sind, bleibt abzuwarten, ob ein europäischer Schiller im Sinne der Straßburger Ausstellung eine Zukunft hat. Dass er selber eine europäische *mind map* besaß und sie in seinen historischen Schriften, seiner Lyrik und seinen Dramen ausbuchstabierte, könnte dieser Karriere von Nutzen sein und bietet zahlreiche Anknüpfungsmöglichkeiten. Auch die Tatsache, dass europäische Länder seit den 1970er Jahren immer mehr kulturelle und soziale Berührungspunkte aufweisen, dass sich Problemwahrnehmungen einander annähern und der Zeitgeist zunehmend transnationale Prägungen trägt, dürfte einer Schiller-Renaissance in Europa entgegenkommen. Dass die für Schiller maßgeblichen Themen Freiheit und Solidarität nichts von ihrer Zentralität und Dringlichkeit verloren haben, zeigen die Entwicklungen der letzten Dekade. Und vielleicht tragen im 21. Jahrhundert nicht mehr nur Bücher und Theateraufführungen, sondern Filme wie Dominik Grafs *Die geliebten Schwestern* von 2014 dazu bei, Schiller lebendig zu halten. Wenn Peter-André Alt jüngst klagte, dass bei seinen Vorträgen in Schiller- und Goethe-Gesellschaften fast nur noch Graukköpfe anwesend seien,³⁴ hat Grafs Film das Potenzial, ein junges und

---

05.09.2016); Shenton, Mark: *Mary Stuart*, 2005. http://www.whatsonstage.com/west-end-theatre/reviews/07-2005/mary-stuart_23624.html (Stand: 27.02.2015).
**32** Bibliothèque Nationale et Universitaire: *Schiller et l'idéal européen*, 2005. http://www.bnu.fr/action-culturel/agenda/schiller-et-ideal-europeen (Stand: 05.09.2016).
**33** Lindner-Beroud, Waltraud: „‚An der Quelle sass der Knabe ...'. Zur populären Rezeption von Schillers Liedern". In: *Lied und populäre Kultur/Song and Popular Culture* 54 (2009), S. 185–222, hier S. 185 f.
**34** Kniebe, Tobias: „Alles war Licht und Freude". Interview mit Peter-André Alt und Dominik Graf. In: SZ, Nr. 176 vom 02./03.08.2014, S. 4 f.

europäisches Publikum zu erreichen, das sich in Schillers leidenschaftlicher *ménage à trois* (heute nennt man das Polyamorie) wiederfinden möchte.

Aber das sind Zukunftsträume, für die Historiker, wie anfangs betont, weder zuständig noch besonders kompetent sind ...

John A. McCarthy
# Schillers europäische ‚Mindmap'
Von *Lykurgus und Solon* zu *Wallenstein* und *Tell*

## 1 Mindmaps: „Getting to Denmark"

In seiner Neuveröffentlichung *Political Order and Political Decay: From the Industrial Revolution to the Globalization of Democracy* (2014) bezeichnet der Historiker Francis Fukuyama die Entwicklung demokratischer Regierungsformen als „Getting to Denmark". Ihm scheint Dänemark eine musterhafte Staatsverfassung zu sein mit seinem Rechtssystem, Parlamentarismus und toleranter Einstellung zum ‚leben und leben lassen'. Sowohl als realer Lokus wie auch als Metapher stellen die Dänen seines Erachtens ein erstrebenswertes Gemeinschaftsleben dar.[1] „Getting to Denmark" ist eine Mindmap.

Was ist aber eine Mindmap? Sie ist eine Gedanken- bzw. Gedächtnis(land)-karte, eine logische, wenn auch frei-assoziative Denkweise, die Interkonnektionen zwischen Haupt- und Nebenideen deutlich und grafisch wirkungsvoll veranschaulicht.

Das Konzept der Mindmap steht in Verbindung mit Versuchen, nicht nur Gedankenverbindungen, sondern das Menschengehirn selbst zu kartografieren, Momentaufnahmen der Energieauslösungen in verschiedenen Hirnregionen unter Stimulierung zu erstellen, und in neuester Zeit sogar, das innere Steuerungssystem des Menschengehirns abzubilden. Ziel ist es dabei, komplexe neuronale Vorgänge besser zu verstehen. Als eine kognitive Technik erfasst eine

---

[1] Fukuyama, Francis: *Political Order and Political Decay: From the Industrial Revolution to the Globalization of Democracy*. New York 2014. Nick Frazer bespricht das Werk knapp in *The Observer*. Dabei hebt er die Rolle Dänemarks als Leitbild in Fukuyamas Denken hervor: „Fukuyama has a gift for catchy, repeatable phrases, and he refers to democratic development as ‚Getting to Denmark' – a 17th-century pre-*Borgen* vision of property laws, parliaments governed by a live-and-let-live pluralistic ethos. In Fukuyama's view ‚Denmark' is a metaphor of moderate tempers, a good legal system, credible parliamentary democracy, a dose of healthful end-of-history tedium. Denmark, defined both as a real place or a metaphor, is the closest we can get to collective perfection." Frazer, Nick: *Political Order and Political Decay review – volume two of Francis Fukuyama's magisterial political history*, 2014. http://www.theguardian.com/books/2014/sep/28/francis-fukuyama-political-order-political-decay-review-magisterial-overview (Stand: 05.09.2016).

Mindmap hingegen Emotionen, Wahrnehmungen, Erinnerungen, Assoziationen und Reflexionen. Sie ist nützlich zum Planen oder für Mitschriften. Sie fördert schließlich die Fähigkeit, Kategorienbildung zu nutzen. Wenn die Mindmap auch bestimmten Regeln folgt, ist sie dennoch nicht gebunden, eine getreue Abbildung der Außenwelt wiederzugeben, wie man dies etwa von einer Küstenkarte, einem Stadtplan, einer Straßen- oder Länderkarte erwartet.

Meine Absicht im folgenden Beitrag ist es, im zuletzt genannten Sinne Schillers Mindmap zur Grundlegung eines friedlichen Europas nachzuspüren. Geografisch gesehen war Schiller ‚all over the map'. Ruft man die geopolitischen Schauplätze seiner Dramen und dramatischen Fragmente in Erinnerung, scheint der Wechsel von einem Territorium zum anderen auf der europäischen Halbinsel mit ihren vielen kleineren Halbinseln (und gar Inseln) willkürlich zu sein. Während für Schillers Erstlingsdrama *Die Räuber* die Schauplätze Sachsen und die böhmischen Wälder den Ausgangspunkt bilden, spielt die Handlung im *Wilhelm Tell*, einem der letzten Dramen, in der Schweiz. Stets geht es Schiller in seiner schriftstellerischen Tätigkeit um schwankende Zustände „zu Hause" (d. h. in deutschsprachigen Ländern). Die Spannweite reicht allmählich von Spanien nach den Niederlanden *(Don Karlos)*, von Norditalien *(Fiesko)* nach Frankreich *(Jungfrau von Orleans)*, von Sizilien *(Braut von Messina)* nach Dänemark (*Hamlet*-Übersetzung), von Frankreich nach England und Schottland *(Maria Stuart)*, von Polen nach Russland *(Demetrius)*. In der *Wallenstein*-Trilogie, wo Böhmen erneut Schauplatz ist, bündeln sich einige politische Handlungsstränge aus Schweden, Österreich und Spanien in einen Knäuel um den Mecklenburger Wallenstein. Wallensteins Armee ist ein Vielvölkerbund, ja „der Auswurf fremder Länder [...] / Der aufgegebne Teil des Volks, dem nichts / Gehöret, als die allgemeine Sonne." (FA 4, 165).

Ob am Hof der Königin Elizabeth, am spanischen des Königs Philipp II. oder am Wiener Hof des Kaisers Ferdinand II., ist der Nebeneinfluss des französischen Königshauses stets spürbar. In Franz und Karl Moor – die feindlichen Brüder, die am Fundament einer geordneten Gesellschaft (wenn nicht eigentlich menschenrechtlich-zivilen Ordnung) rütteln – findet man einen Fingerzeig auf Schillers Gegensatzpaar Lykurgus und Solon, die er erst zehn Jahre später im Rahmen der antik-historischen Gesetzgebung behandeln sollte. Wenn im Erstlingswerk eine Übergangszeit vom Patriarchalismus zur „bürgerlichen" Selbstbestimmung geschildert wird – juristisch gesehen „vom Privilegium zum allgemeinverbindlichen Recht"² – so finden wir eine ähnliche Thematik im *Tell* wieder, allerdings nun als Konflikt zwischen Gemeinschaftsverpflichtung und Privatmotivation. In den *Räubern* finden wir ferner eine erste Erwähnung der Schweiz, allerdings in Form einer nachteiligen Charakterisierung der Graubünder. Mit seinem *Wilhelm Tell* macht Schiller alles wieder gut mit der Schweiz. Der alte Völkerbund von Schwyz, Uri, Unterwalden, geschlossen am Rütli, wird beschworen.³ Dies nicht im Sinne von Karl Moor und seiner Räuberbande, sondern als eidgenossenschaftliche Antwort auf das despotische Eingreifen der Habsburger.⁴ Nicht in Anlehnung an Karl Moor, der seinem Eid gegenüber den Mitasozialen treubrüchig wird, um sich dem bestehenden Gesetz zu stellen und durch solche moralische Bestätigung das Einstürzen der tradierten Weltordnung zu vermeiden. Tell handelt anders: Er enthält sich dem eidgenossenschaftlichen Schwur. Er rächt sich aus *Privatgründen* am Tyrannen. Er will, indem er sich selbst hilft, Alleingänger bleiben, dennoch fördert seine Privattat den Kampf um die freie politische Selbstentscheidung. Er wird Rebell wider Willen.

Nach dieser flüchtigen Übersicht scheint Schiller zwei Zentralschauplätzen besondere Bedeutung beizumessen: Böhmen und der Schweiz.⁵ Mag sein, dass Schiller als Staatstheoretiker und -philosoph anders als Adam Müller oder der Marquis de Condorcet keine politische Lehre verkündet hat, wie Bernd Rill argumentiert.⁶ Doch findet man überall in seinen Werken Bezugnahmen auf politische Konstellationen, vergangene sowie gegenwärtige. Man kann demzufolge von

---

2 Haney, Gerhard: „Wenn die Gerechtigkeit für Gold verblindet'. Recht und Gerechtigkeit bei Schiller". In: *Das Gerechte und das Schöne – Gerechtigkeit und Recht in Schillers Denken und Dichten*. Hg. v. Hans-Joachim Bauer. Berlin 2006, S. 7–62, hier S. 20.
3 So die Legende; verschiedentlich datiert auf 1291, 1307 und ca. 1440.
4 Ferner sei zu bedenken, dass Napoleon 1798 die Eidgenossenschaft auf den Status eines abhängigen Satrapen reduziert hatte.
5 In beiden Fällen versagen in politischer Hinsicht die beiden Protagonisten, Wallenstein und Tell, zwei der charismatischen Rettungsfiguren, typisch für Schillers Dramenproduktion. Beide versagen allerdings auf jeweils andere Art und Weise. Wallenstein verkennt die Bedeutung von Frankreich für seinen Versuch, die Universalmonarchie der Habsburger zu bekämpfen und übersieht damit die erste Maxime europäischer Politik: Bewahrung des Gleichgewichts; Tells Attentat auf Hermann Gessler wird politisch überschattet vom Mordanschlag des Herzogs Johann von Schwaben auf seinen Oheim und Kaiser Albrecht I. Vgl. Lützeler, Paul Michael: „Identität und Gleichgewicht: Schiller und Europa". In: *Kontinentalisierung. Das Europa der Schriftsteller*. Hg. v. dems. Bielefeld 2007, S. 49–84, hier S. 77 und S. 84.
6 Rill, Bernd: „Einleitung". In: *Zum Schillerjahr 2009 – Schillers politische Dimension*. Hg. v. dems. München 2009 (Argumente und Materialien zum Zeitgeschehen 67), S. 5. Diese wertvolle Sammlung enthält Beiträge u. a. von Daniel Fulda, Hans-Jürgen Schings, Yvonne Nilges, Gert Sautermeister, Wolfgang Häusler, Matthias Luserke-Jaqui, Bernd Rill und Helmut Koopmann.

Schiller als einem „Politologe[n] *avant la lettre*" und von seiner „europäische[n] Dramaturgie" sprechen.⁷ Was Schiller auszeichnet, ist seine Verknüpfung von Traditionsgebundenheit und Evolution.⁸

In letzter Zeit ist eine Flut von Studien zu Schillers Modernität erschienen. Diese nimmt unterschiedliche Formen an; sie betrifft Geschichte und Geschichtsschreibung, Rechtsprobleme und Strafvollzug, Geschlechterdiskurs, Französische Revolution und Aufklärung. Vor allem fand Schillers politisches und rechtshistorisches Verständnis wachsende Aufmerksamkeit. Im gegenwärtigen Rahmen sind in erster Linie die einsichtige Habilitationsschrift von Yvonne Nilges *Schiller und das Recht* (2012) und Hans-Jürgen Schings' *Revolutionsetüden* (2012) zu nennen. Sie heben die Aktualität von Schillers politisch-historischem Denken bezüglich der „Geburt des modernen Rechtsstaats" hervor. Zum Einstieg in ihre Argumentation verwenden beide die kleine Schrift *Die Gesetzgebung des Lykurgus und Solon* (1787).⁹ Besonders wertvoll für mein Anliegen ist Schings' Auslegung der Lykurgus-Solon-Vorlesungen als „Wegweiser der [Französischen] Revolution und ein Maßstab, an dem sie gemessen wird".¹⁰ Diesbezüglich spricht er von einem „Gleichtakt" Schillers mit den Pariser Ereignissen, insbesondere der verfassungsgebenden Aktivität, die „das Zentrum der Revolution" für Schiller ausmachte.¹¹ Nilges' bewusster Europa-Fokus und ihre Deutung von Schillers Vorreiterrolle mit seinen Ansichten über den Staatenbund für die gegenwärtige politische Organisation Europas ist für meine Zwecke gleichfalls von großer Wichtigkeit. Auch sie spricht von Schillers „Gleichtakt", allerdings ohne diesen Terminus zu verwenden. Somit bin ich bei meinem eigentlichen Thema: Schillers europäische Mindmap oder „Getting to Denmark".

---

7 Lützeler: „Identität und Gleichgewicht", S. 63–64.
8 Fink, Gonthier-Louis: „Schillers ,Wilhelm Tell'". In: *Aufklärung* 1.2 (1986), S. 57–81, hier S. 70 und S. 80. Schillers Bedeutung für die Stiftung von Nationalidentitäten in ost- und südosteuropäischen Ländern im Kontext des Spannungsverhältnisses zwischen Liberalismus, Nationalsozialismus und Sozialismus zeichnet der folgende Band nach: Feler, Anne, Raymond Heitz u. a. (Hg.): *Friedrich Schiller in Europa: Konstellationen und Erscheinungsformen einer politischen und ideologischen Rezeption im europäischen Raum vom 18. bis zum 20. Jahrhundert*. Heidelberg 2014.
9 Nilges, Yvonne: *Schiller und das Recht*. Göttingen 2012. Nilges betitelt ihr zweites Kapitel bezeichnenderweise „Die Geburt des modernen Rechtsstaats aus dem Geiste der Historie" (S. 87). Schings, Hans-Jürgen: *Revolutionsetüden. Schiller – Goethe – Kleist*. Würzburg 2012, S. 20. „Die Gesetzgebung des Lykurgus und Solon" findet bei Koopmann Erwähnung (S. 107, S. 738 und S. 799). Diese Hervorhebung von *Lykurgus und Solon* steht im Kontrast zu Koopmann, Helmut (Hg.): *Schiller-Handbuch*. 2. durchgesehene und aktualisierte Aufl. Stuttgart 2011, wo ,Lykurgus und Solon' im Sachregister dreimal aufgelistet wird (das Wort ,Europa' nur ein einziges Mal).
10 Schings: *Revolutionsetüden*, S. 17.
11 Ebd., S. 25 und S. 27.

Meine Absicht ist, die Spannung zwischen Gesetzsatzung und moralischem Gerechtigkeitssinn in Schillers Werk als Grundstein der Europäischen Union zu deuten. Schiller war, auch in dieser Hinsicht, „seiner Zeit [...] verblüffend weit voraus!"[12] Dennoch deute ich Schillers Leistung nicht aus „dem Geiste der Historie", wie Nilges es formuliert, sondern aus dem Geiste der *humanitas* im Sinne von Giovanni Pico della Mirandolas (1463–94) *Oratio de hominis dignitate* (1496).[13] Mit seiner Aufwertung des Menschen als frei entscheidendes, selbst gestaltendes Wesen machte Mirandola Schule. Die Selbstbestimmung bildet den Kern der menschlichen Würde, die unabhängig ist von jeglicher staatlichen Identifikation, wie bei Kosmopoliten üblich. In einem Brief an Körner vom 13. Oktober 1789 erklärt Schiller sein Verständnis von „Geist". Dabei kommt der inhärente kosmopolitische Akzent pointiert zum Ausdruck:

> Wir neuern [Europäer] haben ein Intereße in unserer Gewalt, das kein Grieche und kein Römer gekannt hat, und dem das v a t e r l ä n d i s c h e Interesse bey weitem nicht beykommt. Das letzte ist überhaupt nur für unreife Nationen wichtig, für die Jugend der Welt. [...] Es ist ein armseliges kleinliches Ideal, für e i n e Nation zu schreiben; einem philosophischen Geist ist diese Grenze durchaus unerträglich. (FA 6, 847 f.)[14]

Also ein *philosophischer* Geist, der *in* der Geschichte spürbar wird. (Man denke ferner an Schillers Unterscheidung zwischen dem „Brotgelehrte[n]" und dem „philosophische[n] Kopf"). Im 8. der *Briefe über Don Carlos* bezeichnete Schiller die Humanität als „Lieblingsgegenstand unsers Jarhzehents", welche „die höchstmögliche Freiheit der Individuen bei des Staats höchster Blüte" verbindet.[15] Geschichte verstand Schiller allerdings nicht *konsequent* als eine selb-

---

**12** Nilges: *Schiller und das Recht*, S. 142. Nilges spricht an dieser Stelle speziell von Vorstellungen der Frauengleichberechtigung, der Wahlfreiheit und des Staatenbundes. Olympe de Gouges (1748–93) schrieb ihre *Déclaration des droit de la femme et de la citoyenne* ein Jahr nach der Niederschrift vom Schillers zweitem Buch der *Geschichte des Dreißigjährigen Kriegs* im *Historischen Kalender für Damen* (FA 8, 213), obwohl de Gouges' *Déclaration* und Schillers Beitrag zum *Historischen Kalender* im gleichen Jahr, 1791, erschienen.
**13** Picos Neffe Gianfrancesco Pico della Mirandola veröffentlichte die Rede posthum. Ursprünglich hatte die Schrift, als Einleitungsrede einer geplanten Disputation konzipiert, keinen Titel. *De hominis dignitate* (Über die Würde des Menschen) war zunächst nur eine Randnotiz gewesen. Jedoch schien sie so treffend, dass sie in der Ausgabe von 1557 zum Titel gewählt wurde. Freilich war die Rezeption von Picos Werk im 18. Jahrhundert indirekt. Siehe Copenhaver, Brian: „Giovanni Pico della Mirandola". In: *The Stanford Encyclopedia of Philosophy*, 2012. http://plato.stanford.edu/archives/sum2012/entries/pico-della-mirandola/ (Stand: 05.09.2016).
**14** Schiller an Körner, 13.10.1789.
**15** Schiller, Friedrich: „Briefe über Don Carlos". In: *Friedrich Schiller: Sämtliche Werke*. Hg. v. Peter-André Alt, Albert Meier u. a. 5 Bände. Bd. 2. München 2004, S. 251.

ständige Universalisierungsmacht mit eindeutig progressiver Tendenz. Sie ist von den Menschen selbst abhängig, die Geschichte machen. Zur gleichen Zeit wie Kant und Wieland überlegte sich auch Schiller, wie man den anhaltenden Frieden stiften und die Menschenwürde in ganz Europa garantieren könne. Diese Wunschvorstellung hat Tradition.[16] So oft und gerne Schiller die zunehmende Universalisierung menschlicher Milde und Toleranz im Munde führte, der zyklusartige Geschichtsablauf erteilte eine andere Lektion.

Mir geht es weniger um Geschichte als äußerliches Gefüge von Verkettungen zwischen den Staaten Europas, dem Schiller in seiner *Geschichte des Abfalls der vereinigten Niederlande von der spanischen Regierung* und *Geschichte des Dreißigjährigen Kriegs* nachspürte. Dabei bewirkten die beiden Europa umspannenden Ereignisse – die Union von Utrecht 1579 und der Westfälische Frieden 1648 – neue europäische Länderkonstellationen. Vielmehr interessiert mich eine neue mentale Topografie Schillers mit politischen Implikationen: seine eigene Version von „Getting to Denmark". Diesbezüglich hebt Schiller beispielsweise im *Abfall der Niederlande* die noch frühere historische Bedeutung von Brabant und Holland als Sammelplatz von Tausenden vertriebenen freiheitssuchenden Menschen „aus allen Distrikten Europens" (FA 6, 47) sowie als wichtigen „Stapelort zwischen Norden und Süden", wo „Portugiesen, Spanier, Italiener, Franzosen, Britten, Deutsche, Dänen und Schweden" zusammenflossen (FA 6, 66–67) hervor. Durch die Verkehrswege Fluss und Meer waren die Niederlanden mit ganz Europa vernetzt.

Im Vorbericht zur *Allgemeinen Sammlung historischer Memoires* erklärte Schiller am 25. Oktober 1789, wie er Geschichte schreiben wolle und wer sein Zielpublikum sei. Er habe „zugleich den kompetenten Kenner" wie auch „den flüchtigen Dilettanten" (FA 6, 514) im Auge. Während jener den Wert des Inhalts schätze, findet dieser Befriedigung durch die informale Schreibart. Somit positionierte Schiller seine Geschichtsschreibung zwischen dem Gelehrtentraktat in fundiertem, tro-

---

16 Man erinnere sich an Penn, William: *Present and Future Peace of Europe* (1693); de Saint Pierre, Charles Irénée: *Projet pour render la paix perpetuélle en Europe* (1713, anlässlich des Friedens von Utrecht); Wieland, Christoph Martin: *Das Geheimnis des Kosmopolitenordens* (1788); Benthan, Jeremy: *Plan for an Universal and Perpetual Peace* (1786–89); Kant, Immanuel: *Universalgeschichte in kosmopolitscher Hinsicht* (1788) und *Zum ewigen Frieden* (1795); Schlegel, Friedrich: „Versuch über den Begriff des Republikanismus" (1796); Fichte, Johann Gottlieb: „Zum ewigen Frieden" (1796); Görres, Josef: „Der allgemeine Friede, ein Ideal" (1798); Novalis: „Die Christenheit oder Europa" (1799). Zur Aufarbeitung der Rechtskonzeption in Kants Abhandlung *Zum ewigen Frieden*, die Nilges als Desiderat benennt (S. 267), vgl. zumindest ansatzweise Kant, Immanuel: *Zum ewigen Frieden*. Hg. v. Otfried Höffe. 3. bearb. Aufl. Berlin 2011. Sonst klammert Nilges diese Vorgeschichte aus.

ckenen Ton und dem Geschichtsroman mit seinem populär lebhaften Erzählstil.[17] Seiner Meinung nach handele die Weltgeschichte nicht von einzelnen vorgegebenen zusammenhängenden Gesamtbildern, sondern lückenhaften memoirenartigen Erinnerungen (FA 6, 516) – oder wie er es bereits in seiner Antrittsvorlesung formuliert hatte, Geschichte sei ein „Aggregat von Bruchstücken" (FA 6, 427) mit „viele[n] Lücken" und „leere[n] Strecken in der Überlieferung" (FA 6, 426).[18] Diese Teilperspektiven, so heißt es wiederum im Vorbericht zur *Allgemeinen Sammlung*, seien so verwirrend und komplex, dass sie erst „durch eine fortgeführte Erzählung aus[ge]füllt" (FA 6, 513) werden müssten, um verständlich zu werden. Aus den verwirrenden historischen Ereignissen reime sich der Universalhistoriker einen Sinn des Ganzen zusammen. Dass der „Inhalt auf ein größeres Ganze hinzuweisen" habe (FA 6, 515), sei Zugabe des optimistischen Betrachters; er erhebe nämlich „das Aggregat zum System, zu einem vernunftmäßig zusammenhängenden Ganzen" (FA 6, 427).[19] Das „*menschliche* [...] Jahrhundert" (FA 6, 430) sei kein Ergebnis des blinden Zufalls, da ein inneres Steuerungssystem heimlich am Werk sei. Schiller suggeriert, das menschliche Jahrhundert sei – ohne es zu wissen oder bewusst zu intendieren – nach einem moralisch gearteten „Naturplan" zustandegekommen (FA 6, 430).[20] Das ist letzten Endes ein Glaubensbekenntnis, keine nüchterne Analyse historischer Ereignisse von der griechisch-römischen Antike über die Völkerwanderungen und Eroberungszüge der Muslime zum christlichen Mittelalter.[21] Was ist der Gewinn all dieser Veränderungen, fragt Schiller, und pointiert: „War die *Völkerwanderung* und das *Mittelalter*, das darauf folgte, eine *notwendige* Bedingung unserer bessern Zeiten?" (FA 6, 521). Die Antwort lautet ‚ja'. Despotisches Verhalten führt zur Unterdrückung und verursacht allmählich eine Rebellion, während menschenwürdiges Benehmen und Freiheitsliebe wohltuende Früchte tragen. So suggeriert Schiller, die moderne humane Orientierung

---

**17** Schiller, Friedrich: „Vorbericht zu *Allgemeine Sammlung Historischer Memoires vom zwölften Jahrhundert bis aus die neuesten Zeiten*" (FA 6, 513–517, insb. S. 513–514 und S. 516). Ähnlich argumentiert Schiller in seiner Vorrede zum *Abfall der Niederlande* (FA 6, 39–40).
**18** Schiller, Friedrich: „Was ist und zu welchem Ende studiert man Universalgeschichte" (FA 6, 411–431).
**19** Der ganze Passus in der Antrittsvorlesung lautet: „Aus der ganzen Summe dieser Begebenheiten hebt der Universalhistoriker diejenigen heraus, welche die *heutige* Gestalt der Welt und den Zustand der jetzt lebenden Generation einen wesentlichen, unwidersprechlichen und leicht zu verfolgenden Einfluß gehabt haben. [...] [Er] erhebt [...] das Aggregat zum System, zu einem vernunftmäßig zusammenhängenden Ganzen." (FA 6, 425–427)
**20** Abschließend resümiert er am Ende seiner Vortrittslesung: „Unser *menschliches* Jahrhundert herbei zu führen, haben sich – ohne es zu wissen oder zu erzielen – alle vorhergehenden Zeitalter angestrengt." (FA 6, 430)
**21** Vgl. FA 6, 518 u. 521.

des 18. Jahrhunderts sei erst aufgrund ursprünglicher inhärenter Wertnormen möglich (z. B. Freiheit, Menschenrecht, Sittlichkeit, die das griechische und fränkische Altertum ausgezeichnet hätten [FA 6, 521–23]). Durch die Annahme einer solch inneren Steuerung umgeht Schiller die pessimistische Schlussfolgerung, alles sei reiner Zufall in einem chaotischen System.

Schiller war bestrebt, den Widerspruch aufzuheben zwischen dem Wunsch nach einer *objektiv* heilen Welt und wiederholt auftretenden historischen Signalen, dass der Mensch eine unheile Welt bewohnt, das heißt, eine von gewaltsamen Naturkräften beherrschte Sphäre. Eine vielversprechende Lösung meint Schiller in einer Gesetzgebung gefunden zu haben, die analog in den Naturgesetzen wirke. Gesetze der Anziehungs- und Abstoßungskräfte, merkt er an, würden das Chaos der Wirkungen in der Außenwelt in eine harmonische Gesamtordnung selbstorganisatorisch umbilden. Vergleichbar könnte eine moralische Gesetzgebung Ordnung in der geistig-bürgerlichen Welt bewirken.

Die Ausgangsbasis von Europa im 18. Jahrhundert, so argumentiert Schiller in seiner „Universalhistorischen Übersicht" in *Aus der Sammlung historischen Memoires*, ist eine fundamental andere als diejenige in der Antike. „Griechenland und Rom", behauptet er, „konnten höchstens vortreffliche *Römer,* vortreffliche *Griechen* erzeugen" (FA 6, 520). Im Mittelalter sieht Schiller ein neues geistiges Zeitalter aufgehen, als allein in Europa „die Energie des Willens mit dem Licht des Verstandes zusammentraf", und ein neuer Enthusiasmus das Vaterlandsgefühl „einem höhern Vernunftidol" opferte (FA 6, 525). Somit betrachtet Schiller christliches Mittelalter und säkularisierende Renaissancebewegung einheitlich als Beginn der Aufklärung. Metaphorisch vergleicht Schiller die Entwicklung der Staaten mit „jährigen Pflanzen" (FA 6, 525), die schnell aufblühen und genauso rasch verblühen. Aufklärung sei dagegen eine langsam wachsende Pflanze, die weit mehr Bestand habe. Woher dieser Unterschied, fragt er? Entscheidend sei die Gründung von Staaten, die von einzelnen Menschen und Dynastien abhängig ist. Oder wie Schiller es formuliert: Staaten seien „der *Leidenschaft* anvertraut" (FA 6, 525). Jahrhunderte sollten vergehen, bis die Entwicklung der Köpfe, d. h. der Aufklärung, stark genug gewachsen sei, die Leidenschaft als regulatives Prinzip zu ersetzen. Einen Grundkonflikt zwischen Freiheit und Kultur prognostiziert er, wobei Freiheit den höchsten menschlichen Wert darstelle und erkämpft werden müsse, während Kultur, die gleichfalls unentbehrlich sei, eher mit ordnungsstiftender Ruhe assoziiert werde. Gesetze könne nur der Mensch sich selber geben; dagegen hätten „[a]lle verfeinerte[n] Nationen des Altertums [...] ihre [...] Kultur mit ihrer Freiheit erkauft" (FA 6, 526). Staatsruhe und Menschenfreiheit seien damals unvereinbar gewesen. Auch Europa habe eine lange kriegerische Vergangenheit gehabt. Doch habe sie sich durch jene „*politische[n]*" Auseinandersetzungen durchgerungen und so einen neuen „*moralische[n]*" Zustand erreicht (FA

6, 525 f.). Wir hätten etwas, das „[k]einer von *unsern* [gegenwärtigen] Staaten [in Europa]" hat (FA 6, 520), so Schiller. „[W]ir haben *Menschenfreiheit*; ein Gut, das [...] auf dem festen Grunde der Vernunft und Billigkeit" beruhe (FA 6, 521). So ein Recht hätte der römische Bürger nicht gehabt (FA 6, 521). „Nur Europa", so schließt er diesen Gedankengang, „hat Staaten, die zugleich erleuchtet, gesittet und *ununterworfen* sind; sonst überall wohnt die Wildheit bei der Freiheit, und die Knechtschaft bei der Kultur." (FA 6, 526) Je mehr sich diese Menschenfreiheit mit Vernunft und Billigkeit paart, desto gesitteter, ununterworfener und stärker werde allmählich der Staat.²² Mag sein, dass Schiller die Geschichte Europas durch eine rosafarbene Brille betrachtet hat. Doch festzuhalten ist seine Ansicht über die Leidenschaft als Basis früherer Staatsformen. Möge die Leidenschaft so wandelbar sein wie auch immer, so hat Vernunft laut seiner neuen Perspektive Bestand. Vernunft als Freiheit bildet den Grundpfeiler des neuen Staatswesens. Mit dem üblichen Patriotismus hat dieses Staatsverständnis nichts zu tun. Außerdem nimmt Schillers Deutung einen Grundsatz der Europäischen Union vorweg.

In dem vorhin zitierten Brief an Körner hatte Schiller seine Ansichten über den üblichen Patriotismus nämlich so formuliert: Die vaterländische Liebe „ist überhaupt nur für unreife Nationen wichtig. [...] Es ist ein armseliges kleinliches Ideal, für e i n e Nation zu schreiben [...]." (FA 6, 847 f.)²³ Daraus lässt sich Schillers länderübergreifende ‚Politik' ableiten, denn er schrieb im Grunde genommen für alle Zeiten, für alle Nationen Europas. Damit leuchtet ein, warum ihn, ähnlich wie viele seiner philosophisch veranlagten Zeitgenossen, die blinde ‚patriotische' Übereiferung in Frankreich enttäuschte.

Vor diesem Hintergrund möchte ich im Folgenden Lykurgus, Solon, Wallenstein und Tell als Stationen seines Weltbildes betrachten. Lykurgus und Solon sind repräsentativ für die griechische Antike, Wallenstein, das kriegerische 17. Jahrhundert und Tell stehen stellvertretend für die ideale Freiheitsgesinnung. Alle vier Persönlichkeiten profiliert Schiller memoirenartig, indem er Lücken in ihren jeweiligen Lebenszeiten durch narrative Zusätze ergänzt und indem er die Zeitbrüche zwischen der vorchristlich griechischen Antike, den universa-

---

22 Der ganze Passus lautet: „Keiner von *unsern* [gegenwärtigen] Staaten [in Europa] hat ein römisches Bürgerrecht auszuteilen, dafür aber besitzen wir ein Gut, das, wenn er Römer bleiben wollte, kein Römer kennen durfte, – und wir besitzen es von einer Hand, die keinem raubte, was sie Einem gab, und, was sie Einmal gab, nie zurücknimmt, wir haben *Menschenfreiheit*; ein Gut, das – wie sehr verschieden von dem Bürgerrecht des Römers! – an Werte zunimmt, je größer die Anzahl derer wird, die es mit uns teilen, das von keiner wandelbaren Form der Verfassung, von keiner Staatserschütterung abhängig, auf dem festen Grunde der Vernunft und Billigkeit ruhet." (Schiller: *Allgemeine Sammlung historischer Memoires*, FA 6, 520 f.)
23 Brief Schillers an Körner vom 13.10.1789.

lisierenden Ansprüchen des Heiligen Römischen Reichs Deutscher Nation des 13./14. Jahrhunderts und den Reformationen des 17. Jahrhunderts als wesensverwandt deutet. Erst wenn wir sie zusammenbinden, ergibt sich aus den einzelnen Teilperspektiven ein Gesamtgemälde von Schillers Europa-Vision um 1800.

## 2 Gerechte Gesetzgebung – Lauigkeit

Im Vergleich mit Schillers anderen historischen Schriften ist *seine Gesetzgebung des Lykurgus und Solon* (1787) bis vor Kurzem selten Gegenstand der Forschung gewesen, wenn der Aufsatz auch in den Zyklus seiner sonstigen aufklärerisch-universalhistorischen Studien eindeutig eingegliedert ist. Lützeler, Schings und besonders Nilges heben dieses Defizit mit ihren detaillierten Studien auf.[24] Doch wies Benno von Wiese in seiner Schiller-Rede 1959 darauf hin, dass Sophie und Hans Scholl zum Widerstand gegen die Tyrannei Hitlers mit Zitaten aus Schillers *Lykurgus*-Vorlesung aufgerufen hatten.[25] Genau diesen Text machte der schottisch-amerikanische Historiker Gordon A. Craig im Protestjahr 1968 zur Grundlage eines Vortrags mit dem Titel „Friedrich Schiller and the Police".[26]

Von der Schiller-Forschung zu wenig beachtet ist ferner Paul Michael Lützelers *Identität und Gleichgewicht: Schiller und Europa*.[27] Lützeler hebt hier hervor, wie dieser „wertende Blick auf die verfassungsmäßigen Grundlagen der griechischen Antike" Schiller zur Beurteilung der „rechtlichen und politischen Gegebenheiten seiner eigenen Zeit" verholfen habe.[28] Das Gleichgewicht europäischer

---

[24] Bereits 1982 hatte Helmut Koopmann auf das große Desiderat der Schiller-Forschung hingewiesen: Schiller und die Aufklärung, wobei des Dichters kleinere Schriften ergiebige Quellen vertiefender Einsichten sein dürften. Vgl. Koopmann, Helmut: *Schiller Forschung 1970–1980*. Marbach/Neckar 1982, S. 57, S. 63, S. 167 und S. 202. Allerdings findet hier *Lykurgus und Solon* keine Erwähnung.
[25] Wiese, Benno von: *Schiller. Festschrift 1959*. Köln 1960, S. 7.
[26] Gelesen vor der American Philosophical Society in Philadelphia am 19. April 1968, Erstdruck: Craig, Gordon A.: „Friedrich Schiller and the Police". In: *Proceedings of the American Philosophical Society* 112 (1968) H. 6, S. 367–370. Ebenso Craig, Gordon A.: *The Politics of the Unpolitical: German Writers and the Problem of Power 1770–1871*. New York 1995. Deutsche Übersetzung: *Die Politik der Unpolitischen. Deutsche Schriftsteller und die Macht 1770–1871*. München 1993. Hg. v. dems. Übersetzt von Karl Heinz Siber. New York 1995, S. 37–44. Verwendet wurde die englische Fassung.
[27] Eine Zentralstellung nimmt *Lykurgus und Solon* in Lützelers Darstellung von Schillers politischem Weltbild ein, das an sich ein Europabild ist. Vgl. hierzu Lützeler: „Identität und Gleichgewicht", S. 53–54.
[28] Ebd., S. 54.

Großmächte *(balance of power)* habe Schiller als Leitbild gedient.²⁹ Drei Grundkonflikte nimmt er wahr: (1) zwischen England und Frankreich, (2) England und Spanien, (3) Frankreich und Deutschland.³⁰ Hier verwendet Lützeler die frühe Verfassungsdiskussion in *Lykurgus und Solon* als Folie für die Pro- und Kontrapositionen im Konflikt zwischen politischer Freiheit und dem Absolutismus Schillers eigener Zeit. Anliegen dieses Aufsatzes ist es also einerseits, in Erinnerung zu rufen, wie grundlegend die kleine Schrift *Lykurgus und Solon* war. Andererseits will ich die Akzente etwas anders setzen, indem ich im Folgenden die Rolle des „Geistes" betone und gleichzeitig auf die von der Forschung m. E. zu wenig beachteten Zusammenhänge von Schillers Vorstellungen mit den politischen Ansichten Wielands in der kritischen Entstehungszeit der *Lykurgus-und-Solon*-Schrift hinweise. Wegen seiner weitreichenden politischen und historischen Kenntnisse gehörte Wieland „zu der kleinen Gruppe, die im Politischen mitsprechen konnte". Und Schiller teilte seine Meinung, dass Erziehung und Bildung des Individuums einer nachhaltigen sozial-politischen Reform notwendigerweise vorangehen müsste.³¹

Ende der 1780er Jahre bemühte sich Wieland intensiv um seinen schwäbischen Landsmann Schiller. Die erste Begegnung fand am 23. Juli 1787 statt. Kurz danach publizierte Wieland eine wohlgesinnte (wenn auch nicht unkritische) Rezension von *Don Karlos* im *Teutschen Merkur* (Herbst 1787). Der ältere Dichter versuchte Schiller als Mitherausgeber des *Teutschen Merkur* zu gewinnen und hegte die Hoffnung, in ihm sogar einen potenziellen Schwiegersohn gefunden zu haben. Öffentlich reagierte Wieland begeistert auf Schillers historische Studien. Er publizierte die ersten Bücher der *Geschichte des Abfalls der vereinigten Niederlande von der Spanischen Regierung* (1787–88) im *Teutschen Merkur*, lobte die ersten Ergebnisse als Muster der neuen Geschichtsschreibung und ermutigte den jüngeren Zeitgenossen, das Werk fortzusetzen. Der Zusammenarbeit mit Wieland verdanken wir ferner die Entstehung der *Götter Griechenlands* (1788) und der *Künstler* (1789).³² Der intensive Kontakt fiel gerade in jene Zeit, als Wieland seine eigenen politischen Essays über Glaubensfreiheit, Redefreiheit, Menschenerzie-

---

29 Ebd., S. 63.
30 Ebd., S. 64 ff.
31 Fink, Gonthier-Louis: „Wieland und die Französische Revolution". In: *Deutsche Literatur und Französische Revolution*. Hg. v. Richard Brinkmann u. a. Göttingen 1974 (Kleine Vandenhoeck Reihe 1395), S. 5–38, hier S. 33, vgl. S. 35. Allerdings waren Anzeichen von Wielands Skepsis gegenüber wahrer politischer Reform ohne wahre Bildung der Betroffenen lange vor der Französischen Revolution spürbar, wie ich weiter unten hervorhebe.
32 Vgl. Oellers, Norbert: *Schiller. Bilder und Texte zu seinem Leben*. Hg. v. Axel Gellhaus u. dems. Köln, Weimar u. a. 1999, S. 135.

hung und Kosmopolitismus verfasste und dem Publikum übergab.[33] Leitgedanke dieser Essays war der, dass jedes Individuum Bindeglied einer zivilen Gesellschaft und der Schriftsteller in erster Linie Diener der Nation sei. Deshalb sei er aufgefordert, zur geistig-moralischen Besserung der Menschheit Wesentliches beizutragen.

Wie viele Intellektuelle, von Johann Wilhelm von Archenholz (1743–1812) bis Johannes Heinrich Daniel Zschokke (1771–1848), hielt Wieland die Französische Revolution zunächst für gut und notwendig. Er hatte sie sogar 1788 in seinem Aufsatz *Das Geheimnis des Kosmopolitenordens* als eine „wohltätige Reform" antizipiert. Sie sollte allerdings nicht durch Gewalt, sondern durch die „sanfte, überzeugende, und zuletzt unwiderstehliche Übermacht der Vernunft" bewirkt werden.[34] Von Anfang an betrachtete er die Revolution als ein epochengeschichtliches Ereignis, als den Beginn eines neuen *europäischen* Zeitalters. Für ihn war sie das große Experiment einer fundamentalen Neuordnung des Staatswesens aufgrund moralischer und rechtlicher Prinzipien der europäischen Aufklärung.[35] Schillers Konzept weist deutliche Parallelen hierzu auf.

Wielands Hoffnung auf eine kosmopolitische Staatsfassung (eigentlich ein Widerspruch in sich, weil echte Kosmopoliten Weltbürger sind) wurzelt in seiner Reaktion auf den Siebenjährigen Krieg, der wegen seiner Auswirkungen außerhalb des europäischen Kontinents gelegentlich als erster Weltkrieg bezeichnet wird. Diese Reaktion findet man schon im Heldenepos *Cyrus* (1756–57). Aus jener Zeit stammen auch Wielands *Gedanken über den patriotischen Traum von einem Mittel, die veraltete Eidgenoßschaft wieder zu verjüngern* (1758), die im Zusammenhang mit *Wilhelm Tell* von Interesse sind.[36] Alle diese Schriften schließen

---

33 Etwa Wieland, Christoph Martin: „Rechte und Pflichten der Schriftsteller" (1785), „Gedanken von der Freiheit über Gegenstände des Glaubens zu philosophieren" (1788) und „Das Geheimnis des Kosmopolitenordens" (1788). Sämtlich im *Teutschen Merkur* erschienen.
34 Wieland: „Geheimnis des Kosmopolitenordens", H. III, S. 569.
35 Jørgensen, Sven Aage u. Herbert Jaumann u. a.: *Christoph Martin Wieland. Leben – Werk – Wirkung*. München 1994, S. 179.
36 Wieland, Christoph Martin: „Gedanken über den patriotischen Traum von einem Mittel, die veraltete Eidgenoßschaft wieder zu verjüngern". In: *Wielands Werke: Prosaische Jugendwerke*. Bd. 4. Hg. v. Fritz Homeyer u. Hugo Bieber. Berlin 1916, S. 206–218. Dort bekennt Wieland: „Diese etwas überspannte Zuneigung [für Republiken], oder vielmehr dieser Eifer, wurde gemäßigter, als ich mit zunehmenden Jahren einsahe, daß man auch in Monarchien glüklich und in Republiken elend leben [...], daß man unter einem Könige frey, und in einer Republik ein Sclave seyn kann, und daß nicht die Art der Regierungsform, sondern unsere eigene Tugend, und die Tugend der andern, die mit uns in einer Gesellschaft verknüpft sind, die wahre und einzige Quelle der Glükseligkeit auf Erden ist" (S. 208). In einem Brief an Lochmann vom 26. November 1756 hatte Wieland betont, dass Monarchien zur Ungleichheit tendieren („la distance presque infinie, qu'on

sich an den damaligen Diskurs, der u. a. in Moses Mendelssohns *Über die Frage: was heißt aufklären?* (1784) und Kants *Beantwortung der Frage: was ist Aufklärung* (1783) sowie der *Idee zu einer allgemeinen Geschichte in weltbürgerlicher Sicht* (1784) gipfelt.[37]

Selbstverständlich kannte Schiller *Die Geschichte des Agathon* (1766/67, 1774, 1794), wo die atheniensische Regierungsform mit ihren Abwandlungen genau wiedergegeben wird und wo ein geschmeidiger Erzählstil sich mit fundiertem Wissen paart, wie Schiller dies in seinen historischen Schriften um 1790 als Ideal bezeichnete.[38] In seinen Bestsellern *Sokrates Mainomenos oder die Dialogen des Diogenes* (1770) und *Der Goldene Spiegel* (1772) hatte Wieland die ungleiche Verteilung des Eigentums als kriminelles Verbrechen gegen die Menschheit schärfstens kritisiert. Mit dieser Auflistung will ich den Einfluss von Johann Christoph Gatterer (*Weltgeschichte in ihrem ganzen Umfange*, Bd. 1, 1785), Johann Gottfried Herder (*Ideen zur Philosophie der Geschichte der Menschheit*, Bd. 3, 1787), Samuel von Pufendorf (*De jure naturae et gentium libri octo*, 1672) und Montesquieu (*De l'esprit de lois*, 1748) auf Schillers Text keineswegs bagatellisieren. Vorstellungen und Werte, die gang und gäbe waren oder wenigstens *in nuce* präsent, treten bei Schiller in den Vordergrund. Die Kritik an Konsum, Luxus und übermäßigen Reichtums als destabilisierenden Sozialfaktoren kehrt in *Die Gesetzgebung des Lykurgus und Solon* wieder. Die kleine Schrift fungiert mit Schillers Darstellung des Verfassungspatriotismus in der Antike eindeutig als Schlüsseltext und wird zu einem Plädoyer für die repräsentative Demokratie. Damit erreicht sie eine politische Aktualität wie kein anderer Text.[39] Dies berechtigt ein Resümee über

---

met dans les Monarchies entre un Homme de qualité et un rustre"; *Wielands Briefwechsel*, Bd. 1, S. 289), während Republiken durch ihre Neigung zur Gleichheit, Sparsamkeit, Einfachheit des Geschmacks und Moderation ausgeglichener seien („l'égalité, de la moderation, de la frugalité et de la simplicité"; ebd.). Zit. n. Speltz, Andrea: „Multiperspectivism in Wieland's Cyrus". In: *Lessing Yearbook* 42 (2015), Fn. 58.

**37** Viele Intellektuelle nahmen an der regen Debatte teil. Vgl. Batscha, Zwi (Hg.): *Aufklärung und Gedankenfreiheit. Fünfzehn Anregungen, aus der Geschichte zu lernen*. Frankfurt/Main 1977.

**38** In Weimar traf Schiller auch bald auf den Freimaurer Johann Joachim Christoph Bode, der versuchte, ihn zu einer Mitgliedschaft zu bewegen. Intensiv war allenfalls der Verkehr mit Wieland, Bode, Herder und Frau von Kalb zur Zeit von Schillers universalhistorischen Studien.

**39** In seinem *Schiller-Handbuch*, das auf ein allgemeines Lesepublikum ohne spezifische Fachkenntnisse zielt, hat Matthias Luserke-Jaqui einsichtsvoll, wenn auch lakonisch und ohne Textanalyse, konstatiert: „Neben Sparta und Athen aber ist ein dritter geschichtlicher Zusammenhang mit im Spiel: Schillers eigene Zeit. Deren zentrale Themen [von *Lykurkus und Solon*] nimmt Schiller als Maßstäbe des Vergleichs: das Verhältnis von politischer Verfassung und Kultur, Bürgerrechte und Menschenrechte, politische Verfassung und soziale Struktur. Schließlich wird die Darstellung des Verfassungspatriotismus in der Antike zu einem Plädoyer für die repräsentative

Schillers Fortschrittlichkeit: „Auch hier war er Avantgardist", wenn Ähnliches bei Wieland auch schon früher festzustellen ist.⁴⁰

In *Lykurgus und Solon* schreibt Schiller bezüglich Sparta beispielsweise: „[E]s gab [in Sparta] nichts als Bürger, nichts als bürgerliche Tugend" (FA 6, 487). „Bürger" steht hier für ein mechanisches Rad in der Staatsmaschinerie, während die genannte „bürgerliche" Tugend der Gehorsam sei, was nichts anderes bedeutet als Mangel an Eigeninitiative, den blinden Patriotismus, die totale Ergebenheit an den Staat. Da bleibe kein Raum für echte Liebe übrig (er meint u. a. Mutter-, Vater-, Gattenliebe, Freundschaft). Schillers Meinung nach verhindere die spartanische Staatsverfassung die Entwicklung aller echt menschlichen Kräfte und unterbinde vor allem „die Fortschreitung des Geistes" (FA 6, 486). Demnach sei diese Regierungsform nicht nur schädlich, sondern müsste von vorneherein abgelehnt werden („verwerflich und schädlich", FA 6, 486). Somit charakterisiert Schiller Sparta metaphorisch als „das Uhrwerk des Staates" und stempelt Lykurgus' Staatssystem als stümperhaft despotisch ab („schülerhaften unvollkommnen Versuch – das erste Exercitium des jugendlichen Weltalters", FA 6, 488 f.). Letztendlich hebt er hervor, der Gesetzgeber müsse sein wie ein Bildhauer, der aus rohem Stein die darin inhärente Form entstehen lasse. Allerdings sei der Mensch kein Marmorblock, sondern ein „selbsttätige[r] widerstrebende[r] Stoff". Ursache dieser eigentümlichen Eigenschaft sei „die menschliche Freiheit". Diese innewohnende Essenz zum Vorschein zu bringen, verlange Kooperation zwischen Meißel und Stoff (FA 6, 489 f.). Das gelungene Gleichnis finden wir beispielsweise im *Don Karlos*. Der Verweis auf Freiheit als Grundelement belegt die Nähe des Arguments der *Gesetzgebung des Lykurgus und Solon* zu den anderen historischen Schriften Schillers.

Im Gegensatz zu Sparta und Lykurgus vertreten Athen und Solon die republikanische bzw. demokratische Regierungsform in Schillers Gedankenwelt. Im Gegensatz zur Alleinherrschaft in Sparta mit der Vorstellung vom Staat als Selbstzweck herrschte in Solons Athen „[d]er Geist der *Freiheit*" (FA 6, 491) und das Prinzip der Bindeglied-Beteiligung. Es herrschte „der Geist der *gesunden* und *echten* Staatskunst, die das Grundprinzipium, worauf alle Staaten ruhen müssen, nie aus den Augen verlor: sich selbst die Gesetze zu geben, denen man gehorchen soll" (FA 6, 505). Nur so könne in modernen Zeiten eine Regierungs-

---

Demokratie, und damit ist eine politische Aktualität wie in keinem anderen dieser Texte erreicht [...]." In: *Schiller-Handbuch. Leben – Werk – Wirkung.* Hg. v. Matthias Luserke-Jaqui unter Mitarbeit von Grit Dommes. Stuttgart, Weimar 2005, S. 326.
40 Lützeler: „Identität und Gleichgewicht" und ferner Ders.: „Friedrich Schiller: Die Verschwörung des Fiesco zu Genua". In: *Geschichte in der Literatur.* München 1987, S. 67–85.

form entstehen, die geeignet sei, dauerhaft zu wirken durch die Unterbindung solcher Gefahren wie der egoistischen Überschwänglichkeit, des hemmenden Regelzwangs, des übermäßigen Reichtums und der anarchistischen Gesetzlosigkeit mit ihren schädlichen Auswirkungen. Freilich wusste Schiller mit einem Blick auf das eigene Zeitalter, dass die Erreichung dieses (wohl utopischen) Zieles der Zukunft vorbehalten ist. Bezeichnenderweise schreibt er: „[E]ine glückliche Mitte zu treffen" zwischen direkter Demokratie mit ihren großen Versammlungen, Vorteilen und Übeln einerseits und der absolutistischen Monarchie mit ihren kleinen Sitzungen, Vor- und Nachteilen andererseits, „ist das schwerste Problem, das die kommenden Jahrhunderte erst auflösen sollen" (FA 6, 505). Doch den Weg dorthin zeigte er bereits an: nämlich durch repräsentative Vertretung der verschiedenen Einkommensklassen der Republik sowie durch Solons Gesetze, die wie „laxe Bänder" funktionierten, „an denen sich der Geist der Bürger frei und leicht nach allen Richtungen" bewegen konnte, ohne das Gefühl zu haben, gelenkt zu werden (FA 6, 506 und 497). Anfangs, vor Auftritt des Solon (der selbst aus königlichem Hause stammte), sei die Lage allerdings schlimm gewesen. Schiller erklärt:

> Damals war der Zustand des athenensischen Volks äußerst zu beklagen. *Eine* Klasse des Volks besaß alles, die *andre* hingegen gar nichts; die Reichen unterdrückten und plünderten aufs unbarmherzigste die Armen. Es entstand eine unermeßliche Scheidewand zwischen beiden. (FA 6, 494)

In diesem zugespitzten, heftig sozialkritischen Ton fährt Schiller fort bis zur abschließend scharfen Kritik an der Leibeigenschaft, die Schiller als „abscheulichen Menschenhandel" brandmarkt (FA 6, 494).

Mit Solon, der von Natur aus einen „sanfte[n] billige[n] Charakter" gehabt und den Ruf eines Weisen in Folge seiner Weltreisen und Erfahrungen mit anderen Völkern und Staaten genossen habe, seien neue Werte aufgetreten, vor allem Sanftmut, Milde und Verständigkeit (FA 6, 495). Der Weise Solon erscheint als ein ideales Wesen: er „war der beste Staatsmann, der erfahrenste Feldherr, der tapferste Soldat". Ja, „seine Weisheit" sei „in alle Geschäfte seines bürgerlichen Lebens" geflossen (FA 6, 495; „bürgerlich" bedeutet hier soviel wie städtisch). Was ihn ferner auszeichnete, war seine Bekämpfung des Desinteresses gegen das gemeine Wesen, die Lauigkeit (FA 6, 498 und 503). Anders als bei Lykurgus begreift Solon die Vaterlandsliebe als freiwilligen Einsatz der einzelnen Bürger für das Gemeinwohl. Dabei genießen die Bürger die Priorität, nicht der Staat. Der Staat solle nur Diener der Bürger sein, jedem Individuum die Mittel zur Verfügung stellen, die es braucht, um seine Talente frei entfalten zu können. Dagegen herrschte in Sparta die Ansicht, Aufgabe der Bürger sei es, ganz im Dienste des

Staates zu stehen; im System des Lykurgus wurde die individuelle Freiheit stark unterbunden. Bewundernswert blieb Schiller, wie oben angeführt, stets „der Geist, der den Solon bei seiner Gesetzgebung beseelte" (FA 6, 505). Und dieser Geist – die Wiederholung lohnt sich – ist nichts anderes als die respektvolle menschenwürdigende Einstellung, die zu einer *„gesunden* und *echten* Staatskunst" führt. Also menschenrechtliche moralische Bildung als Grundpfeiler des Staatswesens. Damit formuliert Schiller das „Grundprinzipium" aller gelungenen Staatsformen, das den Bürgern erlaubt, ihre Pflichten dem Staate gegenüber gerne und freiwillig „aus Einsicht und aus Liebe" zu erfüllen (FA 6, 505). Trotz seines politischen Akzents weist dieser Gedanke voraus auf den Wesenskern von Schillers ästhetischem Argument in späteren Schriften wie *Über Anmut und Würde* und den Briefen *Über die ästhetische Erziehung des Menschen*.

## 3 Wallenstein und Tell: Das Gemeine gegen das kollektive Bewusstsein

Auf der Bühne übernehmen *Wallenstein* und *Wilhelm Tell* Leitbildfunktion in Schillers Darstellung einer gerechten sozialpolitischen Ordnung. Die historischen Dramen hinterlassen Spuren eines universalhistorischen Planes zur Änderung des Tradierungsmodells Europa mit weittragenden Konsequenzen für das heutige Europa. Stauffacher, der brave erfolgreiche Großbauer in *Wilhelm Tell*, formuliert das Grundproblem metaphorisch, wenn er im Gespräch mit seiner Frau Gertrud über das neu gebaute Haus besorgt sagt: „Wohl steht das Haus gezimmert und gefügt, / Doch ach – es wankt der Grund auf den wir bauen". (FA 5, 396) Gemeint ist die ins Wanken geratene alte Gesetzordnung der Eidgenossenschaft. Aber auf Wallensteins Friedensplan ließe sich die Metapher des instabilen Fundaments im gleichen Sinne anwenden. Wenn er nicht wirken könne, sei er vernichtet. Der Grund auf dem er steht, ist nicht mehr jener „von Pflicht und Recht, / Nur von der Macht und der Gelegenheit!", wie ihm Gräfin Terzky sagt (FA 4, 172 und 175).

Und Wallenstein erklärt seinen Plan im Gespräch mit dem Gefreiten, der im Namen der Mannschaft die Befürchtung des Kaiserverrats und Übergangs zu den Schweden nachdrücklich zur Sprache bringt, wenn er erläutert:

> Mir ist's allein ums Ganze. Seht! Ich hab'
> Ein Herz, der Jammer dieses deutschen Volks erbarmt mich.
> Ihr seid gemeine Männer nur, doch denkt
> Ihr nicht gemein, ihr scheint mir's wert vor andern,
> Daß ich ein traulich Wörtlein zu euch rede –
> Seht! Fünfzehn Jahr schon brennt die Kriegesfackel,

> Und noch ist nirgends Stillstand. Schwed und Deutscher!
> Papist und Lutheraner! Keiner will
> Dem andern weichen! Jede Hand ist wider
> Die andre! Alles ist Partei und nirgends
> Kein Richter! Sagt wo soll das enden? Wer
> Den Knäul entwirren, der sich endlos selbst
> Vermehrend wächst – Er muß zerhauen werden.
> Ich fühls, daß ich der Mann des Schicksals bin,
> Und hoffs mit eurer Hilfe zu vollführen.
> (*Wallensteins Tod*, III. 16, V. 1976–1990, FA 4, 223 f.)

Leider gerät sein großer Gedanke in Konflikt mit dem „ganz / Gemeine[n] [...], [dem] ewig Gestrige[n]" (FA 4, 162) des Alltags, der langen Gewohnheiten und Traditionen. Er weiß allzu gut, wie stark der Mensch von der gewohnten Routine abhängt („aus Gemeinem ist der Mensch gemacht", FA 4, 162). Die widerstrebenden Kräfte in der Welt und die „Lauigkeit" der langen Praxis vernichten ihn.

Schauplatz der *Wallenstein*-Trilogie ist Böhmen, das metaphorische Herz der Habsburgischen Macht unter Rudolf II. (1576–1612). Schauplatz des *Tell*-Dramas ist die Schweiz, die geografische Mitte der damaligen europäischen Machtstrukturen. In beiden Loci findet eine Rebellion gegen die herrschende Weltmacht statt, womit das geografische Lokal zum Topos wird. Wallenstein handelt bewusst als Rivale des Kaisers mit seinem Friedensplan zur Rekartografierung Europas. Sein Blick gilt nicht Böhmen, sondern der Weltebene.[41] Zwar agiert Wilhelm Tell im engeren Familienbereich und will nicht weiter schauen, dennoch hat sein Attentat auf Hermann Gessler Signifikanz für das Reich, denn sie steht für individuelles Widerstandsrecht gegen Missbrauch absolutistischer Herrschaft (des *ius divinum*). Tells Tat kann als Plädoyer für republikanische Gesinnungen gedeutet werden, das heißt, für das *ius naturum*, denn der Mensch kann sich bilden und seine individuellen Rechte erst im sozialpolitischen Rahmen sichern. „Ich hab' getan, was ich nicht lassen konnte" (FA 5, 393), spricht Tell, als er dem vom Vogt bedrängten Baumgarten zu entkommen hilft. Und Kuoni hat ja davor den Fischer ähnlich zur Hilfe aufgefordert mit den Worten: „Greif an mit Gott, dem Nächsten muß man helfen, / Es kann uns allen Gleiches ja begegnen." (FA 5, 392)

Es geht letzten Endes um die Neustrukturierung tradierter sozialpolitischer Topografien anhand alter christlicher Vorstellungen des Nächstendienstes. Diese ‚Mindmap' Schillers hatte durchgreifende Folgen für das ‚Remapping' der *Idee* eines einheitlichen Europas, deren Auswirkungen in säkularisierter Form menschenrechtlicher Prinzipien man vor allem in der zweiten Hälfte des 20. Jahrhun-

---

41 Vgl. Wallensteins berühmten Monolog *Wallensteins Tod*, I. 4, V. 139–222, FA 4, 160 f.

derts wahrnimmt. Der geografische Schauplatz spielt dabei eine Rolle: Böhmen im 17. Jahrhundert, Helvetica im 14. Jahrhundert. Zusammen mit Schillers politischen Landkartenbeschreibung von Brabant und Holland bis zum 16. Jahrhundert im ersten Buch seiner *Geschichte des Abfalls der vereinigten Niederlande* (FA 6, 57–60) bilden sie ertragreiche Knotenpunkte im Rahmen einer Deutung der *Gesetzgebung des Lykurgus und Solon*. Alle lenken die Aufmerksamkeit auf den Freiheitsgeist im Schiller'schen Sinne, der zur moralisch-rechtlichen Säule der Europa-Diskussion im 20. Jahrhundert werden sollte. Fragen der Freiheit und Gerechtigkeit reichen damit über rebellische Momente in das antike Griechenland zurück. Den abschließenden Teil des breit gefassten gedanklichen Rahmens bilden dann Schillers *Ästhetische Briefe*. Ihre Lokalitäten sind unbestimmter und kosmopolitischer, weil eben utopisch.[42] Der Werdegang von der *Idee* Europa ist also lang und nicht geradlinig – wie die Küste des europäischen Kontinents selbst.

Will Wallenstein die europäische Landkarte neu gestalten, so dient Tells Handlung als musterhafte Auflehnung des beleidigten Privatmanns gegen die hartherzige Gewaltherrschaft. Zentral ist in beiden Fällen der Konflikt zwischen Gesetz und Recht. In beiden Instanzen handelt es sich um ein rebellisches „Verbrechen", das man zu rechtfertigen versucht. Aber wer der eigentliche Verbrecher ist, hängt von der jeweiligen Perspektive ab. Während Fürst Wallenstein den Frieden durch Kaiserverrat stiften möchte, sucht der Vater Tell nach Vergeltung

---

42 Vgl. Kaiser, Gerhard: „Idylle und Revolution. Schillers ‚Wilhelm Tell'". In: *Deutsche Literatur und Französische Revolution*. Hg. v. Brinkmann, S. 87–128. Vgl. ferner Wilde, Oscar: *The Soul of Man under Socialism* (1891), wo der Dichter behauptet: „A map of the world that does not include Utopia is not worth even glancing at, for it leaves out the one country at which Humanity is always landing. And when Humanity lands there, it looks out, and, seeing a better country, sets sail. Progress is the realisation of Utopias." Das Zitat wird oft unreflektiert gebraucht, vgl. Beaumont, Matthew: „Reinterpreting Oscar Wilde's Concept of Utopia: *The Soul of Man Under Socialism*". In: *The Soul of Man: Oscar Wilde and Socialism*, 2010. http://www.oscholars.com/TO/Specials/Soul/Soul-Beaumont.htm. (Stand: 05.09.2016). Wilde bemerkt, dass der Sozialismus, „by converting private property into public wealth, and substituting co-operation for competition, is only the necessary socio-economic condition for ‚the full development of Life to its highest mode of perfection' (S. 293). [...] His map of the world encompasses Utopia because, to quote Ernst Bloch, an acquaintance of both Brecht and Marcuse, it can foster ‚the power to be amazed and to find the given so little self-evident that only changing it can clarify it'" (S. 481). Am Schluss seiner Untersuchung konstatiert Beaumont: „Wilde's image of a map of the world with Utopia, which reformulates the dominant interpretation of utopianism in the late Victorian period only in order to upset it all the more effectively, is a powerful exhortation not simply to ‚read the present into the future', as Morris put it, but to read the future into the present. It is time that students of utopia stopped misrepresenting it". Beaumont: „Reinterpreting Oscar Wilde's Concept of Utopia".

eines Missbrauchs fremder Autorität. Tells spätere Tat lässt Schiller gleich zu Anfang des Dramas in I. 1 durch den Einschub von Baumgartens Totschlag des Vogts sowie durch die Metapher des nahenden Sturms auf den Vierwaldstättersee vorausahnen. Beide Absichten liegen der späteren Idee eines vereinigten Europa zugrunde, die durch institutionelle Reform künftige verbrecherische Rechtsverstöße unterbinden will.

Ende der 1940er Jahre propagierte der ‚Ehrenbürger Europas', Jean Monnet, den Satz: „La modernisation n'est pas un état de choses, mais un état d'esprit".[43] Es ging ihm wie dem Geistesverwandten Friedrich Schiller, dem ‚Ehrenbürger der Französischen Republik', um die (ästhetische) Erziehung der Menschen. Ein „état d'esprit" sei unverzichtbare Voraussetzung für den Frieden auf dem europäischen Kontinent. Kein Wunder, dass die Europäische Union Jean Monnet zum Patron ihres Bildungsprogramms ernannt hat. Ende der 1970er Jahre forderte Monnet seine Mitbürger immer noch auf, alle Hindernisse zu einem vereinigten Europa zu überwinden, mit dem klaren Urteil, es gäbe keinen anderen Weg für die europäische Völker als eine Union.[44] Seit seiner intensiven Beschäftigung mit der *Geschichte des Abfalls der vereinigten niederländischen Provinzen* ahnte auch Schiller, dass es keinen anderen Weg zu gerechtem und friedsamem Zusammenleben auf dem künftigen europäischen Schauplatz geben würde als *l'union* und *„un état d'esprit"*. Dazu gehört kontinuierliche Bildungsarbeit. Dazu gehört der „Geist der Freiheit". In seiner *Geschichte des Abfalls der vereinigten Niederlande* ist Schiller in das Innere dieser großen Revolution eingedrungen, die er eingangs ein schönes „Denkmal *bürgerlicher Stärke*" nennt (FA 6, 41). Er weist auf die meist unsichtbare, fast endlose Kette von kleinen Wirkungen hin, die zu mächtigen Resultaten führen. Aus geringen Anfängen könne etwas Gewaltiges allmählich hervorgehen. (Dies erinnert an die Vesuvmetapher in *Der Verbrecher*

---

[43] Zit. n.: http://jean-monnet.ch/1945-1950-le-plan-monnet/ (Stand: 05.09.2016).
[44] Monnet, Jean: „Continuez, continuez, il n'y a pas pour les peuples d'Europe d'autre avenir que dans l'union". Zit. n.: http://www.touteleurope.eu/l-union-europeenne/les-fondateurs/synthese/jean-monnet-1888-1979.html (Stand: 05.09.2016). Eine fachkundige Zusammenfassung der Hauptphasen der Entwicklung hin zur Idee eines einheitlichen und gerechten Europas bietet d'Appollonia, Ariane Chebel: „European Nationalism and European Union". In: *The Idea of Europe from Antiquity to the European Union*. Hg. v. Anthony Pagden. Cambridge 2007, S. 171–190. Eine transnationale Identität muss gestiftet werden, die wesentlich kultureller, nicht politischer Art ist. D'Appollonia schreibt: „The confusion tends to obscure the distinction between cultural identity and political power. Yet if a postnational Europe is to exist, it must be generally accepted that culturally different national communities can exist within the same political community" (S. 189). Speziell zu Monnet vgl. Fontaine, Pascal: *Jean Monnet. A Grand Design for Europe*. Luxembourg 1988. Ferner: Brown Wells, Sherrill: *Jean Monnet: Unconventional Statesman*. Boulder, London 2011.

*aus verlorener Ehre*, 1786). In *Wallenstein* und *Tell* konnte Schiller diese Kette kleiner Wirkungen nur andeutungsweise abbilden, da es ihm um eine dramatische moralische Zuspitzung ging. Dennoch spielte die niederländische Rebellion im Denken Schillers eine Vorreiterrolle. Einerseits wegen ihrer komplexen paneuropäischen Vernetzung, andererseits weil „im Schoße des glücklichen Brabants [...] die [europäische] Freiheit geboren" sei, nachdem der spanische König die Bitte um „menschlichere Behandlung", vorgetragen von einer Delegation aus Flandern und Brabant in Brüssel, brutal zurückgewiesen hatte (FA 6, 54).[45] Die Niederlande vertraten für ihn den Ort der Selbstbestimmung, wo die Bürger sich selbst Gesetze geben durften. Jahrhunderte später ist Brüssel – praktisch in der geografischen Mitte von Flandern – zur Hauptstadt Europas bestimmt worden. Die Übereinstimmungen sind leicht nachvollziehbar.

Freilich ist die Umsetzung einer Idee in lebbare Realität kein leichtes Unterfangen (wie jüngste Erfahrungen im 21. Jahrhundert belegen). Wallenstein beklagt emphatisch das damalige wie heutige eigentliche Problem:

> Eng ist die Welt, und das Gehirn ist weit,
> Leicht bei einander wohnen die Gedanken,
> Doch hart im Raume stoßen sich die Sachen,
> Wo Eines Platz nimmt, muß das Andre rücken,
> Wer nicht vertrieben sein will, muß vertreiben.
> Da herrscht der Streit, und nur die Stärke siegt.
> (*Wallensteins Tod*, II.2, V. 787–792, FA 4, 181)

Der Kontrast zwischen dem freien Raum der Gedanken und der beengten Sphäre physischer Materie macht deutlich, warum Schiller meinte, der Geist der gerechten Gesetzgebung sei die einzige Lösung für das Spannungsverhältnis zwischen Moral und Politik. Die Staatsform ist letztendlich gleichgültig. Geist und Charakter der Regierenden wie auch der Regierten und deren kooperative Verständigung geben jeweils den Ausschlag.

Im Hohlraum des Gehirns ist die Reichweite der Ideen endlos und frei. Aber sind die Ideen der Öffentlichkeit preisgegeben, reagieren sie wie physische Objekte: die neue innovative Perspektive kollidiert mit der alten tradierten, unreflektiert sich fortsetzenden Meinung. Und zwei konträre Meinungen können ähnlich wie zwei konkurrierende Gegenstände im Raum den gleichen Platz nicht einnehmen. Aber Ideen behalten dennoch eine gewisse flexible Eigenschaft, die nach Schiller im Hohlraum des Gehirns einheimisch sei. Die Möglichkeit zur Schaffung eines dritten Raums bestehe. Ein mehrdimensionaler Raum, der

---

45 Schiller: „Einleitung" zum *Abfall der Niederlande* (FA 6, 41–56).

Platz gewährt für widerstreitende Ideationen, für ihren Ausgleich, ihre Versöhnung, letztendlich für die Übertragung individueller Ansprüche hinüber in ein gerechtes ausgewogenes Interaktionssystem. Auch die Himmelskörper in einem Sonnensystem agieren nach konkurrierenden Gesetzen der Ausstrahlungs- und Anziehungskräfte, deren agonistische Interaktion die Gesamtgestaltung des Universums festsetzen. Die Wirkungen einer gegenseitigen Anziehungsdynamik – die Anziehungs- und Abstoßungskraft in der Naturwelt, die Schwere hemmender Gewohnheiten und der stärkende Geist der Freiheit in der menschlichen – könnten die übliche Machtpolitik überwinden. Unverzichtbares Grundelement in diesem ausgewogenen dritten Raum war für Schiller der *Geist* der Freiheit, das heißt, die Vorstellungen von Menschenwürde und Gerechtigkeit. In dieser neuen moralischen Welt gehe es nicht um Ursache und Wirkung, sondern um zusammenwirkende Interaktion. Das gemeinsame Ziel sei Harmonisierung, sei Erschaffung eines Gemeinschaftsgefühls, sei Gemeinzweck. Allerdings haftet Interaktionssystemen immer etwas Instabiles an. Ja, die fragile Stabilität ist gar ein Merkmal einer „gesunden, nervösen Staatsverfassung", wie Lessing es formulierte.[46]

In *Über die ästhetische Erziehung des Menschen, in einer Reihe von Briefen* (1795) hatte Schiller einen Plan für die gerechte, erfolgreiche Regierungsform entworfen, basierend auf dem Konzept des Spieltriebs innerhalb eines solchen Interaktionssystems. Herbert Marcuse stuft die ästhetische Funktion Schillers als ein Wirklichkeitsprinzip („reality principle") ein und behauptet, es sei fähig, die sozialpolitische Landkarte neu zu gestalten. Jedenfalls fand die Idee Eingang in Marcuses Sozialphilosophie, wo er Schillers Konzept als „one of the most advanced positions of thought" kennzeichnet.[47] Somit stimme ich nicht mit dem Urteil von Udo Ebert überein, dass „das Nachdenken über Staat und Recht in das Nachdenken über Kunst *übergeht*" und schließlich, ganz am Schluss, vollkommen in der „Kunst *aufgeht*".[48]

---

[46] Vgl. meine Studie zu Lessings *Ernst und Falk*: McCarthy, John A.: „‚Das sicherste Kennzeichen einer gesunden, nervösen Staatsverfassung': Lessing und die Pressefreiheit". In: *Lessing und die Toleranz*. Sonderband zum *Lessing Yearbook* 16 (1986), S. 225–244.

[47] Marcuse, Herbert: *Eros and Civilisation: A Philosophical Inquiry into Freud*. Boston 1966, S. 180–192, Zitat S. 188. Marcuse erklärt ferner: „It must be understood that the liberation from the reality which is here envisaged is not transcendental, ‚inner', or merely intellectual (as Schiller explicitly emphasizes) but freedom *in* the reality" (S. 188).

[48] Ebert, Udo: „Schiller und das Recht". In: *Das Gerechte und das Schöne*. Hg. v. Bauer, S. 63–90. Auch in: *Schiller im Gespräch der Wissenschaften*. Hg. v. Klaus Manger u. Gottfried Willems. Heidelberg 2005, S. 139–169, Zitat S. 169. Zit. nach Nilges: *Schiller und das Recht*, S. 220 f.

Analog zu Schillers Idee einer moralisch gerechten Welt ist der Ausgleich der widerstreitenden Kräfte innerhalb der EU und die Suche nach Koalitionen zum Freiheitsschutz. Die EU-Dynamik besteht aus Spannungen zwischen Mitgliedstaat und Brüssel, sowie auch zwischen den Regionen und der Landesregierung. EU-Skeptiker beschuldigen Brüssel des universellen Machtanspruchs. Die Ausbalancierungsversuche der EU beschwören die alte Angst um Verlust der individuellen Freiheit herauf. Auch im internationalen Bereich stößt die normative Gestaltungsdynamik des heutigen europäischen „Völker- und Staatenbundes" an Grenzen, die an Aufstieg und Verfall despotischer bzw. demokratischer Regierungsformen in Sparta und Athen erinnern. Dies sind Aspekte des Doppelsinns des Lebens, den Wallenstein beklagt[49] und der Tell noch anhaftet.[50]

---

49 „Strafbar erschein' ich, und ich kann die Schuld, / Wie ich's versuchen mag! nicht von mir wälzen; / Denn mich verklagt der Doppelsinn des Lebens" (FA 4, 160).
50 Alt, Peter-André: *Schiller. Leben – Werk – Zeit. Eine Biographie*. München 2000, S. 565–586, Zitat S. 572. Alt spricht von der „elegischen Perspektive" des Dramas, das „Neues gebiert", indem „Altes auf qualitativ andere Weise" wiederholt wird (S. 585). Ferner arbeitet Alt den Konflikt zwischen der „Soft-Revolution" der Eidgenossenschaft und dem Verrat an kaiserlicher Macht differenziert heraus, die die Restitution alter freiheitlicher Privilegien dem Kaiser gegenüber anstrebt, allerdings mit der neuen Forderung nach interner gesellschaftlicher Gleichheit (d.i., die Brüderlichkeit) (S. 574; vgl. *Tell*, V. 1448–1451). Ein neues kollektives Bewusstsein sollte herbeigeführt werden. Es geht um die Sicherung neuer egalitärer Rechte: Gleichheit der Stände, Gesetzgebungsvollmacht, Glaubensfreiheit. Andererseits will Tell seine Privatheit bewahren; will friedfertig leben; will als Familienvater auf eigene Rechnung wie im Naturzustand handeln. Dennoch geraten die öffentlichen und privaten Sphären in Konflikt. Der Selbsthelfer als Familienoberhaupt ist auch Bindeglied in der Gesellschaft. Alt zieht den Schluss: „[...] erstrebt der Bund die Etablierung einer dauerhaften Rechtsordnung, so der Selbsthelfer allein die Sicherung der Familie im Wirkungskreis partikularer Interessen. Das Attentat wird auf diese Weise von politischen Motiven freigehalten, die Verschwörung wiederum moralisch entlastet" (S. 582 f.). Erst am Ende des Dramas in der Parricida-Szene kommen die beiden Handlungsfäden zusammen. Es handelt sich um eine Art Konfrontation zweier feindlicher Brüder, wie in Schillers Erstlingsdrama, nun jedoch verwandt durch Mitgliedschaft in der gleichen Genossenschaft, nicht durch Blut. Dort stehen sich der Tyrannenmörder Tell mit seiner Ermordung Gesslers und der habgierige Attentäter Johannes von Schwaben (Ermordung seines Onkels Kaiser Albrechts I.) gegenüber. Entrüstet über den Vergleich seiner moralisch gerechtfertigten Tat mit Johannes' verbrecherischer Revolte gegen die Obrigkeit betont Tell: „Gemordet / Hast du, ich hab mein teuerstes verteidigt" (FA 5, 501). Doch gibt Tell zu bekennen, er sei ein sündhafter Mensch und als solcher kann er sich vom *Menschen* Johannes ohne Trostwort trennen (vgl. FA 5, 503). Letztendlich steht Tell der Selbsthelfer allein mit seinem Gewissen und Wissen, gegen seinen Willen Rebell geworden zu sein. Die soziale Gemeinschaft, der er angehört, bietet ihm keine Rückendeckung. Er muss die Selbstrechtfertigung seiner Tat vollends tragen. Gesslers Hut wird zum Zeichen der Freiheit im Sinne der neu geforderten Rechtsordnung, nicht zum Symbol von Tells Auflehnung gegen tyrannischen Missbrauch, wenn beide Tendenzen auch nicht ganz voneinander zu trennen sind.

Aber was garantiert den Erfolg der Bestrebungen, ein vereinigtes Europa zustandezubringen und zu erhalten? Es ist nichts anderes als die Tugend, was im Kontext des 18. Jahrhunderts nicht weiter verwunderlich ist. Die Tugend, hatte Montesquieu Mitte des Zeitalters geschrieben, müsse die Basis jeder wohl funktionierenden Republik sein. Aufgrund der Tugend würde das Wirtschaftssystem gerecht geregelt werden können und der korrumpierende Einfluss des übertriebenen Luxus ausgeklammert werden.[51] Diese Idee griffen die Schweizer Isaak Iselin mit seinen *Filosophische[n] und patriotische[n] Träume[n] eines Menschen Freundes* (1755) und Franz Urs von Balthasar mit seinen *Patriotische[n] Träume[n] eines Eidgenossen, von einem Mittel die alte Eydgenoßenschaft wieder zu verjüngern bei Wilhelm Tells Erben* (n.p., 1758) auf. Zur gleichen Zeit hat Christoph Martin Wieland seine *Gedanken über den patriotischen Traum, von einem Mittel, die veraltete Eidgenoßschaft wieder zu verjüngern* (1758) seinem *Plan einer Akademie* angehängt. Alle waren darin einig, dass die Erziehung zum verantwortungsbewussten Bürger eine wesentliche Rolle spielen muss.[52] Leitprinzipien waren: die Staatsregierung soll so weit wie möglich die einzelnen Staatsmitglieder fördern. Regiert wird mit „Sanftmut und Milde" von Verständigen und Weisen (FA 6, 495).[53] Konfrontation und Egoismus sollten durch Kooperation und Nächstendienst abgelöst werden. Wieland schreibt sogar, „daß nicht die Art der Regierungsform, sondern unsere eigene Tugend, und die Tugend der andern, die mit uns in einer Gesellschaft verknüpft sind, die wahre und einzige Quelle der Glükseligkeit auf Erden ist".[54] Schillers eigener universalhistorischer Erziehungsplan wurzelte in der gleichen Überzeugung.[55]

---

„Seine Tat", so Alt, „bildet den Preis für die Anbahnung einer neuen Ordnung" (S. 585). Die Revolution – das darf man in Schillers Denken nicht übersehen – bleibt „auf dem Boden der Idylle" (S. 585). Diese Auslegung Alts geschieht vor dem Hintergrund der damals aktuellen Debatte um das Widerstandsrecht (vgl. Kant, Göttinger Jurist Achenwall, Fr. Gentz, Aug. Wilh. Rehberg, Joh. Benj. Erhard) (Alt: „Keine Verteidigung der Jakobiner. Rechtsperspektiven des eidgenössischen Widerstandes", S. 572–580).
**51** Montesquieu: *L'esprit de lois*, bk. 3:3, bk 7:1–2, bk 8:2–3. Zit. nach Lerner: *Laboratory of Liberty: The Transformation of Political Culture in Republican Switzerland, 1750–1848*. Leiden 2012, S. 56. Vgl. Fukuyama: *Political Order and Political Decay*.
**52** Vgl. Lerner: *A Laboratory of Liberty*, insb. Kapitel 1: „On The Ideological Origins of the Revolution in Switzerland" und Kapitel 7: „War, Accommodation, and the Making of the Modern Constitutional State".
**53** Schiller: „Gesetzgebung des Lykurgus und Solon".
**54** Wieland: *Gedanken über den patriotischen Traum*, S. 208.
**55** Vgl. Haney: *Wenn die Gerechtigkeit für Gold verblindet*, S. 55. Haney verweist auf die „dynamische[n], ethische[n] und ästhetische[n]" Phasen der Staatsformen bei Schiller, wobei Staat eine gesellschaftliche Daseinsform darstellt, keine „etatistische" Vorstellung.

Durch die optimistische narrative Instanz von „Hoffnung auf Vernunft", „Hoffnung auf Europa", Hoffnung auf Verbrüderung[56] entwarf Schiller eine Gedankenkarte des friedlichen Zusammenlebens, die heute ihre Gültigkeit behält, wenn sich der humane Geist Schillers durch den politischen Gegenwillen beziehungsweise den kapitalistischen Geldgeist nicht vertreiben lässt. Für Schiller war die ganze Halbinsel Europa ein Aggregat von geografischen Bruchstücken, zusammengedrängt in einen engen Raum. Metaphorische Leuchttürme seiner Erzählung waren die Niederlande, Wallensteins Böhmen und Tells Schweiz. Schillers „Getting to Denmark"-Mindmap begann mit Sparta und Athen. Seine Geschichtserzählung wird durch die EU fortgesetzt, eine Geschichte mit scheinbar so vielen Ab- und Irrwegen wie die komplexen Auslöser des Abfalls der niederländischen Provinzen vom Spanischen Reich selbst. So viel scheint jedoch klar zu sein: Der rettende Geist liegt im kooperativen Annäherungsakt selbst, fehlt jedoch im Zersplitterungsprozess.

---

[56] Schneiders, Werner: *Hoffnung auf Vernunft. Aufklärungsphilosophie in Deutschland.* Hamburg 1990; Lützeler, Paul Michael: *Hoffnung Europa. Deutsche Essays von Novalis bis Enzensberger.* Frankfurt/Main 1994. Schillers Ode *An die Freude* mit ihrer Vorstellung universeller Verbrüderung steht stellvertretend für das letzte Motiv.

Rüdiger Görner
# Dichten aus dem Geist der Historie
Das Europäische in Schillers Lyrik

Zu einer Zeit, als für einen Schwaben bereits die Kurpfalz und erst recht Thüringen zumindest staatsrechtlich Ausland bedeuteten, musste einem ‚Europa' wie ein exotisch-globales Phänomen vorkommen. Aus dieser provinziellen Binnenperspektive war kaum ein prinzipieller Unterschied auszumachen zwischen Kurhessen und Helvetien, einem deutschen Kurfürstentum und dem Königreich Neapel. Allein Frankreich und Britannien, zunehmend das Zarenreich und die sich gegenseitig zu lähmen versuchenden Mächte Preußen und Österreich standen für machtpolitische Größen eigner Art. Publizistischen Initiativen wie etwa Friedrich Justin Bertuchs Journal *London und Paris* verdankte sich jedoch gegen Ende des 18. Jahrhunderts der Umstand, „dass die aufgeklärten, gebildeten Bürger [...] über so etwas wie ein ‚Europabewusstsein' verfügten und von einem grundsätzlichen Zusammenhang der europäischen Ereignisse ausgingen".[1] Man kann zudem davon ausgehen, dass dieses Bewusstsein Teil eines Bürgerhumanismus wurde, der nicht nur zu Friedrich Schillers Ideenhorizont gehörte, sondern den er maßgeblich mit formte.[2]

Schiller, genau in der Mitte des Siebenjährigen Krieges geboren, der sich zu dieser Zeit in einen ersten weltumspannenden Krieg ausgeweitet hatte, sollte später gerade auch im Sinne einer Fundierung bürgerhumanistischer Konzeptionen als Historiker die Zeitläufte ins Gewesene verfolgen, zudem eingedenk seiner früh erworbenen medizinischen und philosophisch-anthropologischen Erkenntnisse. Aus der anfänglichen Marbacher oder Ludwigsburger Sicht dürften jedoch zunächst auch für ihn Gotha und Göteborg, Passau und Paris, Leipzig und London ähnlich weit voneinander entfernt gewesen sein. Am nächsten lagen ihm schon bald das antike Rom und Griechenland. Mit deren Göttern war der poetische Verkehr leichter als mit Herzögen. Und für den Sohn eines Apfelexperten schien

---

[1] Vgl. dazu u. a.: Greiling, Werner: „Kultur aus den ‚zwey Hauptquellen' Europas. Friedrich Justin Bertuchs Journal ‚London und Paris'". In: *Europa in Weimar. Visionen eines Kontinents. Klassik Stiftung Weimar. Jahrbuch 2008*. Hg. von Hellmut Th. Seemann. Göttingen 2008, S. 138–158, hier S. 138. Vgl. auch: Köhler, Astrid: „Weimar, London and Paris: The provincial culture elite views the big wide world". In: *Publications of the English Goethe Society* 69 (1999), New Series, S. 52–64.
[2] Dazu: Lauer, Gerhard: „Literarischer Republikanismus. Zur politischen Ideengeschichte der Weimarer Klassik". In: *In ricordo di Friedrich Schiller*. Hg. v. Maria Angela Magnani. Villa Vigoni 2005, S. 10–20.

DOI 10.1515/9783110433951-004

es selbstverständlich, im Garten des Paris zu spielen und die gefährlich Schönen, Hera, Athene und Aphrodite, sich dazu vorzustellen, Paris, der von seinen Eltern ausgesetzte Bruder Hektors und Kassandras, der unwissentlich den Trojanischen Krieg auslösen wird.³ Dieser mythische Krieg faszinierte Schiller in Vergils Darstellung; und über Aphrodite wusste er sich auch der Európe (Εὐρώπη) nahe, der von Zeus in Stiergestalt ent- und verführten Schönen; Aphrodite nun sollte nicht nur den auf dem Schlachtfeld bedrohten Paris retten, sondern auch nach Európe einen unbekannten dunklen Kontinent benennen.⁴ In einem nachgelassenen Xenion sollte Schiller den mythischen Tityos aufrufen, einen Vergewaltiger, den er über Europa, „das ihm huldigte" (NA 2.I, 89), ausgebreitet sah.⁵ Verstand Schiller ‚Europa' als ein Gebilde, das sich willentlich schänden ließ? Und ist in seiner Lyrik überhaupt ein Europa-Bild oder Europa als ein ‚Begriffsbild' erkennbar, das seiner Tendenz zur Allegorisierung – insbesondere der griechischen Götterwelt – entspräche?⁶ ‚Europa' verstünde sich so als Ort, wo sich kulturelles Bewusstsein mythologisch bildet und überliefert. Hierfür steht exemplarisch Schillers

---

**3** Turk, Horst: „Machthaber um 1800. Schillers ‚Die Götter Griechenlands' und das Szenario politischer Theologie". In: *Im Wechselspiel der Kulturen. Festschrift für Karol Sauerland.* Hg. v. Maria Gierlak u. a. Torun 2001, S. 119–140; Stašková, Alice (Hg.): *Friedrich Schiller und Europa. Ästhetik, Politik, Geschichte.* Heidelberg 2007 (Beiträge zur neueren Literaturgeschichte 238); Schwarz, Sandra: *‚Kunstheimat'. Zur Begründung einer neuen Mythologie in der klassisch-romantischen Zeit.* Paderborn 2007; Hinck, Walter: „Wissenschaft zum Kunstwerk geadelt: Schillers poetologische Lyrik". In: *Revolution und Autonomie. Deutsche Autonomieästhetik im Zeitalter der Französischen Revolution. Ein Symposium.* Hg. v. Wolfgang Wittkowski. Tübingen 1990, S. 297–313; Frühwald, Wolfgang: „Die Auseinandersetzung um Schillers Gedicht ‚Die Götter Griechenlandes'". In: JbDSG 13 (1969), S. 251–271; Frick, Werner: „Schiller und die Antike". In: *Schiller-Handbuch.* Hg. v. Helmut Koopmann. 2. Aufl. Stuttgart 2011, S. 95–122; Dahnke, Hans-Dietrich: „Die Debatte um ‚Die Götter Griechenlandes'". In: *Debatten und Kontroversen. Literarische Auseinandersetzungen in Deutschland am Ende des 18. Jahrhunderts.* Bd. 1. Hg. v. Hans-Dietrich Dahnke u. a. Berlin u. a. 1989, S. 193–269; Alt, Peter-André: „Natur, Zivilisation und Narratio. Zur triadischen Strukturierung von Schillers Geschichtskonzept". In: *Zeitschrift für Germanistik* N. F. 18 (2008), S. 530–545.
**4** Renger, Almut-Barbara (Hg.): *Mythos Europa. Texte von Ovid bis Heiner Müller.* Leipzig 2003; Dies. u. Roland Alexander Ißler (Hg.): *Europa – Stier und Sternenkranz. Von der Union mit Zeus zum Staatenverbund.* Göttingen 2009 (Gründungsmythen Europas in Literatur, Musik und Kunst 1); Huller, Eva C.: „‚Da wurde es selbst Zeus ganz klar, wie uneinig Europa war'. Europa in der deutschsprachigen Literatur seit 1957". In: *Europas Ursprung. Mythologie und Moderne. Festschrift der Universität Regensburg zum 50-jährigen Jubiläum der Römischen Verträge.* Hg. v. Christian Lohse u. Joseph Mittlmeier. Regensburg 2007, S. 119–130.
**5** Vgl. auch: Dräger, Paul: „Tityos". In: *Der Neue Pauly.* Stuttgart 2002, Bd. 12, Sp. 634 f.
**6** Dazu: Alt, Peter-André: *Begriffsbilder. Studien zur literarischen Form der Allegorie zwischen Opitz und Schiller.* Tübingen 1995.

Gedicht *Die Götter Griechenlandes*, aber auch die Auseinandersetzung über diese Dichtung,[7] die Christian Gottfried Körner zu seiner ersten ästhetischen Schrift, die im 6. Heft der *Thalia* (1789) als Verteidigung des Gedichtes seines Freundes erschien: *Über die Freiheit des Dichters bei der Wahl seines Stoffes*.[8] Darin vertritt Körner emphatisch die Zweckfreiheit der Kunst, was einschließt, dass sie auch ein Motiv wie ‚Europa' nicht vertritt, sondern nur motivisch-allegorisch mit ihm arbeitet.

Gehen wir jedoch von der mythischen in die historisch wirkliche Zeit über, zur Eröffnung der Mailänder Scala am 3. August 1778; sie wurde zwei Monate nach Voltaires Tod mit Antonio Salieris Opera seria *L'Europa riconosciuta (Die wiedererkannte Europa)* gefeiert.[9] Europa habe sich im Siebenjährigen Krieg zerfleischt und vergessen. Es gelte, dass der Kontinent sich selbst wiederfinde. So die Botschaft der Salieri-Oper. Zu dieser Zeit nun beginnen auch fernab in Ludwigsburg Friedrich Schillers lyrische Versuche. Sie gelten unter anderem der Reichsgräfin Franziska von Hohenheim, zu jener Zeit noch offizielle Mätresse des Herzogs Carl Eugen von Württemberg: „Elisische Gefühle drängen / Des Herzens Saiten zu Gesängen / Ein theurer Nahme wekte sie." (NA 1, 12) In unmittelbarer Nachbarschaft zu diesem Huldigungsgedicht auf die reichsgräfliche Buhlschaft seines Herzogs steht das furios-erotische fünfundsechzigstrophige Gedicht *Der Venuswagen*. (Später inspirierte Wolfgang Gurlitt dieses Gedicht übrigens dazu, unter diesem Titel eine dezidiert europäische Buchreihe mit erotischen Originalgrafiken zu gründen, die aber nur zwischen 1919 und 1920 Bestand haben sollte. Die Reihe begann mit einer von Lovis Corinth ausgestatteten Einzelausgabe von Schillers Gedicht.) Zwar tritt in diesem Gedicht Európē nicht wirklich in Erscheinung, aber das Wort ‚Europa' fällt in Schillers lyrischem Werk hier zum ersten und für lange Zeit letzten Mal. Es geht um die Frage, wer der „weise Venusrichter" sei, eine poetische Rätselfrage, die – so das Gedicht – nur ein Dichter beantworten könne, auch aufgrund seiner Rolle als Lenker des Venuswagens. Die Frage ist, wo er wohne:

> Wo noch kein Europerseegel braußte,
>     Kein Kolumb noch steuerte, noch kein
> Kortez siegte, kein Pizarro haußte,
>     Wohnt auf einem Eiland – Er allein. (NA 1, 22)

---

[7] Vgl. Frühwald: „Auseinandersetzung um Schillers Gedicht ‚Die Götter Griechenlandes'".
[8] Körner, Christian Gottfried: *Ästhetische Ansichten. Ausgewählte Aufsätze*. Hg. v. Joseph P. Bauke. Marbach 1964, S. 5–14.
[9] Kramer, Guido: „Antonio Salieri und die Mailänder Scala: ‚L'Europa riconosciuta' als Eröffnungsvorstellung 1778". In: *Österreichische Musikzeitschrift* 56 (2001) H. 1, S. 28–37.

Diese Insel nun schwimme im „Atlantschen Meere" (NA 1, 23), eine Art Atlantis, an dessen Stränden tödlich scheitert, wer dort landen will. Europa, das ist der Ausgangspunkt für Welteroberungen, bei denen deutsche Namen nicht vorkommen, nur eingedeutschte.

Für Schiller, dessen Ode *An die Freude* in Beethovens choraler Form zur inoffiziellen Hymne der Europäischen Union geworden ist, war ‚Europa' kein zwingender Begriff, kein im eigentlichen Sinne lyrischer Stoff. Bezeichnenderweise kehrt er wieder in Schillers spätem Entwurf (*Deutsche Größe* – eigentlich: „Deutsche Würde"), und zwar in der Wendung, der Deutsche befinde sich „in der Mitte von / Europens Völker[n]" (NA 2.I, 433). Eher verstand er ihn als einen kulturellen Raum, eine Latenzsphäre, wenn man so will, die ihm aber lyrisch nicht eigens bespielbar erschien.

Schiller sah jedoch im kulturellen Pluralismus der deutschen Staaten ein Gegengewicht zur französischen Hegemonie und britischen Kulturanmaßung: „Keine Hauptstadt und kein Hof übte / eine Tyrannei über den deutschen Geschmack / aus. Paris. London. / Soviele Länder und Ströme und Sitten, soviele / eigene Triebe und Arten" (NA 2.I, 432). Schiller wirft in diesem Fragment den Briten, die „fest auf [ihrem] Wellenthrone" (ebd.) stehen, nichts weniger als Kulturgüterraub vor („Gierig nach dem kostbarn greifen / Und auf seiner Insel häufen / Was ein Schiff nur laden kann." [NA 2.I, 434]) und Frankreich politische Selbstüberhebung. (Im Gedicht *Die Antiken zu Paris* freilich bezieht er die Franzosen unter Napoleon in den Vorwurf des Raubens von Kulturgütern ausdrücklich ein [NA 2.I, 408].) Das Deutsche dagegen hält er für eine „sittliche Größe", die der Kultur innewohne und von „politischen Schicksalen unabhängig" sei. Es wachse „mitten unter / den gothischen Ruinen einer alten barbarischen / Verfaßung" (NA 2.I, 431). Während des Deutschen politisches Reich wanke, habe sich „das Geistige immer fester und vollkommener / gebildet" (ebd.). Daher kann er behaupten: „Das ist nicht des Deutschen Größe / Obzusiegen mit dem Schwert, / In das Geisterreich zu dringen / Vorurtheile zu besiegen [...]", das sei seines „Eifers werth" (NA 2.I, 435). Dieses von der Forschung längst genau ausgelotete Fragment[10] kommt jedoch ohne kulturimperialistische Geste nicht aus: „Unsre Sprache wird die Welt / beherrschen" (NA 2.I, 432). Man kann dies euphemistisch ‚nationalen Universalismus' nennen oder Weimarer Hybris. Die Grundlage für diesen fraglos anmaßenden Anspruch benannte Schiller mit folgender Formel: Man kenne das „jugendlich / griechische und das modern ideelle" (ebd.)

---

10 Vgl. u. a. Schmidt, Georg: „Friedrich Schillers ‚Deutsche Größe' und der nationale Universalismus". In: *Tradition und Umbruch. Geschichte zwischen Wissenschaft, Kultur und Politik*. Hg. v. Werner Greiling u. Hans-Werner Hahn. Rudolstadt, Jena 2002, S. 11–32.

und verstehe sich auf deren Ausdruck. Dabei war seine Vorstellung von der deutschen Kulturmission in der Mitte Europas eher auf Bewahrung angelegt, wie aus der folgenden Stelle des Fragments hervorgeht: Der Deutsche sei „von dem Weltgeist" dazu auserkoren, „zu bewahren was die Zeit" bringe: „Daher hat er bisher fremdes sich ange- / eignet und es in sich bewahrt". In ihm seien die „Schätze von Jahrhunderten [unverloren]" (NA 2.I, 433).

Der Entstehungskontext dieses vielschichtigen Fragments ist auch deswegen von Interesse für unseren thematischen Ansatz, weil es aus einer europäischen Krisenkonstellation hervorgegangen ist, die Beendigung des zweiten Koalitionskrieges zwischen Frankreich und Österreich durch den Friedensschluss von Lunéville vom 9. Februar 1801. Göschen und Cotta hatten Schiller gebeten, auf dieses Ereignis poetisch zu reagieren. Die in dieser Zeit besonders verbreitete geschichtsphilosophische Frage nach der Möglichkeit eines ‚ewigen Friedens' dürfte Schiller zudem gereizt haben. Doch sublimiert sich dieser ‚Reiz' in den Schichtungen des poetischen Materials, das er zu diesem Thema aufhäuft. Göschen antwortet er auf dessen Anfrage jedoch abwinkend:

> Gerne, lieber Freund, wollte ich Ihren Wunsch erfüllen, wenn ich nicht eine ähnliche Proposition von Cotta schon dreimal abgeschlagen hätte. Auch fürchte ich, werden wir Deutsche eine so schändliche Rolle in diesem Frieden spielen, daß sich die Ode unter den Händen des Poeten in eine Satyre auf das deutsche Reich verwandeln müßte.[11]

Bekanntlich sollte sein Landsmann, Friedrich Hölderlin, unaufgefordert und in aller Stille diesem Ereignis eine seiner bedeutendsten Hymnen widmen *(Friedensfeier)*, die den ersehnten Frieden mit einer neuen Sprache begrüßte, die Hölderlin selbst als „zu wenig konventionell" für ein allgemeines Verstehen bezeichnete.[12] Hölderlin kam es auf die Sprache an, an deren Entwicklung er – gleichsam in Entsprechung zum geschichtlichen Prozess – arbeiten wollte, auf dass sie als Verständigungsmittel zur Verfügung stehe, wenn „Stille",[13] – also Frieden einkehre. Das Deutsche, gar die vermeintliche „deutsche Größe" blieb in Hölderlins Hymne unerwähnt. Es war einzig präsent durch die Dichtung selbst und ihre ästhetische „Größe".

Schiller dagegen sorgte, ja bekümmerte die konkrete politische Situation, in der sich auch nach dem Frieden von Lunéville die deutschen Länder befanden,

---

**11** Zit. nach Burschell, Friedrich: *Schiller*. Reinbek b. Hamburg 1968, S. 530.
**12** So in der Vorbemerkung zu seiner Dichtung. In: Hölderlin, Friedrich: „Gedichte". In: *Sämtliche Werke und Briefe*. Bd. 1. Hg. v. Jochen Schmidt. Frankfurt/Main 1992, S. 338. Vgl. dazu auch den aufschlussreichen Überblickskommentar in Hölderlin: „Gedichte", S. 892–894.
**13** Ebd., S. 341, V. 84.

er nahm sie augenscheinlich als paralysiert wahr. Während Hölderlin vom „Zeitbild" spricht, „das der große Geist entfaltet" und das als ein „Zeichen" wahrgenommen werden könne, ja als eine „Bündnis"-Formel „zwischen ihm und andern Mächten",[14] ahnt Schiller bereits das Zerbrechen dieser neuen Friedensordnung aufgrund der Antinomie zwischen England und Frankreich. Hölderlin stand zum damaligen Zeitpunkt der Vorstellung vom ordnenden Hegel'schen ‚Weltgeist' näher als Schiller, dessen idealistische Gedankenlyrik am Vorhaben, sich an diesem geschichtlichen Ereignis zu erproben, scheiterte, wenn nicht ganz in die Brüche ging. Was Schiller zwischen 1795 und 1799 sich lyrisch erarbeitet hatte, programmatisch vorgebildet zu Beginn dieser Schaffensphase in seinem Gedicht *Das Ideal und das Leben*, hat man schlüssig umschrieben mit dem Bild von zwei Waagschalen, auf denen sich „der tragische Widerstand gegen das Schicksal, Angst und Schwere des irdischen Daseins" und „die göttliche Spielfreiheit der Gestalt, die heitere Region der reinen Formen"[15] in einem dynamischen Gleichgewicht halten; diese Waage konnte die Gewichtungen der politisch wirklichen Welt poetisch nicht länger austarieren. Erst in den späten Geschichtsdramen konnte er diese Antinomien wieder auffangen, sie symbolisch-allegorisch gestalten und ihnen sinnfällige Struktur verleihen – namentlich in *Maria Stuart* und der *Jungfrau von Orleans*. Im Vorgriff auf die unsere Ausführungen abschließende Überlegung sei hier bereits die These gewagt, dass Schiller an sein lyrisches Schaffen aus dem Geist der europäischen Historie in den Chören der *Braut von Messina* noch einmal anzuknüpfen versucht hatte.

Von Schillers Kritik am politischen Gebaren Frankreichs und Britanniens zur Zeit des zweiten Koalitionskrieges bleiben jedoch ihre Geistesheroen, Rousseau und Newton, ausgenommen. Seltsam wie ihm an unvermuteter Stelle das Andere, Nicht-Deutsche in den Sinn kommt, so am Anfang seines Gedichts aus dem *Musenalmanch* für das Jahr 1796 *Pegasus in der Dienstbarkeit*: „Auf einen Pferdemarkt – vielleicht zu Haymarket, / Wo andre Dinge noch in Waare sich verwandeln, / Bracht' einst ein hungriger Poet / Der Musen Roß, es zu verhandeln." (NA 1, 230) Auch das gehört in das Register impliziter England-Kritik. Dergleichen kann eben nur auf dem Haymarket zu London geschehen, dass der Dichter das Musenpferd veräußert. Das Ovid'sche „verwandeln" bedeutet hier ‚verhökern'. Dieses Betonen des Deutschen als einer sittlichen Qualität schien Schiller stets auch als ein Mittel der Selbstvergewisserung gedient zu haben, womöglich verursacht durch eine Grundangst – wie Odysseus an Ithakas Küste zu erwachen und

---

14 Ebd., V. 94–96.
15 Vgl. Wiese, Benno von: *Schiller* (1955). Stuttgart 1970, S. 60.

„jammernd das Vaterland" (NA 1, 227) nicht zu erkennen, wie Schiller in seinem Gedicht über den Irrfahrer schreibt.

Wiederholt weiß Schiller die deutsche Kultur auf der „Spur des Griechen und des Britten", so in einem Gedicht, das er Goethe aus Anlass seiner Inszenierung von Voltaires *Mahomet* zugedacht hatte (NA 2.I, 404). Keine Illusionen dagegen machte sich Schiller über den Zustand Europas an der Jahrhundertwende 1800. Sein Gedicht *Am Antritt des neuen Jahrhunderts* sieht abermals Europa aufgeteilt in die beiden kriegerischen Einflusssphären Britannien und Frankreich: „Das Jahrhundert ist im Sturm geschieden, / Und das neue öfnet [sic] sich dem Mord" (NA 2.I, 362). Schiller sieht einen Kataklysmus am Werk:

> Und das Band der Länder ist gehoben,
> > Und die alten Formen stürzen ein;
> Nicht das Weltmeer hemmt des Krieges Toben,
> > Nicht der Nilgott und der alte Rhein.
>
> Zwo gewalt'ge Nationen ringen
> > Um der Welt alleinigen Besitz,
> Aller Länder Freiheit zu verschlingen
> > Schwingen sie den Dreizack und den Blitz. (NA 2.I, 362)

Schiller hatte auf diese unsicheren Verhältnisse im Europa seiner Zeit unter anderem mit einer freien Übersetzung aus dem Zweiten Buch der *Aeneas* geantwortet, das von der Zerstörung Trojas handelt. Man könnte daher auch von einer freien allegorischen Übertragung reden. Schiller hatte im Akt des Übersetzens offenbar einen Beitrag zur „transculturación" gesehen, um einen heute gängigen Begriff von Fernando Ortiz zu gebrauchen,[16] ein Zusammenspiel von verschiedenen Sprachen, ohne dass ihre Kulturen konvergierten.

Schillers schon früh untersuchtes Interesse an Vergil begründet sich auch aus seiner Neigung, eine Art Querschnitt europäischer Literatur in poetisch bearbeiteter Form vorzustellen.[17] Das begleitet auch sein Bühnenschaffen bis zu seinen späten Bearbeitungen von *Macbeth*, *Der Parasit* und *Phädra*. Auf europäische Kultur bezogen flankierte Schiller diese Ambition mit Dichtungen wie *Pompeji und Herkulaneum*, dem parodistisch gemeinten Gedicht *Shakespeares Schatten* und *Der Spaziergang*.

---

**16** Zit. nach: Damrosch, David: *What Is World Literature?* Princeton, Oxford 2003, S. 24.
**17** Vgl. Jarislowsky, Johanna: *Schillers Übertragungen aus Vergil im Rahmen der deutschen Aeneis-Übersetzung des 18. Jahrhunderts*. Jena 1928.

Poetische Einsichten über Geschichte und Kultur vollzogen sich in Schillers Gedichten schon früh, seine eigene These in *Die Künstler* vorwegnehmend und danach vielfach neu einlösend: „Nur durch das Morgenthor des Schönen / drangst du in der Erkenntniß Land" (NA 1, 202). Das Europäische zeigt sich ihm als ein kultureller Geschichtsraum, den er jedoch keineswegs idealisiert, sondern in seiner von Kriegen bedrohten und zerstörten Realität erfasst. Ihre mythologische Vorgabe heißt Troja und seine Zerstörung ist mithin das, was allem – selbst kulturell hoch entwickelten Gesellschaften – drohe. Darüber aber wölbt sich die Hoffnung, die „Sonne Homers" möge auch uns „lächel[n]" (NA 1, 266). Und eben deswegen setzte er sich mit dessen Welt – meist von Vergil vermittelt – auseinander.

Selbst als Schiller in seiner kulturphilosophisch deutbaren *Elegie* von 1795/96, die für den jungen Hölderlin zum poetischen Modell wurde, Afrika und Arabien aufruft, versagt er sich den Begriff ‚Europa' und reduziert ihn wiederum auf das antike Griechenland, auch wenn er es im Heute durchwandert. Fand sich doch schon bei Hoffmannswaldau die Pointe: „Und was wir von Athen und von Corinth gelesen / Hieß London und Pariß geringe Flecken seyn."[18] Die Elegie setzt umfassend fort, was die Distichen *Die Antike. An einen Wanderer aus Norden* angedeutet hatten: Gelingt es nicht den „nordischen Fluch" abzuschütteln, dann umstrahlt uns „Ioniens Sonne umsonst" (NA 1, 257). Dieser „Norden" lebt politisch von einem Gebilde, das Schiller als Restbestand des Heiligen Römischen Reiches Deutscher Nation und seiner von Samuel von Pufendorf untersuchten Verfassung wahrnahm. Auch wenn er in seinem ironischen Gedicht *Die Thaten der Philosophen* einmal mehr mokant auf Pufendorf und den Kant-Kritiker Johann Georg Heinrich Feder Bezug nimmt („So lehren vom Katheder / Herr Puffendorf und Feder" [NA 1, 269]), den politischen Inhalt ihrer Lehre zweifelte er nicht an: die Staaten (Deutschlands und Europas) sollten ein „dauernd Band" knüpfen. Ein mögliches „Band" konnte für ihn auch ein gemeinsames Projekt sein, etwa der Wiederaufbau Pompejis und Herkulaneums, wie das bereits erwähnte Gedicht gleichen Titels nahelegt. Die Kunde von den Ausgrabungen dieser Stätten römischer Kultur, die von der Vesuv-Lava zerstört *und* gleichzeitig konserviert worden waren, wurde zu einem europäischen Kulturereignis, von dem auch Schiller durch Johann Jakob Volkmann und Johann Joachim von Winckelmann Kunde hatte.[19] Schillers Elegie gilt inzwischen als das erste archäologische Gedicht deut-

---

18 Hoffmann von Hoffmannswaldau, Christian: „TrauerGedicht bey Absterben eines vertrauten Freundes". In: *Gedichte*. Hg. v. Manfred Windfuhr. Stuttgart 1969, S. 96.
19 Leitzmann, Albert: „Die Quellen von Schillers ‚Pompeji und Herculanum'". In: *Euphorion* 12 (1905), S. 557–561. Vgl. auch: Osterkamp, Ernst: „Die Götter – die Menschen. Friedrich Schillers

scher Sprache, da es von „Referenzen auf archäologische Realien lebt".[20] Nur sollte man dieses Gedicht nicht auf die Verarbeitung des „musealen Verhältnisses der Moderne zur Vergangenheit" reduzieren.[21] Zwar trifft es zu, dass die Elegie den „Zeichencharakter des historischen Relikts in seiner Ambiguität von räumlicher Nähe und zeitlicher Ferne" reflektiert,[22] aber Schillers poetische Signale geben den Weg frei zur imaginativen Verlebendigung des archäologisch Gehobenen, das über einen europäischen Kulturereignischarakter verfügt: „O kommt! O seht, das alte Pompeji / Findet sich wieder, aufs neu bauet sich Herkules Stadt" (NA 2.I, 304). Dieses Ereignis bleibt jedoch ästhetischer Natur: Mimen, bildende Künstler, Bacchantinnen sollen aufgeboten werden, um vor dieser ausgegrabenen Theaterkulisse die Geschichte in die Gegenwart zu *spielen*. Das freilich ist ‚Spiel' im Sinne der „ästhetischen Erziehung des Menschen", das den griechisch-römischen Kulturhintergrund ebenso transzendiert wie Beschreibungsleistungen deutscher Gelehrter der Ausgrabung von Pompeji.

Das Deutsche im Europäischen und das Europäische im Deutschen befragt Schiller in seinen Gedichten zu gleichen Teilen, wobei ‚das Deutsche' bekanntlich unter zwei *Xenien*-Vorbehalten steht: „Deutschland? aber wo liegt es? Ich weiß das Land nicht zu finden, / Wo das gelehrte beginnt, hört das politische auf" (NA 1, 320) sowie „Zur Nation euch zu bilden, ihr hoffet es, Deutsche, vergebens, / Bildet, ihr könnt es, dafür freyer zu Menschen euch aus" (NA 1, 321). Er bedichtet die Hauptflüsse in Deutschland, aber der Blick auf das Andere bleibt skeptisch-ironisch. Zum Rhein fällt ihm ein: „Treu wie dem Schweitzer gebührt, bewach ich Germaniens Grenze, / Aber der Gallier hüpft über den duldenden Strom" (NA 1, 321) – eine Formel, die er übrigens in dem bereits zitierten Gedicht, das den Erbprinzen von Weimar auf seiner Reise nach Paris begleiten sollte, wiederholen wird. Und mit vergleichendem Blick nähert er sich auch dem Thema ‚Revolutionen': „Was das Luthertum war ist jetzt das Franzthum in diesen / Letzten Tagen, es dränget ruhige Bildung zurück" (NA 1, 320). So steht es im *Musenalmanach für das Jahr 1797.* Ein Jahr zuvor veröffentlichte Schiller eines seiner zahlreichen

---

lyrische Antike". In: *Schiller und die Antike*. Hg. v. Paolo Chiarini u. Walter Hinderer. Würzburg 2008, S. 239–256, hier S. 248 ff.
**20** Grätz, Katharina: „Zeitstrukturen in der Lyrik. Am Beispiel der Ruinenpoesie". In: *Geschichtslyrik. Ein Kompendium.* Bd. 1. Hg. v. Heinrich Detering u. Peer Trilcke unter Mitarbeit v. Hinrich Ahrend, Alena Diedrich u. Christoph Jürgensen. Göttingen 2013, S. 171–188, hier S. 184–186, Zitat S. 185.
**21** Ebd., S. 186.
**22** Ebd.

epigrammatischen Gedichte unter dem Titel *Columbus*.[23] Das zweite der vier Distichen lautet: „Immer, immer nach West! Dort m u ß die Küste sich zeigen, / Liegt sie doch deutlich und liegt schimmernd vor deinem Verstand" (NA 1, 239). Dieses „Muß" ist mit jenem aus der Ode *An die Freude* verwandt („Brüder – überm Sternenzelt / *muß* ein lieber Vater wohnen" [NA 1, 169]); es suggeriert im *Columbus*-Gedicht eine Zielgerichtetheit, wogegen es in der Ode die Existenz einer Transzendenz beschwört. Dass sich im „West" eine Küste zeigen müsse, will seinerseits die Erfahrung des Europäischen übersteigen. Diese Küste geht nämlich auf im „schweigenden Weltmeer". In der Figur des Kolumbus symbolisiert sich der Absprung von Europa, den Schiller in seinen geplanten, nur in fragmentarischen Notaten überlieferten *Seestücken* weiter auszuführen gedachte – ob in Gestalt eines bürgerlichen Rührstücks oder Schauerdramas. Dabei sollte das Schiff zur Bühne werden und die „außereuropäischen Zustände und Sitten" (NA 12, 305) die Kulisse bilden. „Der sich expatriierende Europæer redet die fremde Erde an" (NA 12, 306), heißt es im dritten Teil des *Seestück*-Fragments *Das Schiff*. So sehr auch Europa und die Neue Welt gegeneinander stehen, letztlich bleibt für den sich in Indien etablierenden Europäer der europäische Kontinent Projektionsfläche seiner Sehnsucht. Vorstellbar ist für Schiller jedoch auch die dramatisch-poetische Figur des zwischen diesen Welten stehenden Seemanns, „der überal und nirgends zu Hause ist, und auf dem Meere wohnt" (NA 12, 306), eine Vorwegnahme des *Ancient Mariner*, wie ihn Samuel Taylor Coleridge entwerfen sollte.

Man hat darauf hingewiesen, dass in Schiller eine Idee Emotionen entzünden konnte.[24] Bekanntlich verhalf Schiller die Lektüre von Reisebeschreibungen zu imaginierten (Selbst-)Entgrenzungen. Es sei gut, schreibt er am 27. November 1788 an Charlotte von Lengefeld, „daß Sie sich Ihr k l e i n e s Zimmer [...] durch Reisebeschreibungen recht groß und weit machen. Mir ist es immer ein unaussprechliches Vergnügen, mich im möglichst kleinsten körperlichen Raum im Geiste auf der großen Erde herum zu tummeln" (NA 25, 144). ‚Europa' ist dabei Ausgangspunkt aber auch der Bereich, zu dem die poetische Imagination zurückkehrt.

Idee, Erfahrung und Emotion bildeten bei Schiller eine „unlösliche Einheit", die sich dem Leser dann zumeist als Pathetik oder Rhetorik zeige.[25] Eine zweite

---

**23** Dazu insb. Kurscheidt, Georg: „Kolumbus entdeckt Amerika? Zur Deutung der Gestalt des italienischen Seefahrers bei Schiller". In: *Europa in Weimar*. Hg. v. Seemann, S. 159–172.
**24** Dyck, Martin: *Die Gedichte Schillers. Figuren der Dynamik des Bildes*. Bern, München 1967, S. 15.
**25** Dazu auch: Keller, Werner: *Das Pathos in Schillers Jugendlyrik*. Berlin 1964, insb. zur Euphonie in *Die Götter Griechelandes*, S. 165.

Einheit ergibt sich für den Lyriker Schiller zwischen Mythos und Geschichte, also gerade jener Verbindung, die er als Historiker zu entwirren versuchte. In einer seiner Balladen, *Der Graf von Habsburg*, vermittelt er die von einem Historiker, Aegidius Tschudi (1505–1572), in seinem *Chronicon Helveticum* (1534–1536) überlieferte Anekdote zwischen Mythos und Historie. Schiller war dieser Quellensachverhalt eine eigene Anmerkung wert (NA 2.I, 162).

Diese Ballade belegt einmal mehr, dass Schiller das Deutsche im Europäischen immer auch unter den Vorgaben des transnationalen Heiligen Römischen Reiches deutscher Nation wertet. Er beschwört eine Welt, in der ein ‚Sänger', ein Künstler also, ein Herrscherlob vorträgt, in dem die menschlich-soziale Eigenschaft des soeben gewählten Kaisers Rudolf von Habsburg gepriesen wird. Dieser Augenblick darf als *kairós* des ästhetischen Staates gelten: Künstler und Herrscher begegnen einander auf Augenhöhe. Dieses Mittelalter Schillers ist demnach alles andere als ‚finster'. Die sieben Kurfürsten vergleicht die Ballade mit den sieben antiken Planeten, „der Sterne Chor", der „um die Sonne sich stellt" (NA 2.I, 276). Sie verkörpern dieses europäisch dimensionierte Reich, wobei Schillers Interesse daran auch in Zusammenhang damit gestanden haben mochte, dass er die Entkörperlichung dieses Reichs in seinem Endstadium miterlebte – gewissermaßen in Analogie zum „entkörpertem Reich der Idee",[26] dem seine Gedankenlyrik ihre Stimme gegeben hatte. Was der Priester-Dichter als ein ästhetischer Erzieher in dieser Ballade poetisch sanktioniert, ist eine die Geschichte durchwirkende Humanität, die in europäischem Rahmen fruchten soll. Das politisch entwirklichte Heilige Römische Reich hatte sich durch die Liquidierung seiner Überreste durch Napoleon paradoxerweise in die reine Idee des Reichs verwandelt, in dem seine humane Substanz aufgehoben bleiben sollte. Dass sie jedoch nicht in diesem Sinne Idee blieb, sondern zum nationalisierten Mythos wurde, zählt zu jenen tragischen Verhängnissen, zu dessen Ursprüngen auch Schillers Fragment zur „deutschen Würde" gehörte. Eine vollendete lyrische Dichtung konnte daraus konsequenterweise nicht werden, bedenkt man Schillers klassischen Anspruch. Oder verbirgt sich dahinter nicht eine noch viel größere Dimension – jene nämlich, europäischen Nationen ihr nationales Schicksalsdrama in deutscher Sprache zu schenken? Was *Wallenstein* den Deutschen sein sollte, wurde den Spaniern ihr *Don Karlos*, den Briten die *Maria Stuart*, den Franzosen ihre *Jungfrau von Orleans*, den Russen ihr *Demetrius*; im Falle der Schweiz und des *Wilhelm Tell* traf dies fraglos zu. Und ob die *Braut von Messina* zum kritischen italienischen Nationaldrama taugt, sei andernorts entschieden. Hier interessiert nur, wie zuvor angesprochen, die Frage nach der auffallenden chorischen Lyri-

---

**26** Von Wiese: *Schiller*, S. 60.

sierung dieses Trauerspiels als einer Fortsetzung von Schillers teils europäisch motivierter Geschichtslyrik mit anderen, eben schicksalsdramatischen Mitteln.

Messina, der Schauplatz des Trauerspiels der „feindlichen Brüder" (NA 10, 5), ist ein – paradox gesprochen – zentraler Randort europäischer Kultur, ein peripherer Mittelpunkt, wo Kulturen aufeinandertreffen, sich überschneiden und eine synkretistische Mischung aus christlichen und heidnischen Elementen bilden, verbunden gar, wie Schiller am Ende seines einleitenden Versuchs *Über den Gebrauch des Chors in der Tragödie* betont, mit Spuren „maurischen Aberglauben[s]" (NA 10, 15). Messina – ein polykultureller Ort, ein Schauplatz, „wo diese drey Religionen theils lebendig, theils in Denkmälern fortwirkten und zu den Sinnen sprachen" (NA 10, 15), wie Schiller weiter ausführt. Und dann der entscheidende Satz: „[Ich] halte es für ein Recht der Poesie, die verschiedenen Religionen als ein kollektives Ganzes für die Einbildungskraft zu behandeln, in welchem alles, was einen eignen Charakter trägt, eine eigne Empfindungsweise ausdrückt, seine Stelle findet" (NA 10, 15). Schillers letzte ästhetische Abhandlung versucht demnach mehr als nur eine Begründung für die Verwendung des Chores als Mittel der Wiederbelebung der antiken Tragödie zu liefern. Sie behauptet die Poesie als eine Kultur stiftende Qualität und das Lyrische als ein konstitutives Ausdruckselement des Tragischen: „Durch Einführung einer metrischen Sprache ist man indeß der poetischen Tragödie schon um einen großen Schritt näher gekommen" (NA 10, 10). Denn es gelte, so Schiller, dem „Naturalism in der Kunst offen und ehrlich den Krieg zu erklären" (NA 10, 11) – mit Hilfe des Lyrisch-Poetischen und damit des Chores als dessen Agent und Garanten der poetischen Freiheit.

Messina erweist sich so metonymisch als ein Raum der Phantasie, des Traumes und des „Indifferenzpunkt[es] des Ideellen und Sinnlichen" (NA 10, 12). Hier soll sich ein Verhängnis vollziehen, aber in Gestalt des poetischen Zusammenwirkens von Ideal und Sinnlichkeit im lyrisch gestimmten Chor. Das große Chorlied im Vierten Aufzug stellt eine Wendung in Schillers lyrischem Dichten dar, indem es mit poetischem Material und Ton zu experimentieren scheint, das gleichermaßen an Sophokles und Hölderlin erinnert wie auch an Goethes Parzenlied, ohne seine dramaturgische Funktion zu verleugnen. Das Chorlied präsentiert sich als dreiteilige Hymne mit fließenden Rhythmus, der Prozessuales symbolisiert, geradezu als Apotheose des Lyrischen vor einer dramatisch-europäischen Kulisse:

(I)
Durch die Strassen der Städte,
Vom Jammer gefolget,
Schreitet das Unglück –
Laurend umschleicht es
Die Häuser der Menschen,
Heute an dieser
Pforte pocht es,
Morgen an jenen,
Aber noch keinen hat es verschont.
Die unerwünschte
Schmerzliche Botschaft
Früher oder später
Bestellt es an jeder
Schwelle, wo ein Lebendiger wohnt. (NA 10, 105)

Namenlos gewordene Städte ohne Unterschied sehen sich der „schmerzliche[n]" Botschaft" ausgeliefert; sie kennt keine topografischen oder sozialen Barrieren. Überall erreicht sie die „Schwelle". Von ihr ist in diesem Trauerspiel wiederholt die Rede; am eindrücklichsten bereits in einer der ersten Szenen, als ein Bote (!) erscheint mit einer scheinbar nicht-schmerzlichen Botschaft, die aber unversehens missbraucht werden kann, wie Don Cesar, der eine der feindlichen Brüder, mit einer ungewöhnlich Metapher zu sagen weiß: „Nicht Wurzeln auf der Lippe schlägt das Wort, / Das unbedacht dem schnellen Zorn entflohen" (NA 10, 41). Die Chorhymne nun unterscheidet nicht mehr zwischen zornig und nicht-zornig; sie konstatiert nur das Unabwendbare.

(II)
Wenn die Blätter fallen
In des Jahres Kreise,
Wenn zum Grabe wallen
Entnervte Greise,
Da gehorcht die Natur
Ruhig nur
Ihrem alten Gesetze,
Ihrem ewigen Brauch,
Da ist nichts, was den Menschen entsetze! (NA 10, 105)

Das Schicksalhafte vollzieht sich mit naturgesetzlicher Konsequenz, offenbar losgelöst von aller Kultur und Individualität.

(III)
Aber das Ungeheure auch
Lerne erwarten im irdischen Leben!
Mit gewaltsamer Hand
Löset der M o r d auch das heiligste Band,
In sein stygisches Boot
Raffet der Tod
Auch der Jugend blühendes Leben!

Wenn die Wolken gethürmt den Himmel schwärzen,
Wenn dumpftosend der Donner hallt,
Da, da fühlen sich alle Herzen
In des furchtbaren Schicksals Gewalt.
Aber auch aus entwölkter Höhe
Kann der zündende Donner schlagen,
Darum in deinen fröhlichen Tagen
Fürchte des Unglücks tückische Nähe.
Nicht an die Güter hänge dein Herz,
Die das Leben vergänglich zieren,
Wer besitzt, der lerne verlieren,
Wer im Glück ist, der lerne den Schmerz. (NA 10, 105 f.)

Diese dritte Phase gewinnt ihre Struktur durch die zweimalige „Aber auch"-Wendung, die einen emphatischen Einwand, eine Einschränkung oder eine Wende in der Argumentation bezeichnen kann. Das „Ungeheure" erinnert an das Chorlied in Sophokles' *Antigone*, wobei die bei Schiller apostrophierte „Gewalt" des Schicksals durch eine menschliche Tat konkretisiert wird. Das zweite „Aber-Auch" leitet – wie es für Schiller so charakteristisch ist – zu einer aphoristisch-sentenzhaft vorgetragenen Moral über („Wer besitzt, der lerne verlieren, / Wer im Glück ist, der lerne den Schmerz"). Angesichts dieser existenziellen Dimension verblasst die symbolische Bedeutung von Messina als einem antikisch-europäischen Ort kultureller Pluralität. Die Schicksalsmächtigkeit veränderte diese Stadt zu einem Ort des Verhängnisses. Auszuschließen ist nicht, dass Schiller in seinem allegorischen Trauerspiel dies als ein Symbol für das über ganz Europa Verhängte angesehen haben könnte.

Yvonne Nilges
# Geist der Utopie

## Europa in Schillers historischen Schriften

> Die europäische Staatengesellschaft scheint in eine große Familie verwandelt.
> Die Hausgenossen können einander anfeinden, aber nicht mehr zerfleischen.
> (*Was heißt und zu welchem Ende studiert man Universalgeschichte?*, 1789)[1]

Schiller hat in seinen historischen Schriften (1788 bis 1793) zumal dem Völkerrecht sowie den Menschenrechten grundlegende Bedeutung zugewiesen. Als (Universal-)Historiker leitet er die Geburt moderner Rechtsprinzipien aus dem Gang und Geiste der Geschichte ab. Unter dem Vorzeichen Europas wollen wir dies nachfolgend genauer untersuchen: Bereits im *Abfall der Niederlande* (1788) wird Schiller durch seine völker- und menschenrechtlichen Einsichten zur Idee der geistigen Einheit Europas geführt, einer Einheit im Kontext des Natur- und Menschenrechts, die auf die Idee einer „europäische[n] Staatengesellschaft" in seiner Jenaer Antrittsvorlesung schon vorausweist und in der *Geschichte des Dreißigjährigen Kriegs* von 1791 bis 1793 kulminiert. In Schillers Bemühen, seine (revolutionäre) Gegenwart zu überwinden, werden Anliegen und Postulate sichtbar, die teilweise die europäische Gegenwart antizipieren, teilweise auch heute in Europa noch nicht voll erfüllt sind. Das Europa in Schillers historischen Schriften steht unter den Auspizien einer faszinierenden ‚Gleichzeitigkeit des Ungleichzeitigen' und ist – nochmals mit Ernst Bloch zu sprechen – aus dem Geist einer *konkreten Utopie* heraus zu sehen, die im frühen 21. Jahrhundert eine besondere Aktualität aufweist. Wie versteht Schiller Europa? Was war es, ist es – zur Zeit Schillers –, was soll und kann Europa werden (und was nicht)? Diesen Fragen wollen wir anhand von Schillers Universalhistorie eines Kontinentes nunmehr nachgehen.[2]

---

1 FA 6, 420 f.
2 Der vorliegende Beitrag beruht z. T. auf Untersuchungen, welche die Verfasserin detailliert – dort auch über das Europa-Thema hinausgehend – in ihrer Habilitationsschrift dargelegt hat: Nilges, Yvonne: *Schiller und das Recht*. Göttingen 2012, Kap. II: „Die Geburt des modernen Rechtsstaats aus dem Geiste der Historie: Schiller, der Zeitbürger, auf dem Weg in die Moderne", S. 87–166.

## 1 *Geschichte des Abfalls der vereinigten Niederlande von der Spanischen Regierung* (1788)

Die *Geschichte des Abfalls der vereinigten Niederlande von der Spanischen Regierung* ist Schillers erste Arbeit als Historiker: ein umfangreicher Torso, der zunächst die kultur-, kirchen- und wirtschaftsgeschichtlichen Bedingungen der Niederlande rekapituliert und alsbald dazu übergeht, die politischen Ereignisse von der Einsetzung der spanischen Inquisition (1522) bis hin zur Abreise der Herzogin von Parma aus den Niederlanden (1567) weitläufig nachzuzeichnen.[3]

Die „Unpartheylichkeit", die Schiller sich laut Körner in seinem Geschichtswerk „zum Gesetz gemacht" (NA 33.1, 244) habe,[4] ist im *Abfall der Niederlande* selbst nicht zu erkennen. Tatsächlich ist die stilisierende, anachronistische Verbindung von Altem und Neuem in der Darstellung des frischgebackenen Historikers eine euphorische, besonders überschwängliche; und in der Tat fußt Schillers Heftigkeit, der wir in diesem Werk begegnen, seine Parteilichkeit zuletzt auf seinem Optimismus als Historiker. Der unbeirrte Glaube an die beste aller möglichen Geschichtswelten erlaubt dem jungen Schiller – ungeachtet der gelehrten äußerlichen Form – eine geradezu hochfliegende, begeisterte Diktion. Derselbe Glaube wird es sein, der nachfolgend in Schillers Schriften zur Universalgeschichte waltet und erst in der *Geschichte des Dreißigjährigen Kriegs* beginnen wird, unter Einfluss der revolutionären Entwicklungen in Frankreich allgemach zu wanken. Hier jedoch, im *Abfall der Niederlande*, erscheint Schiller das Vorbild der „Kraft", mit der das „Heldenvolk" (FA 7, 113) der Niederländer handelte, noch lange „nicht verschwunden": Der „glückliche Erfolg, der sein Wagestück krönte", hält er sich hier noch überzeugt, „ist auch uns nicht versagt, wenn die Zeitläufte wiederkehren und ähnliche Anlässe uns zu ähnlichen Taten rufen" (FA 6, 42; es ist bezeichnend, dass Schiller diesen Satz in der Neuauflage seines Werks von 1801 ohne Ersatz gestrichen hat). Als Schiller den *Abfall der Niederlande* zu schreiben begann, herrschten im Norden und Süden der Niederlande erneut politische Unruhen. Das hier noch zyklische Geschichtsbild Schillers, das in den universalgeschichtlichen Schriften einen Wandel hin zum teleologischen erfährt, verlieh den antiabsolutistischen Bestrebungen der Niederlande eine historisch-aktualisierende, mitreißende – und in der Tat auch mitgerissene – Vertiefung. „Bei einem großen Kopf ist jeder Gegenstand der Größe fähig"; dies

---
[3] Vgl. dazu neuerdings den Sammelband von Moesker, Eric, Christian Moser u. Joachim Umlauf (Hg.): *Friedrich Schiller und die Niederlande: Historische, kulturelle und ästhetische Kontexte*. Bielefeld 2012.
[4] Brief Körners an Schiller vom 9. [oder 10.] 11.1788.

lesen wir in Schillers Brief an Körner vom 18. Januar des Jahres 1788, und es klingt bereits die Unterscheidung des philosophischen Kopfes gegenüber dem bloßen Brotgelehrten an: „Bin ich Einer [ein großer Kopf,] so werde ich Größe in mein historisches Fach legen." (FA 11, 269)

Bereits der erste Satz, mit dem Schiller seine Einleitung eröffnet, ist für sein Verständnis des *Abfalls der Niederlande* programmatisch: „Eine der merkwürdigsten Staatsbegebenheiten, die das sechzehnte Jahrhundert zum glänzendsten der Welt gemacht haben, dünkt mir die Gründung der niederländischen Freiheit." (FA 6, 41) Dass Staatsaktionen im Grunde ganz und gar nicht dazu angetan sind, Begeisterung hervorzurufen, ist ein topischer Gedanke, der in Schillers Werken immer wieder auftaucht. Bereits Lessing merkt im 14. Stück der *Hamburgischen Dramaturgie* an, dass „[u]nsere Sympathie [...] einen einzeln Gegenstand" erfordere, „und ein Staat ist ein viel zu abstrakter Begriff für unsere Empfindungen".[5] Die Abstraktheit des Staats gründet in zentralistischer Bürokratisierung und ist darin ein Merkmal des Absolutismus. Pufendorf bezeichnet den Staat deshalb als ein monströses, von sich selbst entfremdetes Gebilde.[6] Die „Staatsbegebenheit", die Schiller sich nunmehr zum Gegenstand erwählt hat, divergiert indes geradewegs superlativisch von dem Topos der nicht fassbaren, beziehungslosen Staatsaktion. Dies ist bedingt durch Schillers Akzentsetzung in seiner Geschichtsschrift, die der „Verschwörung" (FA 6, 55) zugunsten der „Freiheit" in den Niederlanden gilt; und die niederländische „Freiheit" wiederum ist für Schiller durch das Völkerrecht sowie die Menschenrechte mit Europa eng verbunden.[7]

---

5 Lessing, Gotthold Ephraim: *Werke und Briefe.* 12 in 14 Bänden. Bd. 6. Hg. v. Wilfried Barner, Klaus Bohnen u. a. Frankfurt/Main 1985–2003, S. 251.
6 Es klingt hier bereits der sechste Brief *Über die ästhetische Erziehung des Menschen* an: „[E]wig bleibt der Staat seinen Bürgern fremd, weil ihn das Gefühl nirgends findet." (FA 8, 574)
7 Genau besehen handelt es sich bei der Begründung der niederländischen „Freiheit" nicht um *die* Freiheit, sondern – bescheidener und in pluralischer Verwendung – um (Teil-)Freiheiten; nicht um die absolute Freiheit, sondern die relative, und ebenso um keine „Gründung", sondern um eine Wiedereinsetzung des alten Rechtsbestandes. Darum ist es dem Volk der Niederländer eigentlich zu tun, was Schiller auch sehr wohl bewusst ist. Zwar bezeichnet der junge Schiller den Abfall der Niederlande ausdrücklich als „Revolution" – und auch als „Rebellion": Es sind dies für ihn positiv besetzte Synonyme. Der heute gebräuchliche, eruptive Revolutionsbegriff wird davon noch nicht tangiert – er setzte sich erst im Zuge der Französischen Revolution endgültig durch. Im *Abfall der Niederlande* ist die „Revolution" noch in ihrem ursprünglichen, d. h. spätantiken Sinn gemeint: als Bezeichnung der Astronomie, bei welcher das Bezeichnete die sich zyklisch umwälzenden Planeten sind. Metaphorisch bedeutete die *revolutio* daher gemeinhin lediglich die „Wiederkehr der Zeiten", die *revolutio saeculorum*. Der positive, der Astronomie entstammende Gehalt des Wortes „Revolution" ging durch die Französische Revolution verloren. Hier unterdessen ist noch genau dies gemeint: die Wiederherstellung der legitimen Ordnung.

Wie das? Hugo Grotius (1583–1645), dessen *Annales et historiae de rebus Belgicis* (1627) zu den Quellen des *Abfalls der Niederlande* zählen und dessen Einfluss auf Schiller kaum zu überschätzen ist, postuliert neben dem Recht auf Widerstand auch und zumal das Völkerrecht, das der junge Schiller in einer seiner Fußnoten gezielt aufgreift. Die spanische Hegemonie, so Schillers Kritik unter namentlicher Berufung auf Grotius, verhalte sich gerade so, „als ob gegen den Feind weder Gewissen noch Ehre gälte" (FA 6, 75). Hier wird zum ersten Mal das aus dem Naturrecht deduzierte Völkerrecht von Schiller angesprochen – und in der Tat als schlechterdings selbstverständlich vorausgesetzt –, nach welchem auch der Krieg verrechtlicht werden und der Mensch nun auch im Kriegszustand als ein soziales Wesen handeln muss. Das neuzeitliche, humanitäre Völkerrecht, das wir bei Grotius entstehen sehen, wird heute oft als *ius in bello* bezeichnet (in Abgrenzung zum *ius contra bellum*, d. h. den völkerrechtlichen Regeln, die der *Verhinderung* des Krieges gelten). Es ist für das moderne Rechtsdenken so wesentlich geworden, wie es sich tatsächlich bereits in der Schiller'schen Historiografie andeutet: in der *Geschichte des Abfalls der vereinigten Niederlande* und – noch ausgeprägter – der *Geschichte des Dreißigjährigen Kriegs* (dort zumal in der beklemmend eindringlich geschilderten Eroberung von Magdeburg durch Tilly 1631, die allem Völkerrecht zuwiderläuft).

Die Völkerrechtslehre nach Grotius kommt im *Abfall der Niederlande* neben der erwähnten Fußnote noch zweimal vor: zum einen, als 300 Soldaten des Geusenbundes, die bei Antwerpen kapitulieren, „ohne Barmherzigkeit" von den Soldaten der Margaretha von Parma „sogleich niedergestochen" werden (FA 6, 308); und zum anderen, als die Gesandten von Valenciennes – und hier lesen wir ausdrücklich: „gegen alle Gesetze des Völkerrechts" – in Fesseln geschlagen und verschleppt werden (FA 6, 299). Das „Recht der Gesandten" hatte Grotius in seinem juristischen Hauptwerk *Über das Recht des Krieges und des Friedens*

---

Nichts anderes bezweckt die „Verschwörung" der „Rebellen", die sich im Jahre 1565 zum später sogenannten Geusenbund zusammenschließen, den Schiller in seiner Schrift erhellend mit dem Rütli-Bund der Schweizer parallelisiert. Tatsächlich ersetzt die demokratisierende Auslegung der Ereignisse in der Historiografie teils eine in Wahrheit gar nicht existente Republik, teils ist mit Letzterer in Schillers häufigem Gebrauch des Worts auch nur die *res publica* im alten Sinne des nicht näher ausgeführten Gemeinwohles gemeint. Indes – wie bei den Schweizern: Das Unternehmen, so Schiller gleich zu Anfang seiner Schrift, schlug anders aus, „als es gedacht worden" (FA 6, 54). Die Niederländer, dies führt Schiller wiederholt und unermüdlich an, hätten am Ende weitaus mehr erreicht, als sie ursprünglich gewollt hätten; so wurde aus den Freiheiten tatsächlich doch *die* „Freiheit" – eine ganz unverhoffte Staatsaktion, deren begeisterungswürdiger Ausgang das 16. Jahrhundert für den jungen Schiller zu dem „glänzendsten der Welt" macht.

(1625) als Erster abgehandelt und ihm dort ein eigenes Kapitel zugedacht.[8] Dass Schiller dies bekannt war, dürfen wir als gesichert annehmen.

Indem Schiller sich auf das neue, naturrechtlich-humanitäre Völkerrecht bezieht, wendet er sich gleichfalls kategorisch gegen Hobbes, nach welchem der Mensch dem Menschen ein Wolf sei, und gegen den römischen Rechtsgrundsatz „Silent leges inter arma". Der „Kopf" eines Menschen habe sich sein „Gesetzbuch [...] selbst" zu geben, bemerkt Schiller ganz im Geist der Aufklärung (FA 6, 116), und es ist denkwürdig, wie er von dieser Überzeugung ausgehend seine „Gedankenfreiheit" des *Don Karlos* nun ganz explizit in die naturrechtlichen „Menschenrechte" einreiht:

> Wenn wir den Zusammenfluß aller Völker in dem heutigen Holland betrachten, die beim Eintritt in sein Gebiet ihre Menschenrechte zurück empfangen, was muß es damals gewesen sein, wo noch das ganze [...] Europa unter einem traurigen Geistesdruck seufzte, wo Amsterdam beinahe der einzige Freihafen aller Meinungen war? (FA 6, 48)

Die geistige Einheit Europas, die ein so wesentliches Thema der *Geschichte des Dreißigjährigen Kriegs* sein wird, bildet sich für Schiller bereits hier heraus. Darin, dass jede erlittene Menschenrechtsverletzung „ein Bürgerrecht in Holland" gab (FA 6, 48), erblickt Schiller einen gemeineuropäischen, naturrechtlich einenden und ganz Europa umfassenden Geist, der aus der Abwehr gegen die Repression vonseiten Spaniens erwächst. Die ‚freigeistigen' Niederlande werden so für Schiller geradewegs zum Sinnbild für ein progressives, handlungsmächtiges Europa – eine Vorstellung, der Schiller auch dadurch Nachdruck verleiht, dass er die so große Bedeutung des Freihandels für die Niederlande gleichsam repräsentativ für einen ganzen Kontinent betont.

Dass Schiller den Ausdruck „Menschenrechte" im *Abfall der Niederlande* ausdrücklich verwendet, ist signifikant. Das obige Zitat ist eines der wenigen, in denen zwischen der geistigen Physiognomie des 16. und späten 18. Jahrhunderts in Schillers Schrift präzise unterschieden wird; und in der Tat bezeichnet es die erste Textstelle in Schillers Werken überhaupt, die dem Begriff der „Menschenrechte" gilt. Die Audienzszene des *Don Karlos* weiß noch nichts von diesem Ausdruck, wiewohl auch dort die Meinungs- und die Religionsfreiheit im Zentrum stehen: „Stellen Sie der Menschheit / verlornen Adel wieder her", lautet die Forderung des Marquis Posa an Philipp II. (FA 3, 318), wohingegen der *Abfall der Niederlande* erstmalig ganz dezidiert die „Menschenrechte" als Apper-

---

**8** Hugonis Grotii „De jure belli ac pacis libri tres". 2 Bände. Bd. 1. *Liber secundus: Caput XVIII. De legationum jure.* Amsterdam 1720, S. 470–483.

zeption bemüht, die weniger in etwaiger Königsgnade (d. h. in einem ‚Reservatfall') denn vielmehr im fortdauernden Bewusstsein aller Untergebenen verankert ist. Dergestalt vermag für Schiller „die Bedrückung des niederländischen Volks" zu einer „Angelegenheit aller Menschen" in Europa ausgedehnt zu werden, die ein Exempel statuierten, indem sie – und dieses ist nunmehr bezeichnend – als Kollektiv die „Menschenrechte", d. h. v. a. *ihre* Rechte (im Gegensatz zu denen Philipps) „fühlten" (FA 6, 52).

Im Verlauf der Schiller'schen Geschichtsschrift avancieren die Rechte aller Menschen zum allenthalben angewandten Hauptbegriff; eigens markiert als „Menschenrechte" tauchen sie zweimal, an der erwähnten Stelle und in Ansehung Granvellas, auf (der die „Menschenrechte" als Vollstrecker des spanischen Königs nicht allein verletzt, sondern „verspottet" [FA 6, 159]). In der singularischen Verwendung – als „Menschenrecht" – erscheinen sie im Hinblick auf den Bildersturm des Jahres 1566 abermals. Dort werden die Ausschreitungen „aus dem untersten Pöbel" gegen katholische Gotteshäuser in den Niederlanden exkulpiert – mit dem Verweis darauf, dass die Verfolgungen und Exekutionen in der protestantischen Bevölkerung das „Menschenrecht" zuerst geschändet hätten, so dass es allein deshalb zu den Sakrilegien gekommen sei (FA 6, 267).

Die Apologie des Bildersturms, welcher, so Schiller, in dem missachteten, gleichwohl doch allgemeinen „Menschenrecht" seinen Beweggrund habe, macht zwischen diesem „Menschenrecht" und den „Menschenrechten" der angeführten beiden Textstellen durchaus keinen Unterschied. Tatsächlich sind Plural und Singular in Schillers Gebrauch der „Menschenrechte" hier noch völlig reversibel; in dem Gedicht *Die Künstler,* das unmittelbar nach Schillers Historienschrift entstand, wird es in ebendiesem austauschbaren Sinne heißen: „Da sah man Millionen Ketten fallen / Und über Sklaven sprach jetzt Menschenrecht." (FA 1, 218) Dass der Begriff bei seinem ersten Auftreten in Schillers Diktion beständig fluktuiert, darf nicht verwundern, gingen die „Menschenrechte" in ihrer pluralischen Verwendung doch erst mit der französischen Erklärung der Menschen- und Bürgerrechte am 26. August des Folgejahres (1789) in den allgemeinen Wortschatz ein. Bedeutungsvoller ist vielmehr, dass Schiller im *Abfall der Niederlande* überhaupt *expressis verbis* über „Menschenrechte" spricht, die es in seinem Drama, dem *Don Karlos,* bislang *nur dem Wesen nach* gegeben hatte: Ein Beleg dafür, um wie viel schärfer konturiert das Rechtsverständnis Schillers seither durch seine Privatschulung geworden war. Bereits vor der französischen Erklärung der Menschenrechte war in den 1770er und 80er Jahren in Deutschland eine rege Diskussion über dieselbigen entstanden, die nach dem französischen Vorbild der Physiokraten von der Volkswirtschaft ausging.

Als notwendige Konsequenz der Menschenrechte folgt für Schiller nicht allein die religiöse, sondern auch die *politische* Freiheit der Niederlande, welche als ein durch Sprache und Kultur geeintes Volk, aber auch – idealisierend – als *eine* „Republik", als „Freistaat" im modernen Sinn bezeichnet werden kann, der – so Schiller – „nur unter Gott und unter der Sonne" (und daher *nicht* unter der „Sonne" des Absolutismus) stehe. (FA 6, 298) War das Reich Philipps II. so weitläufig, dass die Sonne in ihm niemals unterging, so ist es bedeutsam, dass die niederländische „Freiheit", die Schiller in seiner Geschichtsschrift zelebriert, ein dem Sinne nach geeintes, mutiges und durch den Freihandel auch wirtschaftlich emanzipiertes Paradigma für ihn darstellt, das ganz Europa zu vertreten unternimmt. In allusorischer Akzentsetzung, die Schillers Werk durchzieht, klingt die Tendenz zur Demokratisierung bereits an: Die „Majestät eines Freistaats, der mit Königen als seinesgleichen unterhandelt" (FA 6, 54), erscheint bei Schiller legitimiert durch die naturrechtliche Souveränität des Volks, die in der „Gesetzgebung des Lykurgus und Solon" ein Jahr später (1789) zum Zentralbegriff erhoben werden wird. „So fürchterlich rächte das Volk [...] seine beleidigte Majestät an dem größten Monarchen der Erde." (FA 6, 161) An dieser Stelle deutet sich freilich noch etwas anderes, für Schiller Grundlegendes an: die Notwendigkeit eines überstaatlichen Mächtegleichgewichtes – der *balance of power,* die unter Philipps Hegemonie ihre Äquilibristik einbüßt und in der *Geschichte des Dreißigjährigen Kriegs* eine so essenzielle Rolle spielen wird. So antizipiert Schiller – ein Jahr vor seiner „Gesetzgebungs"-Vorlesung – mit der provozierend so benannten „Majestät" des Volkes eine *Souveränität* desselben, die der repräsentativen demokratischen Regierungsform (in Form des stilisierten Geusenbunds) in ideellen Euphemismen schon entspricht.

## 2 *Die Gesetzgebung des Lykurgus und Solon* (1789)

In der universalhistorischen Vorlesung über die „Gesetzgebung des Lykurgus und Solon" antizipiert Schiller sodann eine ‚Demokratie der Zukunft', einen „kommenden Sieg der Demokratie". Dies korreliert nunmehr auch mit Schillers teleologisch gewordenem Geschichtsbild, und als Vorbild für die europäischen Staaten dienen Schiller die Vereinigten Staaten von Amerika. Denkwürdig ist indessen, dass Schiller die repräsentative Volksherrschaft ungleich dem anachronistisch zuversichtlichen *Abfall der Niederlande* jetzt, nur ein Jahr später, bereits als vorderhand noch unvereinbar mit der eigenen Zeit begreift. Die amerikanischen Ereignisse, so hatte Schiller sich seither überzeugen können, übten eine konnektive Kraft bis nach Europa, d. h. Frankreich aus, die Großes zu verheißen schien. Allein das „Glück" der amerikanischen Unabhängigkeitserklärung, „life, liberty, and the pursuit of happiness", war bezeichnenderweise *kein* Bestandteil der französischen Bestrebungen. Ein Entwurf, der die Glückseligkeit, einen Zentralbegriff des frühen Schiller, nicht miteinbezog: Die Neue Welt, das hat Schiller intuitiv schon hier ganz scharfsichtig erkannt, *war nicht* Europa, und Europas eingedenk ist Schiller, wenn er in der „Gesetzgebungs"-Vorlesung eine gerechte, Glückseligkeit befördernde Gesetzgebung als „das schwerste Problem" überhaupt, als einen so verwickelten und polymorphen Knoten auffasst, dass ihn „die kommenden Jahrhunderte erst auflösen sollen" (FA 6, 505). Was Schiller im Jahr des Inkrafttretens der amerikanischen Verfassung mithin enthusiastisch, stilisierend in den niederländischen Provinzen bereits als *gegeben* prätendiert hatte, wird nun zur Hoffnung für eine fernere Zukunft, gleichsam zum Schiller'schen Vermächtnis – im Jahr des Ausbruchs der Französischen Revolution. Das ist ein vielsagendes Faktum: „[D]ie Gesetzgeber werden sich noch lange in rohen Versuchen üben, bis sich ihnen endlich das glückliche Gleichgewicht der gesellschaftlichen Kräfte von selbst darbietet." (FA 6, 489). Insofern nimmt die „Gesetzgebungs"-Vorlesung, einhergehend mit Schillers zunehmend profunder werdenden Beschäftigung mit Fragen des Staatsrechts, den „Überschwang" der ersten großen Historiografie gleichsam zurück: Die *repräsentative* Demokratie – von einer demokratischen Verfassung war damals in Frankreich nie die Rede – erscheint als Schillers Ideal in eine unbestimmte Zukunft transzendiert.

So sehr Schiller zunächst die liberalen Grundideen in Paris befürwortet, so wenig gibt er sich der Hoffnung hin, diese Entwicklungen in jenes Ziel münden zu sehen, das er in seiner Vorlesung beschreibt. Dass die nächste große Schiller'sche Geschichtsschrift die Einheit Europas – gleichsam als eine Antwort auf die amerikanische – so nachdrücklich betonen wird, hängt jedoch eng damit zusammen und lässt in der Tat verblüffend frühzeitig an Winston Churchills Satz von den Vereinigten Staaten von Europa denken.[9] Dies im Sinne eines „Staatenbundes" – ein von Schiller neu geprägtes Wort in der *Geschichte des Dreißigjährigen Kriegs* –, der sich bestrebt, die Vielfalt und kulturelle Identität der einzelnen Mitgliedstaaten innerhalb Europas zu bewahren, statt sie in einem „melting pot" nach amerikanischem Modell zu fusionieren. Die Menschenrechte komplettieren diese Vorstellung für Schiller und nehmen somit einen eigenen – europäischen – „pursuit of happiness" vorweg. Die Einheit Europas wird für Schiller nunmehr noch verstärkt zur ganz konkreten Utopie – in demselben Maße, wie er die repräsentative Demokratie der Nationalstaaten vorerst als nicht durchführbar ansieht. Europa *kompensiert* mithin nun auch Schillers enttäuschte Hoffnungen

---

**9** Vgl. hierzu *Europa auf dem Weg zur politischen Union: Dokumentation eines Kongresses der Konrad Adenauer-Stiftung, 27. Mai 1993.* Melle 1993, S. 20.

auf innerstaatliche Veränderung und wird so von nun an geradewegs zu einer beispiellosen visionären Projektionsfläche. Dies illustriert Schillers letzte große Arbeit als Historiker, die *Geschichte des Dreißigjährigen Kriegs*, der wir uns im Folgenden zuwenden wollen.

## 3 *Geschichte des Dreißigjährigen Kriegs* (1791 bis 1793)

*Die Gesetzgebung des Lykurgus und Solon* war bereits weniger euphorisch als der *Abfall der Niederlande*. Die *Geschichte des Dreißigjährigen Kriegs* ist es noch weniger – wobei der eigentliche Glaube an die Depraviertheit der Geschichte sich freilich erst im Lauf der zweijährigen, diskontinuierlichen Entstehungszeit des Werkes ausbildet und graduell verstärkt. So gewiss diese Entwicklung mit dem Fortgang der Französischen Revolution zusammenhängt, so bemerkenswert ist hingegen der Umstand, dass Schiller, je desillusionierter er in Bezug auf die Geschichte wurde, gleichwohl zu desto wegweisenderen Einsichten gelangte, die Europa anbetreffen. Die Krise vor dem Hintergrund der Zeit wird (im altgriechischen Sinne des Wortes) zu einem veritablen Kairos: In der ‚Entscheidungssituation' profiliert Schiller den bislang erörterten Europa-Gedanken umso beachtlicher und konsequenter. Indem die Menschenrechte nun noch dezidierter (und jetzt auch durchgängig) auf das Völkerrecht bezogen werden, entsteht ein reziproker, übergreifender Konnex, mit dem Schiller Entwicklungen antizipiert, die erst im 20. Jahrhundert tatsächlich realisiert wurden. Die geistige Einheit Europas – gleichsam Schillers ‚Europarecht' – spielt in der *Geschichte des Dreißigjährigen Kriegs* eine erstaunlich grundlegende Rolle.

Auch in der *Geschichte des Dreißigjährigen Kriegs* ist Schillers Sympathie für den Protestantismus noch zu spüren, doch fällt seine Beschreibung nun bei Weitem nicht mehr so tendenziös aus wie noch im *Abfall der Niederlande*. Europäische „Staaten, die vorher kaum für einander vorhanden gewesen, fingen an, durch die Reformation einen wichtigen Berührungspunkt zu erhalten" (FA 7, 12), und in diesem in die Thematik einführenden Kontext gewahren wir mit Erstaunen ein Wort, das im 18. Jahrhundert durchaus nicht gebräuchlich war, so sehr es heute Allgemeingut ist: Schiller spricht von einem protestantischen „Staatenbund" (ebd.) – ein denkwürdiger Terminus, der die ‚Freiheit durch Koalition' in weiten Teilen innerhalb Europas in das Zentrum rückt. Nicht weniger bedeutsam und direkt damit zusammenhängend ist auch das, was gleich auf der zweiten Seite der Geschichtsschrift folgt: ein veritabler Panegyrikus Europas, so dass es laut Schiller die *Kirchentrennung* [war ...], was die Staaten unter sich zu einer engern *Vereinigung* führte. [...] Europa ging ununterdrückt und frei aus diesem fürchterlichen Krieg, in welchem es sich zum erstenmal als eine zusammenhängende Staatengesellschaft erkannt hatte; und diese Teilnehmung der Staaten an einander, welche sich in diesem Krieg eigentlich erst bildete, wäre allein schon Gewinn genug, den Weltbürger mit seinen Schrecken zu versöhnen. [...] Eben diese allgemeine Staatensympathie, welche den Stoß in Böhmen dem halben Europa mitteilte [gemeint ist der Prager Fenstersturz vom 23. Mai des Jahres 1618], bewacht jetzt den Frieden, der diesem Krieg ein Ende machte. (FA 7, 12)

Das eigentlich Faszinierende für Schiller ist also – bereits zu Anfang – nicht der Westfälische Frieden von 1648 und seine Folgen für das deutsche Reichsstaatsrecht, sondern vielmehr die ideelle, *europäische* Dimension, die aus dem Krieg erwuchs und eine „allgemeine Staatensympathie" zur Folge hatte. Deutschland als „gleichberechtigtes Glied in einem vereinten Europa" zur Beförderung des Friedens: Es sind ebendiese Worte, die heute in der Präambel des Grundgesetzes stehen – Worte und Werte, die Schiller gleich zu Beginn seiner Historienschrift hervorhebt. Mit der Betonung eines im Geiste einigen, kooperativen und verbundenen Europas geht zugleich die proportionale Bedeutungsminderung des positiven deutschen Reichsstaatsrechts einher; dasselbe hatte Schiller für die *Geschichte des Dreißigjährigen Kriegs* freilich genauestens studiert. Die *Historische Entwickelung der heutigen Staatsverfassung des Teutschen Reichs*, ein dreibändiges Werk des geheimen Justizrats Johann Stephan Pütter, befand sich in ihren beiden letzten Teilen (1786/1787) in Schillers Bibliothek.[10] Pütter (1725–1807), Göttinger Staatsrechtler und Schüler Christian Wolffs, galt als der renommierteste zeitgenössische Gelehrte auf dem Gebiet des Reichsstaatsrechts. Seine Geschichte der deutschen Reichsverfassung, die Schiller als Quelle für seine Historiografie gelesen hat, gelangt indessen zu einer rigiden „juristischen Anerkennung der politisch vorgegebenen Machtverhältnisse innerhalb des Reichskörpers".[11] Dem ungeachtet war Pütter zu Schillers Zeit die erste, unbestrittene Autorität auf dem Gebiet des Reichsstaatsrechts, und es ist gerade die so andersartige Bedeutung, die Pütters *Historische Entwickelung der heutigen Staatsverfassung* dem Westfälischen Frieden von 1648 beimisst, die Schillers ganz eigenen Zugang zu Europa in seiner Geschichtsschrift freilegt. Der Westfälische Friede, den Schiller am Schluss seiner Historiografie in ganzen drei – zurückhaltenden – Sätzen abhandelt, zementierte nach zeitgenössischer juristischer Auffassung nämlich zumal die deutsche Landeshoheit: das *ius territoriale*. Pütter

---

10 Vgl. dazu Schüddekopf, Carl: „Schillers Bibliothek". In: *Zum 9. Mai 1905: Schiller-Ausstellung im Goethe- und Schiller-Archiv.* Weimar 1905, S. 47–83, hier S. 67.
11 Schlie, Ulrich: *Johann Stephan Pütters Reichsbegriff.* Göttingen 1961, S. 33.

beschreibt, wie man sich infolge des Dreißigjährigen Krieges freiwillig der Landeshoheit unterworfen habe, da man geglaubt habe, unter ihr besser zu fahren als unter dem Kaiser. Dies wird von ihm zum obersten Prinzip des Staats erhoben, zur *salus publica* schlechthin. Mit anderen Worten: Während Pütter in Schillers Quellenstudium den Frieden von Münster und Osnabrück als eine vorbildliche Legitimation des deutschen *Status quo* begreift, verlagert Schiller selber seinen Fokus in eine bewusst konträre, neuartige Richtung: diejenige des europäischen Gemeingeistes. Das hatte sich schon im *Abfall der Niederlande* angedeutet – insofern, als die „Freiheit" der Niederländer dort repräsentativ für die von Spanien unterdrückte Freiheit innerhalb Europas verstanden worden war.

„Pax optima rerum": Diese Inschrift der Kaminplatte im Friedenssaal des Rathauses zu Münster, die auf den Abschluss des Westfälischen Friedens (24. Oktober 1648) ausgestellt ist, erweist sich also ganz in Schillers Sinne – nicht aber deren Interpretation zugunsten des kontemporären Reichsstaatsrechts. Statt der deutschen Landeshoheit feiert Schiller in seiner Historiografie die ideelle, „zusammenhängende Staatengesellschaft" innerhalb Europas, die nicht den deutschen Patrioten, sondern den „Weltbürger" erfreue; und, so beschließt Schiller seine Geschichtsschreibung im Jahre 1792,

> was endlich der Inhalt dieses [Westfälischen] Friedens war, was durch dreißigjährige Anstrengungen und Leiden von jedem einzelnen Kämpfer gewonnen oder verloren worden ist, und welchen Vorteil oder Nachteil die Europäische Gesellschaft [!] im Großen und Ganzen dabei mag geerntet haben – muß einer andern Feder und einem schicklichern Platze vorbehalten bleiben. [...] Ein Abriß davon kann mit der hier nötigen Kürze nicht gegeben werden, ohne das interessanteste und charaktervollste Werk der menschlichen Weisheit und Leidenschaft zum Skelett zu entstellen, und ihr gerade dasjenige zu rauben, wodurch sie [die Geschichte des Westfälischen Friedens] die Aufmerksamkeit desjenigen Publikums fesseln könnte, für das ich schrieb, und von dem ich hier Abschied nehme. (FA 7, 448)

In Analogie zur „Wahlfreiheit", die Schiller in der *Geschichte des Dreißigjährigen Kriegs* einführt (FA 7, 38) – es ist dies wie bereits der „Staatenbund" ein wegweisendes, bis dato nirgendwo belegtes Wort –, begreift Schiller auch seine Leserschaft. Tatsächlich schließt das zweite Buch seiner Geschichtsschreibung im *Historischen Calender für Damen* mit der Apostrophe seines Publikums als „*Mitbürgerinnen*", ein Ausdruck, den Schiller gar eigens kursiviert. Die Schlacht bei Breitenfeld im September 1631, bei der die schwedisch-sächsische Armee die kaiserlichen Truppen besiegte, mündet bei Schiller dergestalt in einen bemerkenswerten Schlusspassus:

> War die Voraussetzung nicht zu kühn, die Aufmerksamkeit meiner *Mitbürgerinnen* für eine Geschichte zu erregen, die keinen Reiz hat, als ihre Wichtigkeit, und keinen Schmuck duldet, als die Würde ihres Inhalts, so wird Ihr Beifall mich ermuntern, den Faden dieser Geschichte im nächstfolgenden Jahre wieder aufzunehmen. (FA 7, 213)

Zu einer Zeit, da in den Staaten des damaligen Europas Frauen nirgendwo ein Bürgerrecht besaßen, ‚präjudiziert' Schiller hier also nichts Geringeres als die Gleichberechtigung des weiblichen Geschlechts, die er zudem noch typografisch von dem herkömmlichen Druckbild absetzt. Auch dies ist insofern ein Novum, als die französische Erklärung der Menschenrechte des Jahres 1789 Frauen ja noch keineswegs mit eingeschlossen hatte. Als Schiller die obige Passage im darauffolgenden Jahr verfasste, gab es in Europa keine „*Mitbürgerinnen*" – ebenso wenig existierte das, was wir heute unter „Staatenbund" und „Wahlfreiheit" verstehen. Es sollte erst im nachfolgenden Jahre (1791) sein, dass die französische Schriftstellerin Olympe de Gouges (1748–1793) als Emendation der französischen Menschen- und Bürgerrechte eine *Déclaration des droits de la femme et de la citoyenne* verfasste und diese im selben Herbst – zeitgleich mit Schiller, aber erst ein Jahr *nach* ihm geschrieben – auch veröffentlichte. Sie wurde im Sommer des Jahres 1793 verhaftet und vom Revolutionstribunal zum Tode durch die Guillotine verurteilt. Mit den „*Mitbürgerinnen*" erweitert Schiller seine Menschenrechte-Konzeption somit auch auf die Frauen und verleiht ihr – in der Nachfolge der „Gesetzgebungs"-Vorlesung – eine ausdrücklich politische Ausrichtung, die sich hier mit der europäischen Idee verbindet.

Stringent behandelt Schiller in der *Geschichte des Dreißigjährigen Kriegs* die Völker- sowie Menschenrechte, die sich im *Abfall der Niederlande* bereits angekündigt hatten und nunmehr in prononcierterer, nachdrücklicherer Übereinstimmung auch mit dem Europa-Fokus stehen. Nach dem Niederschlag des Böhmischen Aufstands galt der Krieg, so resümiert Schiller in seiner Schrift, im Grunde als beendet. Gleichwohl offenbart sich bereits hier der Fluch der bösen Tat, der Wallensteins Glück begründen sollte: Aus egoistischen Motiven und unter dem Deckmantel der Gerechtigkeit wird der Pfälzische Krieg (1620 bis 1623) eröffnet, „um jede Gewalttätigkeit durch den Namen einer gesetzmäßigen Züchtigung zu entschuldigen" (FA 7, 119). Der Pfälzische Krieg mündet wiederum in den niedersächsisch-dänischen, so dass ein Krieg den kommenden gebiert und von niemandem verschlagener genutzt wird als von Wallenstein. Dieser wirbt für den Kaiser zunächst auf eigene Kosten eine stattliche Armee, die er auch eigenständig unterhält, und sichert sich damit, durch kalkulierten Ehrgeiz und maßlose Ruhmsucht angetrieben, den bedingungslosen Rückhalt seines Heeres.

Wallenstein hat aus Prinzip wohlweislich *keine* Kriegsgesetze. Bei ihm gibt es grundsätzlich weder Recht noch Unrecht, und wie in Hobbes' *Leviathan* (1651) ist der Kriegszustand Naturzustand, für die Menschen ein Zustand fortwährender Angst – mit dem bedeutsamen Unterschied freilich, dass dies bei Hobbes der Urzustand, bei Wallenstein jedoch geradewegs Prämisse für einen ganz eigenen ‚Gesellschaftsvertrag' ist, den dieser mit dem Heer (unter der mikrokosmischen, vermessenen Alleinherrschaft) geschlossen hat.

Die Koalitionskriege zwischen Frankreich und seinen europäischen Gegnern sollten noch dem alten Recht auf Tötung aller Einwohner im Feindesland anhängen. Was die *Geschichte des Dreißigjährigen Kriegs* betrifft, verwahrt Schiller sich entschieden gegen diese auch noch zu seiner Zeit gängige Praxis. Heute liegt der Opferschutzgedanke, der Schutz der Zivilbevölkerung, sämtlichen Kodifikationen des humanitären Völkerrechts zugrunde. Wie von Schiller postuliert, hat er inzwischen eine Verankerung darin gefunden – ebenso, wie Schillers Forderung zur Gleichstellung der Frau (im Jahre 1949) im Grundgesetz zur Geltung kam. 1950 sollte der Europarat die europäische Konvention zum Schutz der Menschenrechte und Grundfreiheiten beschließen, als deren Konsequenz der Europäische Gerichtshof für Menschenrechte in Straßburg eingerichtet wurde. So sind die Menschenrechte nach und nach auch in das Völkerrecht gedrungen, nachdem sie ursprünglich nur mehr als Rechte gegen den *eigenen* Staat gedacht waren. Ebendiese sich seither noch zunehmend verfeinernde Entwicklung hatte Schiller schon in der *Niederlande*-Schrift thematisiert.

Auf dem Höhepunkt von Schillers letzter Historiografie soll den „gespannten Erwartungen Europens" nachgekommen werden (FA 7, 310). Schiller meint damit die Schlacht bei Lützen im Jahre 1632, in welcher Gustav Adolf seinen Tod findet und mit der das dritte Buch endet. Indem Schiller hier Wallenstein erhebt und Gustav Adolf nivelliert, treffen sich beide als fehlbare, außergewöhnliche Persönlichkeiten in der Mitte. Dabei verweist Schiller auf „eine höhere Ordnung der Dinge", welche die menschliche Vernunft übersteige und einem „andere[n] System von Gesetzen" angehörig sei (FA 7, 323). Schillers Geschichtsphilosophie nimmt an dieser Stelle das Erhabene vorweg – Worte, die er in seiner universalhistorischen Antrittsvorlesung so nicht hätte formulieren können –, indem das Recht auf einmal *transzendiert* wird. Der große Einzelne, so wird von nun an Schillers Überzeugung sein und bleiben, kann niemals eine ideale Ordnung dauerhaft verwirklichen; dies schreibt Schiller im Jahre 1792.

*Ausgewogenheit* kennzeichnet hier Schillers Darstellung; so auch die Ausgewogenheit der abgehandelten Kontrakte, die, so Schiller, kein Ungleichgewicht der Mächte, stattdessen aber wirkliche Kooperation zwischen den Staaten Europas fördern sollen. Der Prager Friede vom Mai des Jahres 1635, den Schiller im vierten Buch und in der 2. Auflage von 1802 im fünften Buch ausführlich kommentiert, fällt vor dem Hintergrund dieser *balance of power* enttäuschend aus, „schon seiner Form nach"; denn was als allgemeiner Friede deklariert wurde, war in Wahrheit nicht mehr als ein Separatfriede der Sachsen mit dem Kaiser, wobei alle anderen Parteien ein ihnen aufoktroyiertes „Gesetz anerkennen" mussten, das sie „nicht selbst mit gegeben" hatten. Der Prager Friede als ein „Werk der *Willkür*" (FA 7, 393) untergräbt die Einheit Europas, der Schiller nun, in der *Geschichte des Dreißigjährigen Kriegs*, die oberste Priorität zuweist. Auch dies erscheint uns heute als geradezu verblüffend zeitgemäß und ‚vor der Zeit' modern. Jener Krieg, der größtenteils auf deutschem Boden ausgefochten wurde, erlangt bei Schiller – anders als in der zeitgenössischen Geschichtsschreibung und ungleich auch der damaligen Rechtsgeschichte, wenn wir an Pütter denken – eben das zurück, was ihn tatsächlich ausgemacht hatte: die Entität Europas, dargestellt anhand der engen Wechselwirkungen sämtlicher involvierter Staaten und Parteien. Indem Schiller als Ziel den ‚ewigen Frieden' anvisiert – Kants Schrift erschien erst 1795 –, geht er über das deutsche Reichsstaatsrecht hinaus und plädiert an seiner statt für ein *europäisch* orientiertes Recht, das auf dem Völkerrecht, den Menschenrechten und dem Freihandel beruht und zum ganz eigenen ‚Europarecht' *avant la lettre* werden kann. Es ist die Zusammenarbeit von autonom bleibenden Staaten in einer europäischen Rechtsgemeinschaft, die Schiller aus der *Geschichte des Dreißigjährigen Kriegs* für sich herauszudestillieren sucht: eine klimaktische Erweiterung seiner bisherigen Geschichtsschriften, die das beinhaltet, was wir heute unter der europäischen Integration verstehen.

> Die Staaten in Europa wachsen gegenwärtig zu einem Bündnis zusammen, das eine friedenstiftende Rechtsordnung in Europa sichern, kulturelle Begegnung und wirtschaftlichen Austausch von Grenzbarrieren befreien, die Zusammengehörigkeit im Handeln und Denken erleichtern und fördern soll. [...] Gefordert ist ein Staatenbund [vgl. den ersten Beleg dieses Wortes durch Schiller überhaupt], der in der Einheit dieses europäischen Rechts wurzelt, sich als Handlungsgemeinschaft für begrenzte Aufgaben festigt und als Kulturgemeinschaft im Elementaren entfaltet. Der Staatenverbund bleibt eine Rechts- und Handlungsgemeinschaft von eigenständigen Staaten, die auf eine europäische Einheit in regionaler Vielfalt und individueller Eigenart, auf eine Pluralität gewachsener Gemeinwesen und Staatsaufgaben, auf eine Zusammengehörigkeit verschiedener europäischer Staatsvölker angelegt ist. Dieser Verbund bewahrt die Errungenschaft der Verfassungsstaaten, öffnet die Staatlichkeit aber für die unverbrüchlichen Menschenrechte und Friedenspflichten und bindet die Staaten in einer europäischen Handlungsgemeinschaft. Europa fordert ein Denken über den Staat, nicht gegen den Staat.[12]

---

[12] Kirchhof, Paul: „Der deutsche Staat im Prozeß der europäischen Integration". In: *Handbuch des Staatsrechts der Bundesrepublik Deutschland*. 10 Bände. Bd. 7. Hg. v. Josef Isensee u. dems. Heidelberg 1987–2000, S. 855–886, hier S. 857 und S. 886.

All dies hatte Schiller im *Abfall der Niederlande* und der „Gesetzgebungs"-Vorlesung vorbereitet. Der konkreteste, durchgängigste Europa-Bezug folgt in der *Geschichte des Dreißigjährigen Kriegs*, und vielleicht dürfen wir mehr als eine bloße Koinzidenz darin erblicken, dass die seit 1972 bestehende Europahymne ausgerechnet dem finalen Satz der 9. Symphonie von Beethoven entstammt. Dass diese Hymne nicht die Chorfassung mit Schillers Text, sondern gleichsam eine ‚metasprachliche' Instrumentalversion der *Ode an die Freude* darstellt, dient der europäischen Verständigung. Für Schiller galt bereits, was Konrad Adenauer in seiner Regierungserklärung vom 15. Dezember 1954 forderte, nachdem die Außenpolitik Europas bis in die Mitte des 20. Jahrhunderts von Mächtekoalitionen und Gegenkoalitionen, von Gewalt und Gegengewalt geprägt gewesen war: „Die Einheit Europas war ein Traum von wenigen. Sie wurde eine Hoffnung für viele. Sie ist heute eine Notwendigkeit für uns alle."[13]

Indem Schiller das uns aus früheren Geschichtsschriften bereits Vertraute, Völker- sowie Menschenrechte, in den Verbund von freihehtlichen Einzelstaaten überführt, tritt die *Geschichte des Dreißigjährigen Kriegs* für das ein, was die Idee Europas heute sein möchte: ein dynamisches, im Geiste offenes, durch Toleranz und Eintracht handlungsstarkes ‚Plebiszit'.

## 4 Schillers Europa – damals und heute

Eben das ist es, was das Ideal Europas auch im 21. Jahrhundert, in unserer direkten Gegenwart, bestimmt. Allein die Frage nach Vervollkommnung stellt sich auch weiterhin – und bleibt daher besonders aktuell. Europa hat, das können wir nun konstatieren, unzweifelhaft vieles zuwege gebracht; Schillers bereits als Faktum dargestellte Wendung aus seiner Jenaer Antrittsvorlesung, nach welcher die „europäische Staatengesellschaft" in eine „große Familie" verwandelt scheine, will uns heute – nicht zuletzt durch die noch immer wachsende Europäische Union – zur Bestätigung gereichen. „Die Hausgenossen" Europas „können einander anfeinden, aber nicht mehr zerfleischen": Auch dies erleben wir nunmehr, bedingt durch eben jene geistig-rechtlich-ökonomische Zusammenführung von Interessen. Gleichwohl: Das Ideal und das Leben, Theorie und Praxis lassen sich auch heute noch nicht optimal vereinbaren, wenn wir nur etwa an die oben supponierte Handlungsstärke denken. Die Einheit Europas stellt uns

---

[13] *Kanzlerworte: Ausgewählt aus Reden, Artikeln und Erklärungen des Bundeskanzlers Dr. Adenauer.* Hg. v. der Studiengesellschaft für Politik e. V., Bonn, Essen 1956, S. 40.

weiter vor Herausforderungen und wurzelt in der Gegenwart noch nicht so tief, dass sie vor (handlungsschwächender) Bürokratisierung, einem Ungleichgewicht der Staaten innerhalb des „Staatenbundes" und vor Regression in Nationalismus sowie andere fundamentalistische Bestrebungen gefeit wäre. Die *Verwirklichung*, die ‚Arbeit am Mythos Europa' als konkreter Utopie, zeigt uns das Ziel zukünftiger Entwicklungsgänge auf.

Im späteren Verlauf der Französischen Revolution gab sich Schiller zurückhaltender, was Europa anbetraf: Die Ästhetische Erziehung war geboren und sollte für Schiller als Stütze und Brücke geradewegs existenziell werden. Denn „der vermeintlich erreichte Grad europäischer Kultivierung" hatte sich „als optimistische Täuschung" erwiesen, „die ‚terreur' der Jakobiner zeigt [...] einen zivilisatorischen Rückschritt an".[14] Rückschritte hat auch Europa gegenwärtig zu verzeichnen, zumal (erneut) in Krisenzeiten. Derweil ließ Schiller sich nie ganz entmutigen. Noch einen Monat vor seinem Tod, in einem Brief vom 2. April 1805, schreibt er in diesem Sinne an Wilhelm von Humboldt: „Und am Ende sind wir ja beide Idealisten und würden uns schämen, uns nachsagen zu lassen, daß die Dinge uns formten und nicht wir die Dinge." (FA 12, 735)

Wir haben nachvollzogen, wie Schiller in seinen historischen Schriften Europa zu einer visionären Idee nobilitierte – zu einer Vorstellung, die als „promesse de bonheur" vieles vorwegnahm, was erst kommende Zeiten erfüllen sollten. Dies ist es, was Schiller über seine Zeitgenossen weit hinaushebt. Das Ideal lässt heute noch Raum für ideelle Wachstums- und Entfaltungsmöglichkeiten: Weitere – und weitergehende – Visionen sind gefragt. Vielleicht, dass dieser Umstand uns Schiller als ‚Dichter und Denker Europas' aktuell noch ganz besonders nahebringen kann. Nicht so, dass wir in seinen Geschichtsschriften jedwede Lösung zu finden vermöchten; aber den freien, engagiert teilnehmenden ‚Geist der Utopie', der bereits als solcher zur Gestaltung europäischer Zukunft inspirieren könnte – ihn finden wir dort allemal.

---

**14** Henke, Silke u. Nikolas Immer: „Einführung: Schiller und Europa. Eine Wahlverwandtschaft". In: *Schiller und Europa*. Hg. v. dens. Weimar 2010, S. 5–13, hier S. 8.

Alice Stašková
# Schillers philosophische Prosa und die Sprachen der Karlsschule

Der Gegenstand der folgenden Überlegungen ist die Anverwandlung bestimmter Impulse aus der Zeit der Karlsschule in Schillers philosophischer Prosa der 1790er Jahre. Es handelt sich konkret um Schillers Auffassung der Sprache sowie um seinen produktiven Rückgriff auf Argumentationsstrategien aus den Festreden der Karlsschullehrer. Damit knüpfe ich an die neuere Schiller-Forschung an, die zwischen Schillers Ausgangspunkten der 1770er Jahre und seinen späteren Positionen eine Kontinuität im Wandel feststellt. Während nun aber die Impulse der Karlsschule auf den Gebieten der Anthropologie, Moralphilosophie und Ästhetik und deren Verwandlung bei Schiller eingehend untersucht worden sind,[1] wurden die Inspirationsquellen, die für Argumentationsformen und -figuren ausschlaggebend sind, also aus den Bereichen der Logik, der Rhetorik und der Stilistik, bisher wenig untersucht, zum Teil in Ermangelung der Quellen oder deren Kenntnis.[2]

Die philologische Perspektive erlaubt es, Schillers Begriff der ästhetischen Erziehung über den positivistischen Ertrag hinaus in einem komplexen Zusammenhang zu profilieren und seinen Stil – mit Friedrich Schleiermacher formuliert: „die eigentümliche Art [des Autors], den Gegenstand aufzufassen"[3] – annähernd zu verstehen. Für die Frage nach Schillers Europa ist diese Perspektive insofern relevant, als sie die europäischen, insbesondere französischen Zusammenhänge von Schillers Ausgangspunkten aufscheinen lässt; im Falle der Karlsschule kann diesbezüglich von einem Transfer gesprochen werden.

---

[1] Vgl. insbesondere die Arbeiten: Riedel, Wolfgang: *Die Anthropologie des jungen Schiller. Zur Ideengeschichte der medizinischen Schriften und der Philosophischen Briefe.* Würzburg 1985; Abel, Jacob Friedrich: *Eine Quellenedition zum Philosophieunterricht an der Stuttgarter Karlsschule (1773–1782).* Mit Einleitung, Übersetzung, Kommentar und Bibliographie hg. v. Wolfgang Riedel. Würzburg 1995; Robert, Jörg: *Vor der Klassik. Die Ästhetik Schillers zwischen Karlsschule und Kant-Rezeption.* Berlin, Boston 2011.
[2] Eine ausführliche Untersuchung der einschlägigen, auch bislang unbekannten oder nicht gesichteten Quellen sowie deren Bedeutung für Schillers Argumentationsstrategien und seinen philosophischen Stil der 1790er Jahre bietet meine Studie *Schillers philosophischer Stil. Logik – Rhetorik – Ästhetik* (Habilitationsschrift).
[3] Schleiermacher, Friedrich: *Hermeneutik und Kritik.* Mit einem Anhang sprachphilosophischer Texte Schleiermachers. Hg. u. eingel. v. Manfred Frank. Frankfurt/Main 1977, S. 168.

Die Thesen seien den Ausführungen vorangeschickt: Schiller setzt drei an der Karlsschule zentral diskutierte Themen in eine komplexe Beziehung zueinander – die Themenbereiche der Erziehung, der Nützlichkeit der Künste sowie der Rechte und Pflichten eines guten Regenten. Diesen von ihm erstellten Zusammenhang lässt er dann, in produktiver Anverwandlung der überlieferten Sprach- und Stiltheorien, an der Textgestaltung der Briefe *Über die ästhetische Erziehung des Menschen* aufscheinen. In einer Radikalisierung der einstigen Sprachauffassungen und durch die Versetzung tradierter Topoi in neue Funktionszusammenhänge gewinnen seine Texte eine performative Dimension. Sie vollziehen an sich dasjenige als Gegenwart, was die ästhetische Erziehung erst zu zeitigen hat.

Im ersten Teil meines Beitrags soll auf der Basis der Quellen die an der Karlsschule vertretene Auffassung des Verhältnisses von Sprache und Denken skizziert werden, der Schillers Schreiben auch nach 1790 verpflichtet bleibt. Im zweiten Teil soll die Argumentation der Karlsschullehrer in ihren Reden über die Erziehung, über die Kunst und über die gute Regierung skizziert werden, um die Art und Weise, wie Schiller diese Argumentationsstränge später auf einer neuen methodischen Basis und unter neuen historischen Bedingungen eng führt, mitsamt deren Konsequenzen zu reflektieren.

# 1 Die Sprache des „Kalkuls"

Schillers Sprachauffassung ist pragmatisch und instrumental; in ihr begegnet uns der rhetorische Dualismus von *res et verba,* wie er sich auch in der ihm vertrauten logischen Semiotik seiner Zeit fand.[4] Im Folgenden geht es zunächst darum, diesen Sachverhalt mit Blick auf die Sprachtheorie an der Karlsschule zu erörtern und einige von dessen Implikationen für Schillers philosophischen Stil und daraufhin auch für seinen Begriff der ästhetischen Erziehung zu erwägen.

Wenn Julius in seiner „Theosophie" in Schillers *Philosophischen Briefen* die Plausibilität metaphysischer Fragestellungen zu rechtfertigen sucht, verweist er auf die Lehre von der Konventionalität der Zeichen:

---

[4] Als rhetorisch fundiert und „technisch-pragmatisch" charakterisiert Schillers Sprachauffassung Dirk Oschmann (ohne die Quellen und die logische Semiotik eigens zu berücksichtigen): Oschmann, Dirk: *Bewegliche Dichtung. Sprachtheorie und Poetik bei Lessing, Schiller und Kleist.* München 2007, S. 152 f. In der Nähe der instrumentalen Sprachauffassung Immanuel Kants verortet Schillers Sprachverständnis Bartl, Andrea: *Im Anfang war der Zweifel. Zur Sprachskepsis in der deutschen Literatur um 1800.* Tübingen 2004, S. 221 f.

> Unsre reinsten Begriffe sind keineswegs B i l d e r der Dinge, sondern bloß ihre nothwendig bestimmte und coexistirende Z e i c h e n. […] So, wie die Denkkraft die Verhältnisse der Idiome entwikelt, müssen diese Verhältnisse in den Sachen auch wirklich vorhanden sein. Wahrheit also ist keine Eigenschaft der Idiome, sondern der Schlüße; nicht die Aehnlichkeit des Zeichens mit dem Bezeichneten, des Begriffs mit dem Gegenstand sondern die Uebereinstimmung dieses Begriffs mit den Gesezen der Denkkraft. (NA 20, 126 f.)

Diese Zeichentheorie, die auch für die Theorie der Sprache als Zeichensystem gilt, ist diejenige der Leibniz-Wolff'schen Schule. Sie lag den Lehrbüchern der Logik und Philosophie an der Karlsschule zugrunde und wurde in unterschiedlichem Maße durch den Sensualismus erweitert, ergänzt oder abschattiert. Bündig und auf Anwendung bedacht formulierte diese Theorie etwa Johann Heinrich Feder in seiner *Logik und Metaphysik* aus;[5] in einem Lehrbuch, nach dem nachweislich August Friedrich Bök an der Karlsschule unterrichtete[6] und an dem sich teilweise wahrscheinlich auch Jakob Friedrich Abel im Unterricht orientierte. Feder verweist dabei gleichermaßen auf die Semiotik der Wolff'schen Schule wie auf die sensualistische Zeichentheorie von Étienne Bonnot de Condillac.

Die Sprachphilosophie Feders rechnet mit einem systematischen Primat des Denkens vor der Sprache.[7] Dies begründet einen pragmatischen Sprachoptimismus: Sofern richtig gedacht wird, muss die Sprache, vorausgesetzt, mit ihr wird angemessen umgegangen, die durch das Denken gewonnene Erkenntnis auch richtig vermitteln können. Wiewohl sie etwas Nachgeordnetes ist, wirkt sich aber die Sprache selbst auf die Qualität des Denkens aus, indem sie selbst Abstraktion ist und somit die Abstraktion befördert. Diese Auffassung korrespondiert, wie bereits angedeutet, auch mit jener rhetorisch geregelten Beziehung zwischen *res et verba*, die in den einschlägigen Lehrbüchern nachzulesen ist, ob es sich nun um die an Cicero und Quintilian orientierte ältere topische Rhetorik Kaldenbachs

---

5 Feder, Johann Heinrich: *Logik und Metaphysik*. 4. Aufl. Göttingen 1774.
6 Vgl. NA 41. IIa, S. 72, Nr. 74 (leider wurde hier Feder als „Federer" transkribiert) sowie ferner auch Böks Ankündigung seiner Vorlesungen an der Universität Tübingen: Bök, August Friedrich: *Betrachtungen über die Art, sich mit der natürlichen Theologie zwekmäßig zu beschäftigen. Mit einer Anzeige seiner Vorlesungen*. Tübingen 1769, S. 12.
7 Zur „zeitliche[n] wie logische[n] Priorität des Denkens vor dem Sprechen" mit Blick auf das „Literaturprogramm" der Aufklärung vgl. Beetz, Manfred: *Rhetorische Logik. Prämissen der deutschen Lyrik im Übergang vom 17. zum 18. Jahrhundert*. Tübingen 1980, S. 38; vgl. ferner Petrus, Klaus: *Genese und Analyse. Logik, Rhetorik und Hermeneutik im 17. und 18. Jahrhundert*. Berlin, New York 1997.

oder etwa um die moderne logische Oratorie des Tübinger Professors Israel Gottlieb Canz handelt.[8]

Julius exemplifiziert diese Auffassung an der Sprache der Mathematik und, so wörtlich, an der „Unfehlbarkeit" des „Kalkuls":

> Eben so bedient sich die Größenlehre der Chiffern, die nirgends als auf dem Papiere vorhanden sind, und findet damit, was vorhanden ist in der wirklichen Welt. Was für eine Aehnlichkeit haben z. B. die Buchstaben A und B, die Zeichen : und =, + und − mit dem Faktum das gewonnen werden soll? (NA 20, 127)

„Einen ähnlichen Kalkul", so Julius weiter, „macht die menschliche Vernunft, wenn sie das Unsinnliche mit Hilfe des Sinnlichen ausmißt, und die Mathematik ihrer Schlüße auf die verborgene Phisik des Uebermenschlichen anwendet." (NA 20, 127)

Wolfgang Riedel hat dargelegt, dass der Hinweis auf die Mathematik die Lehre vom „logischen Calcul" des Tübinger Philosophen und ausgewiesenen Logikers Gottfried Ploucquet zitiert,[9] der selbst Lehrer der Karlsschulphilosophen gewesen ist und dort auch kurzzeitig unterrichtete. Diese Einsicht sei nun in einem breiteren Zusammenhang verortet und deren Implikationen für die Stillehren der Karlsschule dargelegt.

Das Argument der Mathematik ist ein Topos in der Sprachdebatte der Zeit; es belegt das erwähnte Primat des Denkens vor der Sprache in systematischer Hinsicht und es fungiert als ein Argument in der Diskussion um den Sprachursprung – beides besonders ausgeprägt in der Erkenntnis- und Sprachtheorie des bereits erwähnten Abbé Condillac. An der Sprache der Arithmetik exemplifiziert Condillac seine Theorie der Arbitrarität und Konventionalität des

---

[8] Balthasar Haug, einer der Lehrer der Karlsschule, benutzte in seinem Rhetorik-Unterricht am Stuttgarter Gymnasium illustre das Lehrbuch von Christoph Kaldenbach (1680) in einer neueren Bearbeitung (*Compendium rhetorices pro scholis in ducatu wirtembergico* [mit Anhängen: De Progymnasmatis und De Stilo]. Stuttgart 1765); daher ist davon auszugehen, dass er sich auch an der Karlsschule an diesem Buch orientierte. Die Rhetorik von Israel Gottlieb Canz (*Oratoria scientiarum familiae toti cognata seu rationis et orationis arctissimum vinculum* [...]. Tübingen 1735), der zum Beispiel Lehrer von Bök war, ist die einzige im Tübinger Raum entstandene moderne Rhetorik der Zeit, vgl. hierzu Bauer, Sonja-Maria: „Israel Gottlieb Canz (1690–1753). Der Philosoph und die Tübinger Rhetorik im Zeitalter der Aufklärung". In: *500 Jahre Tübinger Rhetorik. 30 Jahre Rhetorisches Seminar*. Katalog zur Ausstellung im Bonatzbau der Universitätsbibliothek Tübingen vom 12. Mai bis 31. Juli 1997. Hg. v. Joachim Knape. Tübingen 1997, S. 117–122.
[9] Vgl. Riedel: *Die Anthropologie*, S. 223 f.

sprachlichen Zeichens.[10] Das sprachliche Zeichen ist für ihn Ergebnis einer progressiven Abstraktion von sinnlich erfahrbaren Gegenständen. Es entwickelt sich dabei allmählich aus Gesten und koppelt sich von diesen ab, bis es die Sprache der Gesten *(langage des actions)* ersetzt.

Die Sprachtheorie Condillacs war an der Karlsschule ebenso präsent wie seine Erkenntnistheorie. Mit Blick auf den Stil Schillers sind dabei zwei Kontexte bzw. Aspekte relevant: erstens die Sprachursprungsdebatte, zweitens die Konsequenzen von Condillacs Theorie für die Praxis des philosophischen Schreibens. Die damalige Debatte über den Ursprung der Sprache wurde an der Karlsschule anhand der Polemik Herders gegen Condillac dargelegt. So lautete beispielsweise eine der philologischen Thesen des Griechisch- und Lateinlehrers Johann Heinrich Nast, mit denen sich die Karlsschüler in entsprechenden Examina befassen mussten, wie folgt: „Hinc cel. Herderus in tractatu de origine Sermonis p. 24. sqq. inique calumniatur Condillacum, atque in eadem re ipse sibi contradicit."[11]

Schiller war mit Herders Schrift und Theorie also vertraut. Auch gibt es eine Analogie zwischen seinem Begriff der Reflexion, den er als das „erste liberale Verhältnis des Menschen zum Weltall" (FA 8, 655) im 25. seiner Briefe *Über die ästhetische Erziehung des Menschen* fasst, und Herders Begriff der Besonnenheit oder Reflexion, verstanden jeweils als eine Aktualisierung des Menschseins. Beide Begriffe von Reflexion stimmen in ihrer Bedeutung für die Genealogie und Manifestation des Menschseins überein. Doch hat man Schillers Sprachauffassung vor Augen, dann zeichnet sich ab, warum und wozu er darauf verzichtet, die Sprache in diesem Moment eigens zu thematisieren. Die Ursache – die *causa efficiens* – dafür ist, dass für ihn die Sprache in ihrer instrumentalen Auffassung als Medium der Gedanken, aber nicht des Denkens dieses allenfalls befördern kann, selbst jedoch keine Manifestation der menschlichen Freiheit ist. Der Zweck – die *causa finalis* – dieses Verzichts liegt darin, dass die Reflexion als das erste liberale Verhältnis zur Welt nicht dem entspricht, wie sie bei Herder beschrieben wird. Für Herder gilt:

> Der Mensch, in den Zustand von Besonnenheit gesetzt, der ihm eigen ist, und diese Besonnenheit (Reflexion) zum erstenmal frei würkend, hat Sprache erfunden. Denn was ist Reflexion? Was ist Sprache? Diese Besonnenheit ist ihm charakteristisch eigen und seiner Gattung

---

**10** Vgl. Condillac, Étienne Bonnot de: *Essai sur l'origine des connaissances humaines*. Précédé de *L'archéologie du frivole* par Jacques Derrida. Auvers 1973, S. 164 (I, sec. IV, Par. 51): „Les mots ne doivent-ils pas être aux idées de toutes les sciences ce que sont les chiffres aux idées de l'arithmétique?"
**11** Nast, Johann Heinrich: *Theses philologico-criticae*. Stuttgart 1777, These XXXI.

wesentlich: so auch Sprache und eigne Erfindung der Sprache. *Erfindung der Sprache ist ihm also so natürlich, als er ein Mensch ist!*[12]

Für Schiller dagegen eröffnet die Reflexion den Weg zur Betrachtung des Schönen als einen Weg zur Freiheit. Die Herdersche, auf der Basis der Besonnenheit (Reflexion) „erfundene" Sprache ersetzt Schiller durch Kunst. Die der Karlsschule verpflichtete Positionierung Schillers in der Sprachursprungsdebatte ist dafür verantwortlich, dass die Sprache bei ihm die von Herder emphatisch beschworene Bestimmung einbüßt.

Dagegen ermöglicht Schiller ein anderer wichtiger Aspekt der an der Karlsschule vertretenen Sprachtheorie, dass er gerade mithilfe der Sprache – nämlich am Stil – bestimmte Sachverhalte als gegenwärtig vorführen kann, während er sie philosophisch als das erst zu erreichende Ziel der ästhetischen Erziehung kennzeichnet. Sein Philosophie- und Stilistik-Lehrer Johann Christoph Schwab hat im Jahre 1777, anonym, seine Übersetzung des Traktats *Traité de l'art d'écrire* des Abbé Condillac veröffentlicht;[13] es ist anzunehmen, dass dieses Lehrbuch Schillers Stilunterricht bei Schwab zugrunde lag.

Condillacs Stillehre basiert auf der Regel, dass die Sprache der ihr zugrunde liegenden Verbindung der Gedanken – der *liaison des idées* – zu folgen hat. Das Ergebnis davon ist, wie etwa an den Ausführungen zu Periode und Syntax ersichtlich ist, eine Sprache, die sich gegenüber dem Gedankengang mimetisch verhält. Die aktualisierte Sprache – der Stil – vollzieht an sich selbst die konkreten Bewegungen des Denkens – gleichsam ein *langage de l'action*. Condillac betont dabei ausdrücklich die Notwendigkeit, im Zeitalter der Schrift und der stillen Lektüre besonders leistungsfähige Wirksamkeitsstrategien zu entwickeln. Diese können und sollen die einstigen Strategien der rhetorischen *actio*-Lehre adäquat ersetzen.

Man kann behaupten, dass Schiller in den Briefen *Über die ästhetische Erziehung* genau diese Option aufgreift. Gegenüber den Briefen an den Herzog von Augustenburger ändert er in der *Horen*-Fassung radikal die philosophische Disposition der Abhandlung und geht weitgehend streng philosophisch vor, an Kants Vorgaben orientiert. Dabei belässt er aber den Briefen *Über die ästhetische*

---

[12] Herder, Johann Gottfried: *Werke in zehn Bänden*. Bd. 1. Hg. v. Günter Arnold u. a. Frankfurt/Main 1993 ff., S. 722.
[13] Condillac, Étienne Bonnot de: *Die Kunst zu schreiben* [übers. von Johann Christoph Schwab]. Bern 1777. Erwähnt wird diese Übersetzung im Rahmen des Kommentars der Schiller Nationalausgabe (Hirdt, Willy: „Schillers Verhältnis zur Sprache und Literatur Frankreichs". In: NA 15. II, S. 396–431, hier S. 398), hervorgehoben in Alt, Peter-André: *Schiller. Leben – Werk – Zeit*. Bd. 1. München 2000, S. 98.

*Erziehung* den hohen Ton, der für die Augustenburger Briefe charakteristisch ist, dies dem hohen Adressaten gemäß und entsprechend dem Gebot des *aptum*. Dieser hohe Ton hat ihm den übelsten der damaligen Verrisse eingebracht; mit dafür verantwortlich war auch jene Fußnote der *Horen*-Fassung, in der Schiller, um die Echtheit der Briefe zu unterstreichen, beteuerte: „Diese Briefe sind wirklich geschrieben; an *Wen*? tut hier nichts zur Sache, und wird dem Leser vielleicht zu seiner Zeit bekannt gemacht werden." (FA 8, 556).

In den *Annalen der Philosophie und des philosophischen Geistes* stößt sich der Kantianer Mackensen in seiner Rezension nicht etwa an der These selbst, „das man zur Freiheit durch Schönheit wandele", sondern eben am Stil der Abhandlung. Schillers Briefe seien ausdrücklich, „an einen Mann gerichtet, zwischen welchem und ihm die Verhältnisse im bürgerlichen Leben eine große Kluft befestigen". Das begründe, „wie der Verf. immer so starr und steif daher schreitet, und daß seine Philosophie eine so vornehme Miene macht".[14] Eine höhere – antikische – Autorität heranziehend, empfiehlt der Rezensent ironisch, Schiller möge doch eher einen Euklid lehren, „wie man mit Fürsten philosophieren müsse!"[15] Gemeint ist wohl die anekdotisch überlieferte Antwort Euklids auf die Frage des Königs Ptolemaios, ob es durch die Geometrie nicht einen kürzeren Weg gebe, als durch die zwölf Teile seines Mathematik-Lehrbuchs, die *Elemente*. Es gebe, so Euklid, zur Mathematik keinen besonderen Zugang für Könige.

## 2 Wie man mit Fürsten philosophiert

Auch dies konnte Schiller an der Karlsschule lernen. Die Lehrer praktizierten eine funktionale Ausdifferenzierung der Stile: die Sprache der strengen Philosophie fand sich in den Schriften für die Schule, eine auf rhetorischen Vorgaben gründende Sprache dagegen in den Reden am Hofe – eine *philosophia aulica*, mit Thomasius gesprochen. Die Festreden allerdings stellten die Karlsschullehrer vor

---

14 Mackensen, Wilhelm Friedrich August: „Die Horen, eine Monatsschrift, herausgegeben von Schiller. Erster Band. 1. 2. 3. Stück […]". In: *Annalen der Philosophie und des philosophischen Geistes*. Hg. v. Ludwig Heinrich von Jakob. Leipzig, Halle 1795, 118.–122. Stück, Sp. 937–970, Zitat Sp. 942 f. Mit Blick ebenfalls unter anderem auf die zeitgenössischen Rezensionen untersucht Marina Mertens die Formen von Schillers (nicht nur philosophischem) Schreiben, indem sie diese als Darstellungsformen auf Schillers Anthropologie zurückführt: Mertens, Marina: *Anthropoetik und Anthropoiesis: zur Eigenleistung von Darstellungsformen anthropologischen Wissens bei Friedrich Schiller*. Hannover 2014.
15 Mackensen: „Die Horen", Sp. 943.

komplexe stilistische Entscheidungen. Es ging in ihnen ja zunächst darum, ihre Themen – die Vorzüge der Künste, die rechte Art der Erziehung und die rechte Art zu regieren – vor dem Regenten selbst zu verhandeln. Die Reden wurden aber in der Folge gedruckt. Es ging also auch darum, die jeweiligen Themen, auf dem Niveau der zeitgenössischen Debatte und der Aufklärung verpflichtet, so zu verhandeln, dass ihre Argumentation auch einer nachträglichen Überprüfung einigermaßen standhielt. Es wäre anachronistisch und kontrafaktisch, diese Reden subversiv zu nennen; interessant ist vielmehr, dass sie drei Zwecke zugleich erfüllten. Die Reden nahmen den Regenten in Pflicht, huldigten ihm zugleich und sie präsentierten anspruchsvolle Argumentationen im Kontext zeitgenössischer Polemiken. Am elegantesten löste die dreifache Aufgabe der sehr beliebte Redner-Philosoph August Friedrich Bök, bei dem Schiller im Jahre 1775 den Philosophie-Unterricht absolvierte (und der später auch zu den Lehrern von Schelling, Hölderlin und Hegel im Tübinger Stift gehörte).[16]

Ein Beispiel hierfür ist seine Rede mit dem Titel *Von der Ordnung als Seele der Erziehung* von 1775.[17] Bök gelingt es darin, Prinzipien und Ergebnisse zeitgenössischer Logik, Kosmologie, Psychologie und Anthropologie vorzulegen, Künste und Wissenschaften gegen ihre Feinde von Platon bis Rousseau zu verteidigen, Einwände gegen öffentliche Erziehungsanstalten (zugunsten privater oder häuslicher, oder gar der Nicht-Erziehung – eine Anspielung auf Rousseau) zu widerlegen und schließlich den Herzog auf eine Erweiterung des Philosophie- und Ästhetik-Unterrichts zu verpflichten. Der letzte Punkt erscheint dann besonders wichtig, wenn wir bedenken, dass die Rede in jenem Jahr vorgetragen wurde, in dem die Karlsschule zugunsten einer weitgehenden Spezialisierung auf die jeweiligen Berufe – vom Mediziner und Juristen bis hin zum Musiker und Gärtner – radikal umstrukturiert wurde. Eine philosophisch betriebene Kunstbetrachtung, so Bök, könne es allein garantieren, dass die künftigen Staatsbürger, während sie den jeweiligen Berufen nachgehen, auch ihre Bestimmung als Menschen erfüllen – diese liege darin, als Teile eines Ganzen selbst ein Ganzes zu sein.

Die Argumente, mit denen Bök, aber auch Balthasar Haug oder der Jurist Gottfried Daniel Hoffmann in ihren Reden in dieser Zeit aufwarten, greifen gleichermaßen auf überlieferte Topoi wie auf zeitgenössische Philosopheme zurück. Ihre Topik orientiert sich an dem Lob oder der Verteidigung der Künste insbe-

---

16 Vgl. Franz, Michael (Hg.): „... im Reiche des Wissens cavalieremente?' Hölderlins, Hegels und Schellings Philosophiestudium an der Universität Tübingen*. Tübingen 2005, insb. S. 128 ff.
17 Vgl. Bök, August Friedrich: „Von der Ordnung als Seele der Erziehung". In: *Relation du cinquième anniversaire de la fondation de l'Académie-ducale-militaire de Wirtemberg, le XIV. decembre 1775*. Stuttgart s. a. [1776], S. 43–56.

sondere bei Cicero, die philosophische Argumentation an Vorgaben der rationalistischen wie der sensualistischen Theorien. Den Ausgangspunkt bildet die Annahme, so etwa wörtlich Bök, dass „das Wahre im Gefolge des Schönen"[18] zu erreichen ist, wobei das Ziel sei, dass man „als Mensch und Bürger, für sich und für den Staat, bleibende Vortheile" erhalte.[19] Dies sei den Positionen von Bök, Haug und insbesondere Hoffmann zufolge allerdings nur dann zu gewährleisten und zu erreichen, wenn der Fürst die gesetzgebende, die kontrollierende und die exekutive Macht selbst ausübe und über die Bürger restlos verfüge.[20] Des Fürsten Sorge für deren angemessene Erziehung zeitige gute Folgen für die Regierung selbst. Balthasar Haug formuliert es in Anverwandlung antiker Autoritäten (hier wohl Tacitus) wie folgt: „In einem Lande, wo viele wohlgezogene Leute sind, sind fast keine Gesetze mehr nöthig."[21]

Wenn Schiller in den 1790er Jahren, nach der politischen Erschütterung durch die Französische Revolution und nach der – mit Carl Leonhard Reinhold gesprochen – erfolgten Revolution in der philosophischen Welt durch Kant, in den Augustenburger Briefen vor einen Fürsten tritt, um im Angesicht der historischen Lage über die Notwendigkeit der Kunst im Staat zu räsonieren, greift er auf Topoi der Karlsschulreden zurück. Parallel dazu bekennt er sich zu Kant; sogleich versichert er allerdings den Adressaten, er würde ihm die Anstrengungen der philosophischen Methodik ersparen. Wie bereits gesagt, hat Schiller die Augustenburger Briefe für die Veröffentlichung in den *Horen* grundsätzlich umdisponiert; die Briefe *Über die ästhetische Erziehung des Menschen*, die aus ihnen hervorgingen, sind nicht mehr das, was Schiller ursprünglich gegenüber dem Augustenburger versicherte – es sind keine „philosophischpoetische[n] Visionen" (FA 8, 495) mehr. Stattdessen bilden sie eine komplexe Abhandlung. Diese baut auf strenger philosophischer Methodik auf, um der Kunst im Staat eine Funktion zu garantieren, durch die sie unersetzbar wird.[22]

---

**18** Ebd., S. 5.
**19** Ebd., S. 8.
**20** Vgl. insbesondere Hoffmann, Gottfried Daniel: „Rede von der Glückseelichkeit des Landes, dessen Fürst selber regiert". In: *Der Vierte Jahrs-Tag der Herzoglich-Württembergischen Militair-Academie auf der Solitude*. Stuttgart 1774, S. 25–40.
**21** Haug, Balthasar: *Über die Notwendigkeit der Erziehung und ihren Einfluß in die Glückseligkeit des gemeinen Wesens*. Stuttgart 1772, S. 18.
**22** In der Tradition des Legitimationsdiskurses zugunsten des Theaters (und folglich auch der Künste) verortet Carsten Zelle mit Blick unter anderen auf Johann Christoph Gottsched und Johann Georg Sulzer Schillers Briefe *Über die ästhetische Erziehung*; vgl. Zelle, Carsten: „‚Querelle du Théâtre': Literarische Legitimationsdiskurse (Gottsched – Schiller – Sulzer)". In: *German Life and Letters* 62 (2009), H. 1, S. 21–38.

„Der Leser soll d e n k e n" (NA 27, 80) antwortet Schiller auf Körners Einwand, dass die Briefe *Über die ästhetische Erziehung* zu schwer geschrieben seien. Nun kann man aber fragen, warum er die Spuren des Dialogs mit dem hohen Gönner nicht völlig tilgt – warum behält er jenen hohen Ton, der seine Briefe am Hofe empfehlen sollte, ihm aber von bürgerlichen Philosophen, seien es Kantianer, seien es Popularphilosophen, nur Spott oder Unverständnis entgegenbringen musste?

Die Antwort ist, dass er den Fürsten für die ästhetische Erziehung brauchte: am hohen Stil der in den *Horen* veröffentlichten Briefe bleibt der Herrscher weiterhin anwesend. Den Briefen *Über die ästhetische Erziehung des Menschen* kommt durch die eigentümliche Verbindung einer streng philosophischen Methodik mit dem hohen Ton der einstigen Augustenburger Briefe etwas von einer Inszenierung zu. Sie fungieren nun wie Repliken auf der Bühne. Die Bühnenrede ist ja doppelt ausgerichtet: auf den Partner auf der Bühne hin (hier den hohen Gönner) und zugleich auf das Publikum im Saal gegenüber (die Leserschaft der *Horen*). Die Briefe *Über die ästhetische Erziehung* inszenieren somit zunächst einen Konflikt. Der Schreiber hat zwischen dem mittleren und dem hohen Stil wählen können. Mit dem ersteren hätte er die Leser als Briefpartner auf seine Seite gezogen, mit dem letzteren hat er sich aber für einen Dialog mit dem Mächtigen entschieden und dadurch die Leser zu Zuschauern gemacht.[23]

Sie schauen allerdings einer raren Szene zu, nämlich einer Darstellung, wie man mit Fürsten philosophiert, ohne den Anspruch auf die Vermittlung der strengsten Methodik aufzugeben. Dies hielten Schillers Zeitgenossen, soweit sie aus dem strengen Lager der Kantianer kamen, generell für unmöglich. Carl Leonhard Reinhold etwa erschrak geradezu, als er von Baggesen erfuhr, der Herzog von Augustenburg läse sein Buch, nämlich die *Briefe über die Kantische Philosophie*:

> Bei dem gegenwärtigen Zustande der herrschenden Begriffe können jene Briefe selbst für Philosophen von Profession nichts weniger als unterhaltend sein. Und wie selten sind nicht die Prinzen, die sich mit der Wissenschaft auch nur zu amüsieren verstehen, [...] und wie sehr wird ihnen auch nun dieses Amüsement von den Pflegern der Wissenschaften zum Verdienst angerechnet. Nur das lebendige moralische Interesse, verbunden mit echt philosophischem Geiste, der sich mit keinen anderen Gründen der Pflichten und Rechte der Menschheit, als mit den *letzten* begnügt, die für ihn allein die zureichenden sind, kann

---

**23** Vgl. hierzu ausführlich auch meinen Beitrag: Stašková, Alice: „*Aptum* als Thema im ersten Brief *Über die ästhetische Erziehung des Menschen* von Friedrich Schiller". In: *Germanistica Pragensia* 20 (2008), S. 141–162.

einem Mann in der äußeren Lage Ihres Prinzen zur nähern Bekanntschaft mit der kritischen Philosophie einladen.[24]

Mit welcher Szene aber, so ist zu fragen, wird das lesende Publikum der *Horen* angesichts von Schillers Philosophieren mit einem Prinzen konfrontiert? Das Besondere und Bemerkenswerte dieser Szene liegt darin, dass der Prinz ohne jegliche Rücksicht zur strengsten Philosophie geradezu gezwungen wird.

Schiller greift also in den 1790er Jahren auf die Topoi und teils auch auf die Argumentation der einstigen Reden an der Karlsschule zurück; die Transformation, die diese bei ihm erfahren, ist nun dreifacher Art. Erstens führt Schiller alle drei Diskurse zusammen – die Rede von der Erziehung als Stütze des Staates, die Rede von der Nützlichkeit der Künste im Gemeinwesen und die Rede vom guten Alleinherrscher, der zum eigenen Vorteil seinen Bürgern eine ästhetische Erziehung zuteil werden lässt. Zweitens besteht diese Transformation darin, dass Schiller seine Philosophie der Kunst bekanntlich auf kantischen Grundlagen aufbaut und die Kunst, in Anwendung von Kants regulativen Prinzipien, als Freiheit in der Erscheinung bestimmt. Die Kunst vermittle ja keine Erkenntnisse und sie halte auch keine Gebrauchsanweisung zum guten Leben parat.[25] Die Kunst ist, wie im hohen Ton vor einem Fürsten dargelegt wird, für Schiller dazu da, den Betrachter an seine Freiheit zu erinnern.

Der dritte Aspekt, unter dem sich bei Schiller in den 1790er Jahren die Transformation der älteren Diskurse zeigt, hängt mit der unmittelbaren historischen Situation zusammen. Schiller hält weiterhin an der Auffassung fest, dass die Sitten den Gesetzen vorgreifen, nicht umgekehrt – man erinnere sich der Formel Haugs, ein Staat wohlerzogener Bürger brauche weniger Gesetze. Mit der Fran-

---

**24** In: *Jens Baggesen's Briefwechsel mit Karl Leonhard Reinhold und Friedrich Heinrich Jacobi*. Hg. v. Carl u. August Baggesen. 2. Theil (Dezember 1790–Januar 1795). Leipzig 1831, S. 8 f. (Brief Reinholds an Baggesen vom 01.01.1791).

**25** Übrigens wurde bereits an der Karlsschule gelehrt, das ästhetische vom moralischen Urteil mit Blick auf die Tragödie voneinander zu unterscheiden – der bereits erwähnte Philologe Johann Heinrich Nast exemplifizierte die Notwendigkeit einer nicht moralischen, sondern ästhetischen Betrachtungsweise und somit das Prinzip des rein ästhetischen Wohlgefallens in seiner Abhandlung über die griechische Tragödie an Shakespeares *Macbeth* und *Richard III*. Vgl. Nast, Johann Heinrich: *Observationes in rem tragicam Graecorum*. Stuttgart 1778, S. 58, Anm. a): „*Aesthetica* fabulae *pulchritudo* semper distinguenda est ab usu morali. Summa Tragoediæ potest inesse pulchritudo aesthetica, quamvis ejusdem utilitas moralis admodum fit exigua." Der Einfluss des Karlsschulunterrichts hinsichtlich der Theorie der Tragödie bleibt, betrachtet man insbesondere den Unterricht Nasts sowie seine Dissertation, m. W. noch ein Desiderat der Forschung. Mit Nast stand Schiller in den 1790er-Jahren erneut in Kontakt, und zwar im Kontext des Projekts einer Übersetzung der Dramen des Euripides.

zösischen Revolution gerät aber diese Auffassung, wie George Benrekassa in seinem Buch *Le langage des Lumières* eindrücklich gezeigt hat, ins Schwanken.[26] Die vorrevolutionäre Wunschvorstellung einer Gesellschaft, die sich selbst regelt, hat etwa Louis Sebastian Mercier[27] in der Ausgabe seiner *Tableaux de Paris* von 1788 formuliert:

> Les peuples civilisés, qui ont les mœurs douces doivent avoir des législations humaines; il est donc inutile d'appesantir l'autorité sur les habitants de la capitale. Ils ont une tendance à l'ordre, à la paix, au repos, parce que la foule des citoyens instruits contient ceux qui ne le sont pas, et que les classes supérieurs, livrées aux jouissances épicuriennes et aux raisonnements qui en résultent seront toujours le frein le plus puissant contre une populace égarée.[28]

Die hier zum Ausdruck kommende Zuversicht wird durch die Französische Revolution gründlich widerlegt. Diese zeitigte in der Folge eine radikale Tendenz, den Sitten durch Gesetze vorzugreifen. Schiller bleibt jedoch offensichtlich weiterhin der Auffassung, dass sich Sitten und Gesetze – *mœurs et lois*, oder, in der Terminologie von Kants *Kritik der praktischen Vernunft*, die Moralität und die Legalität – zumindest zirkulär zueinander verhalten. In der Szene, die Schillers Briefe *Über die ästhetische Erziehung* vorführen, wird nun ein Fürst auf drastische Weise mit bestimmten Folgen einer vernachlässigten Erziehung konfrontiert – nämlich mit dem Ausbleiben der praktischen Aufklärung, die der Augustenburger selbst in einer seiner Antworten an Schiller für wenig wichtig hielt. Als Reaktion auf diese Haltung wird dieser Fürst geradezu rücksichtslos mit der strengen philosophischen Deduktion traktiert.

Allerdings: Schiller schreibt keineswegs so wie etwa Reinhold oder Kant. Breitflächig bedient er sich zwar der „technischen Form", für die er sich im ersten Brief der Abhandlung *Über die ästhetische Erziehung* die Lizenz erbat. Der stellenweise Gebrauch einer „technischen Form" (NA 20, 310) prägt aber nicht den Stil der gesamten Abhandlung, sondern stellt bloß eines der Merkmale dieses Stils dar.[29] Die Eigentümlichkeit von Schillers Stil besteht nun aber gerade darin, dass er erwartete Kongruenzen zwischen Autor, Stil, Gattung und Adressat durch-

---

26 Vgl. Benrekassa, Georges: *Le langage des Lumières. Concepts et savoir de la langue.* Paris 1995.
27 Zu Schiller und Mercier vgl. den Beitrag von Jörg Robert im vorliegenden Band.
28 Zit. n. Benrekassa: *Le langage des Lumières*, S. 68 f.
29 In seiner Rezension macht bereits Mackensen auf Schillers situativen Einsatz von Bildern und Begriffen aufmerksam, vgl. seine Einleitung zur Beschreibung des fünften Bandes, Mackensen: „Die Horen", 120. Stück, Sp. 955: „Hier eröffnet sich die Scene mit einer interessanten Situation." Zum konkreten und detaillierten Vergleich von Kants und Schillers Schreibart vgl. Meyer, Herman: „Schillers philosophische Rhetorik". In: *Euphorion* 53 (1959), S. 313–350, insb. S. 316 ff.

kreuzt. Schiller verleiht zwar der gesamten Abhandlung wider Erwarten einen hohen Ton, in die ‚höhere Schreibart' integriert er aber Merkmale des strengeren sowie des ‚mittleren Stils'. Er plädiert also, entsprechend dem, wie es etwa Reinhold forderte, für die Verwendung der „technischen Form" in Abhandlungen, in denen gleichzeitig für die Aufklärung und für die Sache der Freiheit wichtige Erkenntnisse und Begriffe unter Philosophen vermittelt werden sollen. Damit erhebt er das Schöne und die Kunst zu einem dieser „technischen Form" bedürftigen Gegenstand, zu einem solchen also, der aller Mühen der Erkenntnis würdig ist. Im Stil Kants schreiben Fachleute für Fachleute, wie Reinhold gegenüber Baggesen bemerkte. Kants Stil ist dieser gewiss auch von Schiller geteilten Auffassung gemäß keiner, mit dem in einem revolutionären Konvent gesprochen werden kann, auch nicht in einer konstitutionellen Monarchie und auch nicht am Hofe. Schiller selbst versucht, diese Schreibart ‚hoffähig' zu machen und mit der Durchkreuzung der Stilebenen die gesellschaftlichen Stände anzugleichen – allerdings durch eine Erhebung, nicht durch Nivellierung.

Wie man höchste Eleganz im Ausdruck mit maximaler Komplexität des Gedankens verbindet, hat Schiller bei Condillac gelernt; bis ins Detail kann gezeigt werden, wie etwa seine Perioden auf die Ausführungen des Karlsschullehrbuchs zurückgreifen. Wie man mit Fürsten philosophiert und das heißt, wie man sie unterrichtet ohne Konzessionen an die Situation, in die beide Seiten geboren wurden, hat der französische Philosoph in seiner Abhandlung *Die Kunst zu schreiben* ebenfalls, und zwar peformativ, vorgeführt. Sein Traktat gehört zu den Lehrbüchern, die Condillac für seinen Zögling, den achtjährigen Prinzen von Parma, geschrieben hat. Im Kapitel über die Tropen erklärt er etwa seinem Prinzen, der in berüchtigter Weise widerspenstig war, die Ironie wie folgt: „Man wird endlich des Gesuchten müde, und nichts ist gesuchter, als immer das Gegentheil dessen was man zu verstehen geben will, zu sagen. Dieß, mein Prinz, ist die Sprache derjenigen, die Ihnen sagen, Sie seyen überaus artig."[30] Der Stil Schillers bereitet Anstrengung – den Prinzen (solange es sie noch gibt) wie den Bürgern – und als ein solcher ist dieser Stil dem hohen Gegenstand der Freiheit angemessen: jenseits von Rührung und Unterhaltung, diesseits von Begeisterung. Die Form der Briefe *Über die ästhetische Erziehung* zeigt an sich selbst, dass es mit der Freiheit kaum spektakulär, kurzweilig und erhaben vonstatten geht,

---

**30** Condillac: *Kunst zu schreiben*, S. 339. Vgl. im Original: Condillac, Étienne Bonnot de: *Traité de l'art d'écrire*. In: *Œuvres complètes de Condillac*. Bd. V. Art de penser et art d'écrire. Paris 1821, S. 187–534, hier S. 369 (2. Buch, Kap. 11): „On se lasse enfin de ce qui est recherché; et rien ne l'est plus que de dire toujours le contraire de ce qu'on veut faire entendre. C'est le langage, Monseigneur, de ceux qui vous disent que vous êtes un prince charmant."

wie so manches zeitgenössische Theaterstück vorgaukelte und die Pariser Ereignisse einst hoffen ließen.

Alexander Košenina
# Die europäische Tradition juristischer Pitavalgeschichten für Schillers fragmentarische Kriminaldramen

„Tragisches Sujet des entdeckten Verbrechens" (NA 42, 265) – Goethes knapper Eintrag im Tagebuch vom 26. März 1799 bringt eine über längere Zeit mit Schiller geführte Diskussion auf eine prägnante Formel. Dabei geht es um die hartnäckige gemeinsame Suche nach Stoffen oder historischen Fallgeschichten, die eine „reine tragische" Handlung (ebd.) enthalten und damit strukturell Sophokles' *Oedipus Rex* ähneln. Dieses Stück entwickelt Schiller in seinem berühmten Brief an Goethe vom 2. Oktober 1797 als Modell einer „tragische[n] Analysis": „Alles ist schon da, und es wird nur herausgewickelt." (ebd.)[1] Ein unabänderliches Geschehen der Vergangenheit – etwa Ödipus' tödliche Notwehr gegenüber einem Fremden, der sich später als sein Vater erweist, und die Vereinigung mit einer Frau, die sich dann als seine Mutter entpuppt – wirke, so argumentiert Schiller, „seiner Natur nach viel fürchterlicher" als etwas, das erst noch in der Zukunft geschehen werde (ebd.). Kriminalballaden, wie die zu dieser Zeit entstandenen *Kraniche des Ibykus*, wenden dieses Prinzip im Kleinen an. So offenbart sich der Mörder des Ibykus – befeuert durch die Darstellung von Rachegöttinnen auf der Bühne – durch unwillkürlichen Geständniszwang selbst, als er durch zufällig vorüberziehende Kraniche an den Hilferuf des sterbenden Ibykus erinnert wird. „Der bloße natürliche Zufall muß die Catastrophe erklären" (NA 29, 126), so beharrt Schiller gegenüber Goethe: Demnach hat die moderne Psychologie des Gewissens als strafermittelnde Instanz „der Eumeniden Macht" (NA 1, 390) aus der Antike abgelöst; die Erinnyen sind nur noch als Inszenierung zu hören und zu sehen, die Aufklärung erfolgt hingegen aus dem Seeleninnenraum.[2]

Schiller glaubt mit Wallenstein einen ebenso geeigneten großen Stoff für eine „reine tragische Fabel" (NA 29, 141) gefunden zu haben, der trotz der Trocken-

---

[1] Vgl. Rector, Martin: „Sophokles' König Ödipus – ,tragische Analysis' oder ,Urstoff des Detektorischen?'" In: *,Beinahekrimis' – Beinahe Krimis!?* Hg. v. Sigrid Thielking u. Jochen Vogt. Bielefeld 2014 (Hannoversche Beiträge zur Kulturvermittlung und Didaktik 4), S. 145–163.
[2] Vgl. Košenina, Alexander: „Aufklärung in Verbrechensballaden (Bürger, Chamisso, Gleim, Schiller)". In: *Kriminalfallgeschichten.* Hg. v. dems. München 2014 (*Text+Kritik*, Sonderband), S. 71–89.

heit und Komplexität des historischen Gegenstandes für eine Analyse auf dem Theater taugt. Im Tragödienbrief von 1797 heißt es dazu weiter:

> [...] das Ganze ist poetisch organisiert und ich darf wohl sagen, der Stoff ist in eine reine tragische Fabel verwandelt. Der Moment der Handlung ist so prägnant, daß alles was zur Vollständigkeit derselben gehört, natürlich ja in gewißem Sinn nothwendig darinn liegt, daraus hervor geht. Es bleibt nichts blindes darinn, nach allen Seiten ist es geöfnet. Zugleich gelang es mir, die Handlung gleich von Anfang in eine solche Præcipitation und Neigung zu bringen, daß sie in steetiger und beschleunigter Bewegung zu ihrem Ende eilt. Da der Hauptcharacter eigentlich retadierend ist, so thun die Umstände eigentlich alles zur Crise und dieß wird, wie ich denke, den tragischen Eindruck sehr erhöhen. (NA 29, 141)

Prägnanz und beschleunigtes Abrollen der Handlung auf ein tragisches Ende zu mag für die *Wallenstein*-Trilogie zwar gelten; ein Kriminalstück nach dem Muster des *Ödipus* – mit Goethe gesprochen ein „[t]ragisches Sujet des entdeckten Verbrechens" – ist sie aber wohl nicht. Hier geht es nicht um das Prinzip der tragischen Analysis, das – so Peter-André Alt – „die Aufdeckung zurückliegender Ereignisse als detektivischen Prozeß der Spurensuche und Indiziensicherung mit dem Resultat der Selbstbestrafung des Schuldigen einschließt".[3] Bei der Fahndung nach solchen Stoffen kommt Schiller auf sein altes Interesse an der legendären Kriminalfallsammlung *Causes célèbres et intéressantes* (1734–43) des französischen Juristen François Gayot de Pitaval zurück. Eine von Friedrich Immanuel Niethammer übertragene deutsche Auswahl aus den 20 Bänden (vier Bände, 1792–95) hatte er 1792 mit einem Vorwort versehen. Schon in den *Räubern* (II, 1) verweist der frisch promovierte Mediziner in einer Fußnote zum Plan seines Franz Moor, durch psychophysische Affektwirkung zu töten – „Ich möcht es machen wie der gescheide Arzt, (nur umgekehrt.)" (NA 3, 38) – auf jene aus dem Pitaval bekannte Giftmischerin in Paris. Von ihr heißt es: Sie „soll es durch ordentlich angestellte Versuche mit Giftpulvern so weit gebracht haben, daß sie den entfernten Todestag mit zimlicher Zuverläßigkeit voraus bestimmen konnte" (NA 3, 39). Der damit angespielte spektakuläre Fall der Marquise de Brinvilliers findet sich bei Pitaval im ersten, in Schillers Auswahl dann im dritten Band. Er selbst kommt auf dieses Verbrechen nicht noch einmal zurück, Literaturgeschichte schrieb es aber von E. T. A. Hoffmanns *Das Fräulein von Scuderi* (1819) bis zu Hermann Hesses Erzählung *Die Verhaftung* (1911).[4]

---

[3] Alt, Peter-André: *Schiller. Leben – Werk – Zeit*. Bd. 2. München 2000, S. 468.
[4] Vgl. Niehaus, Michael: „Schicksal sein: Giftmischerinnen in Falldarstellungen vom Pitaval bis zum Neuen Pitaval". In: *Internationales Archiv für Sozialgeschichte der deutschen Literatur* 31 (2006), S. 133–149.

Im Folgenden soll keine historische Quellenkritik betrieben werden, etwa mittels der Frage nach stofflichen Korrespondenzen zwischen der im vierten Band von Schillers Pitaval enthaltenen *Geschichte der Johanne von Arc oder das Mädchen von Orleans*[5] und seinem Trauerspiel *Die Jungfrau von Orleans*. Vielmehr geht es um Strukturanalogien zwischen der europäischen Tradition der *Histoires tragiques* als Fallsammlungen authentischer, schrecklicher und verstörender Kriminalhistorien und der mit Goethe diskutierten Idee vom tragödientauglichen „Sujet des entdeckten Verbrechens". Tatsächlich erkennt unter den deutschen Dichtern niemand so früh wie Schiller die Bedeutung und das Potenzial des europäischen Genres der Pitavalgeschichte, das spätestens seit Pierre Boaistuaus französischer Übersetzung von Matteo Bandellos *Novelle* (1554) als *Histoires tragiques* (Paris 1559) auch unter diesem Titel behandelt wird.[6] Die Vorrede zu Schillers Auswahlausgabe des Pitaval, die zugleich eine kleine Poetik für die psychologische Menschendarstellung verbrecherischer Subjekte enthält,[7] endet mit der Forderung zur Fortführung: Demnach bestehe die Absicht, „auch von andern Schriftstellern und aus andern Nationen, (besonders wo es sein kann, aus unserm Vaterland) wichtige Rechtsfälle aufzunehmen, und dadurch allmählig diese Sammlung zu einem vollständigen Magazin für diese Gattung zu erheben." (NA 19.1, 203)

Die schon dem Original inhärente Mischung aus juristischem Aufklärungs- und populärem Unterhaltungsanspruch stellt für Schiller einen besonderen Reiz dar. Die Wirkung sensationeller Fallgeschichten führt er erstens auf den naturgegebenen „allgemeinen Hang der Menschen zu leidenschaftlichen und verwickelten Situationen" zurück, „deren Auflösung der Divinationsgabe des Lesers eine angenehme Beschäftigung gibt" (NA 19.1, 201 f.); zu diesem Verlangen nach Spannung kommt zweitens ein psychologisches Interesse, „die geheimen

---

5 Dieser Text sowie sieben weitere aus Schillers Ausgabe sind jetzt leicht zugänglich in Tekolf, Oliver: *Schillers Pitaval. Merkwürdige Rechtsfälle als ein Beitrag zur Geschichte der Menschheit, verfaßt, bearbeitet und herausgegeben von Friedrich Schiller.* Frankfurt/Main 2005 (Die Andere Bibliothek), hier S. 331–374.
6 Vgl. Landfester, Ulrike: „Das Recht des Erzählers. Verbrechensdarstellungen zwischen Exekutionsjournalismus und Pitaval-Tradtion 1600–1800". In: *Literatur, Kriminalität und Rechtskultur im 17. und 18. Jahrhundert.* Hg. v. Uwe Böker u. Christoph Houswitschka. Essen 1996, S. 155–183; Breuer, Ingo: „Barocke Fallgeschichten? Zum Status der Trauer- und Mordgeschichten Georg Philipp Harsdörffers". In: *Zeitschrift für Germanistik* 19 (2009), S. 288–300.
7 Zu Schillers Kriminalpoetik vgl. Košenina, Alexander: „Tiefere Blicke in das Menschenherz: Schiller und Pitaval". In: *Germanisch-Romanische Monatsschrift* 55 (2005), S. 383–395; Ders.: „Schiller und die Tradition der (kriminal)psychologischen Fallgeschichte bei Goethe, Meißner, Moritz und Spieß". In: *Friedrich Schiller und Europa: Ästhetik, Politik, Geschichte.* Hg. v. Alice Stašková. Heidelberg 2007, S. 119–139.

Bewegursachen menschlicher Handlungen weit mehr ins Klare zu bringen", um so „tiefere Blicke in das Menschen-Herz zu thun" (NA 19.1, 202). Auch Schillers programmatische Bemerkungen zu Beginn seiner auf Tatsachendokumenten im Stile Pitavals basierenden Kriminalerzählung *Der Verbrecher aus verlorener Ehre* (1792)[8] zielen auf diese doppelte Logik einer emotionalen Lust an Spannung und Sensation einerseits („[...] der Leser muß warm werden wie der Held") und dem kühl-analytischen Interesse an einer anthropologischen und psychogenetischen Seeleninspektion andererseits („[...] wir müssen ihn seine Handlung nicht bloß vollbringen sondern auch wollen sehen" [NA 16, 8]). Die Ästhetik des Erhabenen wird diese Zweistufigkeit von Empfinden und Erkennen später ebenfalls zugrunde legen: Der *reflexive* Aufschwung in das Reich des Intelligiblen ist nur als Folge vorausgehender *emotiver* Affekterregung und Anteilnahme denkbar, von denen sich das Subjekt in Bezug auf andere wie auf sich selbst verabschiedet und distanziert.

Schillers Auseinandersetzung mit dem Genre der Pitavalgeschichte scheint also mehr Aufmerksamkeit als bisher zu verdienen. Dafür spricht auch manche Themenstellung in den dramatischen Fragmenten sowie Titel auf der von 1797 bis 1804 geführten Liste von geplanten und abgeschlossenen Stücken (NA 12, 623). Goethes Formel „Tragisches Sujet des entdeckten Verbrechens" entsprechen unter den Entwürfen vor allem *Die Polizey* und *Die Kinder des Hauses*. Das Fragment *Die Polizey*, entstanden um 1800, geht zwar auf keine konkrete Pitavalgeschichte zurück, für das nicht genauer benannte Verbrechen kommen aber verschiedene Fälle in Frage. Auffällig ist die Nähe zu Schillers tragödientheoretischem Begriff der maschinenmäßigen Präzipitation einer Handlung von hohem Verwicklungsgrad. In dem Stück, das Schiller gedanklich in Versionen als Tragödie oder Komödie durchspielt, sollen „die Räder der großen Maschine in Bewegung" gezeigt werden, „der Fall ist äuserst verwickelt und scheinbar unauflößlich", doch ein „leitender [...] Faden [...], gleichsam eine Schnur an welche alles gereiht wird" (NA 12, 91), soll für Ordnung sorgen und die Handlung dem ‚Punctum saliens' entgegenstreben lassen.[9] Das Verbrechen bleibt unbenannt, strukturell entspricht es aber Schillers bildlicher Formel: „Alles ist schon da, und es wird nur herausgewickelt" (NA 29, 141): „Ein ungeheures, höchst verwickeltes, durch viele Familien verschlungenes Verbrechen, welches bei fortgehender Nachforschung immer zusammengesezter wird, immer andre Entdeckungen mit

---

[8] Vgl. Dokumente und Forschungshinweise in der kommentierten Reclam-Studienausgabe (Stuttgart 2014).
[9] Zum Begriff vgl. Grohmann, Wolfgang: „Prägnanter Moment und punctum saliens. Zwei Begriffe aus Schillers Werkstatt". In: *Acta Germanica* 7 (1972), S. 59–76.

sich bringt, ist der Hauptgegenstand." (NA 12, 96) Schauplatz ist die französische Metropole zur Zeit Ludwigs XIV. Die große Maschine, von der Schiller spricht, ist der Polizeiapparat, dirigiert von dem Kriminalleutnant Marc-René d'Argenson in den Jahren 1697 bis 1720. Dieser Apparat ist von ungeheurer institutioneller Macht, mit einem „alles durchdringenden Auge" (NA 12, 96) gleicht er der schicksalhaften Nemesis oder moderner ausgedrückt dem allgegenwärtigen Auge des Gesetzes.[10] Die entscheidende Anregung dafür stammt aus Louis-Sébastien Merciers *Tableau de Paris* (1781–88), in dessen achtem Band sich im Kapitel 632 ein Porträt des Pariser Polizeichefs findet. Es bietet indes weit mehr als stoffliches oder biografisches Material, entscheidend ist auch hier das konzeptionelle Potenzial. Zunächst ist da die Maschinenmetapher, die Schiller seit der *Räuber*-Vorrede liebt („Das Laster wird hier mit samt seinem ganzen innern Räderwerk entfaltet" [NA 3, 6]) und die auch in der *Vorrede* zum Pitaval wiederkehrt („Triebfedern, welche sich im gewöhnlichen Leben dem Auge des Beobachters verstecken, treten [...] sichtbarer hervor" [NA 19.1, 202]). Der Maschinist d'Argenson wird bei Mercier wie folgt eingeführt:

> Er zog 1697 die Maschine der Polizey auf, nicht so wie sie heutzutage existirt; aber er hat die Springfedern und die Haupträder derselben zuerst ausgesonnen. Man sagt, daß die Maschiene izt von selbst gehe. Nicht so ganz. Ihr Spiel läßt mannigfaltige Modificationen zu; aber sie sind nicht alle gleich schwer, weil die Maschiene izt ganz aufgestellt und in allen ihren verbundenen Theilen der Hand des Oberhaupts untergeordnet ist [...].[11]

Das Bild des Maschinisten spiegelt die vorantreibende, unaufhaltsame, zwingende, kühl berechnende Aufklärungsarbeit d'Argensons, dem aber noch eine andere, menschliche, psychologisch einfühlsame Seite gegenübergestellt wird. Das ist für den Rechtsaufklärer Schiller von allergrößter Bedeutung, schon mit seiner Erzählung *Der Verbrecher aus verlorener Ehre* fordert er als Pendant zum philosophischen Arzt einen seelenkundigen Richter, wie er dem Leser in dem humanen Amtmann (nach Vorbild von Jacob Friedrich Abels Vater) auch tatsächlich begegnet, der ohne Zwang und Gewalt ein Geständnis Christian Wolfs herbeiführt. Die zugehörige These formuliert der Erzähler: „Die Richter sahen in das Buch der Gesetze, aber nicht e i n e r in die Gemütsverfassung des Beklagten." (NA 16, 11 f.). Die Gesetze sind abstrakt und gleichsam ohne Subjekt, die Anwendung auf den konkreten Fall fordert hingegen eine belebende Deutung der vom Kollektivsubjekt Gesetzgeber intendierten Regeln, Verbote, Maximen. Genau

---

10 Vgl. Stolleis, Michael: *Das Auge des Gesetzes. Geschichte einer Metapher.* München 2004.
11 Mercier, Louis Sébastien: *Paris, ein Gemälde von Mercier.* Verdeutscht von Bernhard Georg Walch. Bd. 8. Leipzig 1784, S. 146 f.

diese Spaltung in das kalte, formalistische, letztlich handlungsunfähige Gesetz und dessen warme, menschenkundige, lebenserfahrene, individuelle Anwendung hebt Mercier am Charakter d'Argensons hervor:

> Ach die unvollkommenen, dummen menschlichen Gesetze können nicht in den Abgrund des menschlichen Herzens eindringen und die Quelle der Verbrechen in demselben fassen, die sie bestrafen müssen. Sie urtheilen nur von der Oberfläche, würden vielleicht denienigen lossprechen, den sie verurtheilen, denienigen schlagen, den sie entgehen lassen. Aber sie können nicht anders handeln, ich gestehe es. Indessen sollten sie nicht alles das vernachläßigen, was das Innere des Menschen aufdecken könnte. Sie müssen die Gewalt der natürlichen und unzerstörlichen Leidenschaften nicht nach ihren Wirkungen sondern nach ihren Grundtheilen beurtheilen, auf das Alter, das Geschlecht, die Zeit, den Tag Rüksicht haben. Es sind feine Regeln, die man nicht in dem Kopf des Gesezgebers antreffen kann, aber in dem Kopfe des Polizeylieutenants antreffen muß.[12]

Die gängige Behauptung, der Detektiv trete erst deutlich nach 1800 in die Literatur, wäre anhand von Merciers Figur d'Argensons, die Schiller in *Die Polizey* einplant, einer Überprüfung wert. Sein Interesse gilt dem tragischen „Sujet des entdeckten Verbrechens" (NA 42, 265), dem im Fragment besondere „Fatalität" zugesprochen wird, wenn aus zufälligen Nebenumständen ohne „kriminelle Bedeutung" die „Entdeckung einer Reihe von Verbrechen" folgt (NA 12, 100). Schiller setzt auf die Kombinationsfähigkeit d'Argensons, ihm schweben mehrere, ineinander verwickelte Handlungsstränge vor; „die Polizeyuntersuchungen verknüpfen alle und lösen sie zusammen auf." (NA 12, 106) Allerlei Indizien tragen zu dem Mosaik bei, etwa „Spuren von Blut irgendwo", „ein körperliches Kennzeichen", ein „Käufer gestohlener Waaren", „eine Strickleiter in der Tasche eines jungen Herrn" (NA 12, 100 f.), ein Komödiendolch. Die Ermittler und ihre Spione sind geniale Verstellungskünstler: „Unaufhörliche Verkleidungen der Polizeyspionen", fordert Schiller; sie beobachten und „werden wieder durch andre beobachtet" (NA 12, 98). Eine Illustration von Balthasar Anton Dunker zu Merciers *Tableau de Paris* von 1787 zeigt solche Gaunereien: „Ein Betrüger, als Polizist verkleidet, hält einen Abbé an (der wiederum ein verkleideter Polizeibüttel ist), just als er einem Mädchen nachsteigen will. [...] Der Büttel gibt sich zu erkennen und arretiert nun seinerseits den Spitzbuben."[13]

Im Polizeiapparat sollen aber nicht nur scharfsinnig Details verknüpft und ein Weg durch jenen „großen drängenden Menschenocean" (NA 25, 146) gefun-

---

**12** Ebd., S. 155 f.
**13** *Tableau de Paris: Bilder einer Großstadt*. In Radierungen von Balthasar Anton Dunker, nebst Erläuterungen, die auf die nämlichen Kapitel im Werk von Louis-Sébastien Mercier verweisen. Berlin 1989, S. 144 f.

den werden, von dem Schiller gegenüber Caroline von Beulwitz so respektvoll spricht. Schillers Personal umfasst tatsächlich die gesamte Gesellschaft – vom Polizeiminister, Mönch oder Illuminaten bis zur Kurtisane, zum Schmarotzer, Bettler, Dieb oder Mörder (NA 12, 94 f.). Aus Merciers *Tableau de Paris* wird so ein ‚Tableau humain'. Dazu gehört auch die Individualisierung des leitenden Kommissars, an der Spitze des mächtigen, abstrakten Apparats stellt er „als Mensch von Herz und Geist" (NA 12, 92) eine Persönlichkeit dar: „Der Polizeykommißair ist ein feiner, geistvoller und jovialischer Mann, der Lebensart und Gefühl hat, zugleich aber gewandt, listig und sobald er will imposant ist." (NA 12, 102)

Für die inhaltliche Ausstattung hat man Andeutungen einzelner Requisiten und Diebstähle bereits auf Fälle aus Schillers Pitavalausgabe zurückgeführt.[14] In Frage kommen insbesondere aus dem zweiten Band der *Rechtshandel des Herrn von Anglade* sowie aus dem dritten *Das traurige Schicksal des Jakob le Brün*, die *Geschichte des Prozesses der Marquise von Brinvillier* und *Der Herr von la Privardiere*. Besonders der letztgenannte Text ist für Schillers komische Variante einschlägig, über die er bemerkt: „Ob es nicht gut wäre, wenn das Lustspiel davon ausgienge, dass man die Spuren eines Capitalverbrechens aufsucht und auf lustige Verwicklungen stößt." (NA 12, 100) Der Herr von Privardiere entfernt sich nämlich jahrelang angeblich zu Kriegsdiensten von seiner Gattin, tatsächlich schenkt er aber einer Wirtstochter ein Kind und verspricht ihr die Ehe. Als seine Frau angeklagt wird, ihn ermordet zu haben, kehrt er heim, wird für ein Gespenst gehalten, kann sich aber erfolgreich als Ehemann ausweisen, der Mordvorwurf löst sich in nichts auf. E. T. A. Hoffmann fasst diesen Fall in *Die Marquise de la Privardiere* aus der Perspektive der verlassenen Frau, die den Ehebruch aufdeckt, gleichzeitig aber ihre vom eigenen Vater und späteren Gatten hintertriebene Jugendliebe in Gestalt ihres Beichtvaters wiederfindet und mit schwer belastenden Indizien des Mordes angeklagt wird. Falsche und gedungene Zeugenaussagen kommen Schritt für Schritt ans Licht, die Nacht der vermeintlichen Tat klärt sich aus verschiedenen Blickwinkeln auf und der angebliche Marquis kann mit Mühe seine Identität nachweisen; die Marquise erhält ein fein gewobenes Seelenkostüm aus kindlicher Unterdrückung und Schuldgefühlen und bekennt zum Schluss: Die in Gestalt des Beichtvaters wiederkehrende Jugendliebe, „nur diese Liebe war mein Verbrechen!"[15]

---

**14** Vgl. Stettenheim, Ludwig: *Schillers Fragment Die Polizey. Mit Berücksichtigung anderer Entwürfe des Nachlasses* (phil. Diss. Rostock). Berlin 1893, insb. S. 15–21.
**15** Hoffmann, E. T. A.: *Sämtliche Werke in sechs Bänden*. Bd. 3. Hg. v. Hartmut Steinecke u. a. Frankfurt/Main 1985, S. 765.

Während das Fragment *Die Polizey* die Möglichkeit zulässt, dass sich Verdachtsmomente zerstreuen und gar kein Verbrechen vorliegt, kehren die ebenfalls im Paris d'Argensons spielenden *Kinder des Hauses* das Schema um. Angezeigt wird ein einfacher Schmuckdiebstahl, dessen Aufklärung fördert aber ungewollt ein viel älteres Kapitalverbrechen zu Tage: Der Mord Louis Narbonnes an seinem Bruder Pierre sowie die Wegschaffung seiner Kinder sollte ihm das alleinige Erbe sichern. Damit kommt dieser Entwurf dem *Ödipus* strukturell viel näher, auch wenn es „nicht um einen schuldlos Schuldigen, sondern um einen seiner Schuld bewussten Verbrecher von dezidiert schäbigem Charakter" geht.[16] Der angesehene Bürger Narbonne sucht Gerechtigkeit in einem Eigentumsverfahren, fordert dadurch leichtsinnig das Schicksal heraus und wird schließlich als Mörder seines Bruders und seiner früheren Geliebten und Komplizin Madelon entlarvt:

> Narbonne befruchtet das Schicksal, daß es sich von der schrecklichen Entdeckung seines Frevels entbindet. In dem prægnanten Moment, wo die nöthigen Requisiten parat liegen giebt er selbst den Impuls, daß sie sich zu der Entdeckung in Bewegung setzen. Seine S i c h e r h e i t führt ihn zum Fall. [...] Daß das einmal in Lauf gekommene Triebwerk wider seinen Willen und wenn er es gern wieder aufhalten möchte fort geht, ist von tragischem Effekt. Er selbst hohlt sich das Haupt der Gorgone herauf. (NA 12, 139)

Der Titel bezieht sich auf die beiden Kinder Adelaide und Saintfoix, die Madelon einst einer Zigeunerin übergab; sie kehren aber zurück und werden von Narbonne erkannt. Der Verdacht, sie könnten in den Diebstahl verwickelt sein, löst den unaufhaltsamen Ablauf der fatalen Maschinerie aus, bis schließlich Narbonnes Schuld offenbar wird. Für das Motiv der verschwundenen oder verleugneten Kinder, die schicksalhaft zurückkehren und am Ende anerkannt werden müssen, bietet *Der Streit zweier Mütter um ein Kind oder Rechtshandel des Grafen von Saint Geran* aus Schillers erstem Pitaval-Band die wahrscheinlichste Quelle. Schiller sah den Stoff für ein eigenes Drama vor, im *Marbacher Dramenverzeichnis* folgt die „Gräfin v S. Geran" in der Projektliste direkt auf *Wilhelm Tell* (NA 12, 623). Dabei handelt es sich um eine maximal verwickelte Familientragödie: Der Marschall von Saint Geran mit einem Sohn und einer Tochter aus erster Ehe heiratet eine Witwe, die ebenfalls eine Tochter aus erster Ehe hat. Saint Gerans Sohn, der junge Graf Claudius, verbindet sich später mit dieser Tochter Susanne von Longaunay, also seiner Stiefschwester, was seine leibliche Schwester und

---

[16] Brittnacher, Hans Richard: „Hochstapler, Wechselbälger und Demagogen. Legitimitätskrisen und antiklassizistische Reflexe in Schillers Fragmenten". In: *‚Ein Aggregat von Bruchstücken'. Fragment und Fragmentarismus im Werk Friedrich Schillers*. Hg. v. Jörg Robert. Würzburg 2013, S. 21–40, hier S. 29.

deren Tochter Eleonore erbrechtlich benachteiligt. Die Gräfin von Saint Geran erwartet nach zwanzig Ehejahren ein Kind, das sie unter mysteriösen Umständen im betäubten Zustand zur Welt bringt und das man nach ihrem Erwachen verleugnet, indem man ihr eine Scheinschwangerschaft einredet. Dieser entzogene Sohn Bernhard kehrt später unerkannt als Neffe des Haushofmeisters zurück und muss – gegen alle „feinsten Kunstgriffe der Kabale"[17] – nach sechzehnjährigem Prozess, bei dem auch gynäkologische Expertise eine erhebliche Rolle spielt, als legitimer Sohn und Erbe anerkannt werden. Bei Schiller soll das im noch völlig konturlos skizzierten vierten von fünf Akten geschehen: „Die Kinder des Hauses erkannt und zurükkommend." (NA 12, 142)

Die mit Goethe betriebene Suche nach tragischen Sujets des entdeckten Verbrechens wird von intensiven Lektüren von Horace Walpoles Schauerroman *The Castle of Otranto* (1765) und seinem Schicksalsdrama *The Mysterious Mother* (1768) begleitet, die Schillers Konzentration auf blutige Familienkonflikte im Pitaval flankieren. Der klar begrenzte Sozialkreis, die unentrinnbaren verwandtschaftlichen Verwicklungen und die besondere psychologische Dynamik scheinen – das bestätigen der *Ödipus* so gut wie *Die Räuber* – ein ideales Experimentierfeld für den Anthropologen Schiller zu sein. Hier tut sich jener „tiefere Blick in das Menschen-Herz" (NA 19.1, 202) auf, den er sich vom Kriminalgenre der *Histoires tragiques* à la Pitaval verspricht. Zugleich geht es ihm, so vermutet Benno von Wiese ganz zu Recht, „in der sich selbst zerstörenden Familie und in der Aufhebung aller Blutsbande um ein Urphänomen des Tragischen".[18] Damit kommen die zunächst getrennten Begriffe des Tragischen zusammen: einerseits als Schauder über ein schreckliches, sensationelles, authentisches Verbrechen, andererseits als poetische und dramaturgische Kategorie für das Theater.

Diese doppelte Perspektive lässt sich an einem weiteren dramatischen Fragment, *Die Braut in Trauer,* gut beobachten. Es handelt sich um einen, seit den 80er Jahren geplanten, 1798 schließlich entstandenen Entwurf zur Fortsetzung der *Räuber*. Nach zwanzig Jahren ist Karl Moor zu sehen, der sich jetzt Graf Julian nennt, umgeben von seiner fast achtzehnjährigen Tochter Mathilda und dem neuzehnjährigen, wilden Xaver. Mathilda soll an einen ältlichen Grafen Dissentis verheiratet werden, dessen Tochter umgekehrt Graf Julian ehelichen will. Diese doppelte Mesalliance gewinnt an tragischem Gewicht, weil Xaver seine Schwes-

---

**17** Vgl. die ausführliche Fallgeschichte in: Schiller, Friedrich: *Merkwürdige Rechtsfälle als ein Beitrag zur Geschichte der Menschheit.* Nach dem Französischen Werk des Pitaval durch mehrere Verfasser ausgearbeitet und mit einer Vorrede begleitet herausgegeben von Schiller. Bd. 1. Jena 1792, S. 214–371, hier S. 370.
**18** Wiese, Benno von: *Friedrich Schiller.* 4. durchges. Aufl. Stuttgart 1978, S. 688.

ter heftig liebt und die Verbindung mit Dissentis verhindern will. Zu dieser konfliktreichen Konstellation sollen Geistererscheinungen von Franz, Amalia und dem alten Moor treten. Ein solcher Wiedergänger, „schwere Ketten schleppend" (NA 12, 10), also offenbar der alte Moor, beunruhigt die Bewohner des Schlosses; der Sohn wittert ein schreckliches Geheimnis aus der Vergangenheit seines Vaters. Wie der Knoten geschürzt und gelöst werden könnte, erfährt man nicht, wohl aber, dass Graf Julian alias Karl Moor die Nemesis reizt. Schiller deutet lediglich im Stakkato mögliche Verwandtenmorde an:

> Ein Parricide muß begangen werden, fragt sich von welcher Art. Vater tödet den Sohn[, oder die Tochter]. Bruder liebt u. tödet die Schwester[, Vater tödet ihn]. Vater liebt die Braut des Sohns. Bruder tödet den Bräutigam der Schwester. Sohn verräth oder tödet den Vater. (NA 12, 8)

Schillers Phantasie scheint durch Horace Walpole mächtig angeheizt. In *The Mysterious Mother* wird der Inzest der Gräfin von Narbonne aufgedeckt, die sich daraufhin das Leben nimmt: Ohne die Verbindung zu erkennen, setzte sie mit ihrem Sohn Edmund das später als Mündel ausgegebene Mädchen Adeliza in die Welt, das der ahnungslose Edmund schließlich heiraten will. Die gesuchte Struktur des vergangenen, aufgedeckten Verbrechens ist hier deutlich erkennbar. Weniger grässliche Varianten standen Schiller aber schon in seiner Zeit als Mannheimer Bühnendichter vor Augen. Sein Jahrgangsgenosse August Wilhelm Iffland, der grandiose Franz Moor der Uraufführung, legt in seinem Kriminalstück *Verbrechen aus Ehrsucht* (1784) ebenfalls einen tragischen, wenn auch nur beinahe tödlichen Familienkonflikt vor: Um ein Adelsfräulein angemessen zu umwerben, stürzt der junge Eduard Ruhberg sich in Unkosten, verliert im Spiel nach und nach das Vermögen seiner adeligen Mutter und vergreift sich schließlich schwer an der von seinem bürgerlichen Vater verwalteten Rentenkasse. Dieses Verbrechen aus Ehrsucht und Streben nach einer adeligen Verbindung trifft den Vater wie aus heiterem Himmel und bringt ihn an den Rande des Todes; nur der Großherzigkeit des ermittelnden Oberkommissars Ahlden, der den Verlust aus heiratspolitischen Rücksichten auf seinen eigenen Sohn ersetzt und von einem öffentlichen Gerichtsverfahren absieht, ist der glückliche Ausgang zu verdanken. Schiller feierte mit vielen anderen den Bühnenerfolg des Stücks,[19] möglicher-

---

**19** Vgl. einige Wirkungsdokumente in: Iffland, August Wilhelm: *Verbrechen aus Ehrsucht. Ein ernsthaftes Familiengemälde in fünf Aufzügen*. Mit einem Nachwort hg. v. Alexander Košenina. Hannover 2014.

weise nahm er davon aber auch für das „Sujet des entdeckten Verbrechens" eine Anregung mit.

Das frühe Lebensende ist natürlich ein wesentlicher Umstand für die Nichtausführung so zahlreicher Dramenentwürfe. Über andere Gründe kann man nur spekulieren. Gleichwohl ist abschließend darüber nachzudenken, warum gerade die Polizei- und Kriminaldramen liegen blieben, deren Skizzierung doch ein deutliches Interesse an diesem europäischen Genre belegen. Jörg Robert führt das Problem der stofflichen Überfülle ins Feld – der als Panoptikum gedachte Überwachungs- und Inquisitionsapparat d'Argensons vermag im Fragment *Die Polizey* die schiere Größe und Unübersichtlichkeit nicht ordnend zu bezwingen.[20] Von größerer Bedeutung mag Schillers ästhetische Neuorientierung sein, also vom Realismus zum Idealismus, von psychologischer und sozialer Wahrheit zu antinaturalistischer Schönheit, von einer lebensnahen Dramaturgie der Affekterregung zu einer höheren Gesinnungsschule des Erhabenen. Die Sensationsfälle des Pitaval und anderer *Histoires tragiques* sind eher im ‚genus humile' als im ‚genus sublime' situiert, selbst Kapitalverbrechen dienen selten höheren politischen, die Entwicklung eines Staates oder gar die Menschheit betreffende Zielsetzungen. Vielmehr geht es um kleinere und größere Verhaltensabweichungen, Fatalitäten, missliche Spiele des Schicksals im Format des einzelnen Individuums, nicht des übergeordneten Kollektivs. Im Fragment *Die Polizey*, diesem „Soziogramm einer modernen Gesellschaft",[21] sieht Schiller eine Szene zwischen d'Argenson mit einem Philosophen und Schriftsteller vor, wobei es zu einer Gegeneinanderstellung des Idealen mit dem Realen kommt. Das Ergebnis lautet in beiden Handschriften klar und eindeutig: „Ueberlegenheit des Realisten" (NA 12, 94).

Um 1800 entsprach das keineswegs mehr Schillers Kunstposition. Seine Gespräche mit Goethe über mögliche Stücke „mit einem Polizeisujet" (NA 42, 264) waren offenbar Sondierungen nach der Bürde des *Wallenstein*. Schiller suche – so notiert Goethe ins Tagebuch – schon wieder nach „einem neuen tragischen Gegenstande", nachdem er „von dem obligaten historischen ermüdet" sei (ebd.). Pitavalgeschichten hätten realhistorische, aber individuelle juristische Fälle ohne die überbordende Fülle europäischer Staatsaktionen geboten. Zugleich enthielten sie aber jenes gefährliche populäre Gift, das Schiller schon 1788 zur leider zwingenden Erfolgsrezeptur für eine Zeitschrift wie die *Horen* zählte: Gegenüber Körner betont er, ein solches Unternehmen könne nicht bestehen, wenn nicht „das Bizarre und Fremde", etwa „piquante Erzählungen" oder „Meissneri-

---

**20** Vgl. Robert, Jörg: *Vor der Klassik. Die Ästhetik Schillers zwischen Karlsschule und Kant-Rezeption*. Berlin, Boston 2011, S. 128–137.
**21** Alt, Peter-André: *Schiller*, S. 470.

sche Dialoge[...]", also Kriminalgeschichten, Eingang fänden (NA 25, 70). Über den buchhändlerischen Erfolg hinaus hatte Schiller klar das hohe Anregungspotenzial solcher Texte vor Augen, einerseits bezüglich der Themen und Verwicklungen ‚wahrer Geschichten', andererseits deren effektvoller Darstellung. In der Pitaval-*Vorrede* heißt es dazu:

> Kein geringer Gewinn wäre es für die Wahrheit, wenn bessere Schriftsteller sich herablassen möchten, den Schlechten die Kunstgriffe abzusehen, wodurch sie sich Leser erwerben, und zum Vortheil der guten Sache davon Gebrauch zu machen. [...] Die Unterhaltung, welche diese Rechtsfälle schon durch ihren Inhalt gewähren, wird bei vielen noch mehr durch die Behandlung erhöht. (NA 19.1, 202 f.)

Entscheidend ist die gemeinsame Zielsetzung der dem Genre verschriebenen unterhaltenden wie kunstvollen Schriftsteller: Beiden geht es um den „Gewinn für Menschenkenntniß und Menschenbehandlung" sowie um eine Vermehrung der „Rechtskenntnisse" (NA 19.1, 203). Von diesen Zielen hat sich auch der klassische Schiller keinesfalls verabschiedet, das anthropologische Interesse an Rechtsfragen bildet vielmehr bis zu den späten Dramen eine Konstante.[22] Dem liegt „ein allgemeines psychologisches Gesetz" (NA 20, 149) der dramatischen Wirkung zugrunde. So argumentiert Schiller jedenfalls schon in der Abhandlung *Ueber die tragische Kunst* (1792):

> Es ist eine allgemeine Erscheinung in unsrer Natur, daß uns das Traurige, das Schreckliche, das Schauderhafte selbst, mit unwiderstehlichem Zauber an sich lockt, daß wir uns von Auftritten des Jammers, des Entsetzens mit gleichen Kräften weggestoßen und wieder angezogen fühlen. Alles drängt sich voll Erwartung um den Erzähler einer Mordgeschichte [...]. Wie zahlreich ist nicht das Gefolge, das einen Verbrecher nach dem Schauplatz seiner Qualen begleitet! Weder das Vergnügen befriedigter Gerechtigkeitsliebe noch die unedle Lust der gestillten Rachbegierde kann diese Erscheinung erklären. (NA 20, 148)

Die anthropologische Konstante der Angstlust und des angenehmen Grauens standen für Schiller außer Frage. Sie ist für die ältere Dramaturgie tragischer Rührung ebenso grundlegend wie für die spätere Ästhetik des Erhabenen. Für Pitavalgeschichten wie das Genre der *Histoires tragiques* insgesamt ist diese Kategorie konstitutiv. Bereits im Konzept des großen Verbrechers aus der *Räuber*-Vorrede zeichnen sich beide Tendenzen ab: Weil „die Tugend im Kontrast mit dem Laster das lebendigste Kolorit erhält", argumentiert Schiller da sehr weitblickend, müsse man das Laster „in seiner kolossalischen Grösse vor das Auge der Menschheit stellen" (NA 3, 5). In der Selbstrezension werden weitere Gründe für

---

22 Vgl. die ausführliche Studie von Nilges, Yvonne: *Schiller und das Recht*. Göttingen 2012.

diese Kontrastästhetik vorgelegt: Schließlich „findet sich nichts Interessanteres in der moralisch ästhetischen Natur, als wenn Tugend und Laster an einander sich reiben" (NA 22, 118). Im Reich des Verbrechens ist das besonders gut möglich, denn erstens sind wir „geneigter den Stempel der Gottheit aus den Grimassen des Lasters herauszulesen" (NA 22, 119); und zweitens gilt für das „Triebwerk" des Kriminellen, dass „unsre Phantasie [...] durch historische Fakta gefesselt" wird (NA 22, 122).

Den literarischen Quellenwert von Pitavals Riesenarchiv an Kriminalfallgeschichte erkannt zu haben und die oben erwähnte Vision, „diese Sammlung zu einem vollständigen Magazin für diese Gattung zu erheben" und im europäischen Maßstab auszubauen (NA 19.1, 203), ist Schillers klares Verdienst. Er dachte indes vor allem an dramatische und tragische Umsetzungen, die naheliegenden Gattungen der Kriminalerzählung und Verbrechensballade hat er nur in geringem Maße und kleine Formen wie die Anekdote überhaupt nicht verfolgt. Sein wichtigster Vorläufer Meißner, den Schiller – wie erwähnt – mit Blick auf die *Horen* nicht ohne Neid bewundert, war hingegen gerade mit Prosaskizzen und Anekdotensammlungen höchst erfolgreich.[23]

Gegenüber Aufnahmen der *Histoires tragiques* in Erzählungen E. T. A. Hoffmanns oder Kleists[24] gehört Schiller aber zu den ersten, die diese Tradition – lange vor Büchner mit dem *Woyzeck* – auch für das Theater nutzen.[25] Denn das ist für ihn der systematische Ort einer „Gerichtsbarkeit der Bühne", die anfängt, „wo das Gebiet der weltlichen Geseze sich endigt" (NA 20, 92); ein Ort – so heißt es in der Schaubühnenrede von 1785 weiter –, „wo das menschliche Herz auf den Foltern der Leidenschaft seine leisesten Regungen beichtet, alle Larven fallen,

---

**23** Vgl. Košenina: *Schiller und die Tradition*, S. 119–139; Ders.: „Kriminalanekdote. Literarisiertes Rechtswissen bei Kleist, Meißner und Müchler". In: *Gattungs-Wissen. Wissenspoetologie und literarische Form*. Hg. v. Michael Bies, Michael Gamper u. a. Göttingen 2013, S. 96–108.
**24** Vgl. Košenina, Alexander: „Ratlose Schwestern der Marquise von O...: Rätselhafte Schwangerschaften in populären Fallgeschichten – von Pitaval bis Spieß". In: *Kleist-Jahrbuch 2006*. Hg. v. Günter Blamberger, Ingo Breuer u. a. Stuttgart 2006, S. 45–59.
**25** 1778 erscheint Christiane Karoline Schlegels Trauerspiel *Düval und Charmille* (Neuausgabe 2011), das eine kurz zuvor am Dresdener Hof vorgefallene blutige Liebestragödie auf die Bühne bringt. Zu diesem frühen Kriminaldrama vgl. Pailer, Gaby: „Verführung und wahre Gewalt. Der Fall La Chapelle/Birnbaum und seine Dramatisierung durch Christiane Karoline Schlegel". In: *Kriminalfallgeschichten*. Hg. v. Košenina, S. 42–57. Die von Düsing für Schiller beanspruchte „Geburt des modernen Kriminalstückes" wäre anhand solcher Beispiele um mehr als zwei Jahrzehnte vorzudatieren, vgl. Düsing, Wolfgang: „Der Klassiker und das Kriminalstück. Schillers dramatische Fragmente ,Die Polizey' und ,Die Kinder des Hauses'". In: *Zeitenwende – Die Germanistik auf dem Weg vom 20. ins 21. Jahrhundert*. Bd. 6. Hg. v. Peter Wiesinger. Bern 2002, S. 155–161, hier S. 156.

alle Schminke verfliegt, und die Wahrheit unbestechlich wie Rhadamanthus Gericht hält" (NA 20, 91). Diesen idealen Ort für eine kriminalanalytische Alternative zur klassischen Tragödie, für eine „Wiedergeburt des Dramas aus dem Geiste der Polizei",[26] konnte Schiller nicht mehr weiter nutzen. Denn ausgesprochene Kriminalstücke vom „Sujet des entdeckten Verbrechens" sind über die Planungsphase leider nicht hinausgekommen.

---

[26] Vgl. Schäffner, Wolfgang u. Joseph Vogl: „Polizey-Sachen". In: *Friedrich Schiller und der Weg in die Moderne*. Hg. v. Walter Hinderer. Würzburg 2006, S. 47–65, hier S. 62.

Anett Lütteken
# Europas Geschichte – publizistisch betrachtet
Schillers *Sammlung historischer Memoires vom zwölften Jahrhundert bis auf die neuesten Zeiten*

Sperrig ist allein schon der Titel, und das ganze Vorhaben war es, wenigstens aus heutiger Sicht, sowieso: Mit der ihm eigenen Begeisterungsfähigkeit hatte Friedrich Schiller den bereits seit Herbst 1787 im Kern vorhandenen Plan zu einer *Sammlung historischer Memoires vom zwölften Jahrhundert bis auf die neuesten Zeiten* bemerkenswert schnell gefasst. Nicht mehr und nicht weniger beabsichtigte er als die seit 1785 in insgesamt 67 (bzw. 71) Bänden in London und Paris erscheinende *Collection Universelle des Mémoires particuliers, relatifs à l'histoire de France* in deutscher Sprache im deutschen Sprachraum heimisch zu machen, deren Konzept zugleich auf eine für ihn charakteristische Weise zu perfektionieren und hierdurch an den großen Markterfolg des Vorbilds auch und vor allem in finanzieller Hinsicht anzuknüpfen. Sein publizistisches Fernziel war es dabei, „den Plan des französischen [Werks] zu erweitern, und auf alle Schriften dieser Gattung, welche Geschichte sie auch betreffen, und in welcher Sprache sie auch abgefaßt sein mögen, auszudehnen" (FA 6, 513).

Dass dieser programmatisch formulierte Totalitätsanspruch die Umsetzung nicht eben erleichterte, ist ebenso offenkundig wie der Sachverhalt, dass die von ihm zwischen 1788 und 1793 herausgegebene und bis 1806 von anderen unter seinem Namen fortgeführte sowie anteilig inhaltlich und konzeptionell gestaltete *Sammlung* anders als zur Zeit ihres ersten Erscheinens gegenwärtig allenfalls noch ohnehin intime Kenner der Materie zur Lektüre lockt:[1] Den Literaturwissenschaftler vermag das detailfokussierte und durch eine relative Formlosigkeit geprägte Genre der Mémoires aus ästhetischer Perspektive kaum zu interessieren, während der Historiker durchaus ein Zuwenig an Quellen-Präzision und ein Zuviel an Ästhetisierung von Faktischem bemängeln könnte.

Im Hinblick auf die Wirkungs- wie die Forschungsgeschichte kommt erschwerend hinzu, dass Schiller selbst die inhaltliche Substanz seiner *Sammlung* von

---

[1] Der Anteil der Ko-Editoren Karl Ludwig von Woltmann (1770–1817) und Heinrich Eberhard Gottlob Paulus (1761–1851) an konzeptionellen Modifikationen wäre eigens zu untersuchen. Vgl. auch: Schieder, Theodor: „Schiller als Historiker". In: *Historische Zeitschrift* 190 (1960), S. 31–54.

DOI 10.1515/9783110433951-008

vornherein als eher gering eingestuft hat. Die Gattung der Mémoires sei als Fundus zwar unentbehrlich für die Historiografie, ansonsten aber eher defizitär. Seine relativierenden und den finanziellen Ertrag betonenden Aussagen taten ein Übriges, um das Forscherinteresse trotz positiver zeitgenössischer Resonanz in Grenzen zu halten: Die Publikation der *Sammlung* sei eine „Arbeit, um keinen Tag g a n z ungenutzt zu verlieren",[2] hatte Schiller behauptet, dazu „ein langsameres Lesen, das einem bezahlt wird" (NA 25, 136),[3] mithin eine Tätigkeit, die „[e]ine Diversion von meinem Hauptstudium" nicht erfordere (NA 25, 335).[4]

Trotz hervorragender Dokumentation der Werkgenese, die zu weiteren Studien geradezu einlädt, gilt die *Sammlung* in der Sekundärliteratur nach wie vor als ‚Nebenwerk' und damit als Marginalie im Werdegang eines Autors, der sich gerade in und seit dieser Zeit vermeintlich vom ‚bloßen' Historiker zum Dichter im emphatischen Sinne weiterentwickelte. Obwohl seit den 1990er Jahren vielfach versucht worden ist, den Historiker Schiller stärker in sein Recht zu setzen und damit seine verschiedenen Autor-Rollen angemessener zu gewichten,[5] hat sich diese Sicht bisher nicht substanziell geändert. Um nun Schillers spezifischen Umgang mit der Gattung der Mémoires rekonstruieren zu können, ist es erforderlich, recht heterogene Aspekte zu untersuchen, damit im besten Fall Aufschlüsse zum enormen Resonanzschwund der *Sammlung* wie der Gattung und in Bezug auf die tradierte Reserviertheit der Forschung gegenüber dem Konzept selbst gewonnen werden können.

Schillers Verständnis des im romanischen Sprachraum gerade in der frühen Neuzeit ausgesprochen populären Genres wird hierbei aus der Perspektive des europäischen Kulturtransfers ebenso zu betrachten sein wie sein (mehr oder minder professionelles) Verhalten als aufstrebender Akteur auf dem Literaturmarkt oder sein Bemühen, eine geeignete Sprache für eine aus mancherlei Gründen nur schwer übersetzbare Gattung zu finden. In aller gebotenen Kürze sind daher Konzept, Bauplan, Inhalt, Stil und Resonanz der *Sammlung* zu beleuchten, zum einen durch den Blick auf charakteristische Textpassagen,

---

2 Vgl. Brief an Körner vom 01. und 05.01.1789 (NA 25, 178 f.): „Mit 3 Stunden des Tags habe ich alles abgethan wovon ich lebe"; vgl. auch: Prüfer, Thomas: *Die Bildung der Geschichte. Friedrich Schiller und die Anfänge der modernen Geschichtswissenschaft*. Köln 2002, S. 43 ff.
3 Brief an Körner vom 14.11.1788.
4 Brief an Körner vom 23.11.1789.
5 Vgl. etwa den Sammelband Dann, Otto, Norbert Oellers u. Ernst Osterkamp (Hg.): *Schiller als Historiker*. Stuttgart 1995; Hofmann, Michael (Hg.): *Schiller und die Geschichte*. Paderborn 2006; Henke, Silke (Hg.): *Schiller und Europa*. Weimar 2010; Jaeger, Stephan: *Performative Geschichtsschreibung: Forster, Herder, Schiller, Archenholz und die Brüder Schlegel*. Berlin 2011 (Hermaea N. F. 125), Kap. 5.2. und 5.5.

zum zweiten anhand einiger Kriterien, die einer ausführlichen zeitgenössischen Rezension zugrunde gelegt wurden. Dabei bleibt namentlich zu prüfen, inwiefern das Vorhaben, eine Gattung von einem Sprachraum und Kulturkreis in einen anderen zu transponieren, unter den zum Entstehungszeitpunkt gegebenen historischen bzw. politischen Bedingungen überhaupt realistisch sein konnte.

## 1 Arbeit am „weitläuftigen Werk" oder Historiografie aus dem Geist der Geschwätzigkeit[6]

Aller Freude über ein Projekt, in dem Schiller wenigstens anfänglich „soviel Gehalt des Gedankens in einer so glücklichen Form" (NA 25, 315) vereinigt sehen wollte,[7] zum Trotz: Sein Konzept einer „Sammlung ausgezogener Memoires" war jenseits des später im *Vorbericht* der Publikation vollmundig postulierten Anspruchs, dieses Genre und damit den Part des Individuums an der Universalgeschichte an sich zu dokumentieren, zunächst offenbar nicht allzu klar konturiert.[8] Die seit Ende 1788 beharrlich vorgebrachten Fragen Christian Gottfried Körners, der sich zwar ebenfalls für das Vorhaben zu begeistern vermochte und doch skeptisch in Bezug auf die konkrete Umsetzung blieb,[9] belegen dies indirekt. Im Briefwechsel wurde dementsprechend der „Gesichtspunkt", „aus welchem die Memoires zu bearbeiten sind" (NA 33.I, 256), diskutiert, aber auch über die Gefahr eines ausufernden Umfangs und das kaum zu negierende Problem der nicht hinreichenden Textqualität der Vorlagen. Und obwohl Körner im Zeitraum von Dezember 1788 bis März 1789 des öfteren nachhakte und seine Hilfe anbot, schwieg sich Schiller zunächst beharrlich über seine Pläne aus. Bereits frühzeitig zeichnete sich also ab, dass der Schritt von der Idee zur Realisierung weitaus mehr sein würde, als nur ein „langsameres Lesen, das einem bezahlt wird" (NA 25, 136).

---

[6] Vgl. den Brief an Reinwald vom 18.04.1789, in dem von der „Uebersetzung aller Memoires im Französischen sowohl als im Englischen, italienischen u.s.f. aber mit Weglassung alles Unerheblichen, alles Geschwätzes" die Rede ist (NA 25, 246).
[7] Brief an Caroline von Beulwitz vom 03.11.1789; die Arbeit verhalf ihm zudem sichtlich zu einem selbstbewussteren Verständnis seines Rangs innerhalb der ‚Gelehrtenrepublik': „Es war mir aber nie so lebhaft, daß jezt niemand in der deutschen Welt ist, der gerade das hätte schreiben können als ich." (NA 25, 316).
[8] Vgl. Briefe von Körner vom 12.12.1788 (NA 33.I, 267), vom 09.01.1789 (NA 33.I, 287), vom 30.01.1789 (NA 33.I, 293) u. vom 04.03.1789 (NA 33.I, 312).
[9] Vgl. Brief von Körner vom 24.11.1788 (NA 33.I, 256): „So eine Arbeit habe ich mir immer gewünscht."

Anteilig mag sich Schillers Stillschweigen aber auch aus seiner ambitionierten Zielvorgabe erklären lassen, denn zugleich ging es hier um ein Schreib- und Publikationsexperiment, bei dem eine ebenso populäre wie – hinsichtlich ihres Quellenwerts – problematische Gattung historischen Schreibens durch die sorgfältige Einbindung in den umfassenden Kontext der Universalgeschichte sowie durch die bedachtsame Integration kontinuitätsstiftender narrativer Komponenten zu einem „gewissen historischen Ganzen" (FA 6, 513) aufgewertet werden sollte. Dass „diese Uebersetzung der Memoires nicht von meinem Plan entlegen [ist]" und es ihm ermöglichen sollte, „eo ipso um so mehr in der Geschichte" (NA 25, 179) zu leben, hatte er bereits im Januar 1789 mitgeteilt, ohne sich näher über den „Plan" zu äußern; ein Begriff dies im Übrigen, der sowohl Systembewusstsein als auch den dezidierten Willen zur Systematik nahelegt. Aufschlussreich ist in diesem Zusammenhang auch, dass Schiller die Übersetzungsleistung selbst nicht thematisierte, womit er profund unterschätzte, wo die praktischen Probleme lagen. Im *Vorbericht* nun verhehlte er weder seinen pädagogischen Impetus noch das ehrgeizige Bedürfnis, eine gut lesbare Synthese aus wissenswertem Stoff und „romanisierten Geschichten, welche lange Zeit fast allein im Besitz waren, die Wißbegierde zu beschäftigen" (FA 6, 513), zu bilden.

Auch wenn solche Betonung der einheitsstiftenden Kraft des Erzählens durchaus ‚schillerisch' wirkt, so ist der *Vorbericht* doch sowohl in dieser Hinsicht als auch in Bezug auf die Zweigleisigkeit des Vorgehens zu einem guten Teil dem *Discours des éditeurs sur la Collection universelle des Mémoires historiques* der Vorlage abgeschaut.[10]

Schillers Hinweis auf die von der Historie gleichsam in geordnete Bahnen gelenkten narrativen Möglichkeiten des Romans wie auch die Ausrichtung auf unterschiedliche Leserkreise sind hier präfiguriert: „Nützlich" („utile" im gut aufklärerischen Sinne) wollte man dort nämlich sowohl dem „l'homme de lettres" als auch dem „l'homme du monde" sein, der weniger gelehrte Ansprüche hatte und stattdessen auf hohem Niveau unterhalten werden wollte.[11] Dass Schiller seine Leser nicht ebenso präzise gleichordnete und plastischer vom „kompetenten Kenner" bzw. vom „flüchtigen Dilettanten" sprach sowie von „Weltleuten", „Geschäftsmännern" und dem „Geschichtsforscher" als Adressaten (FA 6, 514),

---

**10** *Collection Universelle des Mémoires particulièrs relatifs a l'histoire de France*. Tome I. London, Paris 1785, S. IVff.
**11** Ebd., S. IV; vgl. Eder, Jürgen: „Schiller als Historiker". In: *Schiller-Handbuch*. Hg. v. Helmut Koopmann. Stuttgart 1998, S. 653–698, Zitat S. 657 f.

zeigt an, dass in beiden Fällen wohl buchstäblich ausschließlich an eine männliche Leserschaft gedacht wurde.[12]

Im Kontext seiner sonstigen historischen Studien hätten die *Mémoires* freilich eine Art Querstand bilden müssen: Wer, wie Schiller, das Ganze der Geschichte abstrakt zu durchdringen suchte, musste sich eigentlich eher widerwillig mit deren ebenso konkreten wie detailreichen und subjektiven Lesarten abgeben. Im „Plan" Schillers kam den Mémoires dennoch eine kaum zu unterschätzende Bedeutung zu, zum einen, weil in ihnen der einzelne in der Geschichte handelnde Mensch (in seiner Größe wie in seinem bisweilen eng gesteckten Horizont) sichtbar wird, zum zweiten, weil sich in diesem Genre besonders intensiv anthropologisch grundierte Charakter-Studien betreiben ließen, zum dritten, weil die Gattung der Mémoires seit jeher als Hybrid aus nichtfiktionalen und fiktionalen Anteilen galt, was dem ähnlich gelagerten Interesse Schillers entgegenkommen musste. Zum vierten schließlich, weil er als auf geschichtsphilosophische Systemschau ausgerichteter Kopf nicht umhin konnte, dieses verbreitete Genre in seine historiografische Texte betreffende Gattungsreflexion einzubeziehen.

Dabei war Letztere konstitutiver Teil des spezifisch Schiller'schen Zugangs zur Materie. Auch wenn er sich explizit auf die französische Vorlage bezog, galten ihm Mémoires doch definitiv nicht als eine allein auf den französischen Kulturraum bezogene oder von ihm geprägte Gattung. Verbreiteter war in dieser Zeit freilich eine andere, z. B. in Zedlers *Universal-Lexicon* dokumentierte Lesart: „Memoires [...] heissen bey den Frantzosen solche Schrifften oder Nachrichten, in welchen sie die Beschaffenheit einer Geschicht schlechterdings erzehlen [...]."[13] Zedler wiederum berief sich auf die bereits 1708 unter der Ägide von Johann Burkhard Mencke in Leipzig entstandene und 1711 erneut aufgelegte Dissertation von Heinrich August Hanse *Schediasma de commentariis historicis, quos Galli Memoires vocant*, einen Band also, in dem bereits im Titel der Konnex von Gattung und „Galli" beschworen wird. Hanse vertrat darin u. a. die Ansicht, dass solche „Commentarii historici" von den Engländern (unter dem Titel „Memoirs" bzw. „Memorials") und von den Italienern (unter dem Begriff der „Memorie") zwar nachgeahmt werden, diese Arbeiten aber hinsichtlich ihrer Qualität nirgendwo den französischen Vorlagen gleichkommen.

---

**12** Vgl. hierzu auch Schillers Brief an Caroline von Beulwitz vom 03.11.1789: „Es thut mir nur leid, daß Du die ganze Schönheit [der Sammlung] nicht wohl genießen kannst, weil sie einige genaue historische und politische Kennntniße voraus setzt, die Dir fehlen und recht gut fehlen dürfen." (NA 25, 316)
**13** *Johann Heinrich Zedlers Grosses vollständiges Universal-Lexicon aller Wissenschafften und Künste*. Halle, Leipzig 1739. Bd. 20, Sp. 305.

Hanses Studie ist im konkreten Zusammenhang insofern von Belang, als er anhand eines Verzeichnisses sowie von Kurzcharakteristiken die kanonisierten *Mémoires* bezeichnet und damit eine Art Kompendium präsentiert hatte, das sowohl geografisch als auch chronologisch geordnet war.[14] Damit war bereits zu Beginn des 18. Jahrhunderts eine rudimentäre, im Kern aber bis heute gültige Gattungsgeschichte formuliert worden, bei der – anders als bei Schiller – die *Mémoires* des Philippe de Commynes (1447–1511) den Ausgangspunkt bildeten. Und auch hinsichtlich der Gattungsdefinition und -abgrenzung wurde hier ein Maßstab gesetzt, indem Hanse zwischen *Historia* und *Mémoires* unterschied: Während in einer „Historia" „alle Ereignisse des angegebenen Berichtszeitraums im Hinblick auf ihre Ursachen kritisch abwägend und unparteiisch in einer gehobenen Sprache mit dem entsprechenden ‚ornatus'" darzustellen sind,[15] verfügen die Mémoire-Autoren über deutlich größere Freiheiten in Bezug auf Inhalte und Darstellungsmodi.

Falls Schiller die Dissertation kannte, kümmerte er sich um diese wissenschaftliche Vor-Geschichte des Umgangs mit Mémoires nicht sonderlich, weil es ihm in seinem Versuch, „die Ordnung der Memoires, mit einigem Zusammenhange wenigstens" (FA 6, 513) zu stiften, erkennbar um Grundsätzlicheres und einen weiter gefassten Gattungsbegriff ging: Dass dem Bericht eines Augen- und damit Zeitzeugen gerade in nachrichtenarmen Perioden ein besonderer ‚Wert' als Quelle zukommt, legte er daher im *Vorbericht* ebenso dar wie die Gattungscharakteristika, die in der Begrenzung auf die Schilderung „eine[r] einzige[n] Hauptbegebenheit" oder auf eine „einzige Hauptperson" erkennbar werden (FA 6, 514). Besonders typisch für das Genre ist also der Sachverhalt, dass das Menschen-Maß, das Individuum im Guten wie im Schlechten, im Zentrum allen Interesses steht.

Und auch sonst differierte Schillers Urteil über den spezifischen ‚Geist' der Mémoires von dem seiner Zeitgenossen, die eher dazu neigten, diese als ausufernd und hinsichtlich ihres Faktengehalts und Quellenwerts als problematisch zu bewerten. Mit den „Memorialen" werde die in Frankreich nachgerade beheimatete „Anekdotensucht" verbreitet, war dementsprechend in den *Ephemeriden der Menschheit* des Jahres 1781 zu lesen gewesen. Orientiert an einem Beitrag des *Mercure de France* hieß es dort u.a., dass Forschungen in Bezug auf die „Memoires" „[i]n keinem Lande der Welt" so unergiebig seien wie in Frankreich,

---

**14** Grundsätzlich hierzu: Kleber, Hermann: *Die französischen Mémoires. Geschichte einer literarischen Gattung von den Anfängen bis zum Zeitalter Ludwig XIV.* Berlin 1999 (Studienreihe Romania 14), S. 13 ff. und passim.
**15** Ebd., S. 13 f.

> weil man nirgendwo in der Welt mit so vieler Zuversicht und so vielem Leichtsinne spricht: [...] weil man ohne Bedenken einem Frauenzimmer den Liebhaber oder die Abentheuer eines andern zuschreibt: [...] und weil man da die Untersuchung der Thatsachen als eine pedantische Grübelei ansieht.[16]

Ein seriös arbeitender Historiker könne aus all den unbewiesenen und unbeweisbaren Geschichten der Mémoires kaum Nutzen ziehen, weil sie am Ende doch kaum mehr seien als „blosses Gassengeschwäz". Unbekümmert um derlei Vor-Urteile über den vermeintlich typisch französischen Umgang mit dem Rankenwerk der großen Geschichte, bewertete Schiller in seinem *Vorbericht* die auch ihm nicht verborgen gebliebene ambivalente Wirkungsweise der Mémoires dagegen entschlossen positiv, nämlich, dass sie:

> ihrem Gegenstand durch die kleinsten Nüancen folgen, Begebenheiten in ihren geringfügigsten Umständen, und Charaktere in ihren verborgensten Zügen entwickeln, [dies] gibt ihnen eine Miene von Wahrheit, einen Ton von Überzeugung, eine Lebendigkeit der Schilderung, die kein Geschichtschreiber, der Revolutionen im Großen malt, und entfernte Zeiträume aneinander kettet, seinem Werke mitteilen kann. (FA 6, 514)

Nicht mehr und nicht weniger konzediert hier Schiller, der zu dieser Zeit längst geübte Analytiker von Aufständen und Rebellionen, als dass es seiner Methode, über Geschichte zu schreiben, doch letztlich an Authentizität und Charakteristik gebricht, und dass sie durch die willentliche Distanznahme vom Detail, durch den gewollt hohen Abstraktionsgrad kühl wirken kann und dazu noch willkürlich in ihrer gedanklich erzwungenen, aber keineswegs zwingenden Sinnstiftung und Kontinuitätsbildung. Hieraus folgt, dass die Wahrheitssuche des Historikers konsequenterweise sowohl in der großen Welt der traditionellen Historiografie als auch in der kleinen und ungleich farbigeren Welt der Mémoires stattfinden müsste – so der Befund Schillers.

Aus dem intellektuellen Vergnügen am „Kolorit" wie an einem Genre, in dem, „Helden wieder zum Menschen" werden und „in seinen Schwachheiten überraschen" (FA 6, 514), versuchte er folglich eine übergreifende Programmatik abzuleiten, innerhalb derer die überbordende Detailfülle der frühneuzeitlichen Individual-Geschichten wieder auf die ‚große' Geschichte zurückverwiesen werden konnte. Erkennbar wird dieser Ansatz beispielsweise in der *Vorerinnerung* zu Band 3, in dem die *Alexiade* der byzantinischen Gelehrten Anna Komnena (1083–ca. 1154), die *Gesta Friderici* Otto von Freisings (1112–1158) und die von Bohadin

---

[16] Gudin, P.P.: „Über die Anekdotensucht". In: *Ephemeriden der Menschheit* (1781). Bd. 2, S. 196–199, Zitate S. 196 f.

de Mossul o Boha-Eddin (1145–1232) beschriebenen Taten des ‚edlen Heiden' Sultan Saladin (1137/38–1193) bedachtsam kombiniert werden. Die „Gerechtigkeit der Geschichte" erfordere es schlechterdings, „aus jeglicher [der drei Nationen] einen Zeugen abzuhören" (FA 6, 541). Die Synthese der drei Schriften von Zeitgenossen des 12. Jahrhunderts ergäbe somit die Basis einer noch zu verfassenden und das Maximum an nachweisbarer historischer Wahrheit dokumentierenden Geschichte der Kreuzzüge, das u. a. auch als ein objektivierendes Korrektiv „zu dem verschönerten Bilde des egyptischen Sultans in Lessings Nathan" (FA 6, 544) dienen sollte.

Angesichts der ambitionierten Programmatik fiel der Bauplan der *Sammlung* vergleichsweise schlicht, aber durchaus symptomatisch aus: In Abteilung I findet sich Mittelalterliches im Umfang von lediglich vier Bänden; in Abteilung II Neuzeitliches im Umfang von 29 Bänden, in deren letztem durchaus, wenn auch nicht von Schiller selbst, punktuell beansprucht wird, implizit bis in die eigene Gegenwart und damit in die Zeitgeschichte hineinzureichen. Das Themenspektrum reicht von den bereits erwähnten Kreuzzugs-Kommentatoren über die umfangreichen Mémoires des Sully, die *Denkwürdigkeiten des Grafen von Pontchartrain*, Kardinal Richelieus *Staatsmaximen* bis hin zu Louis de Saint-Simons genüsslich vorgetragenen *Geheimen Memoires*, in denen unter anderem die hier so genannten *Liebesgeschichten Ludwigs XIV.* verhandelt werden (II, 25).

Eher vage skizziert wird das Mittelalter, die frühe Neuzeit dagegen detailgesättigt. Das verwundert nicht, befasst sich Schiller doch schließlich mit einer im Kern neuzeitlichen Gattung. Andererseits sollte die vergleichsweise geringe Relevanz mittelalterlicher Quellen in dieser Publikation dennoch aufmerken lassen, bedenkt man nämlich, welchen Aufwand Johann Jacob Bodmer bereits seit den späten 1740er Jahren getrieben hatte, um Handschriften des hohen und späten Mittelalters zu erforschen, was Lessing in den 1770er Jahren über seine Funde in den Schätzen der Wolfenbütteler Bibliothek zu berichten gewusst hatte oder welche Dokumente im „Gatterer-Apparat" versammelt wurden, um das Mittelalter den Zeitgenossen des 18. Jahrhunderts näherzubringen, dann fällt auf, dass Schiller augenscheinlich mehr auf das länger schon gedruckte Wort vertraute und weniger auf den persönlich forschenden, handwerklich-philologischen Zugang zu älteren Quellen und Archivstudien im engeren Sinne.

## 2 „[D]ie Entreprise mit den Memoires": Schiller als Literatur-Unternehmer

Am Ende, im Jahr 1806, lagen 33 Bände der *Sammlung* vor: Die stolze Zahl belegt eine geglückte ‚Markt'-Positionierung ebenso wie die anhaltende ‚Markt'-Präsenz der ansprechend gestalteten Reihe –[17] ein Faktum, das aufgrund der in den Schiller-Ausgaben aus nachvollziehbaren Gründen üblichen auszugsweisen Präsentation leicht ein wenig unterschätzt werden könnte.

Bemerkenswert ist es zudem, dass Schiller bereits am 1. Januar 1789 von einer „Entreprise", einem Unterfangen, zu dessen Umsetzung nach zeitgenössischem Wortverständnis eine gewisse Entschlossenheit erforderlich war, sprach. Leicht und bequem sollte sich das Geld verdienen lassen – so die Idee.[18] Mit Friedrich Justin Bertuch und Johann Michael Maucke hatte Schiller zudem versierte Projekt- und Distributionspartner gefunden.[19] Namentlich Bertuch sorgte denn auch alsbald dafür, dass Schillers „Entreprise" zum Aushängeschild des Jenenser Verlags wurde.[20]

Trotz ambitionierten Einstiegs hielt Schiller in der Folge freilich weder sein eigenes Programm ein noch lieferte er anderen nötige Vorarbeiten, um ihres fristgerecht einhalten zu können; er verkalkulierte sich hinsichtlich des Zeitplans wie auch der vertraglich geregelten Inhalte und des Lieferumfangs (FA 6, 959 ff.). Hinzu kam, dass die umfangreichen Übersetzungen von ihm selbst nicht bewerkstelligt werden konnten. Schiller bereitete sich also mit dem auf die lukrative Aufbesserung von Nebenstunden-Tätigkeiten ausgelegten Projekt zunächst einmal neue Probleme: Selbstbewusst hatte er sich zu einer großen Liefermenge verpflichtet, vier Bände im Jahr, nachdem ihm zunächst sogar sechs möglich erschienen waren und er von Maucke offenbar vernommen hatte, dass acht Bände jährlich erstrebenswert wären.[21] Weit davon entfernt, das Unternehmen jemals kaufmännisch solide zu führen, verstimmte Schiller seine Verleger darüber

---

[17] Goethes Anregung folgend, gestaltete z. B. Johann Heinrich Lips die Titelkupfer der ersten beiden Bände (Bohemund/Saladin) (vgl. NA 26, 12).
[18] Vgl. etwa den Brief an Reinwald vom 18.04.1789 (NA 25, 245 f.); vgl. Middell, Katharina: „‚Die Seele der Maschine muß ein Gelehrter ... seyn'. Die Verlagsunternehmungen Friedrich Justin Bertuchs in Weimar". In: *„Der entfesselte Markt". Verleger und Verlagsbuchhandel im thüringisch-sächsischen Kulturraum um 1800*. Hg v. Werner Greiling. Leipzig 2004, S. 33–57, hier S. 37.
[19] Beide hatten 1784 gemeinsam mit Wieland die „Typographische Societät" gegründet, der seinen Anteil wenig später Bertuch überlassen hatte; vgl. Prüfer: *Die Bildung*, S. 31.
[20] Dies wurde nicht zuletzt auch von Verleger Göschen registriert, der Schiller eine „sehr starke Nachfrage" für die Sammlung attestierte (Brief an Körner vom 23.11.1789 [NA 25, 335]).
[21] Vgl. ebd.

hinaus regelmäßig mit überzogenen Geldforderungen. Wie fragil (und abhängig von der schwankenden Gesundheit Schillers) die Finanzkonstruktion des Unternehmens war, zeigen auch die Äußerungen über die Bezahlung von Übersetzer Funke, die Schiller aussetzte, weil er das Geld bereits für sich verbraucht hatte.[22]

Auch wenn Schillers *Sammlung* deutlich vor der Blütezeit der im ersten Drittel des 19. Jahrhunderts berüchtigten „Übersetzungsfabriken" initiiert wurde, bekam er als Herausgeber doch überdeutlich zu spüren, was es bedeutete, nicht beliebig über sprachlich und intellektuell hochwertige Übersetzungen verfügen zu können. Körners Hinweis auf die „fabrikmäßiger" (NA 34.I, 17 f.) zu behandelnde Betriebsorganisation deutet dabei auf die wenige Jahrzehnte später fest etablierten marktorientierten Produktionsformen von Literatur voraus. Norbert Bachleitner hat diesbezüglich auf eine „Fehlentwicklung des Übersetzungswesens" hingewiesen, bei der u. a. „die mechanisch nach gelieferten Bogen bemessene Honorierung, [...] zu flüchtigem Übersetzen verleitete" und Übersetzer hierdurch zu „literarische[n] Handlanger[n] degradiert" wurden.[23]

Eben diese Problematik beschäftigte Schiller bereits vor der Jahrhundertwende, wobei er den allein für den Verleger günstigen Modus der Bogen-Bezahlung klar durchschaute.[24] Dennoch war er bei Vertragsschluss mit einiger Naivität in die bereits 1773 vom Marktkenner Friedrich Nicolai in *Das Leben und die Meinungen des Herrn Magister Sebaldus Nothanker* fiktional karikierte ‚Übersetzungsfalle' getappt, die geeignet war, sein Großprojekt zwischenzeitlich mehr als nur latent zu gefährden. Schiller hätte dort nicht nur erfahren können, dass es „Rang und Unterschied" zwischen Übersetzern gibt, sondern auch, dass dort seine eigene missliche Herausgeber-Situation in frappanter Analogie längst literarisch präfiguriert worden war.[25]

Dass die *Sammlung* Schillers namentlich in Bezug auf die Güte der Übersetzungen nicht über alle Zweifel erhaben war, wurde auch von den Zeitgenossen registriert. In einer Rezension, die in der von Bertuch, Schütz und Wieland 1785

---

**22** Brief an Körner vom 06.09.1791 (NA 26, 95); vgl. auch: Brief von Körner an Schiller vom 29.06.1790: „Deine Memoires könnten Dir gewiß alle andern Finanzspekulationen entbehrlich machen, wenn Du sie recht nutztest. Aber sie müßten schneller herauskommen. Du müßtest mehr Mitarbeiter haben, müßtest die Sache fabrikmäßiger behandeln, und Dir bloß die Direktion ausser den Einleitungen vorbehalten." (NA 34.I, 17 f.)
**23** Bachleitner, Norbert: „‚Übersetzungsfabriken'. Das deutsche Übersetzungswesen in der ersten Hälfte des 19. Jahrhunderts". In: *Internationales Archiv für Sozialgeschichte der deutschen Literatur* 14 (1989), H. 1, S. 1–49, Zitate S. 5 ff.
**24** Vgl. Brief an Körner vom 04.10.1792 (NA 26, 154).
**25** Nicolai, Friedrich: *Das Leben und die Meinungen des Herrn Magister Sebaldus Nothanker (1773–1776)*. Hildesheim u. a. 1988, S. 99 f. und 101 f.

begründeten *Allgemeinen Literatur-Zeitung* vom 22. Februar 1792 erschien, wurde dieser Befund exemplarisch zum Ausdruck gebracht.[26] In der in moderatem Ton formulierten Kritik wurde nach einleitender Paraphrase des Schiller'schen *Vorberichts* zwar betont, dass „Herr S." „mit der Epoche der Kreuzzüge" einen „vortrefflichen, seiner Feder völlig würdigen, Abriß der Entstehung und Geschichte der Kreuzzüge" vorlege, wenn er auch in seinem „historische[n] Styl" den „Dichter nicht ganz" verleugne. Formulierungskraft und gedankliche Stärke werden hier insgesamt positiv beurteilt; namentlich am Ende der „erste[n] historische[n] Einleitung" würden beide in „einer kurzen lichtvollen Beschreibung der damaligen Beschaffenheit von Europa, der mancherley Arten des Besitzes, und der allmähligen Entstehung des Lehnssystems" besonders gut sichtbar werden.[27]

Ein Blick auf den Abschnitt belegt die plausible Affinität des Rezensenten zur konzise formulierten großen historischen Linie. So spricht Schiller dort u. a. von der Erfordernis, „den damaligen Zustand der Europäischen Welt in einer kurzen Übersicht zu durchlaufen, und die Stufe kennen zu lernen, auf der der Menschliche Geist stand, als er sich diese seltsame Ausschweifung erlaubte" (FA 6, 530). Das ist – natürlich – umfassend gedacht und damit als Konstruktion wie als ‚Erzählung' verlockend. Was daran als „lichtvoll" gelten könnte, das ist der zwingende und den Leser bezwingende Modus der ‚Historia', der großen Geschichtserzählung, in die Schiller hier sogleich als eine Art auktorialer Erzähler einsteigt; ein Modus, der Zweifel an der Korrektheit von Konstruktion und Fakten gar nicht erst aufkommen lässt, indem souverän über das bunte Gewimmel verfügt und es zu klaren Strukturen komponiert wird. Das klingt bisweilen fast lakonisch und dabei ungemein eindringlich: „Der Europäische Occident, in so viele Staaten er auch zerteilt ist, gibt im eilften Jahrhundert einen sehr einförmigen Anblick" (ebd.). Wer würde da widersprechen wollen oder können? Ästhetisierende Prägnanz, wie sie Schiller so meisterhaft beherrscht, ist bestechend, verwischt freilich der Tendenz nach historische Fakten eher, als dass sie sie präzisiert. Mit definitiven Formeln dieser Art lassen sich – reizvoll genug – viele Jahrhunderte in einem einzigen Satz abhandeln. Der vom Rezensenten verwendete, im Kontext der aufklärerischen Licht-Metaphorik zu sehende Wertbegriff „lichtvoll" bezeichnet hier demnach recht genau, was Schillers spezifische Art, über Geschichte zu schreiben, ausmacht: Auf der Höhe des Zeitalters und im Besitz seiner Einsichten wie seines Wissens forderte er sich selbst in den einleitenden Texten zur historiografischen Strukturbildung im Rahmen der Universalgeschichte heraus, bevor er

---

[26] Rezension in: *Allgemeine Literatur-Zeitung*, Nr. 52, Mittwoch, 22. Februar 1792, Sp. 412–416, hier Sp. 413.
[27] Ebd. Sp. 412 f.

sich auf die deutlich begrenztere Perspektive der daran teilhabenden Individuen einließ.

Bei allem Respekt hatte der Rezensent dennoch einige schwerwiegende Argumente gegen Schillers Konzeption vorzubringen, die partiell zudem geeignet sind, die nach 1806 schwindende Resonanz der *Sammlung* zu erklären. Zwar sei die Textauswahl repräsentativ, so der Rezensent, die „Ausführung" sei es aber ganz und gar nicht. Schillers eingangs skizzierte Hybrid-Konstruktion der Ausrichtung sowohl auf Gelehrte als auch auf ‚Dilettanten', hielt der Kritiker für vollständig verfehlt, weil die Liebhaber einen „gewisse[n] Grad der Annehmlichkeit und Schönheit" bräuchten, während die Historiker höchste Akribie beim Umgang mit Quellen und deren Vollständigkeit postulieren dürften.[28] Neben ausgeprägten stilistischen Mängeln schwanke zudem die Qualität der deutschen Übersetzungen. Aus quellenkritischer Sicht seien darüber hinaus Ungenauigkeiten und Auslassungen für den echten Historiker unentschuldbar, auch, weil, wie etwa im Text von Otto von Freising, Vollständigkeit suggeriert und „hin und wieder fast zu verschönert" übersetzt werde, „so dass man den Schriftsteller des Mittelalters verkennt".[29]

Trotz der über weite Strecken sachlichen Tonlage zeichnet sich bereits hier ab, dass Schillers auf heterogene Leserschichten zielendes Konzept sich trotz seiner temporären Marktgängigkeit unter den Auspizien des beginnenden Historismus nicht dauerhaft als tragfähig erweisen konnte. Dass zu dieser nicht von der Hand zu weisenden konzeptionellen Schwäche einer ebenso populärwissenschaftlichen wie wissenschaftlichen Ausrichtung mit der Wahl der der *Sammlung* zugrunde gelegten Gattung mindestens anteilig auch das profunde Problem der Unüberwindbarkeit von sprachlichen und kulturellen Grenzen berührt und damit eine weitere Rezeptionshürde errichtet wurde, sei anhand einiger Gedanken Johann Gottfried Herders abschließend zur Diskussion gestellt.

## 3 Die „Kunst ein schönes Nichts zu sagen" oder Die Grenzen der Übersetzbarkeit

Mehr oder minder direkt auf Schillers Projekt bezogen, hat Herder im *Denkwürdigkeiten (Mémoires)* überschriebenen Kapitel der *Adrastea* 1802 seine Gedanken zur

---

**28** Ebd., Sp. 414.
**29** Ebd., Sp. 415 f.

Gattung Mémoires wie zu den Grenzen ihrer Übersetzbarkeit publiziert.[30] Herder schätzte, wie Schiller auch, in den „Denkwürdigkeiten" ein Genre, in dem man Persönlichkeiten „denken, handeln, leben" sieht.[31] Es sei dies ein „Winkel der Geschichte", in dem „viel Licht der Menschenkenntnis, wenn gleich nicht immer der Menschenliebe" zu studieren sei; ein Genre mithin, das für anthropologische Studien aller Art prädestiniert war.[32] Und einig ging man auch darin, dass die in Mémoires verhandelten Themen nicht unbedingt zentral für den Verlauf der Menschheitsgeschichte, sehr wohl aber aussagekräftig in Bezug auf den Menschen als Einzelnen wie die Menschheit an sich sind.

Anders aber als Schiller neigte Herder dazu, bei der Beurteilung dieser Gattung die Möglichkeit einer gesamteuropäischen Perspektive wie deren fortdauernde Relevanz in postrevolutionärer Zeit zu bezweifeln. Eher an der von Hanse begründeten Sichtweise orientiert, urteilte er hier dementsprechend über die Muster der Gattung (Commyne, Joinville, Sully), die sich „wie ein belehrender Roman", als gehobene Unterhaltung also, lesen ließen. Obwohl „die Französischen Memoirs die Sprache, den Geschmack, die Denkart Frankreichs mehr als durch irgend eine andre Gattung von Schriften tätig in die Welt verbreitet" hätten, sie also als typisch französisch gelten müssten, seien sie selbst in Zeiten, in denen „die Hand der Zeit" „den Firnis damaliger Galanterie" „ziemlich scharf abgestrichen hat", immer noch in Deutschland nachgeahmt worden.[33] Ohne Aussicht auf Erfolg freilich, denn

> [z]ur Kunst ein schönes Nichts zu sagen gehörte eigens die Behendigkeit, der Glanz und die scheinbare Präzision der Französischen Sprache; die herzliche Biederkeit, oder wo diese fehlt, der schwerfällige Ernst der Deutschen machte jene leuchtenden Blitze oft zu unsanften Donnerschlägen.[34]

Herders Skepsis bezog sich hier nun keineswegs allein auf sprachliche Facetten und die Feststellung von Alterität bzw. kultureller Rückständigkeit der Deutschen, sondern nicht zuletzt auch auf die in der Zeit nach 1800 immer deutlicher

---

**30** Herder, Johann Gottfried: „Denkwürdigkeiten (Memoires)". In: *Adrastea (Auswahl)*. Hg. v. Günter Arnold. Frankfurt/Main 2000 (Bibliothek deutscher Klassiker 170), S. 208–220, hier S. 208 und 211.
**31** Ebd., S. 208.
**32** Ebd., S. 209 f.; zur Psychologie des politischen Handelns vgl. auch Alt, Peter-André: „‚Arbeit für mehr als ein Jahrhundert.' Schillers Verständnis von Ästhetik und Politik in der Periode der Französischen Revolution (1790–1800)". In: JbDSG 46 (2002), S. 102–133, hier S. 106 f.
**33** Ebd., S. 211.
**34** Ebd.

erkennbare inhaltliche Schwäche des hochgradig auf Personen und Ereignisse des untergegangenen Ancien Régime fokussierten Schiller'schen Projekts.

Die *Sammlung* kann somit als eindrückliches Schreibexperiment des Historikers Schiller gelten, in dem die Geschichte und die Geschichten der großen und der kleinen Welt wenn schon nicht verschmolzen, so doch aber aus heuristischen Gründen näher aneinander gerückt wurden, als dies gemeinhin üblich war. Über das Gelingen des Experiments kann man sicherlich geteilter Meinung sein, auch, weil Schiller sein spezifisches Geschichtsverständnis in anderen Kontexten deutlich prä- und konziser formuliert hat. In jedem Fall ist die *Sammlung* als Adaptation einer fremdsprachigen Vorlage weit mehr als nur eine Vorstufe auf dem Weg zur schriftstellerischen Eigenständigkeit. Zugleich aber erscheint sie als eine eher vorläufige Lösung im Kontext der ambitionierten Zielsetzungen Schillers, die ihn zu Textgebilden befähigt haben, in denen genau dieses verschmelzende Zusammenführen der Geschichten von Individuen und der Universalgeschichte deutlich überzeugender als hier gelöst wurde.[35]

Womit auch der trotz des Interesses der zeitgenössischen Leserschaft kaum auszuräumende Zweifel an der Tragfähigkeit seines Vorhabens angedeutet wäre: Schiller befasste sich darin mit einer traditionell bereits als problematisch geltenden Textsorte, in der das erzählende Element und die Fiktion durchweg stärker als die historischen Fakten betont wurden, weswegen das Genre pejorativ betrachtet als ‚geschwätzig', aber doch auch als ‚merkwürdig' im Sinne des 18. Jahrhunderts und in jedem Fall als nur mit Vorsicht zu genießende Geschichtsquelle galt.

Das auf dieser Textbasis verwirklichte Konzept ist seinerseits gleichfalls ein Hybrid, da dezidiert sowohl ein Liebhaber-Publikum als auch ‚echte', akademisch gebildete Historiker angesprochen werden sollten. Dieses Kalkül konnte angesichts der um 1800 bereits weit vorangeschrittenen Disziplinen-Diversifizierung nicht mehr aufgehen: Während der interessierte Laie aller Wahrscheinlichkeit nach streckenweise (auch und gerade von Schillers universalhistorischen Reflexionen) überfordert wurde, mussten zünftige Historiker eine gewisse Sorglosigkeit auf dem Gebiet der Quellenkritik und der philologischen Präzision konstatieren. Dass es ein Wissenschaftler auch damals schon vorgezogen haben würde, seine Quellen in der Originalsprache zu lesen, kommt dabei ebenso erschwerend hinzu wie der Sachverhalt, dass die in der *Sammlung* präsentierten Übersetzungen streckenweise als unzureichend gelten müssen, jedenfalls aber zumeist fernab von einer für eine erzählende Textsorte einklagbaren literarischen Qualität sind. Dass Schiller sich überdies auf ein Genre kaprizierte, das, wie kaum eines sonst, als typisch französisch galt und als spezifische Ausdrucksform für

---

35 Vgl. auch Mann, Golo: „Schiller als Historiker". In: JbDSG 4 (1960), S. 98–109, hier S. 98 f.

zumeist aristokratische Befindlichkeiten des Ancien Régime, wirkt heute ein wenig befremdlich, aber auch zeichenhaft, weil er damit um 1790 eine gerade sich überlebende Epoche gänzlich unelegisch mit zu Grabe trug. Das hierbei dokumentierte facettenreiche Geschichtsbild aus Geschichtsbildern würde – wie auch das Genre selbst – allein schon aus mentalitätsgeschichtlicher Perspektive intensivere Studien in Bezug auf Gehalt, Form und Wirkmächtigkeit entschieden lohnen. Ob der spätere Resonanzschwund auch damit zu tun hat, dass die deutsche Leserschaft im Gefolge der Befreiungskriege sich womöglich nicht mehr *in extenso* für derlei typisch Französisches interessieren wollte, wäre zu prüfen, und auch, ob das von Schiller in den Bänden über die Kreuzzüge verbreitete Mittelalterbild nicht allzu schnell doch von der mediävistischen Forschung überholt worden ist.

Schiller schaute – auch und gerade in der Mémoires-*Sammlung* – von einer Meta-Ebene her auf die Menschheit jenseits von Nationen, oder er versuchte es zumindest, während der diesbezüglich womöglich realistischere Herder bei ähnlicher Interessenlage die über Jahrhunderte entstandenen Ungleichheiten zwischen den europäischen Völkern, die sich bis in kleinste Details ihrer sprachlichen Gepflogenheiten dokumentieren, betonte. Dass solche profunden Differenzen wahrscheinlich tatsächlich unüberwindbar sind und gerade hierdurch bereichern können, folgerte Herder, während Schiller auf der Einheit in der Mannigfaltigkeit der Stimmen Europas und der Welt insistierte. Dass sein planvolles Ausblenden von kulturellen Unterschieden langfristig auch das Interesse an seiner *Sammlung* schmälern musste, weil ein uneiniges Europa der Nationen und der Nationalismen darin schlicht nicht vorgesehen war, sondern ein durch und durch idealistisch-utopisches Ganzes angestrebt wurde, sollte in Bezug auf die Realisierbarkeit von globalem Denken aller Art heute als ein historisches Lehrstück mindestens zu denken geben.

Nina Birkner
# ‚König Ödipus in Böhmen' oder ein ‚deutscher Macbeth'?

## Schillers *Wallenstein*-Trilogie und die europäische Dramentradition

Fast zehn Jahre lang hat Schiller an seiner *Wallenstein*-Trilogie gearbeitet. Schon 1791 – während der Arbeit an der *Geschichte des Dreißigjährigen Kriegs* – verfolgte er den Plan, ein Trauerspiel über den „Todt Walsteins" (NA 34.I, 59) zu schreiben. Erst nach der Abfassung der Briefe *Über die ästhetische Erziehung des Menschen* entschied er sich aber dafür, „die philosophische Bude"[1] (NA 28, 132) für eine Weile zu schließen, wie er an Goethe schreibt, um sich „wirklich und in allem Ernst"[2] (NA 28, 203) mit dem *Wallenstein* auseinanderzusetzen. Zwanzig volle Monate brachte Schiller schließlich mit der Ausarbeitung der Dramentrilogie zu – eine lange Zeit, wenn man bedenkt, dass er die Niederschrift des Stücks ursprünglich in drei Wochen für möglich hielt (vgl. NA 41.I, 47; NA 26, 350).

Die lange Entstehungszeit ist Schillers Schwierigkeiten mit der poetischen Organisation des historischen Stoffs geschuldet. Mehrfach schreibt er in seinen Briefen, dass das „unglückselige Werk" trotz intensiver Arbeit noch „formlos und endlos"[3] (NA 29, 16; vgl. auch NA 29, 15) vor ihm da liege und er an der Verknüpfung von „Realism und Idealism"[4] (NA 28, 204) arbeite. Wie ist das genau gemeint?

In seiner kunstphilosophischen Abhandlung *Über tragische Kunst* differenziert Schiller ähnlich wie Aristoteles zwischen historischer und poetischer Wahrheit. Im Unterschied zur Historiografie, die von singulären, d. h. von „geschehenen Dingen" (NA 20.I, 166) unterrichtet, soll die Tragödie allgemeine „tiefliegende Wahrheit[en]"[5] (NA 29, 56) vermitteln. Nur so könne sie ihren „poetischen Zweck" erfüllen und die Zuschauer „rühren, und durch Rührung [...] ergötzen" (NA 20.I, 166). Aus diesem Grund müsse der Dichter den von ihm gewählten historischen Stoff im Hinblick auf eben diesen ‚poetischen Zweck' ästhetisch gestalten. Dazu habe er das „realistische zu idealisieren" – so Schil-

---

1 Brief an J. W. Goethe vom 17.12.1795.
2 Brief an W. v. Humboldt vom 21.03.1796.
3 Brief an C. G. Körner vom 28.11.1796.
4 Brief an W. v. Humboldt vom 21.03.1796.
5 Brief an J. W. Goethe vom 04.04.1797.

ler – genauso wie der Dichter, der einen Stoff frei erfinde, das „ideale zu realisieren" habe (NA 29, 183).[6]

Um diese Arbeit zu bewältigen, hat sich Schiller intensiv mit der europäischen Dramentradition auseinandergesetzt – insbesondere mit Shakespeares *Macbeth*, der aristotelischen *Poetik* und mit Sophokles' *König Ödipus*.[7] Während ihn am *Macbeth* vor allem der ‚realistische' historische Stoff interessierte, schätzte er an der antiken Tragödie ihre ‚idealisierende' Darstellungsform. Zweifel daran, ob sich die „Antike und Shakespeare" vereinen lassen, scheinen Schiller, wenn man den „Zeugnissen der Entstehungsgeschichte glauben" darf, nie „gekommen zu sein".[8] Das hängt damit zusammen, dass er sich mit beiden Dramenformen nicht um ihrer selbst willen beschäftigt, sondern sie für das eigene Schaffen nutzbar zu machen gesucht hat; und das hat – wie schon Joachim Latacz herausgestellt hat – zu einer „starke[n] Blickverengung"[9] geführt, vor allem im Hinblick auf die griechische Tragödie. Im Folgenden soll dargestellt werden, inwiefern Schiller auf die genannten Dramen(-formen) rekurriert, welche Elemente er übernommen und modifiziert hat und welche Konsequenzen das für die poetologische Organisation seiner *Wallenstein*-Trilogie hat.[10] Dabei wird zuerst auf den historischen Stoff und Schillers Shakespeare-Rezeption eingegangen; im zweiten Schritt wird

---

[6] Brief an J. W. Goethe vom 05.01.1798. Man könnte hier auch Schillers Brief an J. W. Goethe vom 21.07.97 anführen, in dem Schiller erklärt, dass man das „Allgemeine in der Kunst wieder in den besondersten Fall verwandeln" muss, „wenn die Realität der Idee sich bewähren soll" (NA 29, 104).

[7] Vgl. u. a. Schillers Brief an C. G. Körner vom 07.04.1797: „Das epische Gedicht von Göthen [*Hermann und Dorothea*; N. B.], das ich habe entstehen sehen, und welches, in unsren Gesprächen, alle Ideen über epische und dramatische Kunst in Bewegung brachte, hat, verbunden mit der Lecture des Shakespear und Sophocles, die mich seit mehrern Wochen beschäftigt, auch für meinen Wallenstein große Folgen, und da ich bei dieser Gelegenheit tiefere Blicke in die Kunst gethan, so muss ich manches in meiner ersten Ansicht des Stücks reformieren." (NA 29, 60)

[8] Koopmann, Helmut: „Schillers *Wallenstein*. Antiker Mythos und moderne Geschichte. Zur Begründung der klassischen Tragödie um 1800". In: *Teilnahme und Spiegelung. Festschrift für Horst Rüdiger*. Hg. v. Beda Allemann u. Erwin Koppen in Zusammenarbeit mit Dieter Gutzen. Berlin, New York 1975, S. 263–274, Zitat S. 267.

[9] Latacz, Joachim: „Schiller und die griechische Tragödie". In: *Tragödie. Idee und Transformation*. Hg. v. Helmut Flashar. Stuttgart, Leipzig 1997, S. 235–257, Zitat S. 239.

[10] In Parenthese: Fragt man nach Bezügen zwischen *Wallenstein* und der europäischen Literatur, lassen sich zahlreiche feststellen. Die Forschung hat neben den offensichtlichen Verweisen auf Immanuel Kant und Machiavelli u. a. auf Euripides' *Iphigenie in Aulis*, Homers *Ilias* (Gisela Berns), Shakespeares *Hamlet* (Dieter Borchmeyer), *Julius Cäsar, Richard III.* und *Othello,* auf Goethes *Egmont, Faust* sowie auf *Iphigenie auf Tauris* (Norbert Oellers) hingewiesen. Anstatt hier möglichst viele intertextuelle Verweise aufzulisten, scheint es mir gewinnbringender zu sein, problemorientiert vorzugehen und mich auf die zwei Dramen(formen) zu konzentrieren, mit

die literarästhetische Form der Trilogie mit Blick auf die aristotelische *Poetik* und Sophokles' *König Ödipus* beleuchtet; und abschließend wird die von Schillers Kant-Lektüre geprägte Wirkungsästhetik fokussiert.

# 1 Der historische Stoff – Schiller und Shakespeare

Den *Macbeth* hat Schiller schon in seiner Zeit an der Hohen Karlsschule kennengelernt. Intensiv hat er sich mit dem Theatertext aber vor allem während der Arbeit am *Wallenstein* auseinandergesetzt. Davon zeugt sein 1799 gefasster Plan, das Stück für das Weimarer Hoftheater zu bearbeiten.[11] Dass es Bezüge zwischen beiden Theatertexten gibt, ist früh bemerkt worden, so schon von Ludwig Tieck, den die Figur der Gräfin Terzky stark an die Lady Macbeth erinnert hat.[12] Zwei anderen Aspekten gilt meine Aufmerksamkeit – und zwar dem Schicksals- und dem Usurpatorenmotiv.[13]

Wie Shakespeares Umgang mit den historischen Quellen zeigt, hat er Macbeth als ‚illegalen Herrscher' konzipiert. In Raphael Holinsheds *Chronicles of England, Scotland, and Ireland* (1577) wird Duncan als schwacher König beschrieben, der „durch seine Nachsicht das Reich destabilisiert"[14] hat. In dieser Situation übernimmt Macbeth den Thron, der „nach altem schottischen Recht durchaus Anspruch auf die Krone"[15] besitzt. Über zehn Jahre lang herrscht er streng aber gerecht, bis er sich zum Tyrannen entwickelt und schließlich von Macduff ermordet wird. Im Unterschied dazu zeigt Shakespeare Duncan als ehrwürdigen, von allen geschätzten Monarchen – seine „politisch schwache Herrschaft"[16]

---

denen sich Schiller auseinandergesetzt hat, weil er sich von ihnen Hilfe bei seiner „Riesenarbeit der Idealisierung" (Brief an C. G. Körner vom 28.11.1791, NA 26, 114) erhofft hat.
**11** Vgl. Koopmann, Helmut: „Übersetzungen, Bühnenbearbeitungen". In: *Schiller-Handbuch.* Hg. v. Helmut Koopmann. Stuttgart 1998, S. 729–742, Zitat S. 736.
**12** Vgl. Tieck, Ludwig: „Die Piccolomini. Wallenstein's Tod". In: *Kritische Schriften,* Bd. 3. *Dramaturgische Blätter.* Teil 1. Photomechanischer Nachdruck der Ausgabe Leipzig 1852. Berlin u. a. 1974, S. 37–62, Zitat S. 57.
**13** Vgl. dazu auch Henke, Burkhard: „*Wallenstein* und *Macbeth*: Schillers Neugestaltung des Usurpatorenmotivs". In: *Journal of English and German Philology* 94 (1995) H. 5, S. 313–331.
**14** Hotz-Davies, Ingrid: „Die Romanzen". In: *Shakespeare-Handbuch. Die Zeit – Der Mensch – Das Werk – Die Nachwelt.* Hg. v. Ina Schabert. 5. Aufl. Stuttgart 2009, S. 454–576, Zitat S. 555.
**15** Ebd.
**16** Henke: „*Wallenstein* und *Macbeth*", S. 319.

bleibt unerwähnt –; Macbeths Thronanspruch wird entgegen der historischen Quellen negiert und seine zehn Jahre währende verdienstvolle Regentschaft verschwiegen. Auf diese Weise wird seine Usurpation „als illegale[r] wie illegitime[r] Angriff"[17] gegen den König gebrandmarkt.

Auch wenn Macbeth gestürzt wird, wird am Ende aber keine ‚positive Ordnung' wiederhergestellt, so Ingrid Hotz-Davies. Vielmehr wird ähnlich wie im *Wallenstein* der Glaube an „die klare Trennung zwischen Gut und Böse grundsätzlich desillusioniert".[18] Dafür spricht zum einen, dass Macduff und Malcom – die Figuren, die Macbeth zu Fall bringen, – nicht als ‚sympathetische Identifikationsfiguren' konzipiert sind; und zum anderen die „zirkuläre Struktur" der Tragödie:

> Schließlich befindet sich Malcolm [der neue König, N. B.] im fünften Akt in der gleichen Situation wie Duncan zu Beginn des ersten: Nicht er selbst hat seinen Anspruch auf die Herrschaft verteidigt, sondern er hat sie einem Thane zu verdanken. Die Gewalt, die dabei eingesetzt wurde, unterscheidet sich nicht prinzipiell von der Macbeths. [...] Ebenso wie jener [Macbeth, N. B.] mit einem neuen Titel bedacht wurde und in doppelter Hinsicht das Erbe des aufrührerischen Thane of Cawdor antrat, belohnt auch Malcolm seine Gefolgsleute.[19]

Indem das Ende der Tragödie auf ihren Anfang verweist, wird die „scheinbare Stabilität der Herrschaft mehr als fragwürdig".[20]

Wie Macbeth wird auch Wallenstein als Usurpator vorgeführt. Zur Treue gegenüber dem Kaiser verpflichtet, ist sein Bündnis mit den Schweden als Hochverrat zu werten. Daran besteht kein Zweifel, auch wenn das von der Forschung gelegentlich diskutiert worden ist.[21] So wird Wallenstein etwa von Max Piccolomini, der in der Trilogie die kritische Norm des Autors vertritt, inständig gebeten: „[Z]um Verräther werde nicht! [...] Das ist kein überschrittnes Maaß! Kein Fehler, / Wohin der Muth verirrt in seiner Kraft. / O! das ist ganz was anders – das ist schwarz, / Schwarz, wie die Hölle!" (NA 8.II, 640)

---

17 Ebd.
18 Hotz-Davies: „Die Romanzen", S. 557.
19 Ebd.
20 Ebd.
21 Vgl. u. a. Hartmut Reinhardt, für den offen bleibt, „inwieweit Wallensteins Handeln selbstbezüglich ist oder selbstlos einer politischen Idee folgt" (Reinhardt, Hartmut: „Schillers *Wallenstein* und Aristoteles". In: JbDSG 20 (1976), S. 287–337, Zitat S. 335). Dass Wallensteins Handeln zu verurteilen ist, machen auch Schillers Eigenkommentare deutlich, vgl. u. a. seinen Brief an W. v. Humboldt vom 21.03.1796 (NA 28, 204). Eine ähnliche Position wird im Brief von C. G. Körner an Schiller vom 16.01.1800 vertreten (vgl. NA 38.I, 210 ff.).

Dass ihr Ringen um die Krone ein Verbrechen ist, ist beiden Titelfiguren bewusst. Aus diesem Grund verfolgen sie ihre Ziele zunächst auch nicht mit aller Entschlossenheit. Das wird in Schillers Dramentrilogie insbesondere in der dritten Szene des ersten Aktes und im darauffolgenden sogenannten ‚Achsenmonolog' (I, 4) deutlich, in dem Wallenstein erklärt, mit dem „Teufel" (NA 8.II, 617) gespielt zu haben, weil er erwogen hat, sich gegen den Kaiser zu verschwören. Durch Sesinas Verhaftung sieht er sich nun allerdings gezwungen, Farbe zu bekennen.

Genauso wie Wallenstein hat auch Macbeth Skrupel, seine Idee, Duncan umzubringen, in die Tat umzusetzen. Nachdem er „die praktischen und ethischen Probleme des Mordes"[22] abgewogen hat, entscheidet er sich zunächst gegen die Tat, wird aber von seiner Frau – ähnlich wie Wallenstein von der Gräfin Terzky – zum verbrecherischen Handeln angestachelt.

Beide Frauenfiguren argumentieren machiavellistisch. Anstatt eine metaphysische Ordnung wie etwa die elisabethanische Vorstellung vom Kosmos als *great chain of being* anzunehmen, für deren Erhalt sich der einzelne einzusetzen habe, verabsolutieren sie den Willen des Subjekts. Davon ausgehend, dass das Handeln der Menschen nicht von „Pflicht[en] und Recht[en]", sondern nur von „Macht und der Gelegenheit" (NA 8.II, 635) bestimmt wird, fordern sie die jeweiligen Titelfiguren auf, sich „die Materie [zu] unterwerfen"[23] (NA 28, 204). Beide Männer lassen sich schließlich durch ihren Machthunger und ihre Ruhmsucht leiten, obwohl sie wissen, dass die jeweils amtierenden traditionalen Herrscher von ihren Untertanen geschätzt werden;[24] und obwohl sie ahnen, dass ihre Verbrechen nicht ungesühnt bleiben werden. So ist sich Macbeth bewusst: „We still have judgement here, that we but teach / Bloody instructions, which being taught, return / To plague th'inventor";[25] und auch Wallenstein erwartet, „daß der Rache Stahl / Auch schon für [s]eine Brust geschliffen ist" (NA 8.II, 636). Beide halten sich aber durch die Prophezeiung der Hexen bzw. die günstige Sternenkonstellation für unangreifbar. Durch ihren vermeintlichen Einblick in den Gang der Geschichte sind sie davon überzeugt, nicht „von den Umständen und dem Augenblick abzuhängen"[26] (NA 38.I, 327) und geschichtsmächtig zu sein – eine Fehleinschätzung, die beide Figuren zu Fall bringt.

---

22 Hotz-Davies: „Die Romanzen", S. 560.
23 Brief an W. v. Humboldt vom 21.03.1796.
24 Vgl. NA 8.II, 620; Shakespeare, William: *The Tragedy of Macbeth*. Hg. v. Nicholas Brooke. Oxford, New York 1990, S. 118.
25 Ebd.
26 Brief von W. v. Humboldt an Schiller von Anfang September 1800.

Im Hinblick auf die Bedeutung des ‚Schicksals', das Wallenstein in Form der Sterne und Macbeth in Form der Hexen begegnet, scheinen sich beide Dramen allerdings zu unterscheiden. Wie Hans-Jürgen Schings gezeigt hat, ist das Schicksal in der *Wallenstein*-Trilogie keine transzendente Macht, sondern eine Metapher für die Kausalität menschlichen, insbesondere politischen Handelns.[27] Durch ihre Taten lösen die Figuren Ereignisse aus, die eine Eigendynamik entwickeln und die wiederum auf sie zurückwirken. Die Folgen ihrer Handlungen scheinen zwar ohne ihr Zutun und mit Notwendigkeit über sie hereinzubrechen, allerdings haben sie selbst den Anstoß dazu gegeben. Das wird vor allem in der politischen Sphäre als verhängnisvoll erlebt, weil die Figuren hier ‚krumme Wege' (vgl. NA 8.II, 658) gehen und ihre politischen Ziele mit Verstellung und Intrigen durchzusetzen suchen. Aus diesem Grund lassen sich die Kausalzusammenhänge menschlichen Handelns hier kaum durchschauen und kontrollieren. Das ist nicht zuletzt Thema des ‚Achsenmonologs', in dem Wallenstein erkennt, dass er sich mit „eignem Netz verderblich [...] umstrickt" hat, weil er seine Verschwörungsidee nicht für sich behalten hat. Sobald eine Tat aber „aus dem sichern Winkel / Des Herzens [...] in des Lebens Fremde" hinausgegeben wird, „[g]ehört sie jenen tück'schen Mächten an, / Die keines Menschen Kunst vertraulich macht" (NA 8.II, 620), so Wallenstein.[28]

Im Unterschied dazu bleibt im *Macbeth* bis zum Ende des Handlungsverlaufs unklar, ob es sich bei den Hexen um übernatürliche dämonische Wesen oder um bloße Produkte der Einbildungskraft handelt und „ob die Tragödie durch die Hexen oder das eigenverantwortliche Handeln von Macbeth und seiner Frau hervorgerufen"[29] wird. Das gilt allerdings nicht für Schillers Bühnenbearbeitung.

---

**27** Vgl. Schings, Hans-Jürgen: „Das Haupt der Gorgone. Tragische Analysis und Politik in Schillers *Wallenstein*". In: *Das Subjekt der Dichtung. Festschrift für Gerhard Kaiser*. Hg. v. Gerhard Buhr u. a. Würzburg 1990, S. 283–307.
**28** Schillers Schicksalsbegriff korrespondiert in wesentlichen Punkten mit Johann Gottfried Herders Vorstellung vom ‚eigenen Schicksal'. Darauf haben u. a. Dieter Borchmeyer und Peter-André Alt hingewiesen (vgl. Borchmeyer, Dieter: *Macht und Melancholie. Schillers ‚Wallenstein'*. Frankfurt/Main 1988, S. 224; Alt, Peter-André: *Schiller. Leben – Werk – Zeit*, Bd. 2, 2. Aufl. München 2004). Im dritten Stück der von Goethe und Schiller herausgegebenen *Horen* (1795) vertritt Herder die Position, dass jeder Mensch „*sein eignes Schicksal*" hat, „*weil jeder Mensch seine Art zu sein und zu handeln hat. In diesem Verstande nämlich bedeutet Schicksal die natürliche Folge unsrer Handlungen, unsrer Art zu denken, zu sehen, zu wirken*". Jede Handlung wirkt auf das Subjekt zurück, denn „[k]eine Wirkung ist ohne Ursache, keine Ursache ohne Wirkung" (vgl. Herder, Johann Gottfried: „Das eigene Schicksal". In: *Werke in 10 Bänden*. Hg. v. Günter Arnold, Martin Bollacher, Jürgen Brummack u. a. Bd. 8. *Schriften zu Literatur und Philosophie 1792–1800*. Hg. v. Hans Dietrich Irmscher. Frankfurt/Main 1998, S. 241–256, Zitat S. 241).
**29** Hotz-Davies: „Die Romanzen", S. 560.

Im Unterschied zu Shakespeares Original erklären die drei Hexen hier gleich in der ersten Szene, dass die Menschen ihr Schicksal selbst in der Hand haben. Sie können sich von ihren Leidenschaften leiten und sich von den dämonischen Zauberinnen zu Verbrechen verführen lassen oder den Verlockungen des Bösen widerstehen. So konstatieren die Hexen:

> DRITTE HEXE.
> Er [Macbeth] kann es [Sünd und Mord, N. B.] vollbringen, er kann es lassen;
> Doch er ist glücklich, wir müssen ihn hassen.
> ZWEITE HEXE.
> Wenn er sein Herz nicht kann bewahren,
> Mag er des Teufels Macht erfahren.
> DRITTE HEXE.
> Wir streuen in die Brust die böse Saat,
> Aber dem Menschen gehört die Tat. (NA 13.I, 75 f.)[30]

Wie das Zitat zeigt, wird Schillers Macbeth kein fremdes Schicksal durch eine transzendente Macht auferlegt; die Hexen appellieren vielmehr an seine heimlichen Wünsche, denen er sich zu folgen entschließt. Genauso beruft sich Wallenstein auf das Schicksal, um seine verbrecherischen Neigungen zu legitimieren. So bekennt er nach seinem Gespräch mit der Gräfin Terzky: „Recht stets behält das Schicksal, denn das Herz / In uns ist sein gebietrischer Vollzieher" (NA 8.II, 636).[31] Beide Figuren führen die Katastrophe durch ihr Handeln also selbst herbei.

Durch den hier skizzierten ‚säkularisierten' Schicksalsbegriff weisen beide Dramen laut Goethe eine große Nähe und zugleich eine große Ferne zur antiken Tragödie auf. In seinem Essay *Shakespeare und kein Ende*, in dem er an Schillers Typologie des ‚Naiven' und ‚Sentimentalischen' anknüpft, vertritt er die Position, dass „in den alten Dichtungen [...] das Unverhältnis zwischen Sollen und Voll-

---

**30** Die Parallelen zwischen dem Schicksalsbegriff in der *Wallenstein*-Trilogie und in der *Macbeth*-Bearbeitung sind schon in der NA von Hans Heinrich Borcherdt (vgl. Borcherdt, Hans Heinrich: „Einführung in Schillers Bühnenbearbeitungen". In: NA, 308 ff.) und in der *Wallenstein*-Monografie von Dieter Borchmeyer (vgl. Borchmeyer: *Macht und Melancholie*) akzentuiert worden. Zu Schillers säkularisiertem Schicksalsbegriff in seiner *Macbeth*-Bearbeitung vgl. Ranke, Wolfgang: „Schillers Shakespeare". In: JbDSG 54 (2010), S. 706–724.
**31** Wie Schiller begreift auch Goethe das Schicksal nicht als transzendente Macht. In einem Brief vom 26.04.1797 konstatiert er: „Im Trauerspiel kann und soll das Schicksal, oder welches einerley ist, die entschiedne Natur des Menschen, die ihn blind da oder dort hin führt, walten und herschen, sie muß ihn niemals zu seinem Zweck, sondern immer von seinem Zweck abführen [...]." (NA 37.I, 14)

bringen" und in den „neuern" das zwischen „Wollen und Vollbringen"[32] thematisiert wird. Während dem Subjekt in der antiken Tragödie ein ihm fremdes Schicksal auferlegt wird, dem es sich entziehen will aber nicht kann, ist es im modernen Drama zu selbstbestimmtem Handeln fähig, scheitert aber an der Realisierung seiner Pläne.

An Shakespeares Dramen schätzt Goethe nun, dass er „das Alte und Neue auf eine überschwengliche Weise"[33] miteinander verbindet. Denn der Konflikt seiner Protagonisten besteht meist darin, „daß ein unzulängliches Wollen durch Veranlassungen zum unerläßlichen Sollen erhöht wird"[34] – so auch im *Macbeth*. Erst durch äußere Umstände – die Hexen und seine Frau – wird sich Macbeth über seine geheimen Wünsche klar, die ihn in eine Situation bringen, die er nicht meistern kann. Dass er scheitert, weil sein „Wollen" über seine individuellen Kräfte hinausgeht, ist für Goethe das ‚Moderne' an dem Theatertext. „Daß es aber Shakespeare nicht von innen entspringen, sondern durch äußere Veranlassung aufregen läßt, dadurch wird es zu einer Art von Sollen und nähert sich dem Antiken."[35]

Die hier von Goethe gerühmte Verbindung von Antike und Moderne kennzeichnet auch den *Wallenstein*. Der Feldherr wird durch ‚äußere Veranlassung' – die Sternenkonstellation und die Gräfin Terzky – dazu angetrieben, sich von seinen Leidenschaften leiten zu lassen, was ihn „in eine Klemme" bringt, der er „nicht gewachsen"[36] ist. Dabei gerät er ähnlich wie Macbeth in die paradoxe Situation, dass „die eigene Wahl zum schicksalhaften Zwang, das Wollen zum Sollen"[37] wird. Dem will er sich entziehen, muss aber wie Sophokles' König Ödipus die Erfahrung machen, dass er mit seinem Handeln genau das Gegenteil von dem erreicht, was er intendiert hat – oder um mit Goethe zu sprechen: dass sein Scheitern durch sein „entgegenwirkendes Wollen nur geschärft und beschleunigt wird".[38]

---

32 Goethe, Johann Wolfgang von: „Shakespeare und kein Ende". In: *Werke. Hamburger Ausgabe in 14 Bänden.* Bd. 12. *Schriften zur Kunst und Literatur. Maximen und Reflexionen.* Textkritisch durchgesehen u. kommentiert v. Hans Joachim Schrimpf. München 2000, S. 287–298, Zitat S. 292.
33 Ebd., S. 293.
34 Ebd., S. 294.
35 Ebd.
36 Ebd.
37 Borchmeyer, Dieter: „Das Alte und das Neue auf eine überschwengliche Weise verbunden: Schiller und Shakespeare im Lichte Goethes". In: *Shakespeare-Jahrbuch* 141 (2005), S. 17–33, Zitat S. 20.
38 Goethe: „Shakespeare und kein Ende", S. 293.

## 2 Die literarästhetische Form – Schiller und die antike Tragödie

Ähnlich wie Goethe in seinem Essay schlägt auch Schiller eine Brücke zwischen Shakespeare und der Antike, insofern, als ihn am Macbeth der Stoff und an der griechischen Tragödie ihre Form interessiert und er das Beste der beiden „europäischen Hochkulturperioden" im *Wallenstein* „zum Optimalprodukt"[39] verschmelzen will.[40] Das soll im Folgenden konkretisiert werden.

Wie man weiß, haben die Griechen eine „göttliche Macht" angenommen, die „hilfreich wirken kann, sich aber doch meist unlogisch, feindlich, unbegreiflich darstellt".[41] Dennoch können die Figuren in der antiken Tragödie selbstbestimmt agieren. Das kommt etwa im 14. Kapitel der aristotelischen *Poetik* zum Ausdruck. Hier werden verschiedene Optionen vorgestellt, einen mythischen Stoff im Hinblick auf das Wirkungsziel der Tragödie – die Erregung von Furcht und Mitleid – zu bearbeiten. Dabei wird die Möglichkeit favorisiert, dass der tragische Held eine „zu schwerem Leid führende Tat nur beabsichtigt, nicht auch ausführt: In Euripides' *Iphigenie bei den Taurern* beispielsweise erkennt die Titelheldin, daß der Fremde, den sie opfern soll, ihr Bruder Orest ist, den sie deshalb schont und mit dem sie flieht".[42]

Wie hier deutlich wird, gehört die Katastrophe für Aristoteles (entgegen dem verbreiteten Verständnis) nicht zum Wesen der Tragödie. Sie kann durch die rechtzeitige Einsicht der Protagonistin abgewendet werden. Wird ein Umschlag vom Glück ins Unglück vorgeführt, dann ist er „nicht höheren, unerforschlichen Schicksalsmächten, sondern den Entscheidungen der betroffenen Personen"[43] zuzuschreiben. Das Verhängnis resultiert aus einem Fehler, durch den der tragische Held in ein unverhältnismäßig großes Unglück gestürzt wird.[44]

In der Schillerforschung wird meist davon ausgegangen, dass mit diesem Fehler, der *hamartia*, eine Fehleinschätzung einer bestimmten Situation gemeint

---

39 Latacz: „Schiller und die griechische Tragödie", S. 243.
40 Vgl. ebd., S. 239.
41 Schadewaldt, Wolfgang: *Tübinger Vorlesungen*. Bd. 4. *Die griechische Tragödie*. 3. Aufl. Frankfurt/Main 1996, S. 32.
42 Höffe, Ottfried: „Tragischer Fehler, Menschlichkeit, tragische Lust (Kap. 13–14)". In: *Klassiker auslegen*. Bd. 38. *Aristoteles. Poetik*. Hg. v. dems. Berlin 2009, S. 141–158, Zitat S. 157.
43 Frede, Dorothea: „Die Einheit der Handlung (Kap. 7–9)". Ebd., S. 105–121, Zitat S. 114.
44 Das wird auch durch Aristoteles' Forderung deutlich, dass sich die „Auflösung der Handlungsgefüge aus der Handlungsfügung selbst ergeben muss und nicht [...] durch einen ‚deus ex machina' geschehen darf". (Aristoteles: „Poetik". In: *Werke. In deutscher Übersetzung*. Bd. 5. Übers. u. erläutert v. Arbogast Schmitt. Darmstadt 2008, S. 21).

ist.⁴⁵ Die spielt in dem von Schiller intensiv rezipierten *König Ödipus* auch eine zentrale Rolle. Das hängt aber primär damit zusammen, dass der Handlungsverlauf hier „die Form eines Erkenntnisganges annimmt", die für die Tragödie konstitutive *Anagnorisis* also „zur Handlungslogik wird".⁴⁶ Der für die griechische Tragödie konstitutive Fehler resultiert laut dem Aristoteles-Kenner Ottfried Höffe aber vielmehr aus einer menschlichen Schwäche. Der tragische Held,

> der meistens, aber nicht immer gut handelt, erliegt unter besonderen Umständen einer Charakterschwäche wie dem Jähzorn und dem Leichtsinn und gerät durch diese Schwächen, die ihn ‚vom guten Weg abbringen', in ein Unglück, dessen Maßlosigkeit er nicht verdient hat.⁴⁷

Das gilt auch für den weithin rechtschaffenen König Ödipus. Sein Fehler besteht nicht in seiner Unwissenheit darüber, dass er seinen Vater getötet und seine Mutter geheiratet hat. Für die Katastrophe ist vielmehr sein Jähzorn verantwortlich, durch den er den seinen Weg behindernden älteren Mann – seinen Vater – ohne Not erschlägt. Aus diesem Fehlverhalten resultiert die unverhältnismäßig große Katastrophe, die als „unverdientes, gnadenloses Verhängnis"⁴⁸ erfahren wird.

Im Unterschied dazu begreift Schiller die antike Tragödie – und hier wird seine ‚Blickverengung' deutlich – als reines Schicksalsdrama. So grenzt er sich in seiner Schrift *Über die tragische Kunst* dezidiert von der antiken Tragödie ab mit dem Argument, dass die hier zur Darstellung kommende „blinde Unterwürfigkeit unter das Schicksal immer demüthigend und kränkend für freye sich selbst bestimmende Wesen" (NA 20.I, 157) sei.

---

**45** Vgl. auch Hirsch, Walter (Hg.): *Das Drama des Bewußtseins. Literarische Texte in philosophischer Sicht*. Würzburg 1995, S. 13–22, Zitat S. 15; Reinhardt: „Schillers *Wallenstein* und Aristoteles", S. 316; Borchmeyer: *Macht und Melancholie*, S. 229.
**46** Im *König Ödipus* „nimmt die Handlung gleichsam von selbst, Schritt für Schritt, die Form eines Erkenntnisganges an. Die Wiedererkennung geschieht also nicht nur als mehr oder weniger motivierter Abschnitt innerhalb der Handlung, sie ist vielmehr das, was den Handlungsverlauf vorantreibt und im Akt der Erkenntnis den Wendepunkt herbeiführt. Indem die Anagnorisis zur Handlungslogik wird, ist ein Höchstmaß an innerer ‚logischer' Verkettung der Handlungsschritte erreicht, die Handlungsabfolge wird durchsichtig und somit den Zuschauern in höchstem Maße nachvollziehbar und miterlebbar. Nicht ohne Grund sieht Aristoteles hier einen Gipfel poetischer Kunstfertigkeit." (Dilcher, Roman: „Über die Charaktere und die dichterische Begabung (Kap. 15–18)". In: Höffe (Hg.): *Klassiker auslegen*. Bd. 38, S. 159–176, Zitat S. 168)
**47** Höffe: „Tragischer Fehler", S. 150.
**48** Ebd., S. 154.

Trotz seiner Kritik orientiert er sich aber an der Dramenform, auch wenn er den vermeintlich antiken Schicksalsbegriff zu modernisieren sucht. Gerade dadurch, dass er das Fatum ‚säkularisiert' und als Metapher für die Kausalität menschlichen Handelns verwendet, weist seine *Wallenstein*-Trilogie aber eine größere Nähe zur antiken Tragödie auf als ihm selbst bewusst gewesen sein mag.

Wie von Aristoteles gefordert, führt er mit Wallenstein eine ‚herausragende[], sowohl hochberühmte[] als auch mit Glück gesegnete[] und gerade deshalb besonders gefährdete[] Person[]' vor, die „nicht etwa durch die Natur oder durch fremde Willkür, sondern mindestens teilweise durch sich selbst stürzt".⁴⁹ Wallensteins Fehler sind, wie erläutert, sein Machthunger und seine Ruhmsucht, durch die er sich verleiten lässt, ein Bündnis mit den Schweden zu erwägen; und genau aus diesem Fehler resultiert die unverhältnismäßig große Katastrophe.⁵⁰

Davon ausgehend, dass das Subjekt in der antiken Tragödie vollkommen unverschuldet ins Unglück gerät, hat Schiller die Tatsache, dass Wallenstein seine Schwächen zum Verhängnis werden, allerdings als dramaturgisches Problem begriffen. So schreibt er am 28. November 1796 an Goethe: „Das eigentliche Schicksal thut noch zu wenig, und der eigne Fehler des Helden noch zuviel zu seinem Unglück. Mich tröstet hier aber einigermaassen das Beyspiel des Macbeth, wo das Schicksal ebenfalls weit weniger Schuld hat als der Mensch, daß er zu Grunde geht" (NA 29, 15).⁵¹

Um den „Eindruck fataler Notwendigkeit"⁵² zu erhöhen, hat Schiller *Wallensteins Tod* daher in Anlehnung an Sophokles' *König Ödipus* als analytisches Drama konzipiert.⁵³ In beiden Theatertexten haben die Figuren vor Handlungsbeginn einen Fehler gemacht – „die tragischen Würfel" sind also schon gefallen,

---

49 Ebd.
50 Dazu kommt freilich auch eine Fehleinschätzung, die aber aus seinen ‚Fehlern' resultiert: die Überzeugung, angesichts der vermeintlich günstigen Planetenkonstellation geschichtsmächtig zu sein.
51 Brief an J. W. Goethe vom 28.11.1796.
52 Zanucchi, Mario: „Die ‚Inokulation des unvermeidlichen Schicksals'. Schicksal und Tragik in Schillers *Wallenstein*". In: JbDSG 50 (2006), S. 150–175, Zitat S. 160.
53 Vgl. dazu den Brief von Schiller an Goethe vom 02.10.1797: „Ich habe mich dieser Tage viel damit beschäftigt, einen Stoff zur Tragödie aufzufinden, der von der Art des Oedipus Rex wäre und dem Dichter die nehmlichen Vortheile verschaffte. Diese Vortheile sind unermeßlich, wenn ich auch nur des einzigen erwähne, daß man die zusammengesetzteste Handlung, welche der Tragischen Form ganz widerstrebt, dabey zum Grunde legen kann, indem diese Handlung ja schon geschehen ist, und mithin ganz jenseits der Tragödie fällt. Dazu kommt, daß das Geschehene, als unabänderlich, seiner Natur nach viel fürchterlicher ist, und die Furcht daß etwas geschehen seyn möchte, das Gemüth ganz anders affizert, als die Furcht, daß etwas geschehen möchte." (NA 29, 141)

„bevor der Vorhang sich öffnet".⁵⁴ Aus diesem Grund ist „ihr Handeln [...] immer ein Reagieren".⁵⁵ Auch wenn sie selbstbestimmt agieren können, sind sie nicht fähig, „den Lauf der Geschehnisse"⁵⁶ zu bestimmen, so dass die Ereignisse über sie hereinzubrechen scheinen und als Zwang, als ‚Schicksalsmacht' erfahren werden. Wie Schiller Goethe am 2. Oktober 1797 wissen lässt, gelingt es ihm durch diese analytische Dramentechnik

> die Handlung gleich von Anfang in eine solche Præcipitation und Neigung zu bringen, daß sie in steetiger und beschleunigter Bewegung zu ihrem Ende eilt. Da der Hauptcharacter eigentlich retardierend ist, so thun die Umstände eigentlich alles zur Crise und dieß wird, wie ich denke, den tragischen Eindruck sehr erhöhen.⁵⁷ (NA 29, 141)

Das hier beschriebene kontrapunktische In- und Gegeneinander von dramatischer Be- und Entschleunigung ist laut Wolfram Ette paradigmatisch für die antike Tragödie. In kaum einer der uns überlieferten griechischen Dramen wird das tragische Geschehen als unabwendbares Schicksal behauptet, so Ette. Vielmehr wird die „Ausweglosigkeit des *mythos*"⁵⁸ in Frage gestellt, indem die Kontingenz der Ereignisse betont oder die Protagonisten vor Handlungsalternativen gestellt werden. Auf literarästhetischer Ebene wird dem Zuschauer die fehlende Notwendigkeit des tragischen Geschehens durch Verfahren ‚dramatischer Entschleunigung' bewusst gemacht. Während das als schicksalhaft erfahrene Unglück im Modus einer beschleunigten Zeiterfahrung dargestellt wird, korreliert die für die Tragödie konstitutive Reflexion über die vermeintlich unabwendbaren Handlungszwänge des Subjekts mit einer Verlangsamung des Geschehens, beispielsweise durch den Einschub von Chorliedern oder durch Monologe der Protagonisten.

> Verlangsamung heißt dabei immer, dass dem Geschehen Zeit abgetrotzt wird, um zur Besinnung zu gelangen. [...] Verlangsamung schafft im besten Falle den Empfindungs- und Diskussionsraum für eine autonome Entscheidung; im schlechteren markiert sie immerhin den Anspruch: Sie [die autonome Entscheidung, N. B.] hätte unter anderen Umständen, zum Beispiel, wenn man sich noch mehr Zeit genommen hätte, stattfinden können.⁵⁹

---

54 Borchmeyer: *Macht und Melancholie*, S. 235.
55 Schwinge, Ernst-Richard: „Schiller und die griechische Tragödie". In: *Friedrich Schiller. Die Realität des Idealisten*. Hg. v. Hans Feger. Heidelberg 2006, S. 203–247, Zitat S. 226.
56 Ebd.
57 Brief an J. W. Goethe vom 02.10.1797.
58 Ette, Wolfram: *Kritik der Tragödie. Über dramatische Entschleunigung*. Göttingen 2011, S. 35.
59 Ebd., S. 25.

Solch ein Wechsel von „retardierende[n] und beschleunigende[n] Momente[n]"[60] bestimmt auch den dramatischen Rhythmus in *Wallensteins Tod*. In der Tragödie überschlagen sich die Ereignisse, so dass sich Wallenstein wiederholt zu übereiltem Handeln gezwungen sieht.[61] Dieses schnelle Tempo wird von entschleunigenden Monologen und Dialogen unterbrochen, in denen Wallenstein seine Entscheidungen reflektiert oder in denen sie von anderen kritisch kommentiert werden, so etwa von Max Piccolomini (II, 1–2) oder von Gordon (V, 5). Dass letzterer Wallensteins Handeln bewertet, ohne direkt in das Geschehen einzugreifen, hat Christian Gottfried Körner dazu bewogen, ihn mit dem Chor „im griechischen Trauerspiel"[62] (NA 38.I, 67) zu vergleichen; und auch Max ist von der Forschung mitunter als ‚choral character' bezeichnet worden.[63]

„Die tragische Ironie des Dramas liegt" für Dieter Borchmeyer nun mit Recht „darin, daß das Retardierende zum Beschleunigenden wird, die Momente größter Hoffnung [...] wie im *König Ödipus* jäh in Furcht umschlagen".[64] Die „Hoffnungsträger, welche die Handlung des Stücks von der Katastrophe wegzuführen scheinen", sind „gerade die Indikatoren oder Ursachen der Katastrophe, so das vermeintlich glückliche Orakel der Planetenkonstellation, die Freundschaft Octavios, später das Vertrauen auf Buttler".[65]

Wie die Ausführungen zeigen, resultiert die tragische Wirkung im *Wallenstein* genauso wie in der antiken Tragödie aus der dramatischen Struktur des Theatertextes. Aus diesem Grund weist Aristoteles der Fabel in seiner *Poetik* auch den Vorrang vor der Charakterdarstellung zu. Die Figurenzeichnung bleibt aber trotzdem von zentraler Bedeutung, weil der die Katastrophe auslösende Fehler einer Charakterschwäche des Protagonisten geschuldet ist, auch wenn er „nicht direkt, als Charaktermerkmal, sondern indirekt, durch den Verlauf der Geschichte, dargestellt"[66] wird. „Und genau deshalb, wegen des im Handlungsverlauf zu Tage tretenden Charakters, sind Handlungsverlauf und Charakter untrennbar verknüpft."[67]

---

60 Borchmeyer: *Macht und Melancholie*, S. 236.
61 Vgl. u. a. I, 5: „Ihr drängt mich sehr. Ein solcher Schritt will wohl / Bedacht seyn" (NA 8.II, 628).
62 Brief von C. G. Körner an Schiller vom 09.04.1799.
63 Vgl. Silz, Walter: „Charakter und Funktion von Buttler in Schillers *Wallenstein* (1963)". In: *Schillers Wallenstein*. Hg. v. Fritz Heuer u. Werner Keller. Darmstadt 1977, S. 254–273, Zitat S. 158 f.
64 Borchmeyer: *Macht und Melancholie*, S. 236.
65 Ebd.
66 Höffe: „Tragischer Fehler", S. 142.
67 Ebd.; vgl. dazu auch Dilcher: „Über die Charaktere und die dichterische Begabung", S. 162 f.

Aus diesem Grund ist es nur konsequent, dass Aristoteles der Figurenkonzeption in seiner *Poetik* ein eigenes Kapital widmet. Hier fordert er erstens, dass der tragische Held ‚angemessen', d. h. glaubwürdig dargestellt werden soll.[68] Zweitens soll er den Zuschauern ‚ähnlich' sein, weil nur „hinreichend ‚ähnliche' Charaktere das sympathetische Miterleben ermöglichen".[69] Drittens sind die Figuren zu idealisieren. Der Dichter habe hier so zu verfahren wie die

> guten Portraitmaler [...]. Auch sie nämlich geben zwar das individuelle Aussehen wieder, machen das Portrait (dem Modell) ähnlich, zeichnen aber ein Bild, das schöner ist. So soll auch der Dichter, wenn er jähzornige, leichtsinnige und mit anderen Fehlern behaftete Charaktere nachahmt, sie darstellen, wie sie sind, aber doch als sittlich hochstehend.[70]

Viertens und letztens kommt es Aristoteles auf die „Konstanz der Charakterdarstellung" an, also auf „die Einheitlichkeit des Charakters während der ganzen Handlung".[71]

Wie im Hinblick auf die dramatische Struktur orientiert sich Schiller auch in Bezug auf die Figurenkonzeption an Aristoteles. So ist es auch für ihn zentral, dass die Figuren den Zuschauern ähnlich sind, weil die „Möglichkeit des Mitleids [...] auf der Wahrnehmung oder Voraussetzung einer A e h n l i c h k e i t zwischen uns und dem leidenden Subjekt" (NA 20.I, 160) beruht. Außerdem plädiert er wie Aristoteles für eine angemessene, d. h. glaubwürdigere Darstellung, ein Grund für sein intensives Studium der historischen Quellen zum Dreißigjährigen Krieg. Denn erst dadurch sieht er sich fähig, die „Charactere aus ihrer Zeit, ihrem Lokal und dem ganzen Zusammenhang der Begebenheiten [zu] schöpfen" und sie auf diese Weise zu „b e l e b e n" (NA 29, 18).[72]

Da der Dichter aber nicht die historische Wirklichkeit abbilden, sondern ‚poetische Wahrheiten' vermitteln soll, fordert er darüber hinaus auch eine ‚Idealisierung' bzw. ästhetische Überformung der historischen Figuren. Der Dichter müsse daran denken, so Schiller am 24. August 1798 an Goethe, dass alle „poetische[n] Personen symbolische Wesen sind", die „als poetische Gestalten, immer das allgemeine der Menschheit darzustellen und auszusprechen haben" (NA 29, 266).[73]

---

68 Frede: „Die Einheit der Handlung", S. 114.
69 Dilcher: „Über die Charaktere und die dichterische Begabung", S. 160 f.
70 Aristoteles: „Poetik", S. 49.
71 Dilcher: „Über die Charaktere und die dichterische Begabung", S. 161.
72 Brief an C. G. Körner vom 28.11.1796.
73 Brief an J. W. Goethe vom 24.8.1798.

In dieser Hinsicht hält er Shakespeares Dramen zunächst für unzulänglich. Während die „Charactere" in der griechischen Tragödie nämlich „mehr oder weniger, idealische Masken" (NA 29, 56)[74] seien, führe Shakespeare individualisierte Figuren vor. Diese Bewertung wird in einem Brief an Goethe vom 7. April 1797 allerdings korrigiert. Hier schlägt er überraschend eine Brücke zwischen dem elisabethanischen und dem antiken Drama, indem er behauptet, dass Shakespeare den „Griechen äuserst nah" sei, weil er – wie sie – „mehr ein poetisches Abstractum als Individuen" im Auge habe. Dafür sprächen die typisierten Figuren, die in der Tragödie *Julius Caesar* als Repräsentanten des „gemeine[n] Volk[s]" fungierten. Durch diesen „kühnen Griff" (NA 29, 59)[75] gelinge es dem Dramatiker, „das Allgemeine aus dem Partikularen hervortreten [...] und so im realen Detail die allgemeine Idee sinnlich anschaulich werden" zu lassen.[76]

## 3 Das Wirkungsziel der Tragödie – Schiller und Kant

Obwohl Schiller die antike Tragödie für ihre strenge Bauform, ihre Figurenkonzeption und ihren Rhythmus – das In- und Gegeneinander von be- und entschleunigenden Momenten – bewundert, hat er sich von ihrem Wirkungsziel distanziert, wie abschließend zu zeigen ist.

In der aristotelischen *Poetik* wird die Tragödie als eine „Nachahmung einer bedeutenden Handlung" definiert, die im Zuschauer *eleos* und *phobos* – „Mitleid und Furcht" – hervorruft und dadurch „eine Reinigung eben dieser Gefühle",[77] also eine *katharsis*, bewirkt. Laut Höffe bedeutet *eleos*

---

74 Brief an J. W. Goethe vom 04.04.1797.
75 Brief an J. W. Goethe vom 07.04.1797.
76 Greiner, Norbert: „Wallensteins Ahnen. Shakespeare, Schiller und das Historische als dramatischer Spielraum". In: JbDSG 54 (2010), S. 689–705, Zitat S. 698. Auch in späteren Briefen stellt Schiller Bezüge zwischen Shakespeares Dramen und der antiken Tragödie her. So ist er sich im Brief an Goethe vom 05.05.1797 sicher, dass „Schakespeer [...] weit beßer" mit Aristoteles „ausgekommen seyn" würde, „als die ganze französische Tragödie". (NA 29, 72) Und am 28.11.1797 schreibt er über *Richard III*.: „Kein Schakespearisches Stück hat mich so sehr an die Griechische Tragödie erinnert." (NA 29, 162)
77 Aristoteles: „Poetik", S. 9.

wörtlich das Zerschneiden (des Herzens), also einen heftigen Erregungszustand, was für Phobos [...] ebenfalls zutrifft: Man bemitleidet den Helden wegen seines übergroßen Unglücks; und da man fürchtet, Ähnliches könnte einem selbst geschehen, empfindet man angesichts des Unglücks Furcht.[78]

Mit „Mitleid und Furcht" ist das Begriffspaar auch schon von Lessing in der *Hamburgischen Dramaturgie* übersetzt worden, allerdings sei darauf hingewiesen, dass Aristoteles unter *eleos* und *phobos* zwei elementare Affekte des Subjekts versteht, die nichts mit Lessings „christlichen Mitleidsvorstellungen"[79] zu tun haben. Worin genau nun die kathartische Wirkung der Tragödie besteht, ist in der Forschung umstritten, weil sie in der *Poetik* nicht erläutert wird. Mit Christof Rapp nehme ich aber an, dass damit die lustvolle Erleichterung gemeint ist, die der Zuschauer nach Auflösung oder Überwindung des emotionalen Zustands fühlt, in den ihn die Aufführung versetzt hat.[80]

Wie Aristoteles definiert auch Schiller die Tragödie als „dichterische Nachahmung einer zusammenhängenden Reihe von Begebenheiten [...] welche [...] zur Absicht hat, unser Mitleid zu erregen" (NA 20.I, 164). Während die Antike „Menschen in einem Zustand des Leidens" (ebd.) zeigt, hält Schiller aber, geprägt von seiner Kant-Lektüre, nur die Überwindung des Leidens durch die Vernunft und damit das über sein Leiden erhabene Subjekt für darstellungswürdig.[81] Denn nur

---

**78** Höffe: „Tragischer Fehler", S. 141–158, Zitat S. 157; vgl. dazu auch Rapp, Christof: „Aristoteles über das Wesen und die Wirkung der Tragödie (Kap. 6)". In: Höffe (Hg.): *Klassiker auslegen*, S. 87–104, Zitat S. 92 ff.
**79** Ebd., S. 154.
**80** Vgl. Rapp: „Aristoteles über das Wesen und die Wirkung der Tragödie", S. 99. Ähnlich argumentiert Rolf-Peter Janz im Rekurs auf Bernd Seidensticker: „Der Zuschauer wird angesichts der tragischen Handlung aus einem Erregungszustand wieder in eine emotionale ‚Normallage' versetzt. Anders gesagt: auf eine starke ‚emotionale Anspannung' folgt eine ‚angenehme Entspannung', eine Minderung der affektiven Erregung. Es ist der Durchgang durch die Affekte, der ‚seelische Ausgeglichenheit und Ruhe' gewährt." (Janz, Rolf-Peter: „Affektmodellierung nach antiken Vorbildern. Schillers *Wallenstein*". In: *Schiller und die Antike*. Hg. v. Paolo Chiani u. Walter Hinderer. Würzburg 2008, S. 195–206, Zitat S. 203 f.)
**81** Vgl. NA 20.I, 156 f. Vgl. auch Schiller: *Über das Pathetische*: „Der letzte Zweck der Kunst ist die Darstellung des Uebersinnlichen und die tragische Kunst insbesondere bewerkstelligt dieses dadurch, daß sie uns die moralische Independenz von Naturgesetzen im Zustand des Affekts versinnlicht. Nur der Widerstand, den es gegen die Gewalt der Gefühle äußert, macht das freye Princip in uns kenntlich." (NA 20.I, 196)

dann zeige sich die „übersinnliche selbstständige Kraft im Menschen, sein moralisches Selbst" (NA 20.I, 204).[82]

Nun lässt sich Wallenstein nicht als erhabene Figur kategorisieren, folgt er doch ausschließlich seinen Neigungen – seines „Herzens wildem Trieb" (NA 8.II, 699) – und dem „Zwang der Umstände" und nicht seiner Vernunft.[83] Allerdings bezieht Schiller das Erhabene nicht nur auf die Handlungsebene – auf die Konzeption einer bestimmten Figur –, sondern auch auf die Wirkungsästhetik. Die Tragödie kann und soll den Zuschauer in eine ‚erhabene Rührung' versetzen. Auf diese Weise kann er laut Schiller lernen, „zu ertragen, was er nicht ändern kann und Preiß zu geben mit Würde, was er nicht retten kann" (NA 21.II, 51). Während Aristoteles mit der *katharsis* das Vergnügen der Zuschauer am dramatischen Geschehen beschreibt, zielt Schiller also auf deren ästhetische Erziehung.

Wie und wodurch sollen die Zuschauer im *Wallenstein* aber ‚erhaben gerührt' werden? In seiner Schrift *Über das Erhabene* bezeichnet Schiller „die Weltgeschichte" als „erhabenes Objekt". Darunter versteht er

> im Grunde nichts anders als de[n] Konflikt der Naturkräfte unter einander selbst und mit der Freyheit des Menschen und den Erfolg dieses Kampfs berichtet uns die Geschichte. So weit die Geschichte bis jetzt gekommen ist, hat sie von der Natur (zu der alle Affekte im Menschen gezählt werden müssen) weit größere Thaten zu erzählen, als von der selbstständigen Vernunft [...]. Nähert man sich nur der Geschichte mit großen Erwartungen von Licht und Erkenntniß – wie sehr findet man sich da getäuscht! (NA 21.II, 49)

Geschichte konstituiert sich für Schiller also durch das politische Handeln einzelner Subjekte, die sich – überblickt man das bisherige Weltgeschehen – nicht von ihrer Vernunft, sondern allein von ihren Affekten haben leiten lassen. Aus diesem Grund erscheint die Geschichte als „chaotisches Hin und Her",[84] das die menschliche „Fassungskraft" (NA 21.II, 42) übersteigt, weil sie keinen erkennbaren Erkenntnisregeln folgt, so auch in *Wallensteins Tod*. Ihre Unbegreiflichkeit kann das Subjekt aber in eine erhabene, mit Kant ‚mathematisch-erhabene' Gemüts-

---

[82] In dieser Hinsicht unterscheidet er sich von Kants Konzeption des ‚Dynamisch-Erhabenen', setzt Kant doch voraus, dass der Mensch nur dann in einen erhabenen Gemütszustand versetzt werden kann, wenn er sich selbst in Sicherheit befindet.

[83] Zanucchi: „Die ‚Inokulation des unvermeidlichen Schicksals'", S. 159. Anders argumentiert Rolf-Peter Janz. Er hält Wallenstein für erhaben, „weil ihm eine kolossale Willensstärke zu Gebote steht und weil seine Auftritte der Macht großartig ausfallen." (Janz: „Affektmodellierung nach antiken Vorbildern", S. 204) Schiller selbst spricht seinem Protagonisten allerdings jede ‚Größe' ab, vgl. NA 29, 17.

[84] Riedel, Wolfgang: „Die anthropologische Wende. Schillers Modernität". In: *Friedrich Schiller. Die Realität des Idealisten*. Hg. v. Hans Feger. Heidelberg 2006, S. 35–60, Zitat S. 58.

stimmung versetzen, „weil wir denken können, was die Sinne nicht mehr fassen, und der Verstand nicht mehr begreift" (NA 21.II, 43). So erklärt Schiller:

> Eben der Umstand, daß die Natur im Großen angesehen, aller Regeln, die wir durch unsern Verstand ihr vorschreiben, spottet, [...] daß sie das Wichtige wie das Geringe, das Edle wie das Gemeine in Einem Untergang mit sich fortreißt [...] – mit einem Wort – dieser Abfall der Natur im Großen von den Erkenntnißregeln, denen sie in ihren einzelnen Erscheinungen sich unterwirft, macht die absolute Unmöglichkeit sichtbar, durch Naturgesetze die Natur selbst zu erklären und von ihrem Reiche gelten zu lassen, was in ihrem Reiche gilt, und das Gemüth wird also unwiderstehlich aus der Welt der Erscheinungen heraus in die Ideenwelt, aus dem Bedingten ins Unbedingte getrieben. (NA 21.II, 50)[85]

Was hat dieses Wirkungsziel nun für Konsequenzen für die poetologische Organisation der Tragödie? Um die Zuschauer in ein Gefühl der Erhabenheit versetzen zu können, muss das Drama bestimmte Affekte evozieren. Es dürfen keine „zärtlichen Rührungen" (NA 20.I, 199) sein, auf die etwa das empfindsame Lustspiel zielt, weil sie nur die Sinne des Menschen ansprechen. Sie bewirken für Schiller „bloß Ausleerungen des Thränensacks und eine wollüstige Erleichterung der Gefäße" (ebd.) – sie führen also zu einer *katharsis* im aristotelischen Sinne, von der sich Schiller hier dezidiert abgrenzt. Genau das Gleiche gilt für außerordentlich starke Affekte, weil sie den Zuschauer suggestiv überwältigen, so dass er unfähig wird, das eigene „Ich von dem leidenden Subjekt oder Wahrheit von Dichtung zu unterscheiden" (NA 20.I, 158).

Ziel ist also ein Mittelweg: die Evozierung, starker ‚mitleidiger Affekte' (vgl. NA 20.I, 168) ohne totalen Verlust der „Gemüthsfreyheit" (NA 20.I, 196). Wie gelingt das? Wie Dieter Borchmeyer herausgestellt hat, zieht Schiller im letzten Teil seiner Trilogie

> alle wirkungsdynamischen Register [...]; es sei verwiesen auf die virtuose Vorbereitung und Gestaltung einer – die tragische ‚Furcht' aufs äußerste steigernden – Peripetie [...], welche den Glücksumschwung Wallensteins zu einem Katarakt von Unheilsbotschaften verdichtet und steigert [...] oder auf die großen ‚Pathosszenen': Abschied und Totenklage [...], welche auf die Erregung des ‚Mitleids' angelegt sind.[86]

---

[85] Darüber hinaus kann die „furchtbare und zerstörende Natur" (NA 21.II, 50) das menschliche Leben bedrohen. Der Mensch kann sich aber mit Hilfe seiner Vernunft über seine Furcht hinwegsetzen, sein Leid mit Würde ertragen, und sich auf diese Weise als über die Natur erhaben erfahren. Die Weltgeschichte ist also auch in dieser Hinsicht ein erhabener Gegenstand. Für *Wallensteins Tod* ist diese Dimension aber nicht von Belang, weil die Titelfigur – wie erläutert – ihren Neigungen folgt.
[86] Borchmeyer: *Macht und Melancholie*, S. 235.

Um dem Zuschauer trotzdem eine Distanz zum dramatischen Geschehen zu ermöglichen, greift Schiller zu verschiedenen Strategien. *Erstens* konzipiert er Wallenstein nicht als sympathetische Identifikationsfigur, so dass die Perspektivenübernahme erschwert wird.[87] *Zweitens* wird vom Leiden der Figuren mitunter nur berichtet. Auf diese Weise wird der Zuschauer „aus dem Gemütszustand der handelnden Person in den des Erzählers [versetzt], welches die, zum Mitleid so nothwendige, Täuschung unterbricht" (NA 20.I, 159). Vor diesem Hintergrund wird Schillers Forderung verständlich, dass Max Piccolominis Tod nur erzählt und „nicht dargestellt werden" soll, „ähnlich wie Theramen der Phädra *Hippolyt's* Ende berichtet".[88] Auch Wallensteins Ermordung wird nicht gezeigt, sondern nur beklagt und das ausgerechnet von dem Astrologen Seni, der in den *Piccolomini* als *Dottore* – als komische *Commedia-dell'arte*-Figur – eingeführt wird (vgl. NA 8.II, 524 f.).[89] *Drittens* sucht Schiller die affektive Wirkung abzuschwächen, indem er den Zuschauern die Artifizialität des Stücks etwa durch die Verssprache bewusst macht. *Viertens und letztens* sei darauf hingewiesen, dass den zeitgenössischen Zuschauern der historische Stoff wohl bekannt gewesen ist, wodurch sich die Spannung zwangsläufig vom Ausgang auf den Gang der Handlung verschiebt.

# 4 Fazit

Wie erläutert, schwebte Schiller bei der Konzeption des *Wallenstein* „ein antikes Gedicht im Stile Shakespeares"[90] vor. Davon zeugen die zahlreichen motivischen Parallelen zum *Macbeth*. Beide Titelfiguren werden als Usurpatoren vorgeführt, die für ihr Handeln keine sachlichen Beweggründe haben, sondern sich von ihrem Machthunger und ihrer Ehrbegierde leiten lassen. In dem Wissen, verbrecherische Ziele zu verfolgen, zögern sie zunächst, ihre Wünsche zu realisieren. Von ihren weiblichen Komplizinnen angestachelt, verabsolutieren sie aber

---

[87] Im Unterschied dazu ist Janz davon überzeugt, dass auf der Bühne nichts geschieht, „das die affektive Erschütterung verringern könnte" (Janz: „Affektmodellierung nach antiken Vorbildern", S. 205).
[88] Erinnerung Ludwig von Wolzogens, bezogen auf ein Gespräch Ende Juli/Anfang August 1798 mit Schiller. Zit. n. NA 8.III, 101.
[89] Dass Schiller Wallensteins Ermordung nicht in Szene gesetzt hat, so dass die tragische Wirkung abgeschwächt wird, ist etwa von August Wilhelm Schlegel moniert worden. Über seinen Besuch der Uraufführung berichtet er am 10.05.1799: „Die Ermordung ging so still ab, daß man sie sich kaum als geschehen denken konnte. (Bey der zweyten Vorstellung hat man die Leiche in einen Teppich gewickelt, übers Theater getragen – das erstemal nichts.)" (NA 8.III, 223)
[90] Koopmann: „Übersetzungen, Bühnenbearbeitungen", S. 266.

schließlich ihren Willen, zumal sie sich durch ihren vermeintlichen Einblick in den Gang der Geschichte für unangreifbar halten.

Beide Tragödien unterscheiden sich im Hinblick auf den Schicksalsbegriff. Während das Fatum im *Wallenstein* Metapher für die Kausalität menschlichen Handelns ist, bleibt im *Macbeth* unklar, welchen ontologischen Status die Hexen haben. Das gilt allerdings nicht für Schillers Bühnenbearbeitung. Hier wird Macbeth kein fremdes Schicksal durch eine transzendente Macht auferlegt; vielmehr appellieren die Hexen an seine heimlichen Neigungen, denen er sich ähnlich wie Wallenstein zu folgen entschließt.

Im Hinblick auf die dramatische Struktur hat sich Schiller stärker an der Antike orientiert als ihm selbst bewusst gewesen sein mag. Wie der Held der griechischen Tragödie gerät Wallenstein durch seine Fehler ins unverhältnismäßig große Unglück. Um den Eindruck tragischer Notwendigkeit zu verstärken, hat Schiller die ihm durch Sophokles' *König Ödipus* bekannte analytische Dramentechnik übernommen, darüber hinaus den dramatischen Rhythmus – das In- und Gegeneinander be- und entschleunigender Momente – und die Figurenkonzeption. Trotz aller Bewunderung hat sich Schiller aber von der Wirkungsästhetik der antiken Tragödie distanziert. Anstatt die Zuschauer ‚bloß' zu affizieren, zielt er darauf, sie in eine ‚erhabene Rührung' zu versetzen.

Um abschließend die eingangs gestellte Frage zu beantworten, ob Wallenstein ein ‚deutscher Macbeth' oder ein „König Ödipus in Böhmen"[91] sei: Er ist beides zugleich, insofern, als sich Schiller bei der poetologischen Organisation seiner Trilogie an beiden Dramen orientiert hat. Aber er ist auch beides nicht, ging es Schiller doch nicht darum, Shakespeare und Sophokles zu kopieren, sondern darum, einen eigenen Stil in intensiver Auseinandersetzung mit der europäischen Dramentradition auszubilden.

---

91 Vgl. Schulz, Gerhard: „Schillers *Wallenstein* zwischen den Zeiten". In: *Geschichte als Schauspiel. Deutsche Geschichtsdramen. Interpretationen*. Hg. v. Walter Hinck. Frankfurt/Main 1981, S. 116–132, Zitat S. 120.

Winfried Woesler
# Spurensuche

## Zur frühen Rezeption der *Jungfrau von Orleans*

Schiller hat bewusst verschiedenen europäischen Nationen seine Dramen gewidmet.[1] Er hat in seinen Stücken gern historische Stoffe zum Ausgangspunkt genommen, im Bewusstsein, dass sie einmal Realität waren und heute noch im Gedächtnis der europäischen Völker aufbewahrt sind. Er hat sich als Historiker mit den Kriegen Europas befasst, und gelegentlich scheint in seinen Werken die Sehnsucht nach einer europäischen Friedensutopie deutlich auf.

In der *Jungfrau von Orleans*, die jene Phase des Hundertjährigen Krieges zwischen England und Frankreich zum Hintergrund hat, in der Jeanne d'Arc auftrat, heißt es zwischendurch – völlig unhistorisch – sie habe Burgund und Frankreich miteinander versöhnt, was Jeanne d'Arc zwar angestrebt, aber nie erreicht hat. Im Drama heißt es, wiederum unhistorisch:

> Die Waffen ruhn, des Krieges Stürme schweigen,
> Auf blut'ge Schlachten folgt Gesang und Tanz,
> Durch alle Straßen tönt der muntre Reigen,
> Altar und Kirche prangt in Festes Glanz [...]. (NA 9.II N, 114)

Ich möchte Ihnen innerhalb der Schiller-Nationalausgabe die Neuedition von Band 9.II N und zwar den Teil mit der *Jungfrau von Orleans* vorstellen; den ersten Teil mit *Maria Stuart* hat Nikolaus Immer neu ediert. Ich möchte dabei die frühe Aufnahme besonders beachten und den Europa-Aspekt entsprechend dem Ziel unserer Tagung nicht aus den Augen verlieren. Im Kommentar des Bandes wird vertieft, dass zum Beispiel die antike Literatur für Schiller bekanntlich wichtig war und auch die christlich-jüdische Tradition als europäisches Erbe das Drama und seine Sprache stark mitgeformt hat.

---

[1] Vortrag gehalten auf der Tagung der Deutschen Schiller-Gesellschaft vom 22.–25.10.2014 in Hannover. Der Vortragsstil wurde beibehalten.

## 1 Zwei Vorbemerkungen zur Edition

Bevor ich zu den neuen Forschungsergebnissen komme: Ein Unterschied zur früheren, von Benno von Wiese 1948 vorgelegten Edition der *Jungfrau von Orleans* in Bd. 9 der Schiller-Nationalausgabe ist folgender: Von Schiller gibt es zwei Fassungen des Textes.[2] 1801 erschien der Erstdruck, 1805, kurz nach seinem Tod, der Zweitdruck, der sogenannte ‚Theaterdruck'. Benno von Wiese wählte als Grundlage des Neudrucks die Fassung von 1805, ich selbst auf Anraten des Hauptherausgebers Norbert Oellers die Erstfassung. Es ist ein alter Streit, ob man die erste oder die letzte autorisierte Fassung eines Werkes einer Neuedition zugrunde legen soll. Nimmt man die Fassung letzter Hand, so erfüllt man den letzten Willen des Autors, der immer ein Recht an seinem Werk behält. Druckt man die Erstfassung ab, so dokumentiert man eher den Geist der Zeit, in der das Werk entstand, und den Augenblick, an dem es öffentlich wurde. Für beides gibt es gute Argumente.

Im Fall der *Jungfrau von Orleans* ist es so, dass Schiller sich ein Exemplar des Erstdrucks vornahm und Veränderungen für die Neuausgabe darin eintrug. Dieses Handexemplar schickte er noch dem Verleger Cotta für die Gesamtausgabe seiner Dramen, den ‚Theaterdruck'. Das Handexemplar ist erhalten und liegt heute in Marbach. Da die handschriftlichen Eintragungen Schillers in seiner letzten Lebensphase aber gegen Schluss seines Handexemplars immer geringer wurden, bestehen Zweifel, ob diese ‚Endfassung' wirklich dem Erstdruck vorzuziehen ist – und einen Mischtext möchte man unter allen Umständen vermeiden. Ich hätte auch mit von Wieses Entscheidung für die Theaterfassung gut leben können.

Die zweite Bemerkung, den Erstdruck des Textes betreffend, ist interessanter. Wir wissen, dass die Inszenierungen zu Lebzeiten Schillers zumindest in den ersten Aufführungen ohne die Szene III,1 gespielt wurden, die die Liebesbekenntnisse Dunois' und La Hires enthält. Ich habe erstmals plausibel machen können, dass diese Szene zunächst nicht vorgesehen war, aber von Schiller ganz zum Schluss in die Druckvorlage eingefügt wurde, und zwar nachdem Goethe das Druckmanuskript im April 1801 gelesen hatte. Goethe hatte wohl eine vorbereitende Begründung der heutigen Szene (III,4) vermisst, in der die Liebesrivalen Johanna um eine Entscheidung bitten wollen. Und Schiller hatte dann die

---

**2** 1.) *Kalender auf das Jahr 1802. Die Jungfrau von Orleans. Eine romantische Tragödie von Schiller.* Berlin [1801]. 2.) Schiller, Friedrich: *Theater von Schiller. Die Huldigung der Künste. Don Carlos. Die Jungfrau von Orleans.* [Mit einem Portrait der Johanna d'Arc]. Bd. 1. Tübingen in der J. G. Cotta'schen Buchhandlung 1805.

Szene III,1 nachgeschoben, wie er solche Ratschläge von Goethe auch in anderen Fällen, zum Beispiel beim *Wallenstein* und beim *Tell,* angenommen hat.

## 2 Neues zu den Bühnenmanuskripten

### 2.1 Das Leipziger Bühnenmanuskript

Schiller bemühte sich ursprünglich, möglichst das Drama vor dem Erscheinen des Drucks aufführen zu lassen, auch um so noch ein zusätzliches Honorar zu erhalten. Schillers Berliner Verleger Unger, der ihm im Voraus ein gutes Honorar zugesichert hatte, intervenierte jedoch, er befürchtete, ein Bühnenmanuskript könne in die Hände eines Nachdruckers geraten, der dann noch vor dem eigentlichen Erscheinungstermin seines, des rechtmäßigen, Druckes, einen Raubdruck veranstaltet und so ihm das Geschäft verdorben hätte. Später verständigten sich Autor und Verleger aber.

Nachdem die geplante Uraufführung in Weimar vom Herzog *de facto* untersagt worden war, kam es am 11. September 1801 in Leipzig zur Uraufführung, und einen Monat später wurden die ersten Exemplare ausgeliefert. Schiller hatte vorher immer parallel gearbeitet, am Bühnenmanuskript und am Manuskript für den Druck – und schon während der Drucklegung und schließlich mit Einverständnis Ungers hatte er das Bühnenmanuskript nach Leipzig gegeben, wo er sogleich mehrere Abschriften für andere Bühnen anfertigen ließ. Bis zur Neuedition hieß es nun in der Forschung, das Leipziger Bühnenmanuskript, das ja älter als der Erstdruck ist, sei – samt sämtlichen Abschriften – vollständig verloren gegangen. Selbstverständlich benutzten die Bühnen nach dem Erscheinen der Druckfassungen auch diese für ihre Inszenierungen. Ich begann nach der älteren Leipziger Fassung zu suchen. Zunächst registrierte ich, in welchen Städten es wie viele Aufführungen zu Schillers Lebzeiten gegeben hatte, und schrieb alle in Frage kommenden Archive und Bibliotheken an, ob es noch irgendwelche Materialien zu den Aufführungen des Stückes bis zum Tode Schillers gebe.

Eine einzige Spur fand sich, und zwar in der Universitätsbibliothek Frankfurt:[3] drei Rollenmanuskripte, die zweifellos auf das verlorene Leipziger Exemplar

---

[3] Vgl. Woesler, Winfried: „Neues zum verlorenen Leipzig/Dresdner Bühnenmanuskript von Schillers ‚Jungfrau von Orleans'". In: *Jahrbuch des Freien Deutschen Hochstifts.* Hg. v. Anne Bohnenkamp. Göttingen 2010, S. 225–234. – Bei den Recherchen in Frankfurt unterstützte mich Ann-Barbara Kersting-Meulermann.

zurückgehen. Aus dem Briefwechsel wissen wir nämlich, dass Schiller eine der in Leipzig auf seine Bitte angefertigten Abschriften, also eine anlässlich der Leipziger Aufführung geschaffene Kopie, persönlich am 17. Februar 1802 nach Frankfurt geschickt hatte – dort ist das Stück aber erst 1806 aufgeführt worden. Warum? In Frankfurt gab es eine Theatergemeinde, und die hatte zweimal eine Aufführung abgelehnt, weil ihr ein für die Aufführung notwendiges Orchester zu teuer war.[4] In der Frankfurter Bibliothek befinden sich heute nun die drei genannten Rollenhefte, das von Johanna, das von Montgomery und – unbedeutend – das von einem englischen Soldaten. Da Rollenmanuskripte stets dem Sprechenden mindestens das letzte Wort, meist sogar den ganzen letzten Vers des vorangehenden Sprechers als Stichwort mitgeben, lässt sich – zumal Johanna während der Aufführung oft und lange auf der Bühne präsent ist – das Leipziger Manuskript im Wesentlichen rekonstruieren. Ein Beweis, dass es sich hier wirklich um einen Abkömmling des Leipziger Bühnenmanuskripts handelt, ist die Rolle des Erzbischofs von Reims. Da man in Sachsen im Hinblick auf Polen Rücksicht auf das katholische Königshaus nehmen musste und dort also aufgrund der Zensur kein Erzbischof auf der Bühne auftreten durfte, hatte der Leipziger Theatermanager Opitz Schiller noch vor der Uraufführung gebeten, dessen Rolle doch in eine „untergeordnetern Würde" verwandeln zu dürfen.[5] Diese Anfrage ist in der Schiller-Nationalausgabe nicht ausreichend kommentiert, man hat den Zusammenhang wohl nicht gesehen. Nach Schillers Zustimmung – nicht erhalten – verwandelte Opitz die Rolle des Erzbischofs in Leipzig in die Rolle eines Seneschalls von Reims, und als solcher ist er auch in Frankfurt auf der Bühne erschienen. Auf dem Frankfurter Theaterzettel vom 3. August 1806 ist die Rolle so vermerkt, und jetzt können wir auf einmal auch verschiedene Theaterzettel anderer Städte mit derselben Rollenbezeichnung ebenfalls der Leipziger Aufführung zuordnen, ohne dass freilich noch weitere Manuskripte aufgetaucht sind. Vorher hatte sich – soweit ich sehe – niemand gefragt, warum Schillers Erzbischof von Reims für einige frühe Aufführungen – manchmal wurde die Rolle auch gestrichen – in einen Seneschall von Reims verwandelt wurde; es war eben ein Rückgriff auf die Uraufführung in Leipzig.

---

[4] Vgl. Frank, Bernhard: *Die erste Frankfurter Theater AG (1742–1842) in ihrer Entwicklung von der ‚Nationalbühne' zur ‚Frankfurter Volksbühne'. Ein Beitrag zur Erforschung von Schauspiel-Stil und -Regie des 19. Jahrhunderts.* Frankfurt/Main 1967, hier S. 78.
[5] Vgl. Opitz' Brief an Schiller vom 01.08.1801, NA 39.I, 95 f.

## 2.2 Das Hamburger Bühnenmanuskript

Als Schiller das Bühnenmanuskript nach Leipzig geschickt hatte, bedrückte es ihn wohl, dass er ja auch eines nach Hamburg versprochen hatte. Er stellte darum dem Intendanten des Hamburger Theaters Herzfeld die *Vorlage* der Reinschrift für das Leipziger Theater zur Verfügung. Diese war, wie bei Schiller in der Regel, eine Niederschrift fremder Hand, aber es finden sich einige Eingriffe Schillers darin. Schiller gab in einem verlorenen Begleitbrief nach Hamburg noch Hinweise für die Inszenierung. Das Manuskript ist in der SUB Hamburg (Signatur: Theater-Bibliothek 2023) erhalten, wenn auch mit einigen Lücken; daneben gibt es dort noch eine frühe, vollständige Abschrift. Es war Jahrzehnte als Inspektionsbuch in Gebrauch und ist heute mit Kürzungen und Notizen der verschiedenen Regisseure übersät. Dies zu entwirren war mir zeitlich nicht möglich, und ich gewann Christine Hellmich, die diese Arbeit als Dissertation übernahm.[6] Hellmichs Verdienst ist u. a., wenigstens zum Teil herausgefunden zu haben, welche Kürzungsstriche in dem überlangen Stück von Schiller selbst stammen und welche später von fremden Händen, z. B. vom französischen Zensor, hinzugefügt wurden. Das ging z. B. manchmal nur anhand der Tintenfärbung. Nun ist grundsätzlich zu sagen, dass Schiller seine Dramentexte nicht als sakrosankt betrachtete, sondern immer wieder auch Eingriffe der Regisseure anlässlich der Inszenierung billigte. So schrieb er selbst für die spätere Weimarer Inszenierung der *Jungfrau von Orleans* 1803 auf Wunsch der Hauptdarstellerin, Amalie Malcolmi, noch einige effektvolle Verse hinzu, ohne sie aber im ‚Theaterdruck' zu wiederholen. Bei der Hamburger Inszenierung lässt sich nun etwas Wichtiges beobachten: Die hochdramatischen Montgomery-Szenen fehlen nicht zufällig. Sie erinnern sich: Der junge Engländer Montgomery hatte sich ergeben und flehte um Gnade, Johanna aber drängte ihm ein Schwert auf, um ihn dann zu töten, bloß mit der Begründung, eine *englische* Mutter habe ihn geboren. Ein höchst abstoßendes Verhalten; soweit ich sehe, sind aber diese Szenen auch bei Aufführungen zu Schillers Lebzeiten meist selbstständig von den Regisseuren gestrichen worden, mit Ausnahme der späteren Aufführung in Weimar, wo Schiller selbst Regie führte. Interessant ist nun, dass nach Hellmichs Untersuchungen eindeutig die Streichung der Montgomery-Szenen als von Schiller autorisiert angesehen werden muss.

---

[6] Hellmich, Christine: *Die Hamburger Bühnenmanuskripte von Schillers Drama ‚Die Jungfrau von Orleans'*. Bern u. a. 2014 (Arbeiten zur Editionswissenschaft 7).

## 3 Bühnenmusik

Der überraschendste Fund gelang im Thüringischen Staatsarchiv in Weimar.[7] Wohlgemerkt: Nicht im Goethe-Schiller-Archiv. Im Staatsarchiv fand ich ein Konvolut von ca. 70 Notenblättern mit Musik, die für die geplante Aufführung der *Jungfrau von Orleans* für Weimar geschrieben worden war. Man hatte im Archiv später das Konvolut nicht mit dem Schiller'schen Drama in Verbindung gebracht, weil es *Das Mädchen von Orleans* betitelt war, dies war jedoch Schillers ursprünglicher Titel. Außerdem stand auf einem Umschlagblatt die Jahreszahl 1849. Diese hatte aber jemand später darauf geschrieben, wohl anlässlich einer Wiederaufführung. Die Begleitmusik hat der Weimarer Komponist Detouches geschrieben, der nach 11 Jahren 1810 Weimar verließ. Musik spielt im Drama eine große Rolle, und Detouches stand bei der Arbeit mit Schiller in Kontakt. Ich hatte nicht die notwendigen Kenntnisse, um die Bedeutung der Notenblätter einordnen und die Musik analysieren zu können, ich bin deshalb sehr dankbar, dass die Musikwissenschaftlerin Beate Schmidt diese Arbeit für mich übernommen hat, ich habe ihren entsprechenden Beitrag in meinem Band aufgenommen.[8] Besonders der Krönungszug reizte an den unterschiedlichen Aufführungsorten die Komponisten zur Ausgestaltung.

Beate Schmidt schreibt zu einem anderen Schwerpunkt:

> Schlachtfelder bestimmen in der ‚Johanna von Orleans' vor allem im 3. und 5. Akt den Schauplatz der Handlung. Schiller regte mit Realitätszitaten wie ‚Trommeln und Trompeten' (nach V. 1505) oder ‚Man hört Trompeten' (nach V. 1911) die Musiker an, das Kriegsgeschehen akustisch zu begleiten. In der Regel wurden Trompetensignale wie Tuschs nicht eigens niedergeschrieben. Mitunter sind aber Regieanweisungen für den Konzertmeister erhalten, die wie für die Leipziger Komposition der Partitur beiliegen und die Bläser hinter der Szene organisieren halfen. Für den Szenenwechsel, der das Hoflager Karls in eine freie Gegend zum Schlachtfeld (III 3–4) verwandelt, präzisierte Schiller jedoch: ‚Trompeten erschallen mit muthigem Ton und gehen, während daß verwandelt wird, in ein wildes Kriegsgetümmel über, das Orchester fällt ein bei offener Scene und wird von kriegerischen Instrumenten hinter der Scene begleitet'. (NA 9.II N, 383)

Dieses Zitat und der Fund belegen, wie wichtig die Musikdramaturgie damals war. In der Tat tendierten die Weimarer Aufführungen zur Oper bzw. zum Gesamtkunstwerk. Von der Inszenierung Ifflands in Berlin, die Schiller am 6. und 12. Mai 1804 sah, hatte er sogar den Eindruck, dass der pompöse Krönungszug seinen

---

[7] Einen wichtigen Hinweis verdanke ich Jochen Golz, unterstützt wurde ich bei den Recherchen von Irina Lucke-Kaminiarz.
[8] Schmidt, Beate Agnes: „Musikdramaturgie". In: NA 9.II N, S. 371–394.

Text erdrückte. Heute treibt man bei Aufführungen der *Jungfrau von Orleans* einen solchen musikalischen Aufwand nicht mehr.

## 4 Quellenkritik. Zum Liebesmotiv[9]

Zu einer Neuedition gehört auch eine Überprüfung aller Quellen. Es gibt einen Zeitschriftenartikel aus dem Jahr 1899 aus Wollstein (Posen) mit der Überschrift: „Ein wichtiger Brief über den Tod der Jungfrau von Orleans", der bisher von der Wissenschaft nicht berücksichtigt wurde. Das Original ist verloren. Den Brief richtet der Bastard von Orleans, Dunois, an Xaintrailles; beide waren Heerführer in der Umgebung von Jeanne d'Arc. Der Brief datiert schon in das Jahr 1431, und zwar nicht lange nach der Verbrennung Jeanne d'Arcs durch die Engländer. Der Brief enthält, dass beide Männer Jeanne d'Arc geliebt haben und nun den Engländern Rache schwören. Diese Nachricht ist eine Sensation: Zwar spielt in Schillers Drama das Liebesmotiv eine wichtige Rolle, ich erinnere an die Szene III, 1 – wohl, wie gesagt, von Goethe angeregt – in der es um die konkurrierende Liebe zweier Heerführer Johannas geht. Das Mitleid und die Liebe zu Lionel schließlich berauben Johanna des göttlichen Beistands. Aber: Trotz intensiver Suche in den Quellen und in den Archiven habe ich nichts gefunden, was in der historischen Wirklichkeit auf irgendeine Liebesbeziehung Jeanne d'Arcs hinweist: In der Literatur freilich wurden der bewusst jungfräulich lebenden Jeanne d'Arc schon bald nach ihrem Tod Liebesbeziehungen angedichtet, sogar ins feindliche Lager, so auch bei Schiller. Bei Shakespeare wird sie als Hure gezeichnet: Sie bekennt am Schluss seines Dramas *König Heinrich VI. Erster Teil*, dass sie schwanger sei, aber nicht wisse, von wem. Drei Männer kämen in Frage.

Ich will nun nicht aufzählen, wie viele Schritte ich unternahm, Licht in die Bewertung dieses Briefes zu bringen. Das Ergebnis: Der Brief ist eine Fälschung. Letzter Beweis, der mir erst ganz zum Schluss auffiel: Der Brief von 1431 an Xaintrailles ist mit „dein Freund und treuer Ritter Johann Dunois" unterzeichnet. Der ‚Bastard von Orleans' – so sein ursprünglicher und offizieller Name – nahm aber erst 1436 den Namen Dunois durch Heirat mit der Gräfin Dunois an. Dieser Brief ist also nicht – wie behauptet – eine wichtige Quelle für Schiller gewesen,

---

[9] Löschhorn, Karl: „Ein wichtiger Brief über den Tod der ‚Jungfrau von Orleans'". In: *Zeitschrift für den Deutschunterricht* 13 (1899), S. 66 f. Vgl. dazu Woesler, Winfried: „Ein wichtiger Brief über die ‚Jungfrau von Orleans'?" In: *Kultur – Literatur – Sprache. Gebiete der Komparatistik. Festschrift für Lech Kolago zum 70. Geburtstag.* Hg. v. Katarzyna Grzywka. Warschau 2012, S. 491–494.

sondern jemand hat im 19. Jahrhundert wohl aufgrund seiner Kenntnis von Schillers Drama und anderer Quellen diesen Brief gefälscht.

## 5 Shakespeare

Betrachten wir diese Quelle genauer. Shakespeare hatte in der Neuzeit besonders auf die deutsche Dramatik den größten Einfluss. Auch Schiller hat bei diesem Drama wesentliche Anregungen von Shakespeare erhalten. Das war bekannt, zuletzt durch die Arbeit von Paul Steck,[10] aber meine systematische Durchsicht vertiefte eindeutig das Urteil, dass der erste Teil von Shakespeares Drama *König Heinrich VI.* Schillers wichtigste, bisher unterschätzte Quelle war. Jeanne d'Arc erscheint hier als eine mit dem Teufel verbundene Hexe – so die englische Sicht –, denn die Engländer konnten ja nicht zugeben, sie seien von Jeanne d'Arc mit *Gottes* Hilfe besiegt worden, wie die französische Propaganda behauptete. Oder: Jeanne d'Arc, die nie einen Soldaten im Kampf tötete, ist bei Shakespeare zur männermordenden Gestalt geworden, was Schiller übernahm. Ich erinnere an die Montgomery-Szenen. Auch die Rolle des Vaters, der sich am Ende des Stückes von seiner Tochter distanziert und diese verflucht, übernahm Schiller von Shakespeare – der historische Vater aber war stolz auf seine Tochter gewesen. Die Geistererscheinungen deuten in beiden Stücken auf das nahe Ende hin. Die angeblich erfolgreiche Vermittlerrolle Jeanne d'Arcs zwischen Burgund und Karl – die ich schon erwähnte – ist in *beiden* Stücken dichterische Fiktion; und dementsprechend konnten es in beiden Stücken auch nicht mehr die Burgunder sein, die die Heldin an die Engländer auslieferten, was in Wirklichkeit für 10.000 Francs geschah.

## 6 Auch zur frühen Aufnahme des Stückes gibt es Neues zu berichten

Ein Beispiel: Die französische Übersetzung erschien Anfang 1802 in Paris, besorgt von Charles Frédéric Cramer, herausgegeben von Louis Sébastien Mercier. Obwohl Schiller damals schon Ehrenbürger Frankreichs war, tat man sich doch

---

[10] Steck, Paul: *Schiller und Shakespeare. Idee und Wirklichkeit.* Frankfurt/Main u. a. 1977 (Europäische Hochschulschriften. Vergleichende Literaturwissenschaft 14).

schwer damit, dass ein deutscher Dichter sich dieses französischen Nationalstoffes annahm und Jeanne d'Arc gleichsam vor der Satire Voltaires rettete; gleichzeitig hatte man ein Problem damit, wie Schiller mit der historischen Wirklichkeit umging, dass er die Verbrennung Jeanne d'Arcs als Hexe in eine Apotheose Johannas verwandelte. Groß waren auch die poetologischen Differenzen, z. B. verstand man gar nicht die lyrischen Monologe im ersten und zu Beginn des vierten Aktes. Cramer und Mercier hatten sogar überlegt, ob man nicht den zweiten Monolog in der Übersetzung ganz wegfallen lassen sollte, da Schiller die Gattungsgrenzen verwischt habe. Die deutsche, von Shakespeare beeinflusste Dramenpoetik war aber seit dem Sturm und Drang nicht mehr mit der französischen Regelpoetik, an der die Franzosen weiterhin festhalten wollten, in Einklang zu bringen. Die kulturellen Beziehungen zwischen Deutschland und Frankreich standen erst am Beginn einer neuen Phase. Der Übersetzer Cramer schreibt am 8. Juni 1802 an Mercier einen Brief, der nur auszugsweise bekannt war und den ich im Musée d'Arsenal im Nachlass Merciers einsehen konnte und den ich im letzten Schillerjahrbuch vollständig veröffentlicht habe.[11] Darin schreibt Cramer – ich übersetze:

> Ich bin mehr denn je von der großen Wirkung der Inszenierung [der *Jungfrau von Orleans*] in Paris überzeugt. [Die übrigens damals nicht zustande kam.] Wenn es uns doch gelingen könnte, diese verrückte Opposition [der französischen Literaten] zu überwinden, die alle Freuden auf fremdem Boden verachtet, und etwas von dem Kosmopolitismus in die frechen Köpfe des durchschnittlichen Parisers einzuhauchen. Nur Mut! Die Zeit wird noch kommen; aber vielleicht erst dann, wenn wir schon nicht mehr sein werden.[12]

Cramer sah auf seiner Deutschlandreise 1802 im Mai/Juni zweimal in Leipzig die Inszenierung der *Jungfrau von Orleans* mit der Leipziger Truppe der Uraufführung. Begeistert berichtete er davon Mercier und kam dabei noch einmal auf die in Frankreich damals noch verpönte Vermischung der Gattungen zu sprechen:

> Es reicht mir, wenn ich Ihnen an dieser Stelle sage, daß die Szene, die uns langweilig erschienen war, während wir daran arbeiteten, der Monolog des IV. Aktes, für mich eine der interessantesten war wegen der himmlischen Flöten- und Oboenmusik, die sie begleitete und die ich mit nach Paris bringe. (NA 9.II N, 209)

---

**11** Woesler, Winfried: „Erste französisch-deutsche Reaktionen auf Schillers ‚Jungfrau von Orleans'. Carl Friedrich Cramers Brief vom 08.06.1802 an Louis Sébastien Mercier". In: JbDSG 57 (2013), S. 11–22.
**12** Ebd., S. 19.

Astrid Dröse
# Schillers Kampf um den „brittischen Aeschylus": die *Macbeth*-Bearbeitung

## 1 Dialektik der Freiheit

Im *Taschenbuch auf das Jahr 1802. Der Liebe und Freundschaft gewidmet* des Bremer Verlegers Friedrich Wilmans[1] erscheint im textuellen Umfeld u. a. von Goethes *Der Zauberflöte zweyter Theil* auch ein lyrischer Text Friedrich Schillers:

> Der Fischer. Lied der Hexen im Macbeth. (Aus einer neuen noch ungedruckten Ausgabe dieses Trauerspiels). Von Schiller.[2]

Ein großer Erfolg für Wilmans, der durch viel Beharrlichkeit und „ein Kistchen mit 17 Bouteillen" portugiesischen Rotweins dem „Wohlgebohrne[n], Hochzuverehrende[n] Herr[n] Hofrat" ein Produkt seiner „liebenswürdigen Muse" abtrotzen konnte.[3] Für einen neuen Beitrag hatte Schiller im Frühjahr des Jahres 1800, als ihn die Anfrage erreichte, allerdings keine Kapazitäten frei gehabt. Nach schwerer Krankheitsphase, noch immer gesundheitlich angeschlagen, stand er bereits mit zugesagten Beiträgen bei diversen Verlegern in der Schuld, wollte dem liebenswürdigen Hanseaten aber die Bitte nicht abschlagen. Also sandte er einen Text aus der aktuellen Produktion nach Bremen: Bei dem im Taschenbuch abgedruckten Hexenlied handelt es sich um eine Passage aus der im Frühjahr entstandenen, im Mai 1800 am Weimarer Hoftheater uraufgeführten und 1803 bei Cotta erschienenen *Macbeth*-Bearbeitung.[4] Das besagte Hexenlied hat weder im englischen Original noch in anderen deutschen Übertragungen ein Vorbild und wurde schon bei der Premiere von den Zeitgenossen als signifikante Abwei-

---

[1] Spazier, Johanna Caroline Wilhelmine (Hg.): *Taschenbuch auf das Jahr 1802. Der Liebe und Freundschaft gewidmet*. Bremen 1802.
[2] Ebd., S. 175–178.
[3] Raabe, Paul: „Der Verleger Friedrich Wilmans". In: *Bremisches Jahrbuch* 45 (1957), S. 79–162, Abdruck des Briefwechsels S. 90–92.
[4] Schillers Werke werden nach der Nationalausgabe zitiert; hier: Friedrich Schiller: *Macbeth. Ein Trauerspiel von Shakespear. Zur Vorstellung auf dem Hoftheater zu Weimar eingerichtet von Schiller*. In: NA 13, 73–162. Shakespeare wird nach der Arden-Ausgabe zitiert: Shakespeare, William: „Macbeth". In: *The Arden Edition of the Works of William Shakespeare*. Bd. 2. Hg. v. Kenneth Muir. London 1951 [1962, 1984].

chung erkannt und nicht ohne Grund ambivalent aufgenommen. Im Dramenkontext der Schiller'schen Adaptation füllt es den vierten Auftritt im ersten Akt aus. In der vorausgehenden Szene – die direkt an den berühmten Hexenprolog (I,1 „When shall we three meet again") anschließt – hat König Dunkan Macbeth in absentia als Dank für den heldenmütigen Kampf gegen die Norweger den Titel des Than von Cawdor verliehen. Bei Shakespeare folgt nun eine kurze Hexenszene (I,3), in der die Oberhexe von einer schauerlichen Begebenheit berichtet: Eine Schifferfrau versagt der Zauberin die begehrten Esskastanien. „Aroint thee, witch", ruft jene ihr zu. Daraufhin plant die Hexe grausame Rache am Ehemann auf hoher See zu nehmen („I'll drain him dry as hay: / Sleep shall neither night nor day / Hang upon his penthouse lid"). Mit triumphaler Geste demonstriert sie den Schwestern den abgerissenen Daumen des toten Seemanns. Der Racheakt ist bereits vollzogen. Bei Schiller erfährt die derb-grausige Szene eine nahezu vollständige Transformation. Dabei wird ein impliziter Bezug zur Dramenhandlung hergestellt. Das Schicksal des Fischers präfiguriert das des Helden, die Passage gewinnt prophetische Züge, die den Effekt dramatischer Ironie steigert:

Erste Hexe
Einen Fischer fand ich, zerlumpt und arm,
Der flickte singend die Netze
Und trieb sein Handwerk ohne Harm,
Als besäß' er köstliche Schätze,
Und den Morgen und Abend, nimmer müd,
Begrüßt' er mit seinem lustigen Lied.
Mich verdroß des Bettlers froher Gesang,
Ich hatt's ihm geschworen schon lang und lang –
Und als er wieder zu fischen war,
Da ließ ich einen Schatz ihn finden,
Im Netze, da lag es blank und bar,
Daß fast ihm die Augen erblinden.
Er nahm den höllischen Feind ins Haus,
Mit seinem Gesange, da war es aus.

Die zwei andern Hexen
Er nahm den höllischen Feind ins Haus,
Mit seinem Gesange da war es aus!

Erste Hexe
Und lebte wie der verlorne Sohn,
Ließ allem Gelüsten den Zügel,
Und der falsche Mammon, er floh davon,
Als hätt' er Gebeine und Flügel.
Er vertraute, der Tor! auf Hexengold
Und weiß nicht, daß es der Hölle zollt!

DIE ZWEI ANDERN HEXEN
Er vertraute, der Tor, auf Hexengold
Und weiß nicht, daß es der Hölle zollt!

ERSTE HEXE
Und als nun der bittere Mangel kam,
Und verschwanden die Schmeichelfreunde,
Da verließ ihn die Gnade, da wich die Scham,
Er ergab sich dem höllischen Feinde.
Freiwillig bot er ihm Herz und Hand
Und zog als Räuber durch das Land.
Und als ich heut' will vorüber gehn,
Wo der Schatz ihm ins Netz gegangen,
Da sah ich ihn heulend am Ufer stehn,
Mit bleich gehärmten Wangen
Und hörte, wie er verzweifelnd sprach:
„Falsche Nixe, du hast mich betrogen,
Du gabst mir das Gold, du ziehst mich nach" –
Und stürzt sich hinab in die Wogen.

DIE ZWEI ANDERN HEXEN
Du gabst mir das Gold, du ziehst mich nach!
Und stürzt sich hinab in den wogenden Bach! (NA 13, 79 f.)

Der Aufbau der Ballade folgt einer dramenanalogen Struktur. Dabei ist die erste Hexe zugleich Rhapsodin und Protagonistin. Die Exposition beschreibt eine genreartige Szenerie: Ein Fischer, arm, aber glücklich, betreibt sein Handwerk mit Routine und Gleichmut. Dieser Zustand und insbesondere der „frohe Gesang" des Fischers provozieren die Hexe. Die gewünschte Störung wird erwirkt, indem sie ihn einen Schatz finden lässt. Geblendet und überwältigt vom Glanz der Kostbarkeiten nimmt dieser den „höllischen Feind" an sich. Dadurch wird er gleichsam zum Teufelsbündler, denn wer auf „Hexengold" vertraut, der schließt *nolens volens* den Pakt mit der Hölle.

Hier beginnt die zweite Einheit: Bald schon erliegt der Fischer der Verschwendungssucht, gleich dem „verlorenen Sohn", wie die Hexe zynisch parallelisiert. In den *circulus vitiosus* von sündiger Prasserei und zunehmender Verarmung geraten, wird der Fischer zum „Räuber". Mit dem Moment der Anagnorisis folgt ein dritter Abschnitt: Der Fischer durchschaut das Hexenwerk, verflucht die Zauberin und stürzt sich verzweifelt in die Fluten. Die Katastrophe spielt sich am Ausgangsort der Handlung ab, die Ballade präsentiert sich als wohl proportioniertes und in sich geschlossenes Textgefüge. Dabei entsteht durch die Wahl des Knittelverses (jedoch mit Tendenz zum Jambus), ein interessanter Kontrast zur ebenmäßigen formal-inhaltlichen Struktur. Diese Geschlossenheit wird durch ein weiteres Strukturelement unterstrichen: An drei zentralen Stellen wiederholen die Hexenschwestern die Verse der Sprecherin und verleihen der Szene dadurch zugleich die Anmutung eines magischen Rituals. Dass es in der Fassung des Taschenbuchs hier „Chor der Hexen" heißt, ist dabei bemerkenswert. Schiller hat nämlich in der Tat alle Hexenszenen seines *Macbeth* ganz im Zeichen seiner – zu diesem Zeitpunkt noch nicht publizierten – theoretischen Überlegungen *(Über den Gebrauch des Chores)* als Chorpartien ausgestaltet. Die Szene wird schließlich durch ein choreografisches Element abgeschlossen: Die „Schicksalsschwestern" – wie sie sich selbst bezeichnen – reichen einander die Hände und bilden so einen Kreis. Eine ‚Zähmung' des Beschwörungstanzes wird erreicht, indem die Choreografie gleichsam die in den Hexenszenen grundlegende Dreigliedrigkeit aufgreift: dreimal, „daß es Neune macht" (NA 13, 80), singen die Schwestern, soll sich der Reigen drehen.

Um das archetypische Kernnarrativ der Hybris webt Schiller ein dichtes Netz intertextueller Bezüge und Anspielungen. So wird durch die mehrfache Nennung der Hölle die Teufelspakttradition alludiert – der *Macbeth* entsteht in der Zeit, in der die Gespräche mit Goethe über den *Faust* besonders intensiv geführt werden. Auch das Beschwörungsritual der Hexen lässt Bezüge zum Faust („Hexeneinmaleins" etc.) aufscheinen.

Von der Substanz des Shakespeare-Textes bewahrt die Fischerballade vor allem das Meer als Topos archaischer, ungezügelter Elementarkraft. Damit wird zugleich Schillers eigene Balladenwelt in den Anspielungshorizont gehoben: Der „schauervoll[e] Rand" *(Hero und Leander)*, die Grenzzone zwischen Land und Meer, ist zentraler Handlungsort im *Taucher* wie im *Ring des Polykrates*. Zu Letzterem ließen sich weitere motivische Parallelen aufzeigen (Unbeständigkeit des Glücks, Kapitalismuskritik etc.). Evident sind ferner die Bezüge zum volkstümlich-numinosen Motivkosmos der Wasserfrauen und Nixen, wobei der Verweis auf Goethes Ballade *Der Fischer* (1778)[5] geradezu explizit wird. Ist im Goethe'schen Gedicht jedoch das Verhängnis des Fischers ambivalent motiviert („Halb zog sie ihn / halb sank er hin"), indem die Frage nach der Macht des Naturmagischen im Raume bleibt, wirkt der Fluch des Schiller'schen Fischers kurz vor seinem Suizid nicht gerechtfertigt: „Falsche Nixe, du hast mich betrogen / Du gabst mir das Gold, du ziehst mich nach" – Goethes Formulierungen werden fast wörtlich wiederholt, doch ist die Hexe kein „feuchtes Weib", keine Nixe oder Undine. Von ihr geht keine erotisch-numinose Bedrohung aus, die Geschichte würde sogar

---

5 Der Text wurde auch 1800 im siebten Band der „Neuen Schriften" aufgenommen. Zu den Publikationsdatierungen der Ballade vgl. den Kommentar zu Goethe, Johann Wolfgang: *Gedichte 1756–1799*. Hg. v. Karl Eibl. Frankfurt 1987, S. 1021.

ohne sie ‚funktionieren'. Während der Goethe'sche Fischer nämlich „nicht von sich aus lenkt und bestimmt, sondern einem mächtigeren Schicksal verfällt",[6] also den unheimlichen Naturmächten, ist der Fischer in Schillers Hexenlied ein Frevler, dessen Schuld kaum auf die Macht des Inkommensurablen und Wunderbaren abgewälzt werden kann. Er handelt frei, sein Schicksal folgt einer Logik von Ursache und Wirkung, und die Initiative der Hexe kompensiert das individuelle Versagen in keiner Weise. „Freiwillig" hat er sich dem „höllischen Feinde" ergeben, berichtet die Sprecherin. Auf den Frevel folgt die Nemesis, der Vorwurf des Betrugs an die Hexe entlastet nicht. Sie akzentuiert daher auch die erbärmliche Erscheinung des Fischers kurz vor seinem wenig heroisch anmutenden Selbstmord: „heulend" und mit „bleich gehärmten Wangen" spricht er seine letzten Worte. Festzuhalten bleibt: Was die Hexen am Schicksal des Fischers offenkundig besonders ergötzt, ist gerade seine eigene Schuldigkeit. Nicht die Höllenmächte besiegeln seinen Untergang, sondern die eigene Schwäche. Statt einer Dialektik des Bösen wird eine Dialektik der Freiheit inszeniert.

Es sind diese in der Ballade konzentrierten Aspekte, die die gesamte Shakespeare-Bearbeitung prägen und im Jenaer Kreis für höhnischen Spott sorgten:

> Meynest Du, daß er [Schiller] um etwas anders als das liebe Brot solche verfluchte Hexenszenen macht wie im Macbeth? [...] Er [Schillers *Macbeth*] ist noch viel schlechter, [!] als Du zu sagen wagst, und hat uns [sie selbst und Schelling] mit einem wahren Ekel durchdrungen. Denn dass er z. B. mit der Seifensiedergeschichte aus dem Gellert oder la Fontaine die Hexen moralisch consequent hat machen wollen – ist das auszustehn?

So schreibt Caroline an August Wilhelm.[7] Die despektierlich erwähnte „Seifensiedergeschichte" bezieht sich eben auf die Fischer-Ballade, wobei Caroline offenbar an Hagedorns Fabel *Johann der Seifensieder* (1757) dachte. Dort wird der sangesfreudige Seifensieder durch den reichen Nachbarn zwar mittels eines Geldgeschenks zur Lasterhaftigkeit verführt, kehrt aber rechtzeitig auf den Pfad der Tugend zurück. Schiller habe also dem Shakespeare'schen Ursprungstext eine moraldidaktische Tendenz untergeschoben. Doch erschöpft sich die Funktion des balladesken Einschubs tatsächlich in einer lehrhaften Exemplumsgeschichte, die das unmissverständliche Kasualprinzip von Schuld und Sühne vorführt? Auf diese Frage wird zurückzukommen sein.

Festzuhalten bleibt, dass Caroline bei allen persönlichen Ressentiments zwei zentrale Aspekte des Schiller'schen *Macbeth* pointiert identifiziert: Es handelt

---

[6] Kayser, Wolfgang: *Geschichte der deutschen Ballade*. Berlin 1936, S. 118.
[7] Schelling, Caroline von: *Briefe aus der Frühromantik*. Nach Georg Waitz vermehrt hg. v. Erich Schmidt. Bd. 2. Leipzig 1913, S. 150–155, Zitat S. 152.

sich erstens um eine Auftragsarbeit, mit der Schiller den Bedarf an neuem Repertoire für die herzogliche Bühne unter Leitung Goethes bedient.[8] Zweitens will Schiller nicht den ‚Geist Shakespeares' beschwören, um ihn dem Weimarer Publikum näherzubringen, noch den Subtilitäten der englischen Sprache deutsche Pendants zur Seite stellen. Er folgt keiner Übersetzungspoetik im Sinne August Wilhelm Schlegels, die der Geschichtlichkeit des Originals in einem historischen Erkundungsprozess Rechnung tragen will.[9] Schillers Bearbeitung präsentiert sich nicht als „treue Neuschöpfung".[10] Dabei sind die Modifikationen auf sprachlicher und inhaltlicher Ebene, wie Caroline zurecht betont, in den Hexenszenen der Adaptation besonders evident.

Ausgangspunkt der nachstehenden Überlegungen ist die Annahme, dass Schillers Bearbeitungen generell stärker als dies bislang von der Forschung reflektiert wurde – ähnlich wie die Fragmente und Projekte – neue Perspektiven auf das Spätwerk und seine (ästhetisch-poetologische) Programmatik eröffnen könnten. Neben Fragen der Übersetzungspoetik um 1800, des Kulturtransfers und der theatergeschichtlichen Kontexte sollen im Folgenden Aspekte des Shakespeare-Diskurses um 1800[11] und Schillers vielschichtiges Verhältnis zu diesem

---

**8** Zum Weimarer Hoftheater und der Leitung Goethes vgl. Alt, Peter-André: *Klassische Endspiele. Das Theater Goethes und Schillers.* Ulm 2008, S. 13–34; Hinck, Walter: *Goethe – Mann des Theaters.* Göttingen 1982.
**9** Zu Schlegels Übersetzungspoetik, seinen Übersetzungen und deren Position „im Spannungsfeld einer kontroversen, engagierten ‚Verdeutschungskampagne', die mehr als nur artistische Hintergründe hatte: den Kampf um Shakespeare" vgl. Wertheimer, Jürgen: „‚So macht Gewissen feige aus uns allen'. Stufen und Vorstufen der Shakespeare-Übersetzung A. W. Schlegels". In: *Das Shakespeare-Bild in Europa zwischen Aufklärung und Romantik.* Hg. v. Roger Bauer. Bern 2008, S. 201–225, Zitat S. 201.
**10** „Wenn es nun möglich wäre, ihn treu und zugleich poetisch nachzubilden, Schritt vor Schritt dem Buchstaben des Sinnes zu folgen, und doch einen Theil der unzähligen, unbeschreiblichen Schönheiten, die nicht im Buchstaben liegen, die wie ein geistiger Hauch über ihm liegen, zu erhaschen." Schlegel, August Wilhelm: „Etwas über William Shakespeare bey Gelegenheit Wilhelm Meisters". In: *Die Horen. Eine Monatsschrift herausgegeben von [Friedrich] Schiller* 6 (1796). 4. Stück, S. 57–112. Zu Schlegels Übersetzungstheorie: Gebhardt, Peter: *A. W. Schlegels Shakespeare-Übersetzung. Untersuchung zu seinem Übersetzungsverfahren am Beispiel des Hamlet.* Göttingen 1970.
**11** Vgl. Heftrich, Eckhard: „Shakespeare in Weimar". In: *Das Shakespeare-Bild.* Hg. v. Bauer, S. 182–200; Inbar, Eva Maria: „Shakespeare in der Diskussion um die aktuelle deutsche Literatur 1773–1777. Zur Entstehung der Begriffe ‚shakespearisierendes Drama' und ‚Lesedrama'". In: *Jahrbuch des Freien Deutschen Hochstifts* 1979, S. 1–39; Dies.: „Shakespeare-Rezeption im deutschen bürgerlichen Drama des 18. Jahrhunderts". In: *Germanische Romanische Monatsschrift* 61 (1980), S. 129–149. Eine einschlägige Textsammlung mit zahlreichen Literaturhinweisen im Vorwort besorgte Blinn, Hansjürgen (Hg.): *Shakespeare-Rezeption. Die Diskussion um Shakespeare in*

Autor[12] rekapituliert werden. Davon ausgehend rückt die *Macbeth*-Übertragung ins Zentrum. Sie soll vor allem unter zwei Gesichtspunkten diskutiert werden: Was sind die Spezifika der Schiller'schen Adaptation und wodurch unterscheidet sie sich von anderen Übertragungen, die in ihrem literaturhistorischen Umfeld situiert sind? Hierbei wird vor allem die Version von Bürger in den Blick genommen, denn Schillers *Macbeth* stellt einen Gegenentwurf, fast schon eine Kontrafaktur von dessen erfolgreicher Übersetzung (1783)[13] des Dramas dar. Die Weimarer Adaptation ist darüber hinaus als eine ausdrückliche Provokation der Jenenser aufzufassen, die bekanntlich selbst mit einem Shakespeare-Großprojekt beschäftigt waren. Der Engländer avanciert um 1800 zum symbol- und prestigeträchtigen Streitobjekt zwischen ,Klassikern' und ,Romantikern'. Die *Macbeth*-Bearbeitung ist Schillers *En garde* in diesem literaturpolitisch bedeutsamen Konkurrenzkampf um die Frage ,Wem gehört Shakespeare'. Seine Äußerungen über Bürgers *Macbeth* sowie Schleiermachers Besprechung der Schiller'schen Version (Erlanger Literaturzeitung 30.07.1801) werfen erhellende Schlaglichter auf diese Auseinandersetzung.

## 2 „Der deutsche Shakespeare" und der „brittische Aeschylus"

Die Dramen Shakespeares waren Schiller durch die bedeutenden zeitgenössischen Übertragungen seit seiner Karlsschulzeit bestens bekannt.[14] In seiner Dis-

---

*Deutschland*. 2 Bände. Berlin 1982. Auch mit Blick auf die gesamteuropäische Rezeption: Paulin, Roger (Hg.): *Shakespeare im 18. Jahrhundert*. Göttingen 2007. Forschungsgeschichtlich bedeutend: Gundolf, Friedrich: *Shakespeare und der deutsche Geist*. Berlin 1911.
**12** Freilich kein unbeackertes Forschungsfeld. Ich nenne nur exemplarisch: Bloch, Peter André: „Schillers Shakespeare-Verständnis". In: *Festschrift für Rudolf Stamm*. Hg. v. Eduard Kolb u. Jörg Hasler. München 1969. S. 81–101; Steck, Paul: *Schiller und Shakespeare*. Frankfurt 1977; Ranke, Wolfgang: „Schillers Shakespeare. Von den ,Räubern' zum Weimarer ,Macbeth'". In: JbDSG 54 (2010), S. 706–724.
**13** *Macbeth ein Schauspiel in fünf Aufz. Nach Shakespear*. Seinem unvergesslichen Freunde gewidmet von G. A. Bürger. Göttingen 1783. Nach dieser Ausgabe wird im Folgenden zitiert.
**14** Die Rezeptionsgeschichte Shakespeares in der deutschen Literatur um 1800, auch speziell im Hinblick auf Schiller, ist ein gutbestelltes Feld der Klassikforschung. Vgl. u. a. Bloch: „Schillers Shakespeare-Verständnis". In: *Festschrift für Stamm*. Hg. v. Kolb u. Hasler. München 1969, S. 81–101; Carl, Rolf-Peter: „Sophokles und Shakespeare? Zur deutschen Tragödie um 1800". In: *Deutsche Literatur zur Zeit der Klassik*. Hg. v. Karl Otto Conrady. Stuttgart 1977, S. 296–318; Steck: *Schiller und Shakespeare*; Heftrich, Eckhard: „Shakespeare in Weimar". In: *Das Shakespeare-*

sertation *Ueber den Zusammenhang der thierischen Natur des Menschen mit seiner geistigen* sowie im „Schreibexperiment der Räuber" ist Shakespeare für den jungen ‚poeta medicus' „Medium und Gewährsmann empirischer Psychologie".[15] „Seine Stücke firmieren daher in §15 des *Versuchs* unter dem Stichwort ‚Fieber', inspirierend sind die Shakespeare'schen „‚Febrizitanten' und ‚Delirant(en)' wie Brutus, Cassius, Richard, Lady Macbeth usw.".[16] Von seinem Lehrer Abel lieh sich Schiller einige Bände der Wieland'schen Übersetzung, 1782 erwarb er die Eschenburg-Ausgabe, die er bei seiner Flucht nach Mannheim schweren Herzens zurücklassen musste, dann aber „seinen Schäkespeare" abholen ließ.[17] Für die frühen Dramen waren jedenfalls die großen Verbrechergestalten, die „consequenten Bösewicht[e]"[18] (NA 20, 146) eine Inspirationsquelle, nicht nur hinsichtlich spezifischer Charaktermerkmale, sondern auch mit Blick auf sittlich-moralische Fragen und die Gestaltung ihres jeweiligen Schicksals.[19] Bereits die Zeitgenossen sahen bekanntlich im Dichter der *Räuber* einen „teutschen Shakespeare" (NA 23, 309), Humboldt vermeinte bei Schiller und Shakespeare „dieselbe Richtung der Einbildungskraft" (NA 38.I, 334) zu erkennen.

---

*Bild.* Hg. v. Bauer, S. 182–200; Blinn, Hansjürgen: „Einführung: Shakespeare in Deutschland. 1790–1830. Neuansätze.", In: *Shakespeare-Rezeption.* Bd. 2. Ausgewählte Texte von 1730 bis 1827. Hg. v. Blinn, S. 9–16; Henke, Burkhard: *Die Tragödie des Usurpators. Schiller, Shakespeare und die Renaissance.* Dis. Univ. of California. Irvine 1993; Paulin, Roger: *The Critical Reception of Shakespeare in Germany 1682–1914. Native Literature and Foreign Genius.* Hildesheim 2003; Häublein, Renata: *Die Entdeckung Shakespeares auf der deutschen Bühne des 18. Jahrhunderts. Adaption und Wirkung der Vermittlung auf dem Theater.* Tübingen 2005; Guthke, Karl: „Schiller, Shakespeare und das Theater der Grausamkeit". In: *Shakespeare im 18. Jahrhundert.* Hg. v. Paulin. Göttingen 2007, S. 181–194; Koopmann, Helmut: „Schiller und die dramatische Tradition". In: *Schiller-Handbuch.* Hg. v. Helmut Koopmann. Stuttgart 2011, S. 143–161; Baum, Richard: „Die Entstehung eines Klassikers: Der deutsche Shakespeare". In: *Shakespeare und kein Ende? Beiträge zur Shakespeare-Rezeption in Deutschland und in Frankreich vom 18. bis 20. Jahrhundert.* Hg. v. Béatrice Dumiche. Bonn 2012, S. 123–172.
15 Robert, Jörg: *Vor der Klassik. Die Ästhetik Schillers zwischen Karlsschule und Kant-Rezeption.* Berlin, Boston 2011, S. 85 f.
16 Ebd.
17 So die Bitte an Henriette von Wolzogen, die beim Freund Scharffenstein in Stuttgart bewahrte Ausgabe zurückzuholen. 1797 bestellte Schiller bei Cotta die Neuauflage. Menzel, Friedrich: *Schillers Bibliothek,* Weimar 2009, S. 93.
18 Vgl. Schillers Überlegungen zu diesem Typus in „Ueber den Grund des Vergnügens an tragischen Gegenständen" (1792), NA 20, 133–147; dazu Robert: *Vor der Klassik,* S. 144 f.
19 Erken, Günther: „Die Rezeption Shakespeares in Literatur und Kultur. 2. Deutschland". In: *Shakespeare-Handbuch. Die Zeit – Der Mensch – Das Werk – Die Nachwelt.* Hg. v. Ina Schabert. 5. Aufl. Stuttgart 2009, S. 627–651, hier S. 638.

In der Folgezeit gewinnt ein aemulativer Gedanke an Bedeutung, die Verehrung des „dramatischen Gottes",[20] sprich die Shakespeareomanie der 1780er Jahre, war um 1800 einer gewissen Relativierung des Engländers gewichen. Goethe und auch Schiller sprachen Shakespeare seine Dignität dabei keineswegs ab, ihre Bearbeitungen hielten sie aber „unter dem Gesichtspunkt einer strengen, an gültigen Normen orientierten Ästhetik"[21] für eine Fortentwicklung. Dabei wurden die Shakespeare'schen ‚Fehler', die die avantgardistischen Sturm und Drang-Bewegung noch zur Provokation genutzt hatte, historisiert, d. h. den unkultivierten Umständen der Elisabethanischen Epoche zugeschrieben. Die Weimarer Klassik ‚rettete' Shakespeare im Grunde genommen mit Überlegungen und Argumenten, mit denen ausgerechnet Herder Shakespeare zum Bruder des Sophokles erklärt hatte.[22]

Für Schiller gilt, dass er gerade in seiner produktivsten Phase die Werke des frühneuzeitlichen Autors erneut in großem Umfang und mit besonderer Intensität rezipierte – nicht als Theatermann auf der Suche nach Repertoire, sondern „mit den suchenden Augen des Tragödiendichters".[23] „Die direkten Einflüsse reichen von einzelnen Metaphern, Bildern, Charakter- und Typenzeichnungen bis hin zur dramaturgischen Technik überhaupt, also etwa zur Expositionsgestaltung und Szenenführung."[24] Dabei bleiben auch die intellektuellen Bösewichte von großem Interesse, denen Schiller bereits in seinem Aufsatz *Ueber den Grunde des Vergnügens* (1792) (NA 20, 133 u. 147) bemerkenswerte Überlegungen gewidmet hat.[25] In den dramentheoretischen Schriften begegnet man Shakespeare ständig und zwar – so Karl Guthke – „vor allem dann, wenn es ihm darum geht, sich jener

---

[20] Herder, Johann Gottfried: „Shakespeare (1773)". In: *Werke in zehn Bänden*. Hg. v. Günter Arnold u. a. Bd. 2. *Schriften zur Ästhetik und Literatur 1767–1781*. Hg. v. Gunter E. Grimm. Frankfurt/Main 1993, S. 498–529.
[21] Heftrich: „Shakespeare in Weimar", S. 189. Vgl. Goethe, Johann Wolfgang: „Shakespeare und kein Ende (1813/1816)". In: *Johann Wolfgang Goethe. Sämtliche Werke nach Epochen seines Schaffens. Münchner Ausgabe*. Hg. v. Karl Richter. Bd. 11.2, München 1994, S. 173–190. Dazu: Erken, Günther: „Die Rezeption Shakespeares", insb. S. 637.
[22] Heftrich: „Shakespeare in Weimar", S. 192.
[23] Ebd., S. 189.
[24] Heftrich: „Shakespeare in Weimar", S. 196. So haben beispielsweise hinsichtlich der Darstellung des Hofes in *Maria Stuart* die Staatstragödien Vorbildcharakter, in bühnentechnischer Hinsicht konnte Schiller für die Heerszenen in *Wallenstein* und der *Jungfrau von Orleans* lernen. Henke, Burkhard: „Wallenstein und Macbeth. Schillers Neugestaltung des Usurpatorenmotivs". In: *Journal of English and Germanic Philology* 94 (1995), S. 313–331.
[25] Schiller interpretiert hier die konsequente Bosheit als Stärke eines Verbrechers, der sich „durch keine moralische Regung in seinem Handeln irre machen" lasse (NA 20, 146). So empfindet man trotz der Unsittlichkeit des Gegenstandes Vergnügen (vgl. NA 20, 141). Mit Bezug auf

alternativen Art der Tragödie zu nähern, in der das Grausame eine herausgehobene Rolle spielt".[26]

Gleichwohl war, wie gesagt, die jugendliche Begeisterung einer gewissen Distanz gewichen. Goethe kritisierte im Alter „viele disharmonische Allotria" der Shakespeare-Dramen,[27] die ihm wie ein „großer belebter Jahrmarkt" vorkämen.[28] Bei einer Adaptation sei es daher entscheidend, „das Interessante zu konzentrieren" und „in Harmonie [zu] bringen".[29] Als ein Bemühen, das „üppige Detail dieser Weltbilder zum Vorteil des Ganzen auf ein faßliches Maß zurückzuführen", beschreibt später Friedrich Hebbel dieses Prinzip der Shakespeare-Rezeption im Zeichen der Weimarer ‚Classicität' und ‚Simplicität'. Goethe und Schiller fanden, so Hebbel, eine via media, „indem sie sich von Shakespeare im Einzelnen soweit fernhielten als möglich, ihn im Ganzen aber nie aus den Augen verloren."[30] Nur folgerichtig, dass Goethe in seinem *Romeo* den „possenhaften Intermezzisten" Mercurio umgestaltet, so wie auch Schiller in seinem *Macbeth* Zotiges streicht oder durch neue Szenenelemente ersetzt.[31] Während Goethe Shakespeare jedoch vor allem als „Epitomator" und mehr als „Dichter überhaupt", denn „als Theaterdichter" sah und in seinen Dramen – wenn sie von unnatürlichem Beiwerk beseitigt werden – die symbolische Umsetzung der Natur wiederfand,[32] beeindruckte Schiller beispielsweise die Darstellung der kollektiven Masse des Volkes „mit einer so ungemeinen Großheit" als „poetisches Abstractum" (NA 29, 59) in *Julius Caesar*.[33] In solchen Elementen glaubte Schiller Shakespeares Formwillen und eine tendenziell antinaturalistische Haltung zu erkennen und sah ihn dadurch „den Griechen äuserst nah" (ebd.). Bereits in der sogenannten „unterdrückte[n] Vorrede" zu den *Räubern* (1781) bezeichnet er ihn als den „brittischen Aeschylus" (NA 3, 246). Besonders deutlich wird diese Überlegung in der Vorrede zur *Braut von Messina* artikuliert: Während die Einführung des Chors in ein Drama

---

*Don Karlos* und *Die Polizey* vgl. Robert: *Vor der Klassik*, S. 144 f.; Guthke: „Schiller, Shakespeare", S. 188 ff.
26 Ebd., S. 184.
27 Brief an Caroline von Wolzogen vom 28.01.1812. In: *Johann Wolfgang Goethe Sämtliche Werke. Briefe, Tagebücher und Gespräche*. Hg. v. Karl Eibl u. a. Bd. 7. *Briefe, Tagebücher und Gespräche vom 10. Mai 1805 bis 6. Juni 1816. Teil II: Von 1812 bis zu Christianes Tod*. Hg. v. Rose Unterberger. Frankfurt/Main 2004, S. 18.
28 Goethe: „Shakespeare und kein Ende", S. 176.
29 Ebd., S. 176.
30 Hebbel, Friedrich: „Shakespeare und seine Zeitgenossen I". In: *Sämtliche Werke*. Bd. 11. *Charakteristiken, Kritiken*. Hamburg 1867, S. 6 f.
31 Vgl. z. B. Schabert: *Shakespeare-Handbuch*.
32 Goethe: „Shakespeare und kein Ende", S. 183.
33 Brief an Goethe vom 07.04.1797.

des französischen Klassizismus dessen Unzulänglichkeit zeigen würde, könnte eine solche künstliche Implementierung im Fall der Shakespeare-Tragödien die Qualität dieser Dramen eindrucksvoll zur Geltung bringen. Kleine Operationen reichten gewissermaßen aus, um den ‚naiven' Shakespeare neben Aischylos und Sophokles zu stellen und ihn somit zum einem ‚Klassiker' zu promovieren.[34]

## 3 Aspekte der Adaptation

Für Schiller ergab sich mit dem Projekt einer Shakespeare-Bearbeitung die konkrete Schwierigkeit, dass er des Englischen nur in beschränktem Maße mächtig war. So dienten ihm vor allem Christoph Martin Wielands Prosaübertragung (1765)[35] sowie Johann Joachim Eschenburgs Fassung des Shakespeare-Dramas (1779) als Vorlage.[36] Doch auch das englische Original wurde zumindest in Teilen herangezogen. In einem Brief an Goethe klagt Schiller über die hermeneutischen

---

**34** Darauf wird später noch einmal zurückzukommen sein.

**35** Wieland legte eine wirkmächtige, erste Teilübersetzung des Shakespeare'schen Dramenwerks (22 Dramen) in Prosa (mit Ausnahme des *Midsummer Night's Dream*) vor (*Shakespear theatralische Werke*, übers. v. Christoph Martin Wieland, illustriert v. Salomon Gessner, Zürich, Orell Gessner und Comp. Zürich 1762–66). *Macbeth* erschien in Band VI (*Viel Lermens um Nichts. Das Trauerspiel, vom Macbeth. Die zween edle Veroneser*. Zürich 1765; diese Ausgabe wird im Folgenden zitiert). Zu Wielands Shakespeare-Übersetzung vgl. z. B. Böhm, Hans: „Wenige haben das menschliche Herz besser gekannt als er. Zu Wielands Shakespeare-Rezeption". In: *Impulse. Aufsätze, Quellen, Berichte zur deutschen Klassik und Romantik* 8 (1985), S. 43–68; Kob, Sabine: *Wielands Shakespeare-Übersetzung. Ihre Entstehung und ihre Rezeption im Sturm und Drang*. Frankfurt/Main 2000; Martin, Dieter: „Le Shakespeare de Wieland entre lecteur et spectateur". In: *Revue Germanique Internationale. Shakespeare vu d'Allemagne et de France des lumières au Romantisme* 5 (2007), S. 109–131; McCarthy, John: „The making of a German cult: Wieland and Shakespeare reception around 1770". In: *Die Bienen fremder Literaturen. Großbritannien, Frankreich und dem deutschsprachigen Raum im Zeitalter der Weltliteratur (1770–1850)*. Hg. v. Norbert Bachleitner. Wiesbaden 2012, S. 59–79.

**36** Eschenburgs zwölfbändiges Unternehmen (1775–1777; Ergänzung des 13. Bds. 1783), die erste vollständige deutsche (Prosa-)Übersetzung der Dramen (auf Grundlage der englischen Johnson-Steevens-Ausgabe von 1773), mit umfangreichen, gelehrten Anmerkungen basiert auf den Wieland'schen Übersetzungen und setzt diese fort. Paulin, Roger: „Shakespeare, Eschenburg und Weimar". In: *Archiv für das Studium der neueren Sprachen und Literaturen* 243 (2006), S. 82–95; Kinzel, Till: „Shakespeare, Voltaire und Eschenburg: Zur Theorie- und Praxisgeschichte der Literaturkritik im ‚Frontsystem Aufklärung'". In: *Johann Joachim Eschenburg und die Künste und Wissenschaften zwischen Aufklärung und Romantik*. Hg. v. Cord-Friedrich Berghahn. Heidelberg 2013, S. 297–309.

Schwierigkeiten, die durch die Übertragungsarbeit aus zweiter Hand zutage getreten waren:

> Seitdem ich das Original von Shakespear mir von der *Frau* v Stein habe geben laßen, finde ich, daß ich wirklich beßer gethan, mich gleich Anfangs daran zu halten, so wenig ich auch das englische verstehe, weil der Geist des Gedankens viel unmittelbarer wirkt, und ich oft unnöthige Mühe hatte, durch das schwerfällige Medium meiner beiden Vorgänger mich zu dem wahren Sinn hindurch zu ringen.[37] (NA 30, 141)

Eine Adaptation des *Macbeth* scheint Schiller bereits in den 1780er Jahren ins Auge gefasst zu haben. Doch erst etwa zehn Jahre später konkretisieren sich die Pläne. Der gegebene Anlass: Das Hoftheater brauchte neue Stücke. Die Idee einer Shakespeare-Bearbeitung korrespondierte mit dem Anliegen, die großen Werke der Weltdramatik den klassizistischen Stilprinzipien anzupassen und damit dem deutschen Theater einen Spielplan vorzugeben, „ein[] solide[s] Repertorium" (Goethe in den *Tag- und Jahresheften* 1799, zit. n. NA 13, 297) zur Verfügung zu stellen, das diesen Vorstellungen entspricht und dabei den Publikumsgeschmack im Sinne der Autonomie-Ästhetik schult. *Macbeth* sollte der Auftakt für das Repertoire-Projekt werden. Für das Stück sprach einiges: große Bekanntheit, straffe und zugleich packende Handlung, klare Figurenkonstellation und ein publikumswirksames Gothic-fiction-Flair. Zudem hatten Schiller die Figuren des Macbeth und der Lady schon seit der Karlsschulzeit fasziniert; auch die Frage nach der Natur des Bösen, mit dem sich wohl kein anderes Shakespeare-Stück „so intensiv und so extensiv" befasst,[38] dürfte die Auswahl begründet haben. Anfang 1800 machte sich Schiller ans Werk. Neben dem finanziellen Interesse erhoffte er sich auch, seiner Schreibkrise durch dieses Nebengeschäft zu entkommen. „*Eine lebhafte Beschäftigung mit dem Macbeth, dem ich gestern noch spät nachdachte, hat mich erhitzt*" (NA 13, 363), schreibt er am 13. Januar 1800 an Goethe. Zu Beginn der Arbeit ist Wielands Version die zentrale Vorlage. Vermutlich plante Schiller zunächst eine straffe Versifizierung dieser Prosafassung, was sich gerade in Passagen des ersten Aktes manifestiert und durch philologische Studien plausibel gemacht werden konnte (vgl. NA 13, 368 ff.). Eine Synthese aus Eschenburg und Wieland als Basis erwies sich bald als praktikabler. Das Heranziehen des Originals aus der Bibliothek Charlotte von Steins – Goethe hatte ihm außerdem ein Wörterbuch geliehen (vgl. NA 38.I, 230) – ist ab dem dritten Akt erkennbar. In

---

37 Brief an Goethe vom 02.02.1800.
38 Rojahn-Deyk, Barbara: „Nachwort". In: *William Shakespeare: Macbeth*. Übers. und hg. v. ders. [Text nach der Arden-Ausgabe von Kenneth Muir. London 1975] Stuttgart 1977, S. 199–221, hier S. 201.

diesen Passagen zeichnet sich Schillers *Macbeth* durch eine größere sprachliche Knappheit im Vergleich zu den Vorlageversionen aus (vgl. NA 13, 371). Doch nicht nur Krankheitsschübe behinderten bald schon das Vorankommen. Schiller hatte das Projekt im Grunde genommen erheblich unterschätzt:

> Ich glaubte, jene Bearbeitung des Macbeth für unsre Bühne würde ein Werk von 8 oder 14 Tagen seyn, wie ich aber die Sache ernstlich anfaßte, so fand ich, daß keine der alten Uebersetzungen in Prosa zum Grund gelegt werden könne, und daß ich das Stück ganz neu und zwar in Jamben übersetzen müsse. So kam ich unvermerkt und fast wider meinen Willen in diese Arbeit hinein (NA 30, 143).

So berichtet er im März des Jahres dem Engländer Mellish. Fertig wird das Werk schließlich erst im April. Der Titel – *Macbeth. Ein Trauerspiel von Shakespear. Zur Vorstellung auf dem Hoftheater zu Weimar eingerichtet von Schiller*[39] – zeigt deutlich, dass es im Hinblick auf Bühnentauglichkeit konzipiert ist, die konkrete Aufführungssituation am Weimarer Hoftheater wurde bei den Ausarbeitungen mitbedacht (vgl. NA 13, 307). Dabei konditionieren zunächst einmal bühnenpraktische Gegebenheiten des Aufnahmekontextes den räumlichen und zeitlichen ‚Kulturtransfer', also die Akkulturation des englischen Frühneuzeit-Dramas. (1) Der auf der Shakespeare-Bühne leicht umsetzbare Szenenwechsel war auf der bescheiden ausgestatteten Weimarer Guckkastenbühne kaum realisierbar. Konsequenz: Einsparen von Szenenwechsel, Reduktion des Dekorationswechsels und Beschränkungen des Personals[40] – zugleich ein Zugeständnis an die klassizistisch-aristotelischen Prinzipien. (2) Hervorzuheben ist ferner, dass Schiller – abgesehen von den im Knittelvers sprechenden Hexen[41] – nahezu konsequent den Blankvers wählt, auch für die Szenen, in denen Shakespeare Prosa verwendet hatte, so z. B. für die ‚Nachtwandlerszene' (V, 1). Das Rasen der von Gewissensbissen geplagten Mörderin, die sich im Wahn die vermeintlichen Blutflecken wegwaschen will, wird durch die formale Stilisierung gedämpft: Im Original bildet der Wechsel von Blankvers zu Prosa die extreme Gefühlslage der Figur mimetisch

---

**39** Der Erstdruck erschien unter diesem Titel 1801 bei Cotta in Tübingen.
**40** Zum Beispiel wird in den Szenen zu Beginn von Akt V, in denen der Angriff auf das Schloss von Macbeth vorbereitet wird, nicht wie bei Shakespeare zwischen Auftritt der Angreifer und Auftritt der Verteidiger hin und her geschwenkt. Vielmehr werden die beiden Gruppen nacheinander gezeigt. Auch ein Blick auf das Personalverzeichnis lässt den Bühnenpraktiker erkennen: Gestrichen werden für die Handlungsführung entbehrliche Rollen wie die des englischen Arztes, Lady Macduff, ihr Sohn, Menteth und Cathness. Die Rolle des Lenox wird erheblich zurückgenommen, Ross wird demgegenüber aufgewertet. Vgl. den Kommentar in FA 9, 885–887 sowie die Aufstellung im Kommentar der NA 13, 366 ff.
**41** Auch bei Shakespeare wird das Versmaß hier ‚volkstümlich'.

ab. Demgegenüber setzt Schiller auf disziplinierende Abstraktion, indem er die hysterische Shakespeare'sche Lady gleichsam in eine metrische Zwangsweste steckt. Eine Gegenüberstellung der Fassungen von V, 1 verdeutlicht dies:

Shakespeare:
Out, damned spot! out, I say! – One; two: why, then 'tis time to do't. – Hell is murky. – Fie, my Lord, fie! a soldier, and afeard? – What need we fear who knows it, when none can call our powder to accompt? – Yet who would have thought the old man to have had so much blood in him?[42]

Wieland:
Weg, du verdammter Fleken; weg, sag ich – – Eins, – – zwey; wohlan dann, so ist es hohe Zeit – – Die Hölle ist dunkel. Fy, Milord, fy! ein Soldat und erschroken? Was brauchen wir uns zu fürchten, daß es auskomme, da niemand mächtig genug ist, uns zur Rechenschaft zu ziehen? – – aber, wer hätte gedacht, daß der alte Mann so viel Blut in ihm hätte?[43]

Bürger:
Weg, verdammter Flecken! Weg, sag ich! – Ein! Zwei! Wohl, so ist's hohe Zeit an's Werk zu gehen. Düster ist die Hölle. Pfui, pfui, Macbeth, pfui! Macbeth, pfui! Ein Soldat und furchtsam. – Was brauchen wir uns zu fürchten, daß es auskomme? – Aber wer hätte wohl gedacht, daß der alte Mann noch soviel Blut in sich habe?[44]

Schiller:
Weg, du verdammter Flecken! Weg, sag' ich!
Eins! Zwei! – Nun, so ist's hohe Zeit! – Die Hölle ist
Sehr dunkel – Pfui doch! Ein Soldat, und feige!
Laß es auch ruchbar werden! Ist doch niemand
So mächtig, uns zur Rechenschaft zu ziehen!
Wer dacht' es aber, daß der alte Mann
Noch so viel Blut in Adern hätte! (NA 13, 147, V. 1939–1945)

(3) Die Diktion ist im Vergleich mit dem Original und den Vorlagen generell abstrakter, kühler. Die Nähe zur Sprache des *Wallenstein* ist spürbar. „Hässlich soll schön, schön hässlich sein" (NA 13, 76), überträgt Schiller den berühmten Hexenvers in der Eröffnungsszene, der bei Shakespeare das die gesamte Tragödie durchziehende Thema von der Umkehr aller Werte, von Täuschung und Sein formuliert: „Fair is foul and foul is fair". Bürger hatte übrigens (in seiner ersten,

---

42 Shakespeare: *Macbeth*, S. 139.
43 Wieland: *Macbeth*, S. 281.
44 Bürger: *Macbeth*, S. 91.

später leicht überarbeiteten Fassung) „Gold ist Quark, und Quark ist Gold"[45] geschrieben. (4) Die Charaktere der Protagonisten erfahren Akzentverschiebungen; insbesondere Lady Macbeth verkörpert stärker als im Original das intrigante, skrupellose und strategisch denkende ‚Machtweib', einen gerade beim späten Schiller immer wieder anzutreffenden Frauentypus (z. B. Elisabeth, Agrippina). Zugleich erscheint sie aber auch als „vorausschauende, menschenkundige Politikerin, was sie bei Shakespeare nicht ist" (FA 9, 896). Dies erweist sich insbesondere in I, 15, der Szene, in der sie Macbeth zum Königsmord anstachelt. (5) Die Tendenz zur ‚Übersichtlichkeit' ist beispielsweise in der Banquettszene erkennbar, in der „Schiller die verschiedenen Kommunikationsebenen [...] durch Regieanweisungen übersichtlich strukturiert" (vgl. dagegen Shakespeares III, 4).[46] (6) Die Szene, in der der betrunkene Pförtner vor dem Gemach des soeben ermordeten Duncan zotige Scherzreden von sich gibt, ist mit Schillers ästhetischen Vorstellungen von einer Tragödie nicht vereinbar.[47] Hinzu kommen historische Verständnisprobleme, z. B. sind die für die Shakespeare-Szene wichtigen Anspielungen auf die Tradition des *miracle play* (die Figur des Höllentor-Pförtners) im Weimarer Kontext nicht vermittelbar.[48] Schiller ersetzt sie durch ein volkstümlich anmutendes Morgenlied und akzentuiert dabei – ähnlich wie in der Hexenballade – die der Szene innewohnende tragische Ironie.[49] Die offene Mordszene des Stücks – das Massaker an der Familie des Macduff – wird ebenfalls gestrichen, jedoch durch einen Botenbericht mitgeteilt. Auch andere blutige Szenen werden eliminiert: Tritt bei Shakespeare in der Schlussszene „Macduff with Macbeth's

---

[45] Cersowsky, Peter: „Wunderbare Welt, zu Bürger und Shakespeare". In: *Prägnanter Moment. Studien zur deutschen Literatur der Aufklärung und Klassik.* Hg. v. Peter-André Alt. Würzburg 2002, S. 109.
[46] Ranke: „Historisches Theatersystem und bearbeitende Übersetzung für die Bühne. Überlegungen am Beispiel von Bürgers und Schillers Macbeth-Versionen". In: *Geschichte, System, literarische Übersetzung. Histories, Systems, Literary Translations.* Hg. v. Harald Kittel. Berlin 1992, S. 115–141, Zitat S. 130.
[47] Vgl. den Aufsatz „Gedanken über den Gebrauch des Gemeinen und Niedrigen in der Kunst" (NA 20, 241–247); Robert, Jörg: „Kommentar zu Shakespeare, Macbeth". In: Schiller, Friedrich: *Sämtliche Werke.* Hg. v. Peter-André Alt, Albert Meier u. Wolfgang Riedel unter Mitarbeit v. Irmgard Müller u. Jörg Robert. München 2004. Bd. 3. *Fragmente. Übersetzungen. Bearbeitungen.* Hg. v. Albert Meier u. Jörg Robert. München, Wien 2004, S. 999–1002, Zitat S. 1001.
[48] Ranke: „Historisches Theatersystem", S. 131.
[49] Ebd., S. 134 f. Ranke untersucht diese Schiller'sche Zutat *en detail* und weist Gundolfs Interpretation zurück, der die Pförtnerszene als einen Missgriff auffasst und die „moralischen Spruchzettel" aus dem Mund des Pförtners tadelt. Ranke sieht in dieser Umdeutung vielmehr ein durchdachtes, kontrafaktisches Verfahren, durch das eine „christlich-religiöse Deutung der Nemesis-Struktur" verhindert werde. Ranke: „Historisches Theatersystem", S. 135.

head" auf, reicht dem Schiller'schen Schotten die Demonstration von Rüstung und Krone (V, 14). (7) Dreh- und Angelpunkt der Bearbeitung ist – das haben auch die Zeitgenossen so gesehen – die transformierte Darstellung der Hexen. Darauf wird im Folgenden ausführlich einzugehen sein.

## 4 Transformationen des Wunderbaren und des Bösen

Weiten wir nun jedoch zunächst den Blick für das Panorama der literaturhistorischen Konstellationen, in denen der Schiller'sche *Macbeth* zu verorten ist. Überspringen wir wichtige Stationen der deutschen Shakespeare-Rezeption im 18. Jahrhundert und wählen als Ausgangspunkt für die folgenden Überlegungen Gottfried August Bürger: Als seine Übersetzung des Stücks – das einzige Bühnenwerk des Göttinger Professors – 1783 erschien,[50] lagen bereits eine Vielzahl von deutschen *Macbeth*-Bearbeitungen vor, wie es sich überhaupt um „das bei weitem am häufigsten adaptierte Werk Shakespeares" im späten 18. Jahrhundert handelt.[51] Die prominentesten Übersetzungen von Wieland und Eschenburg waren nicht für die Bühne konzipiert, lagen jedoch nahezu sämtlichen Adaptationen zugrunde. Bürgers *Macbeth* geht zurück auf einen Auftrag für eine Inszenierung Friedrich Ludwig Schröders 1776/77 in Hannover. Schröder hatte auf Basis der Eschenburg-Übersetzung eine Vorlage geliefert, für die Bürger die Hexenszenen beisteuern sollte.[52] Mit „ZauberBegeisterung" – auch Bürger steht im Bann der Shakespearomanie der 1770er Jahre – und großer Akribie machte er

---

[50] Bürger, August Wilhelm: *Macbeth. Trauerspiel in 5 Aufz. nach Shakespeare.* Göttingen 1784. [Erstdruck 1783].
[51] Häublein: *Die Entdeckung*, S. 166. Zu den bedeutenderen zählt die 1772 am Kärntnertortheater uraufgeführte Adaption Johann Gottlieb Stephanies (d. J.), der später als Librettist von Mozarts *Entführung aus dem Serail* bekannt wurde. Es handelt sich in erster Linie um ein blutrünstiges ‚Spukstück' für das traditionelle Wiener Allerseelenspektakel, das mit großem bühnentechnischen Aufwand und grellen Theatereffekten (Donnermaschine, Pyrotechnik etc.), das Drama (auf Basis der Wieland'schen Vorlage) stark veränderte. Vgl. ebd., S. 170–186 mit interessanten Hinweisen zur Aufführungspraxis. Ferner sind zu nennen: Franz. J. Fischer (1777), der sich mit seiner Adaptation für das Prager Theater von J. G. Stephanies Version durch größere Nähe zum Originaltext abgrenzen wollte, das Effektpotenzial gerade der Hexenszenen jedoch noch exzessiver auszugestalten wusste. Auch er lehnt sich an Wielands Vorlage an (ebd., S. 186–201). Eschenburgs Übertragung diente den Adaptationen Johann K. G. Wernichs (1778) und Heinrich L. Wagners (1779) als Orientierung.
[52] Ebd., S. 215–236.

sich für die gewünschte „Verdeutschung" ans Werk.[53] Dabei übersetzte er direkt aus Shakespeare, entfernte sich jedoch immer wieder stark vom englischen Original.[54] Bürger begegnete dabei der Herausforderung, denen sich die Adepten des 18. Jahrhunderts gerade hinsichtlich der Hexenszenen stellen mussten,[55] gemäß seinen poetologisch-ästhetischen Prinzipien, die hier im Geiste einer Herder-inspirierten Volkspoesie (Stichwort ‚Popularität') auf die Formel ‚Versinnlichung im Zeichen des Wunderbaren' gebracht werden können.[56] Dabei setzt er zum einen auf synästhetische Effekte – die Hexenszenen wurden nach seinen Vorstellungen von Johann Friedrich Reichardt als „musikalische Rezitative"[57] vertont –, Klangmalereien (vgl. z. B. „Weiß in schwarz, und schwarz in weiß; Heiß in Kalt, und kalt in heiß! / Das kann wips ein wintzig Wort / Husch durch Schlickerschlacker fort.") und Variation des Wortschatzes durch ein niedersächsisch-oberdeutsch anmutendes Kunstidiom mit volkstümlichen Anklängen: Aus Graimalkin wird z. B. „Graulieschen", aus Paddock „Unke", von der „Walpurgisnacht" ist die Rede, Hekate mutiert zur „Hexenaltfrau", sie und ihre Schwestern scheinen vom Blocksberg, nicht von der schottischen Heide zu kommen.[58] Damit präsentiert Bürger „nicht nur deutsche, sondern zugleich – entschiedener als Shakespeare – christliche Hexen".[59] Am Ende des Stücks wird Macbeth, ähnlich wie die Balladenheldin Lenore,[60] vom Heer der höllischen Geister gleichsam in die Hölle eskortiert. Das *Scottish Play* wandelt sich zu einem norddeutschen Regionalstück, wobei das Wunderbare „auch durch seinen christlichen Horizont" definiert wird und

---

**53** An Boie, 09.11.1777. Zit. n. Cersowky: „Wunderbare Welt", S. 108. Später legte er eine Gesamtbearbeitung vor (Erstveröffentlichung 1783). Zum Entstehungskontext, Quellenbezug und den Aufführungskontexten von Bürgers *Macbeth* vgl. die noch immer einschlägige Studie von Kauenhowen, Kurt: *Gottfried August Bürgers Macbeth-Bearbeitung. Diss Königsberg.* Weida 1915.
**54** Zu den Änderungen vgl. Ranke: „Historisches Theatersystem", S. 123 f.
**55** Die Hexendarstellung barg in ästhetischer Hinsicht die Gefahr der Illusionsstörung. Überhaupt wurden die Hexen nicht selten den Shakespeare'schen ‚Fehlern' zugerechnet. Häublein: *Die Entdeckung*, S. 167 f. Es darf auch nicht vergessen werden, dass noch für die zweite Hälfte des 18. Jahrhunderts Hexenhinrichtungen belegt sind. In ländlichen Gegenden wurde die Aufführung des *Macbeth* durch Wandertruppen, da durch das Stück der „alte [...] Aberglaube [...] an Hexerey rege gemacht" (so ein um 1800 verfasster Bericht) werden konnte, mit Skepsis betrachtet. Vgl. ebd., S. 167.
**56** Seine Intentionen artikuliert Bürger in der Vorrede des Dramas. Abgedruckt in Blinn: *Shakespeare-Rezeption.* Bd. 1, S. 144 ff.
**57** Bürger: „Vorrede".
**58** Kauenhowen: *Gottfried August Bürger*, S. 47.
**59** Cersowsky: „Wunderbare Welt", S. 110.
**60** Ebd., S. 113 ff. weist auf diese intertextuellen Bezüge Bürgers hin.

im Volksglauben angesiedelt ist.⁶¹ Einen exemplarischen Eindruck vermittelt die Szene I, 3, an deren Stelle bei Schiller die Fischer-Ballade steht. Dabei zeichnen sich die Hexen durch ihre ‚Volkstümlichkeit' im Zeichen der Bürger'schen ‚Popularitäts'-Maxime aus, Sprache und Darstellung werden geradezu ins Groteske gesteigert, was nicht nur Prinzipien wie der Wahrscheinlichkeit und dem stilistischen *aptum* der Tragödie widersprach:

> ERSTE H.: Wo gewest, Schwesterle?
> ZWEITE H.: Schweine gewürgt!
> DRITTE H.: Schwesterle, wo du?
> ERSTE H.: Ä Schiffers weib hatt' Huzel Birn im Schoß,
> Und schmatzte dir drauf loos –
> „Mir auch, sagt ich ä bissel!"
> „Quark dir, Thranhexe, marsch!" –
> Grunzte der vollwampigen Bache Rüssel
> Hui! Donner, Hagel, Mord und Gifft!
> Ihr Kerl ist zur Türkey geschifft,
> Im Siebe schwimm ich nach. Ich kann's! –
> Wie eine Ratt' und ohne Schwanz.
> Mein Sixchen, das thu ich, mein Sixchen!
> ZWEITE H.: Thu das, thu das Nixchen.
> Ich borg auch dir ä Wind dazu.
> ERSTE H.: Sa! Bist a wacker Schätzle du! [...]⁶²

Im Hinblick auf die Hexenszenen und die Bedeutung der Repräsentation des Wunderbaren für das Stück, ist generell zu konstatieren: In Bürgers Version greifen die Hexen als tatsächliche, in persona agierende Figuren aktiv ins Geschehen ein, der Werdegang des Titelhelden wird überhaupt „von Beginn an durch den Einfluß der Hexen determiniert".⁶³ Die Ambivalenzen, die in der Figurenpsychologie bei Shakespeare angelegt sind, ebnet Bürger ein. Macbeth und die Lady werden zu typisierten Bösewichten, denen eine gerechte Strafe zuteil wird.

Hervorzuheben ist, dass Bürgers *Macbeth* über 20 Jahre hinweg die populärste und meistgespielte Fassung des Dramas auf den deutschen Bühnen wurde und auch von den Fachleuten gerade wegen der grotesken Hexenszenen geschätzt

---

61 Ebd., S. 111.
62 Bürger: *Macbeth*, S. 14 f.
63 Häublein: *Die Entdeckung*, S. 238. Nach der Mordszene am König ergänzt Bürger sogar eine zusätzliche Szene, in der die Täterschaft der Hexen in einer konspirativen Besprechung explizit gemacht wird (Szene II, 8).

war.[64] Prägend wirkte Bürgers Shakespeare-Verständnis, das sich im *Macbeth* als seiner einzigen Übersetzung manifestiert, auf seinen Schüler-Kreis.[65] Mit August Wilhelm Schlegel begann er 1788/89 gemeinsam das Projekt einer Übersetzung des *Midsummer Night's Dream*,[66] Ludwig Tiecks Aufsatz *Shakespeare's Behandlung des Wunderbaren* (1793) ist als Produkt seiner Göttinger Studienjahre zu betrachten und gilt zugleich als exemplarisches Zeugnis für den Beginn der romantischen Shakespeare-Rezeption.[67]

Schiller, spätestens seit der Rezension von Bürgers Gedichten in der *Allgemeinen Literatur-Zeitung* (1791) auch in der öffentlichen Wahrnehmung dessen Antipode, äußerte sich erst Ende der 1790er Jahre zur *Macbeth*-Fassung und zwar in einem Brief an A. W. Schlegel (11. März 1796), in dem zunächst von einem gemeinsamen Shakespeare-Projekt die Rede ist. Schiller lobt Schlegels Ansinnen, den Shakespeare-Übersetzungen des „Erzphilister[s]" Eschenburg etwas entgegenzusetzen. Bürgers *Macbeth* erachte er hingegen genau wie Goethe als „greulich", gerade die Hexenszenen empfände er als regelrechte „Pfuscherey" (NA 28, 199). Erwähnt werden auch erste Überlegungen Goethes zu einer eigenen Adaptation für das Weimarer Theater. Interessant ist nun ein Passus des Briefes, in dem Schiller Schlegel um Einverständnis bittet, die Kritik an Bürgers Hexenszenen in einem geplanten Aufsatz für die Publikation in den *Horen* zu streichen, da die Hexenpassagen „zu raisonabel behandelt" würden und er sich eventuell selbst dazu äußern wolle. Schlegel stimmte zu: Der Druckfassung des Aufsatzes mit dem Titel *Etwas über William Shakespeare bey Gelegenheit Wilhelm Meisters* (ersch. Bd. 6, Jg. 1796, 4. Stück. Tübingen 1796, S. 57–112), das wohl bedeutendste

---

[64] Vor allem die Premiere in Berlin am 28. Dezember 1787 avancierte als opernartige Inszenierung zum Großevent, dem sogar der preußische König beiwohnte. Neben Donner- und Blitzmaschinen kam auch die Flugmaschine des Theaters zum Einsatz. Die aufwendig gestaltete Schauspielmusik Reichardts verlieh dem Stück überdies ein opernhaftes Gepräge. Zur Rezeption vgl. Kauenhowen: *Gottfried August Bürger*, S. 55–75.

[65] Das betrifft vor allem die Grundsätze, nach denen (zumindest zunächst) gearbeitet wurde wie eine volkstümliche Ausdrucksweise, „die noch die jüngere Kritik als Bürgersches Erbe reklamierte". So mutet der Elfengesang der Titania in der (später revidierten ersten) Schlegel-Übersetzung wie ein Hexenlied an, „das seinen Platz eher im *Macbeth* hätte." Wertheimer: „So macht Gewissen feige aus uns allen", S. 210.

[66] Schlegel stellte die Übersetzung später (1797) alleine mit tiefgreifenden Umarbeiten fertig. Dies betonte er auch gegenüber Schiller, was Heine *(Die Romantische Schule)* bekanntlich gleichsam zur These eines literarischen Vatermordes ausgestaltete. Zur Entstehungsgeschichte der Übersetzung des *Sommernachtstraum* noch immer einschlägig: Bernays, Michael: *Zur Entstehungsgeschichte des Schlegelschen Shakespeare*. Leipzig 1872.

[67] Cersowsky: „Wunderbare Welt", S. 124.

Manifest der Schlegel'schen Übersetzungsmaximen, enthält keine Kritik des Bürger-*Macbeth*.[68]

Die (späte) Antwort Schillers erfolgte dann jedoch erst in Gestalt der eigenen Bearbeitung. Dass sie als Gegenentwurf zu Bürger konzipiert ist, muss unbedingt beachtet werden – erst mit ihrer Positionsbestimmung als Produkt eines gleichsam ‚mimetischen Begehrens' (René Girard) in der spannungsreichen Konstellation Bürger-Schlegel-Schiller, erschließt sich die in ihr implizit angelegte poetologische Programmatik. Die entscheidende Herausforderung musste dabei auch für Schiller die Gestaltung der Hexenszenen bleiben, die bei Bürger die Dynamik des gesamten Geschehens bestimmen und zugleich mit enormer Publikumswirksamkeit in Szene gesetzt worden waren – dafür kannte und liebte das Publikum den Bürger-*Macbeth*. So galt es hier einen signifikanten Kontrapunkt zu setzen. Das gelang Schiller. Die Weimarer Premiere, bei der er selbst Regie führte, sorgte für Überraschung: Schiller ließ die Hexen von Männern in griechischer Drapierung spielen. Indem sie auf Kothurn agierten und Schleier trugen, wurde ihre unwirkliche Gestalt zusätzlich herausgehoben, jeglicher ‚volkstümlich' gefärbte Schauereffekt demonstrativ unterbunden. Schillers Hexen

> würgen keine Schweine, sie schmollen nicht über versagte Kastanien, sondern ruinieren lieber aus reiner Bosheit einen lustigen Seifensieder [...]; sie geben sich keinen Daumen und keinen Wind und äussern ihr Wohlwollen vorzüglich dadurch, daß sie die erzählende Schwester durch einen Refrain, in den sie einstimmen, unterstützen,

bemerkte Friedrich Schleiermacher, in seiner Rezension.[69] Auch Bewegungen der Hexengestalten muten statisch an: „Die drei Hexen *stehen da*" (NA 13, 75) lautet gleich die erste Regieanweisung – ihre „simetrische Stellung" müsse „nuanciert" (NA 38.I, 355) werden, notiert Goethe später in seinem Regieplan. Sonst wandeln sie im abgemessenen Schritt über die Bühne. Ebenso abgemessen war den Berichten der Premierengäste zufolge auch die Deklamation, unweiger-

---

[68] In seiner späteren Kritik am ehemaligen Mentor und Vorbild (*Über Bürgers Werke*, 1801) ging Schlegel – die eigenen Übersetzungsstandards anlegend – bekanntlich auch hart mit Bürgers *Macbeth* ins Gericht, kritisierte die Hexenszenen, bei denen „alles ins Scheußliche und Burleske karikiert" sei, sowie deren „kindische Tonmalerei", zit. n. Kauenhowen: *Gottfried August Bürger*, S. 57.

[69] Schleiermacher, Friedrich Daniel Ernst: „Rezension von William Shakespeare: Macbeth. Ein Trauerspiel, zur Vorstellung auf dem Hoftheater zu Weimar eingerichtet von Friedrich Schiller (1801)". In: *Kritische Gesamtausgabe*. Hg. v. Hans-Joachim Birkner. Erste Abteilung, Bd. 3. *Schriften aus der Berliner Zeit 1800–1802*. Hg. v. Günter Meckenstock. Berlin, New York 1988, S. 377–399, Zitat S. 388.

lich drängt sich die Verbindung zur Theaterszene mit dem Erynnienchor in der Ballade *Die Kraniche des Ibykus* auf.

> [...] Von allen Inseln kamen sie,
> Und horchen von dem Schaugerüste
> Des C h o r e s grauser Melodie –
>
> Der streng und ernst, nach alter Sitte,
> Mit langsam abgemeßnem Schritte,
> Hervortritt aus dem Hintergrund,
> Umwandelnd des Theaters Rund.
> So schreiten keine irrdschen Weiber,
> Die zeugete kein sterblich Haus!
> Es steigt das Riesenmaaß der Leiber
> Hoch über menschliches hinaus. (NA 1, 387 f.)

Schillers Aischylos-Rezeption, insbesondere die Rezeption der *Orestie*, die in der Ballade deutlich zu Tage tritt, steuert auch seinen Blick auf den frühneuzeitlichen Dramatiker, den „brittischen Aeschylus" (NA 3, 246), wie er ihn bereits viele Jahre zuvor einmal genannt hatte. Dementsprechend bekommen die Hexen auch eine neue Funktion: Den effektvollen Szenen, in denen bei Shakespeare die „weird sisters" (also unheimlich, übernatürlich, unberechenbar) auftreten, ist gleichsam die Ambiguität des frühneuzeitlichen Hexendiskurses eingeschrieben.[70] Sind sie reine Illusion, oder hat der Teufel seine Hand tatsächlich im Spiel? Shakespeare bleibt ambivalent.[71] Während Bürger diese Frage eindeutig zugunsten der Macht des Wunderbaren und Numinosen entscheidet, werden bei Schiller aus den Naturgeistern „Schicksalsmächte, die es sich angelegen sein lassen, den Menschen auf die Probe zu stellen, um ihn straucheln und stürzen zu sehen" (FA 9, 892 f.). So werden sie zu „Verwandten der antiken Schicksalsgöttinnen, zu nordischen Parzen und Eumeniden auf tragischen Kothurnen."[72]

---

[70] Vgl. Stallybrass, Peter: „Macbeth and witchcraft". In: *Focus on Macbeth*. Hg. v. John Russell Brown. London 1982, S. 189–209.
[71] Er schafft „eine Atmosphäre der Ungewissheit, ein Raum des Anderen [wird] imaginiert, wo die Grenzen zwischen gut und böse, wahr und falsch, männlich und weiblich, real und imaginär brüchig werden". Es bleibt unklar, „ob die Tragödie durch die Hexen oder das eigenverantwortliche Handeln von Macbeth und seiner Frau hervorgerufen" wird. Erken: „Die Rezeption Shakespeares", S. 559.
[72] Robert: „Kommentar zu Shakespeare, Macbeth", S. 1001.

DRITTE HEXE
Er kann es vollbringen, er kann es lassen;
Doch ist er glücklich, wir müssen ihn hassen.
ZWEITE HEXE
Wenn er sein Herz nicht kann bewahren,
Mag er des Teufels Macht erfahren.
DRITTE HEXE
Wir streuen in die Brust die böse Saat,
Aber dem Menschen gehört die Tat. (NA 13, 75 f.)

So sprechen die zweite und die dritte Hexe im ersten Auftritt. Dieser kleine Hexen-Katechismus[73] hat keine Entsprechung im englischen Original. Christian Gottfried Körner erkannte gleich, dass diese Passage provozieren würde: „*[E]in strenger Shakespearianer [könnte] mit Dir rechten*", befürchtete er. Auch empfand Körner die Platzierung dieses Zusatzes gleich in der berühmten Eingangsszene als unpassend, fast zu plakativ, die „*abenteuerlichen Gestalten*" würden „*zu stark beleuchtet*" (NA 13, 364).[74] Schleiermacher erachtete es als das „merkwürdigste" des Dramas in der Schiller'schen Version überhaupt, dass die Hexen „moralisieren und Gewissensbisse haben und sich mit der Freyheit der Menschen wieder rechtfertigen."[75] Schiller verteidigt die „in die erste Hexenscene eingeschobenen deutlichen Enunciationen" pragmatisch: „Die Maße des Publicums" habe „zu wenig Aufmerksamkeit". Man müsse ihr „vordenken" (NA 30, 168),[76] er will also durch den auffälligen Zusatz gleich am Beginn des Stücks seine Transformation deutlich markieren: Verantwortlich für sein Unglück ist der Mensch selbst. Dabei manifestiert sich im *Macbeth* eine Transformation der ‚Idee des Bösen' im Zeichen der pessimistischen Anthropologie Kants – provoziert durch die Lektüre der Schrift *Die Religion in den Grenzen der bloßen Vernunft* (1793).[77] Geradezu analog zu Kants Interpretation des Mythos vom Sündenfall sind der Werdegang des Macbeth wie der seiner balladesken Miniatur, also des Fischers, Beispielgeschichten für den ‚natürlichen Hang' des Menschen zum Bösen. Sie demonstrieren diese anthropologische Disposition, die Kant in seiner Religionsschrift das

---

73 Vgl. Wood, Michael: „They Are What We Were. Schillers *Macbeth* and the language of Horror". In: *Friedrich Schiller und der Weg in die Moderne*. Hg. v. Walter Hinderer. Würzburg 2006, S. 365–374, hier S. 366.
74 Brief Körners an Schiller vom 26.06.1800.
75 Schleiermacher: „Rezension", S. 388.
76 Brief an Körner vom 03.07.1800.
77 Kant, Immanuel: „Die Religion innerhalb der Grenzen der bloßen Vernunft (A=11793, B=21794)". In: *Immanuel Kant. Werke in zehn Bänden*. Hg. v. Wilhelm Weischedel. Bd. 7. *Schriften zur Ethik und Religionsphilosophie*. Zweiter Teil. Darmstadt 1968, S. 645–879.

„radikal Böse" nennt:[78] Das Böse ist in der Natur des Protagonisten angelegt, auch wenn er nicht zum Verbrecher geboren ist. Die Entscheidung liegt noch bei ihm selbst. Als Katalysator, die diesem Prinzip zum Durchbruch verhelfen, fungieren bei Schiller die Hexen – analog zur Schlange in Kants Interpretation des Sündenfalls. Dabei sah Schiller das Böse als „Actus der Freiheit" wohl schon bei Shakespeare angelegt, in dessen *Macbeth* „das Schicksal [...] weit weniger Schuld hat als der Mensch, daß er zu Grunde geht." (NA 29,15)[79]

## 5 Hybridität als Programm und Provokation

Schließlich ist in diesem Zusammenhang noch einmal auf das eingangs besprochene Hexenlied zurückzukommen. Die volkstümliche Form der Ballade, an sich eine Mischgattung *par excellence*, wird also in das shakespeareianisch-antikisierende Hybriddrama integriert. Der Einschub evoziert dabei sogar eine direkte Assoziation mit den numinosen, naturmagischen Balladen im Bürger-Stil. Dabei zeigt sich: Im *Macbeth* folgt Schiller seiner Forderung nach einer ‚Popularität in der Klassizität', die sich im Kontext der Bürger-Rezension bereits seit den 1790er Jahren paradigmatisch in der romantisierenden Vergil-Übersetzung und den Projektplänen einer *Fridericiade* manifestiert.[80] Nur kurze Zeit nach der Fertigstellung des *Macbeth* diskutieren Schiller und Goethe exakt diesen Problemkreis – wie erreicht man Popularität in der Klassik und wie verträgt sich poetischer Synkretismus mit den Weimarer Stilprinzipien – im Zusammenhang mit dem

---

**78** Kant: „Die Religion", S. 685. Manifestiert sich hier der ‚Pessimismus' des späten Schiller, der in *Etwas über die erste Menschengesellschaft* der kantischen Anthropologie noch eine optimistische Sicht entgegengestellt hatte? Hier hatte er „die Kantische ‚tragische Geschichtsschreibung' zu einer strukturell ‚komischen' (in Hayden Whites Systematik) korrigiert", denn so „sehr der bittere Verlust des ‚Stand[es] der Unschuld' betont wird (was im Essay *Über naive und sentimentalische Dichtung* wiederholt werden wird), so sehr ist der Weg aus dem ‚Paradies der Unwissenheit und Knechtschaft' in das ‚Paradies der Erkenntnis und der Freiheit' doch ein Triumphzug, keine einsame Wanderung durch Abgründe". Robert, Jörg: „Vormundschaft der Natur – Stand der Freiheit, Paradies und Sündenfall in Kants Aufsatz ‚Mutmaßlicher Anfang der Menschengeschichte' (1786)". In: *Religiöses Wissen im vormodernen Europa (800–1800). Transfers und Transformationen*. Hg. v. Annette Gerok-Reiter u. a. Paderborn [2017]. Ein „Triumphzug" ist der Weg des Dramenhelden, der – wie gezeigt – frei handelt, wahrlich nicht.
**79** Brief an Goethe vom 28.11.1796 im Kontext der *Wallenstein*-Diskussionen. Vgl. Borchmeyer, Dieter: *Macht und Melancholie. Schillers Wallenstein*. Frankfurt/Main 1988, S. 219–226.
**80** Vgl. dazu Robert, Jörg: „Klassizität in der Modernität. Schillers Antike(n) und der Beginn der Klassik". In: *Schiller im philosophischen Kontext*. Hg. v. Cordula Burtscher u. Markus Hien. Würzburg 2011, S. 165–180.

Entwurf des Helena-Aktes in *Faust II*.[81] Goethe hatte Skrupel die schöne, klassische Figur mit dem groben Fauststoff zu vermischen. Schillers Antwort zeugt von bemerkenswerter Entschiedenheit in dieser Frage: Goethe solle sich keinesfalls zurückhalten, „die schönen Gestalten und Situationen [...] zu verbarbarisiren" – gemeint ist die „Notwendigkeit einer reformierten bzw. bastardisierten und ‚zwitterartigen' Klassizität".[82] Schiller plädiert eindringlich für das „Barbarische der Behandlung", das „den höhern Gehalt nicht zerstören und das Schöne nicht aufheben" könne, sondern es vielmehr exponiere. Es sei dabei ein „sehr bedeutender Vortheil, von dem Reinen mit Bewußtsein ins Unreinere zu gehen, anstatt von dem Unreinen einen Aufschwung zum Reinen zu suchen".[83] Bald findet auch Goethe an der „Amalgamation" Gefallen.[84] Schiller spricht als Advokat des Barbarischen gewissermaßen aus poetischer Erfahrung, schließlich hat er das bastardisierende Experiment mit dem Schritt vom „Reinen" ins „Unreine" ja sowohl in der Vergil-Übersetzung, als auch aktuell im *Macbeth* selbst bereits durchgeführt: d. h. Reinigung Shakespeares im Sinne der Weimarer Stilprinzipien, also ‚Herstellung' eines antikisch überformten ‚barbarischen' Textes, Verunreinigung bzw. ‚Re-Barbarisierung' durch Bastardisierung, sprich Integration der Hexenszenen.[85] In den ersten Hexenauftritten dreht Schiller die Hybridisierungsschraube sogar noch weiter, indem die populären Elemente ihrerseits klassizistisch gebrochen werden: Diese Hexenszenen sind – das wird in der Ballade besonders evident – Chorszenen ganz im Sinne der Vorrede zur *Braut von Messina*. Hier, kurze Zeit nach dem *Macbeth*, wird Schiller die Idee präsentieren, dass die potenzielle Dignität von Shakespeares Dramen durch Hybridisierung, durch die Integration eines Chores, demonstriert werden könne:

> Der alte Chor in das französische Trauerspiel eingeführt, würde es in seiner ganzen Dürftigkeit darstellen und zunichte machen; eben derselbe würde ohne Zweifel Shakespears Tragödie erst ihre wahre Bedeutung geben. (NA 10, 14)

---

**81** Vgl. Goethe, Johann Wolfgang: *Sämtliche Werke. Münchner Ausgabe.* Bd. 8.1. *Briefwechsel zwischen Schiller und Goethe in den Jahren 1974 bis 1805.* 2 Bände. Hg. v. Manfred Beetz. München 1990, S. 813.
**82** Robert: „Klassizität", S. 177 im Zusammenhang mit der Vergil-Übersetzung. Vgl. auch Robert: *Vor der Klassik*, S. 17.
**83** Schillers Brief an Goethe vom 13.09.1800 in Goethe: *Sämtliche Werke*, Bd. 8.1, S. 813.
**84** Goethes Brief an Schiller vom 16.09.1800, ebd., S. 814.
**85** Derber und volkstümlicher als in den Eröffnungsszenen erscheinen die Hexen mit ihren Zaubersprüchen beim gräulichen Brauen am Kessel („Schlangen, der Sumpf genährt, / Kocht und zischt auf unserem Herd. / Froschzehn tun wir auch daran / Fledermaushaar, Hundezahn" [...] V. 1478 ff.) – hier distanziert sich Schiller kaum von Eschenburgs Vorlage.

Dieses poetische Denkexperiment hat Schiller also bereits in seiner Adaptation des *Scottish Play* praktisch umgesetzt; sie folgt einer Poetik pluraler Hybridisierung: Shakespeare wird nach den klassizistischen Prinzipien gereinigt, um erneut ‚verunreinigt' zu werden, eben gerade durch gattungsmischende Maßnahmen wie die Integration einer ‚volkstümlichen' Ballade, die ihrerseits jedoch wieder klassizistische Züge trägt. Hinsichtlich dieser experimentellen Strategien steht Schiller dem romantischen Programm zweifelsfrei näher, als oft behauptet wird: Von einem „‚antiromantischen' Affekt"[86] kann auch in den Bühnenbearbeitungen, die gerne apodiktisch als Manifestationen eines geradezu versteinerten Stilisierungswillen gesehen werden, nicht pauschal die Rede sein.

Sowohl von den vorliegenden ‚Lesefassungen' (Wieland/Eschenburg) als auch insbesondere von Bürgers Bühnenversion unterschied sich Schillers *Macbeth* also in signifikanter Weise. Eine Reaktion aus dem Jenaer Kreis folgte quasi zwangsläufig, der *Macbeth* musste hinsichtlich der eigenen Übersetzungsprojekte als Provokation aufgefasst werden. Man darf annehmen, dass Schiller das einkalkuliert hatte. Auch in seiner Spätphase „reimt sich bei Schiller [‚Classicität'] auf Eklat und Skandalon".[87]

Zu Wort meldete sich Friedrich Schleiermacher mit einer (anonym erschienenen) umfangreichen Rezension des Stücks,[88] zu der ihn offenbar A. W. Schlegel in mündlichen Gesprächen regelrecht angestachelt hatte.[89] Schleiermacher unterzieht die Schiller'sche Version einer akribischen philologischen Überprüfung, die einem Verriss gleichkommt. Dabei weist er Schillers Abhängigkeit von Eschenburg – aus der jener keinen Hehl gemacht hatte – ebenso nach wie daraus resultierende punktuelle Bedeutungsfehler und logische Inkonsequenzen.[90]

---

86 So z. B. Stockinger mit ausdrücklichem Hinweis auf den *Macbeth*. Stockinger, Claudia: *Das dramatische Werk Friedrich de La Motte Fouqués. Ein Beitrag zur Geschichte des romantischen Theaters*. Tübingen 2000, S. 253.
87 Robert: „Klassizität", S. 166. V. a. im Blick auf die Bürger-Rezension und *Die Götter Griechenlandes*.
88 Schleiermacher: „Rezension", S. 388. Die Rezension erschien in der von Gottlieb Ernst August Mehmel herausgegebenen Erlanger „Literatur-Zeitung" am 30./31. Juli 1801, also drei Monate nach der Veröffentlichung bei Cotta.
89 An Henriette Hertz schreibt Schleiermacher am 17. Mai 1801: „Drittens ist Schiller's Macbeth da, von dem Schlegel wunderliche Dinge erzählt, so daß es mich grausam in den Fingern juckt ihn zu recensiren". Zitiert nach Meckenstock, Günther: „Historische Einführung". In: Schleiermacher: *Schriften aus der Berliner Zeit 1800–1802*, S. CVIII.
90 Die Notwendigkeit der Streichung von bestimmten Passagen und Figuren (z. B. des englischen Arztes), die auf das moderne Theaterpublikum befremdlich wirken müssten, gesteht er zwar zu, empfindet aber die Abweichungen vom Original – aus dem fortlaufend zur Verifizierung der ‚Übersetzungsfehler' zitiert wird – zu gravierend. Hinsichtlich der Streichung der Figur des

Schleiermacher stößt sich auch an der Eliminierung der Pförtner-Szene und des Massakers an der Familie des Macduff,[91] vor allem jedoch an der Umgestaltung der Hexen zu „moralisieren[den] [...] Priesterinnen der wieder eingesetzten obersten dramatischen Gottheit".[92] Hier manifestiere sich Schillers mangelndes Verständnis für Shakespeare in eklatanter Weise, die Abstraktion zu stilisierten „Schicksalsschwestern" zerstöre die Historizität dieser Figuren, die dem Drama adäquates Zeitkolorit verliehen. Die originalgetreue Nachbildung der Hexenszenen, an der Schiller gescheitert sei, betrachtet Schleiermacher daher als eine zentrale Aufgabe eines künftigen Übersetzers: Kunstfiguren „wie die Schillerschen, kann man sich [...] zu keiner Zeit gedacht haben."[93] Bürgers Fassung, die Schleiermacher gelegentlich vergleichend heranzieht, stellt jedoch keineswegs ein lobenswertes Gegenmodell dar, sondern wird mit gleicher Schärfe verurteilt.[94] Schleiermachers Fazit zu Schillers Fassung: Die zahlreichen nachgewiesenen sprachlich-stilistischen Unachtsamkeiten, metrischen und logischen Fehler sowie dramaturgische Missgriffe geben „eine rechte Vorstellung davon [...], was es sagen will, den Macbeth einzurichten oder auch zu übersetzen."[95] Um es auf den Punkt zu bringen: Schillers *Macbeth* ist in den Augen des Rezensenten das Werk eines schlampig arbeitenden Dilettanten, der zum einen von einer Vorlage abschreibt – da er der Ausgangssprache nicht mächtig ist – zum anderen der Hybris verfallen ist, eigenständige, fast durchgehend misslungene Änderungen an einem Shakespeare-Text vorzunehmen. Die Nähe der Schiller'schen

---

Angus stellt Schleiermacher (durchaus zu Recht fest): „[...] Jene angefangene und nicht durchgeführte Hinwegschaffung des Angus hat nun, leider ohne etwas zu helfen, mancherley kleine Verwirrung veranlaßt, indem Lenox nun oft den Angus spricht, und Roße bisweilen den Lenox, und auf diese Vertauschungen nicht immer die gehörige Rücksicht genommen worden ist." Es folgt über Szenen hinweg der minutiöse Nachweis der daraus resultierenden Inkonsequenzen (Schleiermacher: „Rezension", S. 382). Auch im „7then Auftr. Des 4ten Aufzugs kommt noch eine Personenvertauschung vor, von der sich gar kein Grund angeben läßt, wenn es nicht ein fortgesetzter Druckfehler ist, oder ein bloßes Verwechseln der ähnlichen Zeichen Madc. und Malc. zum Grunde liegt." (ebd., S. 383) Dadurch käme es zu einer „störende[n] Unverständlichkeit" (ebd.). Zahlreiche weitere Beispiele dieser Art folgen.
91 Dies seien „Veränderungen, welche in keiner Beschaffenheit irgendeiner Bühne gegründet seyn können, sondern nur in Begriffen des Künstlers, der dem fremden Werk von dem seinigen leiht, und dadurch die ganze Natur desselben afficirt" (ebd., S. 387).
92 Ebd., S. 388.
93 Ebd.
94 Eindeutig zieht Schleiermacher die Schiller'sche Fassung jedoch Bürgers Version vor, an der er u. a. die „kindische Ueberhäufung mit Zauberscenen" und die „Höllenfahrt" ins Lächerliche zieht (ebd., S. 379).
95 Ebd., S. 398.

Adaptationsprinzipien zu den Kernideen der romantischen Poetik hat Schleiermacher nicht erkannt oder nicht erkennen wollen. Das von ihm propagierte übersetzungstheoretische Gegenprogramm ist augenscheinlich das seit 1797 voranschreitende große Schlegel'sche Übersetzungsunternehmen von Shakespeares Werken.[96] Entsprechend nahm man im frühromantischen Freundeskreis die Rezension mit „viel Freude" auf,[97] auch wenn man sie insgesamt als „zu wenig pikant" empfand.[98] Caroline hatte bereits in dem oben genannten Brief darüber lamentiert, dass Schlegel sein Projekt mit den falschen Stücken begonnen hatte. Er hätte „so nach der Schnur weg Macbeth, Othello, Lear" gewissermaßen besetzen sollen und nun wenigstens dem *Macbeth* des verhassten Schiller „durchaus im nächsten Theil mit der ächten Übersetzung hinter drein kommen. Er verdient es reichlich".[99] Bekanntlich besorgte erst Dorothea Tieck diesen Part des Großprojekts.

Die Schiller'sche Version verdrängte nach ihrer Premiere am 14. Mai 1800 und einer Überarbeitung ab 1804 Bürgers Version bald von den deutschen Bühnen, auch wenn die Kritik aus dem Romantiker-Kreis nicht verstummte: „Nur wenig Englisch weiß ich zwar, und Shakespeare ist mir gar nicht klar", spottete A. W. Schlegel noch Jahre später.[100] Dabei machten die bühnenfernen Jenenser den grundsätzlichen Bewertungsfehler, dass sie Schiller ständig als Übersetzer kritisierten – viele haben diese Kritik in der Folgezeit rekapituliert.[101] Dass hinter den Transformationen und der Entfernung vom ‚Original' eine progressive Programmatik stand, die den frühromantischen Dichtungsprinzipien sehr nahe stand, wurde dabei nicht bemerkt. Dagegen waren gerade die Bühnenpraktiker auf Schillers Seite. „Wortgetreu übersetzt" könne man Shakespeare einfach nicht auf dem Theater präsentieren, meinte der Schauspieler und Theaterdirektor Friedrich Ludwig Schmidt nach dem Besuch einer Berliner Aufführung des *Hamlet*

---

96 Schlegel selbst übertrug 17 Dramen; 1810 brach er das Unternehmen ab. Ein Übersetzungsteam um Tieck vervollständigte die Ausgabe. Zweifelsohne ist die Schlegel-Tieck'sche Übsetzung bis heute die wirkmächtigste deutsche Adaptation der Shakespeare-Dramen.
97 A. W. Schlegel an Schleiermacher am 07.09.1801. Schlegel lobt Schleiermachers philologische Präzision. Die Kritik sei intelligent versteckt, so dass sie nur von Schiller selbst und ‚Insidern' wirklich verstanden werden könne. Meckenstock: „Historische Einführung", S. CIX.
98 Das vermutet Schleiermacher in seinem Antwortschreiben an Schlegel vom 17. September 1801. Meckenstock: „Historische Einführung", S. CIX.
99 Schelling: *Briefe aus der Frühromantik*, S. 150–155 u. S. 617–618 (Kommentar), Zitat S. 152.
100 Zit. n. Alt, Peter-André: *Schiller. Leben – Werk – Zeit*, S. 487.
101 Tycho Mommsen empfand die Schiller-Version beispielsweise als eine „Misshandlung" des Shakespeare'schen Dramas und erachtete Coleridges bekannte Wallenstein-Übertragung als gerechte „Rache". Vgl. die Zusammenstellung in Köster, Albert: *Schiller als Dramaturg. Beiträge zur deutschen Literaturgeschichte des achtzehnten Jahrhunderts*. Berlin 1891, S. 124.

nach Schlegels Übersetzung (1803).[102] Dass auf vielen deutschen Bühnen später Bürgers Hexenszenen in die Bearbeitung Schillers mit der Musik Reichardts einfügt wurden, bei der die Oberhexe von einem Tenorbuffo gesungen wurde, musste keiner der beiden mehr erleben.[103]

---

**102** Ebd.
**103** Zur Bühnenmusik des Weimarer *Macbeth* vgl. die zahlreichen Beiträge von Beate Agnes Schmidt. Zuletzt „Nordische Hexen im antiken Gewand. Reichardts Musik zu Shakespeares ‚Macbeth' im Experimentierfeld der Weimarer Bühnenästhetik". In: *Übertönte Geschichten. Musikkultur in Weimar.* Hg. v. Hellmut Th. Seemann u. Thorsten Valk. Göttingen 2011 (Jahrbuch der Klassik Stiftung Weimar), S. 67–89.

Ellen Strittmatter
# Schillers Porträts – eine europäische Bildsprache?
## Ein Blick in die Marbacher Bestände

Wenn Thomas Mann in seiner novellistischen, anlässlich des Schillerjahres 1905 für den *Simplicissimus* (München, Jg. 10, 6. September 1905) verfassten Studie *Schwere Stunde* das Bild Friedrich Schillers entwirft, freilich ohne diesen beim Namen zu nennen, so versammelt er darin eine Vielzahl jener Attribute, die die Vorstellung vom Genius des Nationaldichters bis heute prägen: Zu später Stunde ringt der vom Katarrh gezeichnete Dichter in seiner kargen Schreibkammer um das Gelingen des dichterischen Werkes. Zwischen Feuereifer und nächtlicher Kälte, Genie und Wahnsinn, Egozentrik und Selbstzweifeln gelingen ihm die Verse erst im allerletzten Moment – und werden dabei, wie erst aus den letzten Zeilen hervorgeht, zum großen Wurf. Der Einblick in das Geschehen in der Dichterstube und die Mühen des Schreibens speisen sich aus der Imago vom genialisch-leidenden Dichter, vor allem aber auch aus der Referenz auf die Schillerbildnisse, die im 18. und 19. Jahrhundert weite Verbreitung genossen. Manns detaillierte Schilderung der Dichterphysiognomie lässt sich in zentralen Passagen als Ekphrasis des bekannten und einen eigenen Bildtypus prägenden Gemäldes von Anton Graff lesen:

> Sein weißer Hals ragte lang aus der Binde hervor, und zwischen den Schößen des Schlafrocks sah man seine nach innen gekrümmten Beine. Sein rotes Haar war aus der hohen und zarten Stirn zurückgestrichen, ließ blaß geäderte Buchten über den Schläfen frei und bedeckte die Ohren in dünnen Locken. An der Wurzel der großen, gebogenen Nase, die unvermittelt in eine weißliche Spitze endete, traten die starken Brauen, dunkler als das Haupthaar, nahe zusammen, was dem Blick der tiefliegenden, wunden Augen etwas tragisch Schauendes gab. Gezwungen, durch den Mund zu atmen, öffnete er die dünnen Lippen, und seine Wangen, sommersprossig und von Stubenluft fahl, erschlafften und fielen ein ...[1]

---

[1] Mann, Thomas: „Schwere Stunde". In: *Das Wunderkind. Novellen.* Berlin 1914, S. 27–43, Zitat S. 32 f.

DOI 10.1515/9783110433951-012

**Abb. 1:** Friedrich Schiller, 1794–1795. Pastell von Dorothea Stock (Vorlage von Anton Graff).
(DLA Marbach)

Auch der „Wille zum Schweren", der den Dichter in Manns Ausführungen dazu bewegt, „das Gesicht in die Hände sinken" zu lassen, der nach innen sich kehrende Blick, die „fliegende Röte [...] in seine[n] hageren Wangen [...], eine Lohe, emporgeschlagen aus der Glut seines Künstleregoismus, jener Leidenschaft für sein Ich, die unauslöschlich in seiner Tiefe brannte" und nicht zuletzt die Erwähnung der Tabakdose, an der er „gierig" schnupft, um im nächsten Augenblick über „Größe! Außerordentlichkeit! Welteroberung und Unsterblichkeit des Namens!"[2] zu reflektieren – sie alle referieren allzu deutlich auf den *gestus melancholicus* des Graff'schen Schillerporträts und dessen Rezeptionen (Abb. 1).[3] Doch nicht

---

2 Ebd., S. 38–42.
3 Die Marbacher Version des Schiller-Porträts nach Graff stammt von Dora Stock (1794/1795).

nur die physiognomischen Details des imaginierten Schriftstellers entsprechen seinen real existierenden Bildnissen, auch die Tatsache, dass die Studie Manns den reflektierenden, nicht aber den schreibenden Dichter ins Bild setzt, korrespondiert mit dem Bilddiskurs zu Schiller. Im Folgenden ist zu zeigen, dass sich Schiller bewusst gegen die klassische Ikonografie des *Gelehrten im Gehäus* entschied, gegen eine Darstellung also von Dichterstube und -schreibwerkzeug, und stattdessen sein Gesicht, beziehungsweise seinen Kopf als Sitz des Denkens, ins Licht gerückt wünschte. Im Stil der Gelehrtenporträts ließ er sich als sinnierenden, als intellektuell und künstlerisch tätigen Geist inszenieren. Momente dichterischer Selbstbezüglichkeit lassen sich bei Schiller nicht in den Räumlichkeiten des Studierzimmers finden, sondern in Mimik, Körperhaltung und wenigen, symbolisch aufgeladenen und im Rahmen bekannter Dichterikonografien eher ungewöhnlichen Bilddetails oder -arrangements, die mit ästhetisch-poetologischen Implikationen korrespondieren. In diesem Kontext kommt dem europäischen Diskurs eine nicht unbedeutende Rolle zu. Gerade bei den bekannten, stilbildenden Schiller-Darstellungen sollen hier deshalb die Verbindungslinien in den europäischen Raum mitgedacht werden – sei es in Fragen der Herkunft von Kompositionen, bestimmter ikonografischer Details oder im Kontext der Rezeption.

## 1 Europäische Dichterverehrung in Denkmal und Porträt

In der bürgerlichen Kultur der zweiten Hälfte des 18. Jahrhunderts, die einen grundlegenden Wandel im Gefüge des Literatursystems mit sich bringt und das Verhältnis von Autor und Publikum maßgeblich verändert, sind Dichterkult und -verehrung stark an eine Öffentlichkeit und damit an die Formen der Selbstinszenierung und -theatralisierung der Dichter gebunden: „Dichter arbeiten an ihrer Verehrbarkeit".[4] Sie entwerfen ein öffentliches Erscheinungsbild, eine Dichterimago, die das Werk begleitet und authentifiziert, legitimiert und autorisiert.[5] Das öffentliche Bild des Autors, den spezifischen sozialen, ökonomischen und

---

4 Braungart, Wolfgang: „Verehrung, Kult, Distanz. Notizen zur Einführung". In: *Verehrung, Kult, Distanz. Vom Umgang mit dem Dichter im 19. Jahrhundert*. Hg. v. dems. Tübingen 2004, S. 1–10, Zitat S. 5.
5 Zur Geschichte des Gelehrtenporträts vgl. Diers, Michael: „Der Autor ist im Bilde. Idee, Form und Geschichte des Dichter- und Gelehrtenporträts". In: JbDSG 51 (2007), S. 551–586; Kapfhammer, Gerald, Wolf-Dietrich Löhr u. Barbara Nitsche (Hg.): *Autorbilder. Zur Medialität literarischer Kommunikation in Mittelalter und Früher Neuzeit*. Münster 2007 (Kunsthistorische Studien 2);

künstlerischen Bedingungen des Kulturbetriebs verpflichtet, bleibt dabei vor allem auf das literarische Werk und dessen ästhetisch-poetologische Implikationen bezogen. Das spezifische Dichterbild verweist entsprechend sowohl auf den realen, empirischen Autor als auch auf die Autorfiktion seines literarischen Textes. Getragen von einer kulturellen Imagologie, die über das Formenrepertoire ihrer Darstellung verfügt, referiert sie in diesem Zusammenhang auf die Geschichte der Dichterverehrung und reflektiert dabei ihre jeweils spezifischen medialen Bedingungen. Das konkrete Dichterbild ist also an ein mentales gebunden, an dem Autor, Künstler und Publikum mitwirken; in jedem Fall ist es eine ästhetische, zwischen Selbstmystifikation (Selbstinszenierung) und Legendenbildung (Fremdinszenierung) changierende Konstruktion.

Vor diesem Hintergrund beschäftigt sich auch die Forschung in den letzten Jahren verstärkt mit den Erscheinungsformen schriftstellerischer Selbstinszenierung. Im Anschluss an das Habitus-Konzept von Pierre Bourdieu und im Rückgriff auf den Paratext-Begriff von Gérard Genette werden diese nicht selten als textuelle, paratextuelle und habituelle Techniken und Aktivitäten diskutiert, die der „Markierung und [dem] Sichtbar-Machen einer sich abgrenzenden, wiedererkennbaren Position innerhalb des literarischen Feldes [dienen]".[6] Im Fokus einschlägiger Arbeiten zur schriftstellerischen Selbstinszenierung stehen dabei vor allem die Fragen der Autorschaftskonzepte[7] und ihrer Medialisierungen.[8]

---

Belting, Hans: *Faces. Eine Geschichte des Gesichts.* München 2013; Schnack, Ingeborg: *Beiträge zur Geschichte des Gelehrtenporträts.* Hamburg 1935.

6 Hier systematisierend und epochenübergreifend: Jürgensen, Christoph u. Gerhard Kaiser (Hg.): *Schriftstellerische Inszenierungspraktiken – Typologie und Geschichte.* Heidelberg 2011 (Beihefte zum Euphorion 62), Zitat S. 10; zu begrifflichen Grundlagen vgl. Genette, Gérard: *Paratexte. Das Buch vom Beiwerk des Buches.* Frankfurt/Main 2001 [frz. Ausgabe: *Seuils.* Paris 1987]; Bourdieu, Pierre: *Die Regeln der Kunst. Genese und Struktur des literarischen Feldes,* übers. v. Bernd Schwibs u. Achim Russer, Frankfurt/Main 1999. Vgl. hierzu auch Dembeck, Till: *Texte rahmen. Grenzregionen literarischer Werke im 18. Jahrhundert,* Berlin, New York 2007; Ders. u. a.: „Epitexte". In: *Handbuch Medien der Literatur.* Hg. v. Natalie Binczek, Till Dembeck u. Jörgen Schäfer. Berlin, Boston 2013, S. 518–535; Kreimeier, Klaus u. Georg Stanitzek (Hg.): *Paratexte in Literatur, Film, Fernsehen.* Berlin 2004.

7 Detering, Heinrich (Hg.): *Autorschaft. Positionen und Revisionen.* Stuttgart, Weimar 2002; Meier, Christel u. Martina Wagner-Egelhaaf: *Autorschaft. Ikonen – Stile – Institutionen.* Berlin 2011; literarisch auch Genazino, Wilhelm: *Das Bild des Autors ist der Roman des Lesers.* Münster 1994; Kuitert, Lisa: „The Author's Image. Nineteenth-Century Conventions and Techniques in Author Portraits". In: *Quaerendo* 37 (2007) H. 3, S. 212–225.

8 Künzel, Christine u. Jörg Schönert (Hg.): *Autorinszenierungen. Autorschaft und literarisches Werk im Kontext der Medien.* Würzburg 2007; Kyora, Sabine: „Subjektform ›Autor‹? Einleitende Überlegungen". In: *Subjektform Autor. Autorschaftsinszenierungen als Praktiken der Subjektivierung.* Hg. v. ders. Bielefeld 2014, S. 11–20; Gisi, Lucas Marco, Urs Meyer u. Reto Sorg (Hg.): *Medien*

Im Rahmen des an sich schon äußerst umfangreichen Künstler- und Geniekults, den das 18. Jahrhundert betreibt und den das 19. Jahrhundert noch ausbauen wird, stellt Schillers Positionierung im literarischen Feld und vor allem der Bilddiskurs eine Besonderheit dar. Klaus Fahrner, ein Kenner des Schiller'schen Bilderkosmos, hat unlängst festgestellt, dass sich bei „näherer, durchaus auch quantifizierender Betrachtung ergibt [...], daß dem Schiller-Diskurs an Umfang, thematischer Differenzierung, geschichtlicher Ausdehnung und Stetigkeit kein zweiter gleichkommt".[9] Auch das Urteil von Gertrud Fiege ist eindeutig: „Es gibt wohl keine andere Persönlichkeit im 19. Jahrhundert, zumindest in Deutschland, die eine so langdauernde, auf viele Bereiche des Lebens sich erstreckende Verehrung genoß wie Schiller. Spiegel dieser Verehrung ist die unvergleichliche Anzahl der Bilder, mit denen man ihm ein Denkmal setzte und mit denen man zugleich breiteste Volksschichten in letztlich pädagogischer Absicht ansprach".[10] Schon in der großen Schiller-Bibliografie von 1859 nennt Wurzbach von Tannenberg allein 21 Künstler und 53 Kupferstecher und Lithographen, die Schiller porträtierten. Von Vollständigkeit, so wurde aber gezeigt,[11] kann selbst bis zu diesem Datum keine Rede sein. Die Marbacher Schiller-Sammlung umfasst heute etwa 4000 bildliche Objekte zu Schiller und seinen Familienangehörigen, darunter unter anderem 60 Gemälde und Miniaturen, 80 Skulpturen und Reliefs, 400 Medaillen und 1600 Graphiken. Von den institutionellen Anfängen an war man in Marbach darauf bedacht, eine Porträtgalerie der schwäbischen Dichter zusammenzustellen. So finden sich in den Museen und Magazinen neben den Originalbildnissen und Denkmünzen der großen Schillerfeiern auch Kupferstiche, Stahlstiche, Radierungen, Gravüren und Lithografien, die nach den Originalbildnissen entstanden. „Für das Studium von Schillers äußerer Erscheinung", so hat Otto Güntter betont, „steht in Marbach eine Fülle von Bildnissen zur Verfügung, wie sich in dieser Vollständigkeit an keiner anderen Stätte vereinigt finden".[12]

Diese äußere Erscheinung des Dichters, die Bildsprache seiner gerade auch in Marbach aufbewahrten Porträts ist in ihrem Ursprung insofern bereits im europäischen Raum verankert, als die entscheidenden Entwicklungen zu Formensprache und -reflexion vor allem aus Frankreich, England und Italien kommen. Rolf Selbmann hat sich in seinen umfassenden Studien zur deutschen Dichterver-

---

*der Autorschaft. Formen literarischer (Selbst-)Inszenierung von Brief und Tagebuch bis Fotografie und Interview.* München, Paderborn 2013; Diers: „Der Autor ist im Bilde", S. 551–586.
9 Fahrner, Klaus: *Der Bilddiskurs zu Friedrich Schiller.* Stuttgart 2000, S. 21.
10 Fiege, Gertrud: „Bildnisse Schillers im Schiller-Nationalmuseum". In: JbDSG 11 (1967), S. 673.
11 Fahrner: *Der Bilddiskurs,* S. 44 f.
12 Güntter, Otto: *Das Schiller-Nationalmuseum in Marbach.* Stuttgart 1925, S. 101.

ehrung auf Form und Funktion des Dichterdenkmals konzentriert und dabei auch dessen italienische, englische und französische Ursprünge rekonstruiert.[13] Die bürgerliche Denkmalidee des 18. Jahrhunderts, so zeigt er, konnte sich vor allem auf die in Italien aufgestellten öffentlichen Denkmäler der *uomini famosi* berufen. Die Dichterhuldigung italienischen und damit der antiken Tradition verpflichteten Stils, wie sie vor allem Vergil, Petrarca oder Dante zuteil wurde, fand nördlich der Alpen in der Dichterkrönung zum *poeta laureatus* ihre Übersetzung.[14] Von England aus nimmt die Renaissance des Dichterdenkmals ihren Ausgang. Hier wird die Tradition des altrömischen Pantheongedankens, der eine Ehrung von Dichtern und Gelehrten, Musikern und Schauspielern an angemessenem Ort vorsah, in die Ideen des schwärmerischen Freundschaftskults wie in Landschafts- und Gartenkult integriert. Zentrale Orte des Englischen Gartens, der „Ausdruck eines aufgeklärten, empfindsamen und von starren Regeln [des Barock französischer Prägung] befreiten Landschafts- und Lebensgenusses" ist, sind die landschaftsbezogenen Dichterdenkmäler. Hier werden vor allem Dichter aufgeklärter, jenseits der Regelpoetik entstandener Literatur geehrt. Das Konzept des landschaftsbezogenen Dichterdenkmals wird auf dem europäischen Kontinent übernommen; nicht nur die französischen Adaptionen (wie beispielweises das Rousseau-Denkmal in Ermenonville) sind „Keimzelle einer ganzen Serie von Denkmälern",[15] auch in Deutschland entstehen vergleichbare Anlagen (wie etwa die Rousseau-Insel in Wörlitz oder das Gellert-Denkmal in Leipzig). Unter Aussparung der Figur des Gelehrten und in Anlehnung an Grabmalsformen werden vor allem Gedenksteine, Pyramiden, Säulenstümpfe und Urnen in die nach englischem Vorbild entstehenden Gartenanlagen integriert. Die Bildsprache der landschaftsbezogenen Dichterdenkmäler wird seit dem Beginn des 18. Jahrhunderts schließlich auch für Frontispize und Titelkupfer verwendet und damit in graphische Formate überführt.

In einem Moment, in dem vermehrt auch Büsten und Standbilder in das Arrangement der Dichterdenkmäler integriert werden und die Person des Dich-

---

13 Selbmann, Rolf: *Dichterdenkmäler in Deutschland. Literaturgeschichte in Erz und Stein.* Stuttgart 1988. Zum Dichterdenkmal im 19. Jahrhundert vgl. Raabe, Paul: „Lorbeerkranz und Denkmal. Wandlungen der Dichterhuldigung in Deutschland". In: *Festschrift für Klaus Ziegler.* Hg. v. Eckehard Catholy u. Winfried Hellmann. Tübingen 1968, S. 411–426; Raabe, Paul: „Dichterverehrung im 19. Jahrhundert". In: *Bildende Kunst und Literatur. Beiträge zum Problem ihrer Wechselbeziehungen im neunzehnten Jahrhundert.* Hg. v. Wolfdietrich Rasch. Frankfurt/Main 1970, S. 79–101.
14 Zur Ablösung des privaten Grabmals zum öffentlichen Denkmal vgl. Selbmann: *Dichterdenkmäler in Deutschland*, S. 3.
15 Ebd., S. 8.

ters wie das Figürliche in den Vordergrund rücken, kommt dem Porträtverständnis eine wesentliche Rolle zu. Roland Kanz hat gezeigt, dass sich dieses, seit der Renaissance an Ausdruckslehren gekoppelt und von „Axiomen wie Ähnlichkeit und Körper-Seele-Relation[en]" geprägt, im Zuge der Aufklärung deutlich zugunsten von „psychologischer und anthropologischer Erkenntniserweiterung" verschiebt: „Formverständnis, Funktionalität und Gattungskonnotationen des Porträts erfahren über die ‚Sattelzeit' (ca. 1750–1800) hinweg einen tiefgreifenden Wandel, der die Psychologie einer introspektiven Bildbeschauung zur Moderne hin aufschließt."[16] Die Problematiken der Darstellbarkeit der individuellen Psyche, der Leben und Werk eines Autors gleichzeitig spiegelnden Seelenhaftigkeit, sowie des Verhältnisses von Ähnlichkeit und Idealisierung werden vor allem in der französischen Porträttheorie und -praxis verhandelt.[17] Ab der Mitte des 18. Jahrhunderts finden schließlich die englischsprachigen Autoren und Künstler Beachtung, allen voran William Hogarth mit seinem theoretischen Werk *Analysis of Beauty*.[18] Die intellektuelle Reichweite seiner Theorie, seine emblematisch aufgeladenen Bilderfindungen und der Versuch, in der Physiognomie des Dargestellten auch dessen Lebensgeschichte lesbar zu machen, haben großen Einfluss auf die Porträtmalerei und ihre Reflexion in Deutschland.[19] Die Auseinandersetzung mit der Lessing'schen *ut-pictura-poesis*-Problematik und die Überlegungen zum *fruchtbaren Moment* nehmen hier ihren Ausgang. Sie messen rezeptionsästhetischen Gesichtspunkten große Aufmerksamkeit bei, appellieren unmittelbar an die Einbildungskraft des Betrachters. Wenn Christian Ludwig von Hagedorn, wie Lessing ein früher Rezipient von Hogarth, in seinen *Betrachtungen über die Mahlerey* (1762) den Vorrang der „Aehnlichkeit des Wesens und [den] Ausdruck des Temperaments" gegenüber einer „blosse[n] Aehnlichkeit der Gesichtszüge" betont und darüber hinaus der Kunst von Bildanordnung und -wirkung eine große Rolle zuspricht, so sind auch wesentliche Voraussetzungen genannt, die für die Bildnisse Schillers und darüber hinaus für dessen ästhetische und philosophische Schriften wirksam werden:

---

16 Kanz, Roland: *Dichter und Denker im Porträt. Spurengänge zur deutschen Porträtkultur des 18. Jahrhunderts*. München 1993, S. 59.
17 Ebd., S. 59 f. Kanz weist darauf hin, dass unter anderem die aristokratische Porträtmode, ein vestimentäres, decodierbares Zeichensystem, mit den „ausländischen, vorwiegend französisch geschulten Hofkünstlern Einzug [an deutschen Residenzen hält], etwa mit Antoine Pesne in Berlin, Louis de Sylvestre in Dresden, Georg Desmarées in München oder Martin van Meytens in Wien." (S. 68) Pesne und Desmarées sind dann auch dezidierte Vorbilder für Schillers Porträtisten Anton Graff.
18 Ebd., S. 78–90.
19 Ebd.

Die ganze Maschine des Gemähldes ist bestimmt, und alle Theile derselben sind geschäftig, eine einzige Haupthandlung zu erheben [...]. Wer die Kunst besitzet, eben so glücklich zu verhüllen, als zu zeigen, wird in der Anordnung überhaupt das Feine erreichen [...]. Unser Auge will zwar das Ganze ohne Mühe, aber nicht zu leicht übersehen: es will in den Theilen allemahl nach etwas forschen, mit Aehnlichkeit zu entdecken, und bald für den Verstand, bald für die Einbildungskraft, zu errathen übrig haben.[20]

Ähnlich formuliert 1775 auch Christian Cay Lorenz Hirschfeld in seiner Rede *Von der moralischen Einwirkung der bildenden Künste,* dass ein Künstler nicht nur Gestalt und Gesichtsbildung, Charakter des Geistes, Herz und Temperament der abgebildeten Person einzufangen habe, sondern „seine Personen in eine merkwürdige Situation, Beschäftigung und Stellung versetzen, sie in einer ihrer verdienstvollen Handlungen vorstellen" solle.[21] Durch ihre Wirkung auf den Betrachter erhalten die Bildkünste damit eine sittliche, eine moralische Aufgabe. Das Ähnlichkeitspostulat wird mit Stilisierungen aufgewogen.[22]

Die italienische, beziehungsweise römische und venezianische Bildsprache gelangt schließlich über Raphael Mengs und die Schriften Johann Joachim Winckelmanns in den Fokus der Aufmerksamkeit. Diese orientiert sich stärker am antikischen Geschmack und favorisiert die Einfachheit der heroischen Darstellung: „Natürlichkeit steht [bei Mengs] gegen Attitüde, Haltung gegen Pose, Offenheit gegen Maske."[23] Die Porträts, die Angelika Kauffmann oder Raphael Mengs von Winckelmann anfertigen, setzen sich mit diesen Vorgaben auseinander – und lassen sich ihrerseits als unmittelbare Vorbilder für die Bildnisse Schillers sehen.

Betrachtet man die Bildsprache seiner Porträts in ihrer zeitlichen Abfolge, wie dies in der Dauerausstellung im Schiller-Nationalmuseum Marbach seit 2009 möglich ist,[24] so lässt sich der Eindruck gewinnen, dass Schiller eine gewisse Experimentierfreude und Unermüdlichkeit an den Tag legte, sich in Auseinandersetzung mit den unterschiedlichen europäischen Einflüssen ins Bild setzen zu lassen. Während die frühen Bildnisse in französischen und englischen Porträttraditionen stehen, spielen für die späteren die italienischen, an der Antike geschulten Formvorstellungen eine Rolle.

---

20 Hagedorn, Christian Ludwig von: *Betrachtungen über die Mahlerey.* Bd. 1. Leipzig 1762, S. 276.
21 Hirschfeld, Christian Cay Lorenz: *Von der moralischen Einwirkung der bildenden Künste.* Leipzig 1775, S. 40.
22 Vgl. Kanz: *Dichter und Denker im Porträt,* S. 88–89.
23 Ebd., S. 90.
24 Vgl. hierzu Gfrereis, Heike u. Ulrich Raulff (Hg.): *Unterm Parnass. Das Schiller-Nationalmuseum.* Marbach 2009 (Marbacher Katalog 63).

Der Bilddiskurs zu Schiller wird im 18. Jahrhundert nicht nur durch die europäische Denkmalkultur und Porträttheorie wie -praxis bestimmt, sondern auch durch den generellen Umgang mit den Bildmedien. Mit der Druckgrafik der französischen Revolutionszeit werden, wie von Klaus Fahrner detail- und kenntnisreich beschrieben, ganz neue Möglichkeiten geschaffen, Bilder zu generieren und zu verbreiten. Der Umgang mit ikonografischen Potenzialen ändert sich grundlegend. Eine „durchschlagende Sekularisierung" führt zum Verlust von eindeutigen Attributen und damit zur Minderung der Verweisungskraft des Zeichens.[25] Werner Busch hat diesen Prozess als „Ende der Ikonografie"[26] beschrieben und gezeigt, dass in besagtem Zeitraum die semantische Verbindung von Zeichen und Bedeutung aufgebrochen, „das Zeichen [...] individuell-willkürlich verfügbar und aktivierbar [wird] und [...] dadurch seine Gültigkeit [verliert]".[27] Die neugewonnene Verfügbarkeit der Zeichen, die Freisetzung überlieferter Bildpotenziale macht die Bilder zunehmend interessant für politische Diskurse. Je nach politischer Aktualität können sie neu kontextualisiert werden. Bilder und Texte zirkulieren, wie die französische Druckgrafik dieser Zeit zeigt, fortan in der öffentlichen Aufmerksamkeit. Sie bekommen eine Schlüsselrolle als propagandistisches Instrument und steuern die kollektive Wissens- und Meinungsbildung.

Darüber hinaus ist die Französische Revolution die Zeit der bürgerlichen Helden. Anstelle von katholischen Heiligen werden nun Künstler und Gelehrte verehrt und zu Vätern der Revolution stilisiert – dies geschieht in maßgeblichem Umfang bildgestützt. Rousseau und Voltaire werden beispielsweise auch deshalb zu Gründergestalten der Revolution, zu nationalen Genien glorifiziert,[28] weil der ikonografische Apparat, der zuvor nur für Herrschergestalten verwendet wurde, nun zum Einsatz kommt. Paradigmatisch für diesen personalisierten Bilddiskurs ist die Rousseau-Ikonografie; sie verbindet den Theoretiker des romantisch-empfindsamen Naturideals und Vordenker revolutionärer Programmatik.[29]

Zwei Tendenzen – neue Strategien zur Auslotung bildlicher Argumentationen sowie das Bedürfnis, Dichter und Denker zu heroisieren – führen dazu, dass die Quantität der Abbilder prominenter Persönlichkeiten enorm steigt. Bis 1789 wurden abgesehen von Herrscher-Porträts nur sporadisch Bildnisse französi-

---

25 Fahrner: *Der Bilddiskurs*, S. 28.
26 Busch, Werner: *Die notwendige Arabeske. Wirklichkeitsaneignung und Stilisierung in der deutschen Kunst des 19. Jahrhunderts*. Berlin 1985, S. 13.
27 Ebd., S. 37.
28 Fahrner: *Der Bilddiskurs*, S. 30.
29 Ebd., S. 34

scher Berühmtheiten verbreitet. Mit der Revolution setzt die politisch wirksame Bildproduktion dann schubartig ein.[30]

In diesem Kontext werden auch von deutschen Verlegern und Druckern vermehrt Porträtserien, Revolutionsalmanache und Einzelblätter mit Berühmtheiten gedruckt – und verdiente Geistesgrößen national geehrt.[31] Klaus Fahrner hat gezeigt, dass Bildnisvorstellungen besonders effektiv werden, wo derselbe Prototyp unter multiplen Sinnbezügen immer neu aktiviert wird. Er gewinnt vermehrt einen stereotypen Status.[32]

Neben der Druckgrafik kommt es auch im Bereich der Skulptur zu neuen Möglichkeiten der Verbreitung von Bildvorstellungen. Über die Gipsabgüsse Houdons gelangt ein Material in die Hände der Künstler, das Reproduktionen enorm begünstigt. Porträtbüsten können fortan leichter angefertigt und vertrieben werden. Es lässt sich also sagen, dass die französische Bildproduktion und Bild-Pragmatik des letzten Viertels des 18. Jahrhunderts für die Bildpolitik Schillers konkrete Bedeutung gewinnt: Die neuen Reproduktionstechniken für Grafik und Skulptur ermöglichen eine enorme Zirkulation von Schiller-Bildnissen, wie sie nicht zuletzt in Format und Ausgestaltung von Gedenkfeiern und -umzügen wiederzufinden sind, die nach französischen, aus dem Revolutionskontext bekannten, Mustern zelebriert werden.[33]

Zum Zeitpunkt von Schillers Tod im Jahr 1805 existieren, wie Klaus Fahrner festgestellt hat, bereits alle „porträtpragmatischen Voraussetzungen für eine öffentliche Bildniskultur".[34] Das frühe 19. Jahrhundert kann auf die Rezeptionseinheit von dichterischem Werk und Porträt aufbauen, gerade an Schillers Bildern kann der zunehmende Umschlag von der spätaufklärerischen, intimisierten und hauptsächlich in literarischen Zirkeln verbreiteten Bildniskultur zur Betrachter-Öffentlichkeit der Dichter-Bildnisse nachvollzogen werden.[35]

---

30 Danelzik-Brüggemann, Christoph: *Ereignisse und Bilder. Bildpublizistik und politische Kultur in Deutschland zur Zeit der Französischen Revolution*. Berlin 1996 (Acta humaniora: Schriften zur Kunstwissenschaft und Philosophie), S. 160.
31 Ebd.
32 Fahrner: *Der Bilddiskurs*, S. 42.
33 Vgl. ebd., S. 28–42.
34 Ebd., S. 43.
35 Ebd., S. 44.

## 2 Formen der Selbstinszenierung bei Friedrich Schiller

Die literatur- und kunstwissenschaftliche Forschung hat gezeigt, dass Friedrich Schiller wie kaum ein anderer Schriftsteller seiner Zeit versucht hat, sich eine Existenz als autonomer Autor aufzubauen.[36] Dazu gehörte auch der Wunsch, die öffentliche Wahrnehmung seiner Person durch das Medium des Bildes nachhaltig zu steuern. So hat er die bedeutendsten seiner Porträts, jene also, die im 19. Jahrhundert zu Ikonen wurden und sein Bild bis heute prägen, selbst in Auftrag gegeben und, wie Sabine Fischer unlängst nachgewiesen hat, auch deren Darstellung maßgeblich beeinflusst. In der Zusammenschau der Schillerbildnisse zeigt sich der enorme bildpolitische Aufwand, mit dem an einem Schillerporträt gearbeitet wurde, das den Dichter in den Rang eines Nationaldichters erheben sollte. Wesentliche strategische Elemente der Inszenierungspraxis, wie sie Schiller für seine textuellen und paratextuellen Positionierungsversuche im literarischen Feld nachgewiesen werden konnten,[37] lassen sich auch für die Bilder aufführen: Immer mit Blick auf die Zeitgenossen wählt er auch hier Formen der Abgrenzung und Überbietung, und zeichnet sich durch ein hohes Maß an Beweglichkeit aus. Außerdem ist den authentischen, und das heißt noch zu Lebzeiten des Dichters entstandenen, Porträts der Prozess der Bildwerdung gleichsam eingeschrieben: Sie setzen auf ihre Weise die bildkünstlerischen und rezeptiven Möglichkeiten, mit denen ein Dichterporträt entworfen und aufgenommen werden konnte, mit ins Bild.

Vier Prototypen[38] der authentischen Porträts wurden am ausgiebigsten rezipiert: Sie stellen Schiller als freiheitlichen Kopf, als Melancholiker, als sentimentalischen und von Homer inspirierten Denker und schließlich als antikisch-erha-

---

36 Vgl. Fischer, Sabine: „Schiller lässt sich porträtieren – Die Bildnisse von Anton Graff, Ludovike Simanowiz und Johann Heinrich Dannecker". In: *Schiller und Ludwigsburg: eine kulturgeschichtliche Annäherung.* Hg. v. der Stadt Ludwigsburg. Ludwigsburg 2010, S. 111–148; Fischer, Sabine: „Friedrich Schiller als Auftraggeber seiner Porträts". In: JbDSG 54 (2010), S. 128–163. Zu Schiller'schen Formen der Selbstinszenierung und -positionierung im literarischen Feld vgl. auch Jürgensen, Christoph u. Gerhard Kaiser: „Der Dichter als Kritiker und der Kritiker als Dichter: Schriftstellerische Inszenierungspraktiken um ‚1800' und ‚1900' am Beispiel von Friedrich Schiller und Alfred Kerr". In: *Deutsche Vierteljahrsschrift* 86 (2012), S. 87–120.
37 Fischer: „Schiller lässt sich porträtieren", S. 92–106.
38 Klaus Fahrner spricht lediglich von drei wesentlichen Typen authentischer Schillerporträts; aufgrund seiner Rezeption in Frankreich soll der Kirschner-Typus hier zusätzlich – wie bei Sabine Fischer – aufgenommen werden.

benen Dichter mit visionär in die Ferne gerichtetem Blick dar.³⁹ Die letzten drei Typen, so hat Klaus Fahrner betont, werden schon im Körner-Kreis auch gleichzeitig als „ähnlichste" Bildnisse Schillers beurteilt. So schreibt Karoline von Wolzogen in ihrer Schiller-Biografie: „Die ähnlichsten Bildnisse Schillers sind: Danneckers Marmorbüste auf der Großherzoglichen Bibliothek in Weimar, ein Ölgemälde von Graf, im Besitz des Staatsraths Körner in Berlin, und ein anderes von einer Stuttgarter Künstlerin Simanowiz."⁴⁰

## 2.1 Natürlichkeitsemphase und *furor poeticus*

Dem ersten Porträttypus gehen eine Reihe in ihrer Provenienz gänzlich ungesicherte Porträts voraus. Sie wurden über die Jahrhunderte hinweg als Schillerbilder verehrt, wenn auch nicht erwiesen ist, dass es sich bei dem Dargestellten wirklich um Schiller handelt. Sie stammen aus dem familiären und freundschaftlichen Umfeld Schillers und wurden dem Deutschen Literaturarchiv als Schillerporträts überantwortet. Zu ihnen gehören zwei Silhouetten, von denen die eine vermutlich 1774 in der Karlsschulzeit und die zweite 1780 entstanden ist. Zopf und hoher Kragen, wie sie an der Hohen Karlsschule vorgeschrieben waren, werden in das ikonografische Repertoire der Folgezeit aufgenommen. Als „Feuerkopf",⁴¹ ergriffen vom *furor poeticus*, mit rotblonden Haaren, geröteten Wangen und offenem Hemdkragen wird Schiller in anderen, ebenfalls sehr frühen Porträts dargestellt, so zum Beispiel im ersten bekannten Ölgemälde, das seinem an der Karlsschule als Maler ausgebildeten Schulkameraden Jakob Friedrich Weckherlin (1761–1851) zugeschrieben wird und um 1780 entstanden sein soll. Da zahlreiche vorhandene dilettantische Übermalungen und Restaurierungen des Porträts vermutlich in die erste Hälfte des 19. Jahrhunderts fallen, ist aber auch vorstellbar, daß das Porträt eines Unbekannten aus dem 18. Jahrhundert später in eine Darstellung des jungen Dichters abgewandelt worden ist (Abb. 2). Eine ähnliche Bildsprache sprechen das lange Zeit für ein um 1780 entstandenes Schiller-Porträt des Mitschülers Philipp Hetsch gehaltenes, vermutlich aber von einem unbekannten Maler geschaffenes Portrait eines Unbekannten,⁴² die Kopie eines Gemäldes von

---

39 Vgl. auch Fischer: „Schiller lässt sich porträtieren", S. 111.
40 Wolzogen, Karoline von: *Schiller's Leben, verfaßt aus den Erinnerungen der Familie, seinen eigenen Briefen und den Nachrichten seines Freundes Körner*. Bd. 2. Stuttgart 1830, S. 291.
41 Vgl. Gfrereis, Raulff: *Unterm Parnass*, S. 211.
42 Unter der Doublierung muß auf der Rückseite des Gemäldes von unbekannter Hand festgehalten worden sein: „ ... par Ph. Friedr. Hetsch élève de la Solitude". Aus diesem Grund hielt man es zunächst für ein Portrait Schillers von Hetsch aus der gemeinsamen Zeit an der Militärakade-

Christian Jakob Höflinger, das Schiller um 1781 zeigt, und das vermutlich in der Münchner Kunstanstalt Pilothy&Loehle entstanden ist,[43] sowie ein undatiertes, von einem Unbekannten gemaltes Portrait eines ebenfalls Unbekannten, das als Schiller-Gemälde in Marbach aufbewahrt wird. Sie veranschaulichen, selbst wenn es sich bei ihnen nicht um authentische Porträts handeln sollte, welche ikonografischen Details sich Schiller zuschreiben ließen, an welchen Bildzeichen man ihn erkannt haben wollte. Hier wird vor allem die Darstellung der markanten Nase, der offene, weiße Kragen und die sämtliche frühe Bildkompositionen bestimmende rote Farbe zu nennen sein.

Ein erstes, für die öffentliche Verbreitung konzipiertes Porträt Schillers stellt die zwischen 1783 und 1785 entstandene Radierung Friedrich Kirschners (Abb. 3), eines Ludwigsburger Malers und Radierers, dar.[44] Von Gottlieb Friedrich Riedel wird es in einem grafischen Kunstverlag in Augsburg verlegt. Die Radierung zeigt den Dichter im Profil, mit „trotzig-kühnem",[45] in die Ferne gerichtetem Blick, einem energischen Zug um die Mundwinkel, scharf konturierter Wangen- und Kieferpartie und weitem, offenen Kragen. Er wird von einem ovalen, durch die seitliche Schattierung plastisch wirkenden Porträtmedaillon gerahmt. Die Umschrift bezeichnet den Porträtierten als „Friderich Schiller", Kopf- und Fußende des Medaillons sind mit Rosenblüten und -blättern, mit Federn und einer in Blickrichtung des Dargestellten positionierten Theatermaske geschmückt. Der ins Bild gesetzte Medaillonrahmen – eine Reminiszenz an die Denkmalskunst – weist an unterschiedlichen Stellen Spuren der Versehrung auf, welche die steinerne Materialität des dargestellten Gegenstandes anzeigen sollen. Das in gleicher Manier gerahmte Bildfeld, das sich im unteren Drittel des Blattes öffnet, gibt den Blick auf eine Schlüsselszene der *Räuber,* die dritte Szene des zweiten Aktes, frei.[46] Die Positionierung literarischer Figuren unterhalb von Dichterdarstellungen lässt

---

mie (vgl. Güntter: *Das Schiller-Nationalmuseum,* S. 13 f.). Diese Zuschreibung lässt sich allerdings nicht belegen.
43 Auf der Rückseite des Bildes ist vermerkt: „ …min's Kopie des Dalberg-Loehle'schen Schiller-Portraits in das Geburtshaus Schiller's zur Centenar-Totenfeier gestiftet von Adolf Loehle, München". Auf dem Originalgemälde befindet sich die Inschrift „Fridrikus Schiller 1781 gehörig à Heribert Dalberg. Höflinger pinxit".
44 Güntter, Otto: *Aus dem Schillermuseum. Bildnisse Schillers, seiner Eltern, Geschwister und Kinder.* Stuttgart, Berlin 1916 (Veröffentlichungen des Schwäbischen Schillervereins 8), S. 14.
45 Fahrner: *Der Bilddiskurs,* S. 48.
46 Schiller hat seinen Erstling *Die Räuber,* für sein Bildnis nicht unbedeutend, „paratextuell üppig gerahmt". Neben der offiziellen Vorrede werden auch eine unterdrückte und eine weitere Note zur „zwoten Auflage" verfasst. Bei der Erstaufführung wird das Drama zusätzlich mit einem Kurztext *Der Autor an das Publikum* und kurze Zeit später mit einer Selbstrezension versehen. Hieran wird unter anderem deutlich, dass Schiller sein Selbstbewusstsein zu diesem Zeitpunkt

sich bereits bei englischen Dichterdenkmälern finden. Dort gehören sie zu den Verlebendigungsstrategien der Kunstwerke.⁴⁷

**Abb. 2:** Friedrich Schiller, spätes 18./1. Hälfte 19. Jh. Ölgemälde, Jakob Friedrich Weckherlin zugeschrieben, vermutlich aber von Unbekannt. (DLA Marbach)

---

auf dem Theatererfolg seines ersten Stückes gründete. Vgl. hierzu Jürgensen, Kaiser: „Der Dichter als Kritiker und der Kritiker als Dichter", S. 97 f.
**47** Selbmann: *Dichterdenkmäler in Deutschland*, S. 6.

**Abb. 3:** Friedrich Schiller, zwischen 1783 und 1785. Radierung von Friedrich Kirschner. (DLA Marbach)

In unmittelbarer Analogie von Lebens- und Theaterbühne, die möglicherweise noch als ein später und in Kirschners eigene Bildsprache überführter Reflex auf das im Frankreich des 18. Jahrhunderts angewandte und theoretisch durchdrungene Diktum vom Repräsentationsanspruch der Porträtkunst zu sehen ist, das die kunstvolle Pose aristokratischer Porträts aus den im Theater bereitgestellten Mitteln erzeugte,[48] autorisieren sich der Porträtierte und sein Werk gegensei-

---

48 Zur Nähe von Bühnenregeln und Porträtpose vgl. Kanz: *Dichter und Denker im Porträt*, S. 67–69.

tig. Kirschner bedient sich bei seiner Darstellung nicht der Mittel des Theaters, sondern gibt der Bühne einen eigenen Raum im Bildganzen.

Auf der linken Seite der Bühne ist ein Pater in Ordenstracht, im Hintergrund, in der Bildmitte und am rechten Rand sind Räuber vor einer Waldkulisse zu sehen.[49] Während der Pater mit dem ausgestreckten Zeigefinger seines rechten Armes auf die wild und in entgegengesetzter Richtung gestikulierende Räubergruppe im Vordergrund zeigt, erscheinen die beiden Räuber im lichten Hintergrund eher abgewandt und ins Gespräch vertieft. Ein einzelner Räuber am rechten Bildrand richtet seinen Blick auf einen Baumast, an dem eine Schnur zu Boden hängt. Die gezeichneten Szenen korrespondieren vermutlich mit unterschiedlichen Stationen der dramatischen Handlung, die – von links nach rechts und also in Leserichtung betrachtet – in ihrer Chronologie dargestellt sind.[50] Bezieht sich die Darstellung des Zweiergrüppchens im Hintergrund auf das Ausgangsarrangement des zweiten Aktes, auf ein Gespräch also zwischen den Räubern Razmann und Spiegelberg, in dem der Räuberhauptmann Karl Moor erstmals umfangreich charakterisiert wird,[51] so exponiert der Bildvordergrund denselben und das Gleichnis der Fingerringe, das benennt, gegen wen sich die räuberischen Aktivitäten richten:

> MOOR. [...] *Er strekt seine rechte Hand aus.* Bemerken sie die vier kostbare Ringe, die ich an jedem Finger trage – gehen Sie hin, und richten Sie Punkt für Punkt den Herren des Gerichts über Leben und Tod aus, was sie sehen und hören werden – diesen Rubin zog ich einem Minister vom Finger, den ich auf der Jagd zu den Füssen seines Fürsten niederwarf. Er hatte sich aus dem Pöbelstand zu seinem ersten Günstling empor geschmeichelt,

---

49 Im Zusammenhang mit Kirschners Blatt ist möglicherweise auch die undatierte, berühmte Skizze *Schillers Räuber auf ihrer ersten Bühne* von Victor Heideloff zu sehen, die Schiller im Bopserwald beim Rezitieren der *Räuber* vor seinen Kommilitonen der Militärakademie zeigt. Die Darstellung von Szenerie und Freunden (Friedrich Wilhelm von Hoven, Victor Heideloff, Johann Heinrich Dannecker, Christian Jakob Schlotterbeck und Franz Joseph Kapf) erinnert an die Komposition des Kirschner'schen Blatts.

50 Für eine Interpretation der Waldszenen als Handlungsfolge spricht die Tatsache, dass weder die beiden Räuber im Hintergrund noch der einzelne Räuber zur Rechten am Geschehen um Karl Moor teilhaben.

51 „RAZMANN. [...] Er mordet nicht um des Raubes willen wie wir – nach dem Geld schien er nicht mehr zu fragen, so bald ers vollauf haben konnte, und selbst sein Drittel an der Beute, das ihn von Rechtswegen trift, verschenkt er an Waysenkinder, oder läßt damit arme Jungen von Hoffnung studiren. Aber soll er dir einen Landjunker schröpfen, der seine Bauern wie das Vieh abschindet, oder einen Schurken mit goldnen Borden unter den Hammer kriegen, der die Geseze falschmünzt, und das Auge der Gerechtigkeit übersilbert, oder sonst ein Herrchen von dem Gelichter – Kerl! da ist er dir in seinem Element, und haußt teufelmäßig, als wenn jede Faser an ihm eine Furie wäre." (NA 3, 58)

der Fall seines Nachbars war seiner Hoheit schemel – Tränen der Waisen huben ihn auf. Diesen Demant zog ich einem Finanzrath ab, der Ehrenstellen und Aemter an die Meistbietenden verkaufte und den traurenden Patrioten von seiner Thüre sties. – Diesen Achat trag ich einem Pfaffen Ihres Gelichters zur Ehre, den ich mit eigener Hand erwürgte, als er auf offener Kanzel geweint hatte, daß die Inquisition so in Zerfall käme – ich könnte Ihnen noch mehr Geschichten von meinen Ringen erzählen, wenn mich nicht schon die paar Worte gereuten, die ich mit Ihnen verschwendet habe – (NA 3, 70)

Karl Moor, bei Kirschner dem Betrachter mit dem Körper zugewandt, demonstriert dem Pater seine rechte Hand, die energischen Gesten der um ihn versammelten Räuber unterstreichen diese Handlung. Alle sichtbaren Hände weisen in die Richtung des Geistlichen, die kontradiktorisch positionierten Beine und unterschiedlichen Blickrichtungen dynamisieren die Gruppe zusätzlich. Die Szene vergegenwärtigt den Aufruhr, den das Gespräch zwischen Moor und dem Pater verursacht, ebenso wie den engen inneren Zusammenhalt der Räuberbande.

Es ist anzunehmen, dass die Darstellung des einzelnen Räubers am rechten Rand des Bildfeldes auf die Szene referiert, in der Karl Moor sich seinen Verfolgern auszuliefern und damit die Räuberbande zu retten gedenkt. Das über den Baumast gehängte Band dient im weiteren Verlauf der Handlung der Bekräftigung der Moor'schen Entschlossenheit, sich für die Freiheit seiner Freunde zu opfern:

> MOOR. [...] Hier werf ich meinen Dolch weg, und meine Pistolen und dis Fläschgen mit Gift, das mir noch wohlkommen sollte – ich bin so elend, daß ich auch die Herrschaft über mein Leben verloren habe – Was, noch unschlüssig? Oder glaubt ihr vielleicht, ich werde mich zur Wehr sezen, wenn ihr mich binden wollt? Seht! hier bind ich meine rechte Hand an diesen Eichenast, ich bin ganz wehrlos, ein Kind kann mich umwerfen – Wer ist der erste, der seinen Hauptmann in der Noth verläßt? (NA 3, 73)

Kirschner wählt für sein Schillerbildnis eine Form, die den Dargestellten als Autor des berühmten Werkes *Die Räuber* kennzeichnet, den Text also durch die Bildwürdigkeit des Autors legitimiert. Umgekehrt charakterisieren die ins Bild gesetzten Szenen, die mit Moors Ruf nach „Tod oder Freyheit!" (NA 3, 73) den Kampf einleiten und den zweiten Akt des Dramas beenden, den Autor in seinem Anspruch auf Unmittelbarkeit und Authentizität als Rebellen und Dichter der Freiheit. Der polemisch aufgeladene Schiller ist daher in informeller, unkonventioneller Haltung – so zu erkennen am weit geöffneten Kragen – dargestellt. Dieser offene, legere Habitus hat nicht nur ein bekanntes Vorbild in der Porträtdarstellung Friedrich von Hagedorns, der von dem in Dresden, Amsterdam und

London ausgebildeten Maler Domenicus van der Smissen dargestellt wurde,[52] sondern vor allem in einem französischen Gelehrten: Denis Diderot wurde ebenfalls als unkonventioneller, inspirierter Denker mit offenem Kragen dargestellt, etwa im berühmten Porträt von Louis-Michel Van Loo (1767) oder im irrtümlich für ein Porträt des Philosophen gehaltenen Gemälde von Jean-Honoré Fragonard (1769).[53] Schiller selbst spricht dem französischen Vorbild in seiner dichtungstheoretischen Abhandlung *Über naive und sentimentalische Dichtung* von 1795 immerhin die Kategorien „poetisch, menschlich und naiv" (NA 20, 465) zu.[54]

Schillers unkonventioneller Habitus und energischer Blick korrespondieren mit der spannungsgeladenen Körperhaltung der Moor-Figur in der Fingerring-Szene. Dessen zentrale Positionierung im unteren Bildfeld steht in direkter vertikaler Linie mit dem Konterfei des Autors, auch wenn beide in je entgegengesetzte Richtung blicken. Schiller autorisiert sein Drama und wird über eine geistige Nachbarschaft zu seiner Figur imaginiert.

Kirschners Porträt setzt ganz auf die Wechselwirkung von Bild und Text, dynamisiert die Gesichtszüge des Dargestellten über die Bewegungen auf einer Miniatur-Bühne und sorgt damit für eine emotionale Aufladung des Autorporträts durch beigefügte und ins Bild gesetzte Narration. In einer emblematischen Konstruktion aus *inscriptio* (Theatermaske und Rosenblüten), *pictura* (Autorporträt) und *subscriptio* (Bühnenbild) versucht es, das Ideal einzufangen, das unterdrückte wie gedruckte *Vorrede zur ersten Buchausgabe der Räuber* von 1781 explizit benennen als „ächte[n] Genius des Dramas" (NA 3, 243), bei dem „der wahre Geist des Schauspiels tiefer in die Seele gräbt, schärfer ins Herz schneidet, und lebendiger belehrt als Roman und Epopee" (NA 3, 244). Was Schiller für seinen

---

52 Vgl. Kanz: *Dichter und Denker im Porträt*, S. 77–78. Bezüglich der legeren Darstellung des Dichters weist Kanz auch auf die Bilder hin, die im Umkreis des Gleimkreises in den 1740er Jahren entstanden sind.
53 Zur Ikonografie von Diderot vgl. Delon, Michel: *Album Diderot. Iconographie commentée.* Paris 2004 (Albums de la Pléiade 43), S. 11–15. Der Bildtypus, den Fragonard für den vermeintlichen Diderot (der vermutlich einen Unbekannten anstelle des französischen Gelehrten darstellt) verwendet, geht nicht zuletzt auf die Holländischen Studienköpfe, die Tronies (Kopf- und Charakterstudien, die oftmals anonyme Personen mit literarischer oder allegorischer Bedeutung ins Bild setzen) zurück.
54 In den Paratexten zu den *Räubern* grenzt sich Schiller explizit vom klassizistischen Theater französischer Prägung ab und stellt seine „Figurendarstellung in den Kontext der sich an Shakespeare ausagierenden Natürlichkeitsemphase der Stürmer und Dränger" (Jürgensen, Kaiser: „Der Dichter als Kritiker und der Kritiker als Dichter", S. 99). Dass sich seine bildliche Inszenierung dennoch am französischen Vorbild orientiert, mag unter anderem auch der Wendigkeit und Beweglichkeit Schillers zuzuschreiben sein, sich im literarischen Feld vor allem durch ungewöhnliche Bildideen zu positionieren.

Umgang mit dem dramatischen Figurenpersonal fordert – Herz und Empfindung, Natürlichkeit und Genialität –, scheint auch in die Bildsprache überführt zu sein:

> Jeder Menschenmaler ist in diese Nothwendigkeit geseszt, wenn er anders eine Kopie der wirklichen Welt, und keine idealische Affektationen, keine Kompendienmenschen will geliefert haben. Es ist einmal so die Mode in der Welt, daß die Guten durch die Bösen schattiert werden, und die Tugend im Kontrast mit dem Laster das lebendigste Kolorit erhält. Wer sich den Zwek vorgezeichnet hat, das Laster zu stürzen, und Religion, Moral und bürgerliche Geseze an ihren Feinden zu rächen, ein solcher muß das Laster in seiner nackten Abscheulichkeit enthüllen, und in seiner kolossalischen Grösse vor das Auge der Menschheit stellen – er selbst muß augenblicklich seine nächtlichen Labyrinthe durchwandern, – er muß sich in Empfindungen hineinzuzwingen wissen, unter deren Widernatürlichkeit sich seine Seele sträubt. (NA 3, 5 f.)

Die Kontrastierung des Autorporträts mit der Figur des auf dem Höhepunkt seiner Räuberkarriere stehenden Karl Moor, „[e]in[em] Geist, den das äusserste Laster nur reizet um der G r ö s s e willen, die ihm anhänget, um der K r a f t willen, die es erheischet, um der G e f a h r e n willen, die es begleiten" (NA 3, 6), attestiert auch dem Autor geistige Größe und Unkonventionalität, Kraft, Freiheit und Glanz.[55] Es ist nicht unwahrscheinlich, dass die Darstellung Schillers unmittelbar auf die Beschreibung des Porträts von Karl Moor in der Familiengalerie des Moor'schen Schlosses referiert. Hier wird der Protagonist mit den Worten charakterisiert: „Sein langer Gänsehals – sein schwarzes überwachsendes, buschigtes Augenbraun – seine feuerwerfenden Augen!" (NA 3, 197)

Dass Autor und Figur einerseits verschmelzen, sich der Autor zugleich aber über das Unmoralische und Lasterhafte, das für Vorstellungskraft und poetische Mittel unabdingbar ist, erhebt, markieren die ins Bild gesetzten Blickrichtungen und indirekten Lektüreanweisungen: Im Vergleich mit der Gestalt des Karl Moor gilt Schillers Augenmerk der entgegengesetzten Richtung und wird parallelisiert mit der Perspektive des als Vertreter von Religion, Moral und bürgerlichen Gesetzen auftretenden Geistlichen. Im Nebeneinander von der Sukzession der dargestellten Handlung und der Blickrichtung des Autors, richtet sich dessen Sinnen explizit auf den Fortgang und das Ziel des Geschehens. Er blickt in Richtung des Erzählverlaufs. Der Namenszug auf dem Medaillon positioniert seinen Vor- und Nachnamen allerdings so, dass Betrachter (und Leser) wieder die entgegengesetzte Perspektive einnehmen müssen.

---

55 „[...] unmoralische Karaktere mußten von gewissen Seiten glänzen, ja offt von Seiten des Geists gewinnen, was sie von Seiten des Herzens verlieren. Jeder Dramatische Schriftsteller ist zu dieser Freiheit berechtigt, ja so gar genöthigt, wenn er anders der getreue Kopist der wirklichen Welt seyn soll." (NA 3, 244)

Vermutlich hat der zu diesem Zeitpunkt noch recht mittellose Schiller das Porträt in Auftrag gegeben, möglicherweise sogar in direkter Bezugnahme zu einem Goetheporträt, das ebenfalls von Kirschner (und nach einer Zeichnung von Georg Friedrich Schmoll) gestochen wurde.[56] Dennoch urteilt er selbst über das Bildnis:

> Ums Himmelswillen aber, beurtheilen Sie mich nicht nach einem Kupferstich, den man kürzlich von mir in die Welt gesezt hat, sonst können Sie zwar die Räuber, aber den Schiller nicht mehr begreifen; denn jener Kupferstich ist finster wie die Ewigkeit, und der Kupferstecher hat mir fünfzehn Jahre mehr auf die Rechnung gesetzt, als ich mich erinnre, gelebt zu haben. – (NA 23, 179)[57]

Relativ gering bleibt dann auch die rezeptive Reichweite des Bildes; der rebellische Schiller etablierte sich nicht im öffentlichen Bilddiskurs.[58] Allerdings nehmen die frühen französischen und englischen Schiller-Übersetzungen (eine französische Übersetzung von 1821 und eine englische von 1851) diesen unkonventionellen – an die *Räuber* gebundenen – Bildtypus auf, nicht zuletzt weil gerade in Frankreich dem Freiheitsdichter Verehrung zuteil wird.[59]

## 2.2 Empfindsamkeit und *gestus melancholicus*

Ein weiteres in Auftrag gegebenes Porträt, ungleich bedeutender als jenes von Kirschner und geeignet, einen eigenen Bildtypus auszubilden,[60] geht auf den Schweizer Anton Graff zurück (Abb. 1, Anm. 2), der seit 1766 als sächsischer Hofmaler und Lehrer an der 1764 gegründeten Kunstakademie Dresden tätig ist. Der 27-jährige Schiller gibt sein Bildnis 1786 bewusst bei einem der bedeutendsten Porträtmaler seiner Zeit in Auftrag, auch wenn er in dem Augenblick, in dem er es bestellt, hoch verschuldet ist und keinerlei Aussicht darauf hat, es in den Folge-

---

56 Ähnlichkeit lässt sich den Bildnissen bezüglich ihres ovalen Profilrahmens vor Mauerwerk und dem darunter plastisch sich wölbenden Vierecksfeld attestieren. Im Gegensatz zum Porträt Goethes nutzt das Blatt Kirschners den Bildraum zur Textilillustration und damit zu Narration, Bewegung und emotionaler Aufladung.
57 Brief an Körner vom 10./22.02.1785.
58 Fahrner: *Der Bilddiskurs*, S. 49.
59 In England wird der ‚rebellische' Bildtypus später beispielsweise auch vom Romantiker und für seine politisch radikalen Gedichte bekannten Percy Bysshe Shelley und seinem Freund Lord Byron aufgenommen.
60 Fahrner: *Der Bilddiskurs*, S. 57–66.

jahren bezahlen zu können.[61] Graff hatte zu diesem Zeitpunkt nicht nur Fürsten, bedeutende Staatsmänner und Generäle porträtiert, sondern auch Dichter und Künstler, darunter etwa Christian Fürchtegott Gellert (1769), Gotthold Ephraim Lessing (1771), Johann Jakob Bodmer (1781), Johann Wilhelm Ludwig Gleim (1785) und Johann Gottfried Herder (1785). Gottfried August Bürger (1792) und Christoph Martin Wieland (1794) sollten folgen. Geschult an seinen Vorbildern George Desmarées, Antoine Pesne, Hyacinthe Rigaud und Johann Kupetzky, hatte er sich während seiner Studienjahre in Ansbach und München intensiv mit den Facetten der europäischen, zumeist in ihren Wurzeln auf französische Vorbilder zurückgehenden Porträtmalerei auseinandergesetzt. Am Werk des bayrischen Hofmaler Desmarées, vom „niederländischen Realismus, venezianischem Kolorit und französischer Kontenance" geprägt,[62] schätzte er die „schimmernde [...] Weichheit und lichtdurchflutete [...] Farbigkeit", am preussischen Hofmaler Pesne „die elegante Sicherheit und noble Zurückhaltung in Kolorit und Bildaufbau", am Rektor der Académie royale Paris Rigaud die Präzision in der Erfassung von Charakteren und der Wiedergabe von Stofflichkeit, und am böhmischen Porträtmaler Kupetzky schließlich „die Intensität in der Wiedergabe der realen ungeschminkten Persönlichkeit".[63] Für Schiller müssen die weltläufige, künstlerische Referenz und das entsprechende Renommee Graffs als Charakter- und Seelenmaler,[64] als Maler der Ehrlichkeit und Genauigkeit, wie ihm auch von Goethe attestiert wurde,[65] von Bedeutung gewesen sein bei dem Wunsch, sich von ihm porträtieren zu lassen. Schillers Schwester Christophine Reinwald schreibt am 22. Juli 1794 über das Graff'sche Porträt: „[B]esondern gefällt mir der Ausdruck ob er gleich

---

61 Vgl. Fischer: „Friedrich Schiller als Auftraggeber seiner Porträts", S. 133–141. Das Gemälde muss dementsprechend zunächst unvollendet und im Graff'schen Besitz bleiben, auch wenn Schiller verschiedentlich Versuche unternimmt, es schon im unfertigen Zustand bei sich unterzubringen. So bittet er Körner am 17. Dezember 1790: „So gar gern wünschte ich meiner Frau zu Weihnachten mit dem Graffschen Gemälde von mir eine Freude zu machen; sie verlangt unbeschreiblich danach. Wenn es gleich nicht vollendet ist, so kann Graff es ja eine Zeitlang in meinen Händen lassen, bis wir zusammenkommen, welches so gar lange nicht mehr anstehen kann – und dann kann er's vollenden. Es wäre mir gar zu lieb, gern bezahl' ich's ihm jetzt gleich; ich hoffe, er wird nicht über dreißig Thaler fordern. Könntest Du ihn dazu vermögen, so wäre mir's ein ganz erstaunlich großer Gefallen. Sag' ihm oder schreib ihm die Umstände, warum ich's so sehr wünsche, daß er es wieder unter die Hände bekommen soll, und bitte Dir aus, daß er Dir sagt, was er dafür fordert." (NA 26, 65)
62 Berckenhagen, Ekhart: *Anton Graff – Leben und Werk*. Berlin 1967, S. 14.
63 Ebd., S. 12.
64 Waser, Otto: *Anton Graff*. Frauenfeld, Leipzig 1926, S. 77.
65 Ebd., S. 81.

etwas Melancholisches hat, außerortentlich, es herrscht so viele Ruhe und Intereße darin daß ich es nicht genug ansehen kan" (NA 35, 33).

Der Intellektuellen-Ikonografie des 18. Jahrhunderts entsprechend,[66] wird Schiller im *gestus melancholicus*, mit ebenso versonnenem wie wachem, nachdenklichem Blick, natürlich und locker in den Nacken fallendem Haar und offenem, leicht aus der Form gebrachten Kragen über legerem, den Künstlerstatus und die Intimität des Einblicks anzeigenden Hausgewand dargestellt.[67] Der gewählte Bildausschnitt, die Farbgebung und Lichtführung exponieren vor allem das Gesicht des Schriftstellers und den ungebändigten Faltenwurf seines Kragens. Ist der Körper zur Seite gewandt, so ruhen die hellen, leuchtenden Augen des Dargestellten unmittelbar auf dem Betrachter und wirken dennoch nach innen gewandt. Einmal mehr fehlt gänzlich der Hintergrund, das Umfeld der Studierstube etwa, die Schreibgeräte, Manuskriptseiten oder Bücher. Lediglich ein Assistenzkörper wird Schiller hier zur Seite gestellt: Seine linke Hand ruht auf einer nur in ihren Umrissen aus dem Dunkel emportretenden Schnupftabakdose. Bei Johann Gotthard Müllers Reproduktionsstich von 1794 (Abb. 4) soll schließlich ein architektonischer Rahmen hinzukommen, in den Fama-Trompete, Lorbeer, Eichenlaub und Schreibfeder integriert sind. Diese Attribute kennzeichnen den Porträtierten – vom Rahmen aus – eindeutig als einen zum *poeta laureatus* gekürten Schriftsteller. Es ist anzunehmen, dass sich auch Graff nach den Wünschen seines Auftraggebers gerichtet hat. Von den Modellsitzungen, die im Mai 1786 in Dresden stattfinden, berichtet Graff:

> Die größte Noth, zuletzt auch die größte Freude hat mir aber doch das Porträt Schillers gemacht; das war ein unruhiger Geist, der hatte, wie wir sagen, kein Sitzfleisch. [...] Endlich gelang es mir, ihn in eine Stellung festzubannen, in welcher er, wie er versicherte, sein Lebtag nicht gesessen, die aber von den Körnerschen Damen für sehr angemessen und ausdrucksvoll erklärt wurde. Er sitzt bequem und nachdenklich, den zu linken Seite geneigten Kopf auf den Arm stützend; ich meine den Dichter des Don Carlos, aus welchem er mir während der Sitzungen vordeclamirte, in einem glücklichen Momente aufgefaßt zu haben.[68]

---

66 Fischer: „Schiller lässt sich porträtieren", S. 117–122.
67 Kanz: *Dichter und Denker im Porträt*, S. 69.
68 Waser: *Anton Graff*, S. 43.

**Abb. 4:** Friedrich Schiller, um 1794. Kupferstich von Johann Gotthard Müller (Vorlage von Anton Graff). (DLA Marbach)

Die Darstellung Schillers entspricht der Graff'schen Fokussierung auf das Wesentliche – auf Augen und Stirn als Sitz der geistigen Kräfte. So wirkt auch der auf die Hand gestützte Kopf gänzlich unbeschwert; die dynamisierenden Kragenrüschen verleihen ihm zusätzliche Leichtigkeit und – wie schon bei Kirschner – Unkonventionalität und Freiheitsdrang. Auch das einzige Attribut, das dem Bildnis beigefügt ist, lässt sich in diesem Kontext lesen. Wenn auch nur schwach ausgeprägt und indirekt, so formt sich Schillers Hand, auf der Schnupftabaksdose ruhend, zu einer Zeigegeste. Sie verweist – statt auf einen Prozess des Schreibens oder des in der Graff'schen Erinnerung präsenten Akt des Lesens – auf einen der Dichtkunst nicht unmittelbar zugeordneten Gegenstand und verankert den geistigen Prozess, den die Melancholikerhaltung impliziert, im Körperlichen.

Dies gilt zumindest dann, wenn man die Dose mit ihrem vermeintlich Inhalt, dem Schnupftabak und seiner Wirkung, gleichsetzt.

Der Gebrauch von Schnupf- und Rauchtabak ist eine typische, von Frankreich ausgehende Modeerscheinung des 18. Jahrhunderts.[69] Zunächst ein Privileg von Adel und Klerus, findet er ab 1780 weite Verbreitung. In der Bildtradition markiert die Tabakdose daher einen Gegenstand, der sowohl den privaten Charakter eines Gemäldes als auch seinen repräsentativen Aspekt unterstreicht.[70] Für Schiller mag der Schnupftabak-Gebrauch darüber hinaus individuellen schöpferischen Geist symbolisiert haben. In seiner Karlsschulzeit als ebenso verpönt wie begehrt beschrieben,[71] dient ihm der Schnupftabak zur Inspiration[72] und findet auch im literarischen Werk Erwähnung. So gehört beispielsweise die „Prise Tobak" zur derben räuberischen Umgangssprache (2. Akt, 3. Szene).[73] Die reinigende Wirkung des Tabakgebrauchs – als Effekt der Katharsis – wird ihn ebenso zur Wahl dieses Assistenzkörpers inspiriert haben wie die symbolische Aufladung der Tabakdose bei Laurence Sterne. In dessen *Sentimental Journey through France and Italy* von 1768 dient sie dem Lorenzo-Orden, einem Kreis von empfindsamen,

---

69 Fischer: „Schiller lässt sich porträtieren", S. 120–122.

70 Ebd.

71 So berichtet etwa Friedrich Wilhelm von Hoven: „Es wurde sogar Handel mit den verpönten Sachen getrieben, und zwar besonders von einem ältern der Zöglinge, welcher, nachdem er das Herbeischaffen der verbotenen Dinge schon länger für sich unentdeckt getrieben hatte, sich seinen vertrauten Kameraden zu ihrer großen Freude zum Spediteur erbot. [...] Wir hießen ihn daher unter uns den Marketender der Akademie, und weil er nie bei diesem Wagstück erwischt wurde, nannte ihn Schiller den Allmächtigen." Ebenfalls erinnert sich von Hoven: „Er [der Mitzögling] versah sich daher mit allem, was von verbotenen Waren verlangt werden mochte, mit Schnupf- und Rauchtabak, Knackwürsten, Hefenknöpfen, Backwerk etc." Hoven, Wilhelm von: *Biographie*. Nürnberg 1840, S. 33.

72 Als Beispiel bietet sich hier die Erinnerung von Friedrich Rochlitz (Weimar, 5. bis etwa 15. Juni 1801) an: „Als ich Schiller das erstemal in seinem Hause besuchte, fand ich ihn – es war gegen Abend – in der Ecke des Sofa; seine, damals etwa fünfjährige Tochter saß auf dem Schoße, sein kleiner Knabe stand zwischen seinen Knieen, und hielt die Dose bereit, die der Vater oft brauchte. ‚Ich habe einen Teil der Nacht und den heutigen Tag mich mit den ersten Versuchen zur Ausführung meiner Lieblingsidee abgemühet' – sagte er; ‚ich habe gefunden, ich werde sie aufgeben müssen, weil der Stoff allzuwiderstrebend ist; das hatte mich mißmutig gemacht: und nun hab ich mich hier wieder heiter erzählt.'" (NA 42, 320 f.).

73 „Donner und Wetter! ich war eben auf dem Sprung, mich beym Magistrat anzugeben, daß die Kanaille mir meinen Namen so verhunzen soll – wie ich sage, drey Monath drauf hangt er. Ich mußte nachher eine derbe Prise Tobak in die Nase reiben, als ich am Galgen vorbeyspazierte, und den Psevdo-Spiegelberg in seiner Glorie da paradiren sah – und unterdessen daß Spiegelberg hangt, schleicht sich Spiegelberg ganz sachte aus den Schlingen, und deutet der superklugen Gerechtigkeit hinterrucks Eselsohren, daß's zum Erbarmen ist." (NA 3, 54)

intellektuellen Freunden, als Erkennungszeichen.[74] Sie wird dort unter anderem dazu verwendet, den Geist ihres Vorbesitzers hervorzurufen.[75]

In diesem Kontext erhält die dem Autor im Graff'schen Gemälde zur Seite gestellte Dose Verweiskraft autoreflexiver Natur. Schließlich kommen auch in Schillers eigenen Schriften kleine Behältnisse, Tabatieren, Schatullen und Dosen zum Einsatz, die Orte des Geheimen und Verborgenen markieren,[76] für Überraschungseffekte sorgen[77] oder aber als Aufbewahrungsort für Bildnisse zu erinnernder Personen dienen. Im zwischen den Jahren 1783 und 1787 verfassten und am 29. August 1787 in Hamburg uraufgeführten *Don Karlos* entzündet sich der Konflikt im Intrigengeflecht am spanischen Königshof an der zunächst verschlossenen und später aufgebrochenen „Schatulle" der Königin, in der neben den Briefen des Infanten auch sein Bildnis aufbewahrt wird.[78] Im Romanfragment *Der Geisterseher*, dessen Entstehungszeit wie die des *Don Karlos* in die Jahre der Arbeit am Graff'schen Porträt fällt, und das zwischen 1787 und 1789 in mehreren Fortsetzungen in der Zeitschrift *Thalia* und später in drei Buchausgaben veröffentlicht wird, sind die Tabatieren und Dosen Wegmarken einer „Geschichte des Betrugs und der Verirrungen des menschlichen Geistes" (NA 16, 45). In der Szene der Geisterbeschwörung, in welcher dem Prinzen der Geist des Marquis von

---

**74** Sie symbolisiert dort allerdings die Tugenden Sanftmut, Zufriedenheit, Geduld und Nachsicht. Vgl. Fischer: „Schiller lässt sich porträtieren", S. 122. Vgl. auch Aurnhammer, Achim: „Der Lorenzo-Orden. Ein Kult empfindsamer Freundschaft nach Laurence Sterne". In: *Gefühlskultur in der bürgerlichen Aufklärung*. Hg. v. dems. Tübingen 2004, S. 103–124.

**75** „[...] wie Yorick diese Dose dazu gebraucht, um den sanften gelassenen Geist ihres vorigen Besitzers hervorzurufen, und den seinigen, bey den in der Welt zu kämpfenden Kämpfen in Fassung zu erhalten [...] Als ich bey seinem Grabe saß, die kleine hornene Dose herauszog, und eine oder zwey Nesseln zum Kopfe desselben, die da nicht zu suchen hatten, ausriß [...] so wirkte das alles so gewaltsam auf meine Empfindungen, daß ich in einen Strom von Thränen ausbrach [...]. Doch ich bin so weichherzig, als ein Weib; und ich bitte die Welt, nicht zu lächeln, sondern mich zu bedauren." Sterne, Laurence: *Yoricks empfindsame Reise durch Frankreich und Italien*. Leipzig 1826, S. 54–55.

**76** In *Die Verschwörung des Fiesko zu Genua* dient eine „Schatulle" als Aufbewahrungsort für enthüllende Briefe (2. Aufzug, Szene 20); ebenso in den Fassungen des *Don Karlos* und im *Wallenstein* (Die Piccolomini, 5. Aufzug, 1. Auftritt). Als Behältnis für Papiere von besonderer Bedeutung fungiert die Schatulle im *Geisterseher*.

**77** Im *Geisterseher* sorgt eine in der Lotterie gezogene Tabatiere für Aufregung und Verwirrung im Verschwörungsplot, findet sich in ihr doch ein verloren geglaubter Schlüssel des Protagonisten wieder: „Wir kamen vor eine Bude zu stehen, wo Lotterie gezogen wurde. Die Damen setzten ein, wir andern folgten ihrem Beispiel; auch der Prinz forderte ein Los. Es gewann eine Tabatiere. Als er sie aufmachte, sah ich ihn blaß zurückfahren. – Der Schlüssel lag darin." (NA 16, 54)

**78** *Don Karlos Infant von Spanien* (Erstausgabe 1787): 2. Akt, 14. Auftritt/4. Akt, 1., 9., 12. und 23. Auftritt/5. Akt, 3. Auftritt.

Lanoy erscheint, wird eine emaillierte Dose mit dem Bildnis des Freundes zum Ausgangspunkt des Spektakels der Augentäuschung. Das durch den Anblick des Behältnisses erinnerte Bild verlebendigt sich in der Einbildungskraft des Prinzen:

> „Eure Durchlaucht erinnern sich, daß Sie über Tische eine Dose neben sich hatten liegen gehabt, auf welcher das Porträt eines Offiziers in \*\*scher Uniform in Emaille war. Ich fragte Sie, ob Sie von Ihrem Freunde nicht irgend ein Andenken bei sich führten? worauf Sie mit Ja antworteten; daraus schloß ich, daß es vielleicht die Dose sein möchte. Ich hatte das Bild über Tische gut ins Auge gefaßt, und weil ich im Zeichnen sehr geübt, auch im Treffen sehr glücklich bin, so war es mir ein leichtes, dem Bilde diese flüchtige Ähnlichkeit zu geben, die Sie wahrgenommen haben; und um so mehr, da die Gesichtszüge des Marquis sehr ins Auge fallen."
> „Aber die Gestalt schien sich doch zu bewegen –"
> „So schien es – aber es war nicht die Gestalt, sondern der Rauch, der von ihrem Scheine beleuchtet war." (NA 16, 71)[79]

Die Tabakdose auf dem Graff'schen Gemälde scheint also unterschiedliche Deutungsmöglichkeiten in sich zu vereinigen. Sie erinnert an die Unkonventionalität des Autors, seine sprachlichen Eigenheiten, seine empfindsame, in Sterne'scher Tradition stehende Geisteshaltung. Zugleich scheint ihr ein hohes Maß an Selbstbezüglichkeit eingeschrieben zu sein, mit welcher der Prozess der Bildnisproduktion und -reflexion selbst ins Bild gesetzt wird. Die Schiller'schen Dosen aktivieren innerhalb des literarischen Werkes nicht nur die Vorstellungskraft der literarischen Figuren, sondern symbolisieren und reflektieren Prozesse der inneren Verbildlichung, der Imagination und Erinnerung.[80] In der Graff'schen Inszenierung erhält die Dose eine entsprechende Funktion; sie verweist auf eine

---

**79** Nicht zuletzt sei hier auch an die Erzählung *Autun und Manon* Charlotte Schillers erinnert, die ein kleines Döschen zur Minnegabe stilisiert: „Ich bat Manon beim Abschiede, mir ihr Bild zu geben, und gab ihr das meinige zuerst, wie sie es gewünscht hatte. Es war in einer einfachen emaillierten Dose, mit einem Spiegel in der Mitte, dem Bilde gegenüber. Das ihrige erhielt ich erst den letzten Tag vor meiner Abreise. Es war auf Emaille vortrefflich gemalt und sehr ähnlich. Eine Einfassung von Perlen umgab es und eine zweite auf der andern Seite den Spiegel. Die Dose war auch Emaille und stellte auf der einen Seite Dido vor, die auf den Scheiterhaufen steigt, mit dem Dolch in der Hand; das Meer, mit Schiffen bedeckt, war im Hintergrunde und deutete auf die Flucht des Aeneas, um den Rand waren die Worte eingegraben: Ihrem Beispiele würde ich folgen; die andere Seite auf dem Rücken des Spiegels stellte einen Reiter vor, dessen Pferd in vollem Lauf war, vor ihm her flog ein Amor und tat, als wollte er den Zügel halten, und es von einer Stadt entfernen, die im Hintergrunde war, und wo man mehrere weibliche Figuren erblickte. Unten standen die Worte: Nichts hält einen Liebhaber auf, den die Liebe leitet." (NA 16, 288)
**80** Um 1800 wird das Kästchen, eine allgemeinere Form der Dose zum „Symbol des Symbolischen selbst" (vgl. Emrich, Wilhelm: *Protest und Verheißung. Studien zur klassischen und modernen Dichtung.* Frankfurt/Main 1968, S. 64) und mit dem Buch oder der Schrift gleichgesetzt.

Vorgeschichte der Textentstehung – und symbolisiert einen Imaginationsraum, dem alle poetische Schöpfung zu verdanken ist. Gemeinsam mit der introspektiven Haltung des Autors legt die Darstellung der Tabatiere den Fokus gezielt auf den Moment geistiger Tätigkeit, auf die gedankliche Kraft des Schriftstellers. Schiller ist in diesem Kontext kein ‚Textarbeiter', seine Schaffenskraft wird nicht durch Papier und Feder verbildlicht, sondern ein wahrnehmender und sinnender, aus Anschauung und Einbildungskraft schöpfender Autor. Um als solcher imaginiert werden zu können, bedarf es der für Betrachter oder Leser erschaffenen und diesen zur Imagination anregenden Projektionsfläche des lediglich mit vagen Konturen versehenen, rätselhaften Gegenstandes.

In diesem Kontext ist die Tabakdose nicht zuletzt als ein Attribut, ein Symbol der beweglichen Schönheit der Geisteskräfte ihres Besitzers zu verstehen – und in Analogie zu dessen Ausführungen zum Gürtel der griechischen Schönheitsgöttin zu lesen, wie Schiller sie in seiner 1793 entstandenen philosophischen Schrift *Über Anmut und Würde* beschreibt:

> Wenn nun der Gürtel des Reizes eine objektive Eigenschaft ausdrückt, die sich von ihrem Subjekte absondern läßt, ohne deswegen etwas an der Natur desselben zu verändern, so kann er nichts anders als Schönheit der Bewegung bezeichnen; denn Bewegung ist die einzige Veränderung, die mit einem Gegenstand vorgehen kann, ohne seine Identität aufzuheben. (NA 20, 253)

Schiller ist bei Graff bewusst nicht mehr der energische Dichter der *Räuber* wie bei Kirschner, sondern der feinsinnige, empfindsame und melancholische des *Don Karlos*. Ähnlichkeit und Idealisierung halten sich im Porträt die Waage.[81]

---

[81] Einerseits bekommt das Graff'sche Gemälde Lob für seinen Ähnlichkeitsanspruch (vgl. den Brief an Frauenholz am 26. Mai 1794). Andererseits legitimiert Schiller in einem Brief vom 11. November 1793 an den Prinzen Friedrich Christian von Augustenburg, dessen ebenfalls von Graff geschaffenes großes Ölgemälde von 1791 er bei seinem Aufenthalt in Dresden (von Mitte April bis etwa zum 10. Mai 1792) gesehen hatte, noch nachträglich die Wahl seines Porträtisten mit dem Argument der angemessenen Idealisierung: „[ ] Baggesen hat mir Ew. Durch*laucht* gerade so geschildert, wie Graff in Dresden und jeder gute Bildnißmahler portraitiert. Er hat Ihnen keine fremde Züge geliehen, und dis allein nenne ich ein Gemählde schmeicheln; er hat bloß die Ihrigen idealisirt, und der Zeichnung, die er mir von Ihnen machte, durch den Ausdruck seiner Empfindungen ein erhöheteres Kolorit gegeben. Einen Karakter verschönern und einen Karakter idealisiren sind mir aber zwey ganz verschiedene Dinge. Dieses letzte kann nur der vortrefliche Künstler; jenes ist der gewöhnliche Behelf des mittelmäßigen. Jeder individuelle Menschenkarakter ist wieder seine eigene Gattung, und die augenblicklichen Erscheinungsweisen sind nur verschiedene Arten dieser Gattung. Diese augenblicklichen Erscheinungsweisen sind zum Theil zufällig, weil äußere vorübergehende Umstände darauf Einfluß haben, und weil sie nicht vom Karakter allein ausgehen, so können sie auch kein treues Bild desselben seyn. Um dieses treue

Fahrner hat festgehalten, dass sich mit dieser Bildsprache im Graff'schen Porträt erstmals der öffentlich installierte Genie-Diskurs manifestiert.[82]

Dementsprechend wird der Porträttypus nun auch extrem häufig nachgebildet. Mit Müllers Stich wird Schiller zum „Mann von allgemeiner und öffentlicher Bedeutung kanonisiert".[83] Schiller selbst hält vor allem den Stich Müllers für „vortreflich ausgefallen", wie er im Brief an Frauenholz am 26. Mai 1794 betont:

> voll Kraft und doch dabey voll Anmuth und Flüssigkeit. Auch finden es alle, die es bei mir sahen, ähnlich, und mehr, als sich unter diesen Umständen erwarten ließ, getreu. Nun wünsche ich von ganzem Herzen, daß die Aufnahme dieses so gut gelungenen Produkts Ihren gerechten Erwartungen entsprechen möge. (NA 27, 5)[84]

Kurz nach 1800 erscheinen viele auf Frontispiz-Format gebrachte Versionen als Buchgrafik – mit ovalem, rundem oder fehlenden Rahmen.

Eine der in Marbach bewahrten Rezeptionen Graffs stellt das Pastellgemälde von Dora Stock (Abb. 1) dar, das zwischen Ende 1794 und Anfang 1795 entsteht.[85]

---

Bild zu erhalten, muß man das Innere und Bleibende, was ihnen zum Grund liegt, von dem Zufälligen abzusondern wissen, man muß die Gattung oder das Generische dieser Individualität aufsuchen, und das nenne ich ein Portrait idealisiren. Die Eigenthümlichkeit eines Karakters verliert bey dieser Operation nicht nur gar nichts, sondern sie kann nur auf diesem einzigen Wege gefunden werden; denn weil man nur das Zufällige und was von aussen kommt davon abgezogen hat, und so muß das Innere und Bleibende desto reiner zurückbleiben. Freilich wird ein, auf diese Art entworfenes, Bild dem Original in keinem einzigen Momente vollkommen gleichen, aber es wird ihm im Ganzen desto treuer seyn." (NA 26, 296 f.)

**82** Fahrner: *Der Bilddiskurs*, S. 60.
**83** Ebd., S. 61.
**84** Den Kupferstich Johann Gotthard Müllers nach dem Gemälde von Anton Graff übersendet Schiller am 16. November 1794 an Goethe mit den Worten: „Damit etwas bey Ihnen sey, was mich Ihnen zuweilen vergegenwärtigt, so gönnen Sie beyfolgendem Bilde irgend einen Platz in Ihrem Hause, welchen Sie wollen, [...]." (NA 27, 89)
**85** Rückseitig wurde das Porträt von Schillers Tochter Emilie beschriftet: „Friedrich von Schiller // Dieses Bild hing immer in dem Schlafzimmer der Charlotte von Schiller über ihrem Bett. Dora Stock, die Schwägerin Körners hat es gemalt. Es ist eine Copie nach dem Bild Schillers von Graff welches die Mutter des Theodor Körner besitzt. // Geschrieben von Emilie von Gleichen geb von Schiller". Das Porträt, so wird es im DLA katalogisiert, entstand auf Wunsch des Dichters. Die Vorlage, an der sich die mit Schiller befreundete Malerin orientieren sollte, befand sich seit 1794 im Besitz ihres Schwagers Christian Gottfried Körner. Einen ausgedehnteren Rezipientenkreis erreichte eine 1787 entstandene Silberstiftzeichnung von Dora Stock. Ursprünglich als Freundschaftsbild konzipiert und im Kreis um Körner verbreitet, wurde sie 1809 zum Frontispiz-Kupfer der ersten postumen Werkausgabe Schillers. Von Moritz Schreyer wurde sie 1791 seitenverkehrt nachgestochen und in dieser Form bis 1840 in den unterschiedlichsten Formaten und Varianten reproduziert. Schiller hat auch hier aller Voraussicht nach Einfluß auf die Darstellung genom-

Dora Stock scheint weder mit der Vorlage noch mit ihrem eigenen Werk wirklich zufrieden gewesen zu sein. An Schillers Frau Charlotte schreibt sie am 16. März 1795: „Begierig bin ich, ob Du zufrieden damit sein wirst. Schiller hat sich viel geändert, seit Graff dieses Bild malte, und ganz frappant hielt ich's nie." (NA 27, 347) In unmittelbarer Graff-Nachfolge steht auch ein Blatt von Johann Heinrich Lips, einem Schweizer Kupferstecher, der bei Johann Caspar Lavaters *Physiognomischen Fragmente* mitwirkte und von Schiller sehr geschätzt wurde.[86] Von 1782 bis 1785 und von 1786 bis 1789 hatte er im engeren Kreis um Goethe in Rom gelebt und seinen Blick an der italienischen Kunst geschult.

Nach Schillers Tod wird die Graff'sche Vorlage weiter rezipiert, erfährt aber so manche Verfremdung. Vor allem die Tabatiere wird zum Ziel der Abwandlung. Karl Kräutle ersetzt sie 1859 durch Schreibfeder und Buch, der ovale Rahmen wird mit Lorbeer- und Eichenblatt-Applikationen statt Zweigen geschmückt. Kräutle gibt vor, nach einem Schiller-Originalgemälde gestochen zu haben – und fingiert damit gleichsam seine Vorlage. Zehn Jahre nach Karl Kräutle, 1868, entsteht eine weitere Graff-Replik: Im Ölgemälde von Koppenhöfer (Abb. 5) hält Schiller statt der Tabaksdose eine Strophe aus dem Gedicht *Das Mädchen von Orleans* in der Hand: „Es liebt die Welt, das Strahlende zu schwärzen, / Und das Erhabne in den Staub zu ziehn, / Doch fürchte nicht, es giebt noch schöne Herzen, / Die für das Hohe, Herrliche entglühn" (NA 2.I, 129).[87]

---

men. Kennzeichnend ist der jugendlich-romantische Typus mit ausladendem Rüschenhemd, das einmal mehr für Emotionalität und Energie steht – sowie der Verzicht auf ikonografische Beigaben. Schiller ist hier eher Privatmann – und in dieser Hinsicht letztendlich konzeptuell zu unspektakulär für einen National- oder Freiheitsdichter. Vgl. Fahrner: *Der Bilddiskurs*, S. 52.

[86] Am 26. März 1790 schreibt Schiller Körner: „Lips ist jetzt in Weimar und bleibt auch da. Es ist ein gar intereßanter Mensch, das natürliche bidre und schweizerische von Graf mit mehr Kenntniß und Genie. Ich werde mich näher mit ihm verbinden, meine Frau hat ihm im Zeichnen schon viel zu danken, und er kann ihr noch nützlicher werden. Sein Umgang ist sehr angenehm. Ich wünschte Du könntest auch von seinen Zeichnungen sehen." (NA 26, 12)

[87] Das Gemälde gehört zu einem in mehreren Varianten belegten Typus von Erinnerungsbildern, denen Anton Graffs in grafischen Wiedergaben weit verbreitetes Schillerportrait als Vorlage diente. Auf diesen Bildern ist die Tabaksdose des Originals durch Blätter mit jeweils verschiedenen Schillerzitaten ersetzt.

**Abb. 5:** Friedrich Schiller, um 1860. Ölgemälde von Koppenhöfer (Vorlage von Anton Graff). (DLA Marbach)

## 2.3 Idealisierkunst und Geistergespräche mit einem Klassiker

Das Porträt Anton Graffs ist kaum vollendet, als Schiller bereits über ein neues Bildnis nachdenkt. In Ludwigsburg und Stuttgart lässt er sich in den Jahren 1793 und 1794 gleich zweimal porträtieren – einmal von Ludovike Simanowiz (Abb. 6) und das andere Mal von Johann Heinrich Dannecker (Abb. 7). In dieser Zeit „erfindet sich Schiller – zunächst paratextuell, dann auch in seinen dramatischen Texten – als Künstler neu, er streift eine alte Haut ab, und er tut dies vor den Augen der literarischen Öffentlichkeit, mitten auf den Kampfplätzen des literari-

**Abb. 6:** Friedrich Schiller, 1793–1794. Ölgemälde von Ludovike Simanowiz. (DLA Marbach)

schen Feldes".[88] Im Zuge seiner Auseinandersetzung mit der Kantischen Philosophie wendet er sich gegen die Ideale des Sturm und Drang, gegen die „Herrschaft des Affekts", die „Begeisterung des Dichters", gegen das „Feuer" und der Idealisierkunst und den Schönheitskonzepten zu.[89] Es ist nicht verwunderlich, wenn auch die Bildsprache einen erneuten Wandel erfährt.

---

**88** Jürgensen, Kaiser: „Der Dichter als Kritiker und der Kritiker als Dichter", S. 101 f.
**89** NA 22, 254; zit. n. Jürgensen, Kaiser: „Der Dichter als Kritiker und der Kritiker als Dichter", S. 101.

**Abb. 7:** Friedrich Schiller, 1794. Gipsbüste von Johann Heinrich von Dannecker. (DLA Marbach)

Zu Simanowiz und Dannecker steht Schiller in persönlichem Kontakt. Beide Künstler waren im Herzogtum Württemberg ausgebildet worden, hatten sich aber vor allem im europäischen Ausland weitergebildet: Simanowiz in Paris und Dannecker in Rom. Sie garantierten Schiller eine europäische Bildsprache. Wie schon bei Graff war Schiller daran gelegen, mit der Wahl seiner Porträtisten diesbezüglich auch seinen besonderen Anspruch zur Geltung zu bringen. So schreibt er etwa am 17. März 1794 an Körner:

> Die Künste blühen hier in einem für das südliche Deutschland nicht gewöhnlichen Grade; und die Zahl der Künstler, darunter einige keinem der Eurigen etwas nachgeben, hat den Geschmack an Mahlerey, Bildhauerey und Musik sehr verfeinert. [...] Unter den Künstlern ist Danecker, ein Bildhauer, bei weitem der beßte. Ein wahres Kunstgenie, den ein 4jähriger Auffenthalt in Rom vortreflich gebildet hat. Sein Umgang thut mir gar wohl, und ich lerne viel von ihm. Er modelliert jetzt meine Büste, die ganz vortreflich wird. (NA 26, 349)

Das im Marbacher Bestand aufbewahrte Gemälde von Simanowiz hat einige Neuerungen in der Bildsprache der Schillerporträts zu bieten: Es handelt sich um ein großformatiges Gemälde, das eine ganzfigurige Darstellung Schillers fasst. Bildformat und Kniestück zeigten vor allem im Barock den Status des Dargestellten an. Sie waren als „höchststehender Modus"[90] der Porträtkunst ausschließlich Herrschern und Adligen vorbehalten, ebenso wie die Geste, mit welcher der Dargestellte seine linke Hand unter den Rock legt.[91] Das Gemälde stellt die Versunkenheit des Dichters, den Akt des Denkens, anders als das Bildnis von Graff als introspektive Kontemplation in den Vordergrund und schafft mit dem abgewendeten Blick eine zusätzliche Distanz zum Betrachter. Einerseits soll hier die intellektuell-schöpferische Leistung zum Ausdruck gebracht werden, andererseits handelt es sich aber auch um ein Gelehrtenporträt, dessen zentraler Bezugspunkt die antike Büste im Bildhintergrund darstellt.

Die Homer-Replik lässt sich als eine beliebte humanistische Bildformel des 18. Jahrhunderts fassen, und fungiert hier einerseits als Inspirationsquelle und andererseits als „Stein gewordene Vergangenheit im Gegensatz zur lebendigen Gegenwart der Schiller-Figur".[92] Hinsichtlich dieser Bildkomposition führen die Linien einmal mehr nach Frankreich. Vorbilder für Simanowiz waren das Gemälde ihres Pariser Lehrers Antoine Vestier, der den Maler Gabriel-Francois Doyen 1786 als Kniestück und mit Homerbüste im Hintergrund dargestellt hatte, und ein Porträt von Friedrich Gottlob Klopstock von Marie Elisabeth Vogel.[93]

Die Darstellung der überzeitlichen Seelenverwandtschaft ist als Topos der Genie-Vorstellung zu lesen.[94] Dass Schiller sich für das Zwiegespräch mit Homer

---

90 Kanz: *Dichter und Denker im Porträt*, S. 66.
91 Fischer: „Friedrich Schiller als Auftraggeber seiner Porträts", S. 143.
92 Fischer: „Schiller lässt sich porträtieren", S. 129.
93 Ebd., S. 132. Klopstock ließ sich mehrfach mit Homerbüste porträtieren. Auch Johann Joachim Winckelmann hatte sich 1768 auf eigenen Wunsch von Anton von Maron mit antikem Autor darstellen lassen. Das Kompositionsschema ist auch in Angelica Kaufmanns berühmtem Porträt von Joshua Reynolds von 1767 zu finden, in dessen Hintergrund Michelangelo zu sehen ist. Vestier hatte es bei seinem Aufenthalt in London 1776 vermutlich rezipiert.
94 Fahrner: *Der Bilddiskurs*, S. 69.

entscheidet, erscheint darüber hinaus wie ein Vorgriff auf seine ein Jahr später veröffentlichte dichtungstheoretische Abhandlung *Über naive und sentimentalische Dichtung*. Dort wird Homer gleichsam zum Kristallisationspunkt der Reflexionen; an seinem Beispiel exemplifiziert Schiller das Verhältnis von naiver und also natürlicher, durch sinnliche Wahrheit, Nachahmung der Wirklichkeit und lebendige Gegenwart gekennzeichneter Poesie zur sentimentalischen, Reflexion und Idee des Gegenstands in ihr Zentrum stellenden Dichtung:

> Keinem Vernünftigen kann es einfallen, in demjenigen, worinn Homer groß ist, irgend einen Neuern ihm an die Seite stellen zu wollen, und es klingt lächerlich genug, wenn man einen Milton oder Klopstock mit dem Nahmen eines neuern Homer beehrt sieht. Eben so wenig aber wird irgend ein alter Dichter und am wenigsten Homer in demjenigen, was den modernen Dichter charakteristisch auszeichnet, die Vergleichung mit demselben aushalten können. Jener, möchte ich es ausdrücken, ist mächtig durch die Kunst der Begrenzung; dieser ist es durch die Kunst des Unendlichen. [...] Ein Werk für das Auge findet nur in der Begrenzung seine Vollkommenheit; ein Werk für die Einbildungskraft kann sie auch durch das Unbegrenzte erreichen. In plastischen Werken hilft daher dem Neuern seine Überlegenheit in Ideen wenig; hier ist er genöthigt, das Bild seiner Einbildungskraft auf das genaueste im Raum zu bestimmen, und sich folglich mit dem alten Künstler gerade in derjenigen Eigenschaft zu messen, worinn dieser seinen unabstreitbaren Vorzug hat. In poetischen Werken ist es anders, und siegen gleich die alten Dichter auch hier in der Einfalt der Formen und in dem, was sinnlich darstellbar und körperlich ist, so kann der neuere sie wieder im Reichthum des Stoffes, in dem, was undarstellbar und unaussprechlich ist, kurz, in dem, was man in Kunstwerken Geist nennt, hinter sich lassen. (NA 20, 439 f.)

Die Gegenüberstellung von antiker und moderner Dichtung – von Auge und Einbildungskraft, Begrenzung und Unbegrenztem, Einfalt der Formen und Reichtum des Stoffes – scheint in die Bildsprache der Simanowiz eingegangen zu sein. Sie zeigt die beiden Geistesgrößen in aussagekräftigen Größen-, Form- und Farbrelationen. Homer überragt den im Vordergrund sitzenden Schiller um einen halben Kopf, seine Büste ist auf die Positionierung im evozierten Raum berechnet deutlich größer proportioniert als der Kopf seines Gegenübers. Während der in Stein gemeißelte und auf einen entsprechenden Sockel gestellte Homer sieht und spricht, – er ist mit weit geöffneten Augen und Mund dargestellt –, wirkt der lebendige Schiller gänzlich in sich gekehrt. Während die eine Hand vom Rock verdeckt wird, ruht die andere kraftlos auf der Stuhllehne. Schiller ist vollkommen der Reflexion hingegeben, Homer dagegen ist lebendige, energische Gegenwart. Im Gegenzug steht die Stein-Fassung des antiken Dichters für Vergangenes, vor der Schillers Gestalt erst zum Leben erweckt scheint. Simanowiz bringt in dieser chiastischen Verschränkung aus Gegenwart und Vergangenheit, Gegenwärtigkeit und Reflexion das von Schiller beschriebene Wechselspiel von naiver und sentimentalischer Kunst zum Ausdruck. Aus der sentimentalischen, reflektierenden und also vernunftbegabten Perspektive, die Schiller einnimmt, ist die lebendige und unmittelbar der Einbildungskraft zugeschriebene Gegenwart der naiven Darstellung, wie sie die Homerbüste verkörpert, erst zu begreifen: Im Bild sind Schiller damit beide Perspektiven zugeschrieben.[95] Die Homerbüste fungiert darin gleichsam als Gegenstand der Schiller'schen Innenschau, die Wand im Hintergrund dient ihr als Projektionsfläche. Die aus dem Dunkel des Hintergrundes hervortretende und mit der hellen, leuchtenden Stirn des Dichters kontrastierte antike Büste lässt sich als geistige Referenz, als lebendige Gegenwart vergangener Zeiten in der Einbildungskraft des Porträtierten fassen.[96] In einer geschickten Bezugnahme und Verkehrung naiver und sentimentalischer Zuschreibungen wird hier der sentimentalische Dichter, dessen naives Vorbild ihm immer schon die sinnliche Realität voraus hat,[97] durch Farbe und Positionierung selbst zur sinnlichen Realität.

Für diesen Aussagegehalt des Bildes wählt Simanowiz, respektive Schiller keine gängige Homerdarstellung, sondern den weniger gebräuchlichen Apollonios-Typus, wie er sich beispielsweise in Lavaters *Physiognomischen Fragmenten* findet: Statt des hellenistischen Typus mit blinden Augen also jenen mit Dichterbinde und offenen, sehenden Augen.[98] Im Rahmen der Schiller'schen Reflexionen zu den beiden unterschiedlichen Kunstformen wird diese Darstellung eher mit der Vorstellung der naiven, der sinnlichen Realität verpflichteten Variante in Übereinstimmung zu bringen gewesen sein. Die durch die Blindheit des Home-

---

95 Vgl. hierzu die Gegenüberstellung beider Darstellungsarten bei Schiller: „Das macht, weil wir uns bey naiven Darstellungen, sie handeln auch wovon sie wollen, immer über die Wahrheit, über die lebendige Gegenwart des Objekts in unserer Einbildungskraft erfreuen, und auch weiter nichts als diese suchen, bey sentimentalischen hingegen die Vorstellung der Einbildungskraft mit einer Vernunftidee zu vereinigen haben, und also immer zwischen zwey verschiedenen Zuständen in Schwanken gerathen." (NA 20, 441)
96 Zur sentimentalischen Haltung vgl. NA 20, 452: „Unwillkührlich drängt sich die Phantasie der Anschauung, die Denkkraft der Empfindung zuvor, und man verschließt Auge und Ohr, um betrachtend in sich selbst zu versinken. Das Gemüth kann keinen Eindruck erleiden, ohne sogleich seinem eigenen Spiel zuzusehen, und was es in sich hat, durch Reflexion sich gegenüber und aus sich herauszustellen. Wir erhalten auf diese Art nie den Gegenstand, nur was der reflektirende Verstand des Dichters aus dem Gegenstand machte, und selbst dann, wenn der Dichter selbst dieser Gegenstand ist, wenn er uns seine Empfindungen darstellen will, erfahren wir nicht seinen Zustand unmittelbar und aus der ersten Hand, sondern wie sich derselbe in seinem Gemüth reflektirt, was er als Zuschauer seiner selbst darüber gedacht hat."
97 Zur naiven Haltung vgl. NA 20, 474: „[...] aber der naive Dichter hat vor dem sentimentalischen immer die sinnliche Realität voraus, indem er dasjenige als eine wirkliche Thatsache ausführt, was der andere nur zu erreichen strebt."
98 Vgl. Fischer: „Schiller lässt sich porträtieren", S. 133 f.

rus-Kopfes angezeigte Fähigkeit zu Inspiration und Vision wird hier außerdem sehr eindeutig auf Schiller selbst verlagert, der sich statt der realen Außenwelt dem Innenblick hingibt.[99]

**Abb. 8:** Friedrich Schiller, 1807. Kupferstich von Heinrich Schmidt (Vorlage von Ludovike Simanowiz). (DLA Marbach)

---

**99** Bemerkenswerterweise war Schiller zehn Jahre vor Entstehung dieses Geistergesprächs mit Homer, 1784 also, im Mannheimer Antikensaal gewesen, wo er die Voltaire-Darstellung kritisiert hatte: „Der Zufall hatte den blinden Homeruskopf und den Kopf des Herrn von Voltaire nebeneinander gestellt. – Ich weiß keine beissendere Satire auf unser Zeitalter. Voltaire – ich glaube, daß man das jetzt in Deutschland laut sagen darf – Voltaire war ein wahrhaftig großer Geist, aber warum war mir sein Kopf in dieser Gesellschaft so lächerlich?" (NA 20, 105).

Der durch Simanowiz geprägte Bildtypus[100] wird in der Folgezeit häufig rezipiert. Zunächst im Familienbesitz belassen,[101] verbreitete sich das Bildschema vor allem über einen 1807 entstandenen Nachstich von Heinrich Schmidt (Abb. 8). Mit seinem Format ist dieser nicht als Druckgrafik konzipiert, sondern vor allem als rivalisierendes Gegenstück zu Müllers Stich nach Graff. Einmal in Umlauf gegeben, erfährt der Bildtypus die unterschiedlichsten Verfremdungsformen. Während Charles Louis Schuler 1835 wieder das komplette Simanowiz-Bildnis sticht, hält sich Johann Friedrich Bolt in seinem Stich von 1793 an den Bildausschnitt und publiziert ihn 1824 als Frontispiz im 7. Band der *Sämmtlichen Werke*. Franz Seraph Stirnbrands 1793 entstandenes Gemälde *Schiller in seinem Zimmer* (Abb. 9) adaptiert von Simanowiz Körperhaltung und Versenkungspose, fügt den Dichter aber in ein Interieur mit Utensilien aus Schillers Besitz ein. Hier wird Schiller erstmals in seiner Gelehrtenstube inszeniert, umgeben von Büchern, Manuskripten und Schreibwerkzeug. Die von Simanowiz entworfene Innenschau des Dichters scheint mit dem Graff'schen *gestus melancholicus* verschränkt, angezeigt durch den im Bildvordergrund ruhenden Hund, Attribut des Melancholikers, und das an der Wand im Hintergrund positionierte und auf Schillers Laura referierende Frauenporträt, ein direktes Zitat des Graff'schen Schillerporträts. Im 1835 entstandenen und 1844 als Frontispiz für Schillers *Sämtliche Werke in zehn Bänden* (Cotta 1844, Bd. 1) publizierten Porträt von Rudolf Rahn wird Schiller als Leser imaginiert und die Homerus-Büste durch Weinrebe, Topfpflanze und Fensteröffnung ersetzt, in einem von Christian Bach gezeichneten und von Ludwig Bisch lithografierten Blatt öffnet sich der Raum gänzlich zur Landschaft. Der Genietopos wird hier in ein idyllisches Moment umgearbeitet.[102]

---

[100] Simanowiz fertigt ihr Schillerbild selbst in mehrfacher Ausführung an; unter anderem auch als Pastell, das vermutlich als Vorstufe zum großen Ölgemälde entstanden ist.
[101] Christophine Reinwald zeichnet Schiller um 1793 mit Tusche nach Simanowiz *und* in Gegenwart Schillers. Die rückseitig Beschriftung von Emilie von Gleichen-Rußwurm geb. Schiller lautet: „Dieses Bild Schillers copierte Tante Reinwald geb. Schiller nach dem großen Oelbild von Simanowitz gemalt, noch bei Lebzeiten meines Vaters u dieser saß ihr noch dabi."
[102] Fahrner: *Der Bilddiskurs*, S. 75.

**Abb. 9:** Friedrich Schiller, 1793. Ölgemälde von Franz Seraph Stirnbrand (Vorlage von Ludovike Simanowiz). (DLA Marbach)

Das Schillerbild nach Simanowiz, so lässt sich für die Marbacher Bestände sagen, war in der öffentlichen Schiller-Vorstellung, unter anderem aufgrund der vielen davon angefertigten lithografischen Wandbilddrucke noch präsenter als der Graff-Typus. Der überwiegende Teil reduzierte den Simanowiz-Typus auf einen Ausschnitt und schnitt Homer ab. Fahrner hat festgestellt, dass diese Reduktion nicht als *pars pro toto* zu sehen ist, sondern der inspirierte Dichter im Ausschnitt zum leidend-resignativen wird. So kann er nicht zuletzt zur „Identifikationsfigur einer kollektiv empfundenen, patriotischen Leidenshaltung der Deutschen" werden.[103]

---

[103] Ebd., S. 75.

## 2.4 Stilisierung zum Gott der Dichtkunst

Ein vierter und an Bekanntheit den anderen deutlich überlegener Typus stellt das Schillerbildnis von Johann Heinrich Dannecker dar (Abb. 7). Hatten sich Kirschner, Graff und Simanowiz trotz diverser Idealisierungsansätze auf den Aspekt der Ähnlichkeit konzentriert, so stilisiert Dannecker den Dichter mit antikisierendem Gewand, apollinischer Lockenpracht, aufrechter Kopfhaltung und unbestimmtem Blick in die Ferne. Seinen Augen fehlen die Augensterne – ein typisches Merkmal neoklassizistischer Porträtkunst.[104] Schiller erhält dadurch einen ebenso „unendlichen" wie auch einen ins Innere gerichteten Blick.

1794 entwickelt Dannecker in mehreren Modellsitzungen die erste Büstenversion. Eine Gewandbüste war bis weit ins 18. Jahrhundert Herrschern vorbehalten, begann sich aber nach und nach in breiteren gesellschaftlichen Kreisen durchzusetzen. So hatte Alexander Trippel in Rom gerade die Gewandbüste von Goethe geschaffen und in Weimar neben jener von Herder eingeführt. Dannecker hatte in Rom sowohl den Apoll von Belvedere gesehen als auch Trippels Goethe-Büste studiert.[105]

Trotz des hohen Maßes an Antikisierung und Stilisierung misst Dannecker der Wiedergabe der Gesichtszüge, der Schiller'schen Physiognomie und dem individuellen Charakter einige Beachtung bei. So steht die nicht-antike Wendung des Dichterkopfes im Zusammenhang mit dem Wunsch, die Körpersprache des Dichters, seine spezifische Mimik und Gestik, ins Blickfeld zu rücken. In einem Brief an Wilhelm von Wolzogen schreibt Dannecker am 14. Oktober 1805: „Schiller muss Bewegung haben und nicht wie ein kalter Philosoph gerade aussehen. Er hat etwas adlermäßiges, dessen Bewegungen immer stark sind."[106] Auch nach Vollendung der Gewandbüste betont er, nach der Natur gearbeitet zu haben: „Ich muß Dir aber sagen", schreibt er am 22. September 1794 an Schiller, „daß Dein Bild einen unbegreiflichen Eindruck in die Menschen macht: die Dich gesehen, finden es vollkommen ähnlich, die Dich nur aus Deinen Schriften kennen, finden in diesem Bild mehr als ihr Ideal sich schaffen konnte".[107] Schillers eigenes Urteil lautet entsprechend:

> Ganze Stunden könnte ich davor stehen, und würde immer neue Schönheiten an dießer Arbeit entdecken. Wer sie noch gesehen, der bekennt, daß ihm noch nichts so ausgeführtes,

---

104 Ebd., S. 77, Anm. 183.
105 Ebd., Anm. 182.
106 Spemann, Adolf: *Dannecker*. Berlin, Stuttgart 1909, S. 65.
107 Ebd., S. 53.

so vollendetes von Sculptur vorgekommen ist. Ich selbst habe einige Abgüße von Antiken in meinem Zimmer stehen, die ich seitdem nicht mehr ansehen mag." (NA 27, 63)[108]

Für Schiller ist die Darstellung als antike Skulptur die konsequente Erweiterung seiner Inszenierungsstrategien in vorausgegangenen Bildnisideen. Die Gestalt des Apoll von Belvedere bezeichnet er in seiner zum Zeitpunkt der Porträtabnahme bereits erschienenen philosophischen Schrift *Über Anmut und Würde* (1793) als „Ideal menschlicher Schönheit":

> Sind Anmuth und Würde, jene noch durch architektonische Schönheit, diese durch Kraft unterstützt, in derselben Person vereinigt, so ist der Ausdruck der Menschheit in ihr vollendet, und sie steht da, gerechtfertigt in der Geisterwelt, und freygesprochen in der Erscheinung. Beyde Gesetzgebungen berühren einander hier so nahe, daß ihre Grenzen zusammenfließen. Mit gemildertem Glanze steigt in dem Lächeln des Mundes, in dem sanftbelebten Blick, in der heitern Stirne die Vernunftfreyheit auf, und mit erhabenem Abschied geht die Naturnothwendigkeit in der edeln Majestät des Angesichts unter. Nach diesem Ideal menschlicher Schönheit sind die Antiken gebildet, und man erkennt es in der göttlichen Gestalt einer Niobe, im belvederischen Apoll, in dem borghesischen geflügelten Genius, und in der Muse des Barberinischen Pallastes. (NA 20, 300 f.)

Danneckers Gewandbüste wird nach Schillers Tod auch noch Johann Heinrich Wilhelm Tischbein zur Vollendung seines ebenfalls berühmten, aber kaum mehr stilprägenden oder einen eigenen Typus ausbildenden Schillerbildnisses (Abb. 10) dienen.[109] Auftraggeber für das Bildnis war der Leipziger Verleger Siegfried Leberecht Crusius, der für eine Prachtausgabe von Schillers Gedichten ein „originäres Frontispiz-Porträt des Dichters wünschte, das dezidiert keine Adaption bereits kursierender Prototypen"[110] darstellen sollte. Auch für dieses Bildnis fiel die Wahl des Künstlers auf einen bekannten, für ein adliges Clientel tätigen

---

108 Die Gewandbüste wird in Abgüssen im Freundes- und Familienkreis Schillers verschenkt. Dannecker wollte eine Marmorfassung von ihr herstellen; daraus wird zunächst eine Hermenbüste. Erst nach Schillers Tod setzt Dannecker den Wunsch um, eine Kolossalbüste von ihm zu schaffen: „da kam mir's in den Sinn, ich will Schiller lebig machen, aber der kann nicht anders lebig sein, als colossal. Schiller muss colossal in der Bildhauerei leben, ich will eine Apotheose." (Mai 1805; Spemann: *Dannecker*, S. 64) Die erste Marmorausführung der Kolossalbüste ist 1807 beendet; von ihr entsteht eine große Anzahl an Gipsabgüssen.
109 Am 25. Februar 1805 schreibt Schiller noch an Cotta: „Wollen Sie nicht Dannecker bitten, daß er das Gesicht von meiner Büste abgießen laßen und direct an Herrn Professor Tischbein nach Leipzig schicken möchte. Dieser hat mich gezeichnet, weil er aber keine Zeit zu einem ausgeführten Bild hatte (da ich krank war) so wünscht er seine Zeichnung an der Büste zu berichtigen." (NA 32, 194)
110 Fahrner: *Der Bilddiskurs*, S. 95 f.

und in Paris, Rom und Neapel ausgebildeten Maler sowie eine an Italien orientierte Bildsprache. Das Porträt zeigt den Dichter mit einer den römischen Kaisern vorbehaltenen roten Toga, einer in der Denkmalplastik bekannten altertümlichen Schriftrolle, dem am Oberkopf zusammengebundenen Haarschopf der Germanen[111] und in die Ferne gerichteten Blick. Das Bildnis, das Tischbein selbst mehrere Male in Öl kopierte, wird 1806 zum Frontispiz-Kupfer von Textsammlungen zum Andenken an den verstorbenen Dichter.[112]

**Abb. 10:** Friedrich Schiller, um 1805. Ölgemälde von Johann Friedrich August Tischbein. (DLA Marbach)

---

**111** Vgl. Gfrereis, Raulff: *Unterm Parnass*, S. 213.
**112** Christian Friedrich Michaelis: *Schiller's Aphorismen, Sentenzen und Maximen über Natur und Kunst*. Frankfurt 1806.

## 3 Resümee

Alle vier Prototypen der zu Schillers Lebzeiten entstandenen Porträts, vom selbstbewusst-inspirierten über den introvertiert-kontemplierenden und den distanziert-sinnierenden zum gänzlich unnahbaren, antikisch-erhabenen Dichter, lassen sich im Kontext des Schiller'schen Werkes lesen. Inszeniert sich der Dichter in den früheren Porträts noch in unmittelbarer Nähe zu seinen dramatischen Schriften, wenn nicht sogar als eine ihrer literarischen Figuren (bei Kirschner als Franz Moor, bei Graff als Don Karlos), so referieren die späteren Bildnisse verstärkt auf den Kontext der ästhetischen und philosophischen Studien.

Allen Bildnistypen ist gemein, dass sie auf selbstreflexive Momente setzen. Gerade in der Wahl der Requisiten, die bei Schiller nicht gerade konventionell ausfällt, wird der Wunsch deutlich, das Sinnen über die Entstehung von Bildnissen mit ins Bild zu verlagern. So sind die Gegenstände, die Schiller in seinen Bildnissen als Assistenzkörper dienen, einerseits Attribute, die ihn zum intellektuellen, freiheitsliebenden und unkonventionellen Geist und Nationaldichter stilisieren wollen, und zum anderen Projektionsflächen, die seinen poetischen Umgang mit Bildentstehungsprozessen widerspiegeln, die also unmittelbar auf die Produktion von Vorstellungsbildern referieren. Kirschners Porträt setzt die Durchlässigkeit des Textes in Hinblick auf ihren Urheber unmittelbar ins Bild. Die Gegenüberstellung vom energisch in die Ferne gerichteten Blick Schillers und jenen, im Augenblick der Bewegung eingefangenen zentralen Szenen der *Räuber* führen den *auctoritas*-Anspruch vor Augen:[113] die Darstellung des Aktes der gedanklichen Durchdringung des poetischen Stoffes.

Ungleich zurückhaltender ist dieser Anspruch im Graff'schen Porträt verwirklicht. Dem melancholischen Gestus und einem Blick, der auf dem Betrachter ruht und zugleich ins Innere des Dargestellten gerichtet zu sein scheint, entspricht der Assistenzkörper der latent inszenierten, in jedem Fall aber uneinsehbaren (Tabak-)Dose. Sie verweist einerseits auf den Akt der Nutzung ihres Inhalts als Reinigungs- und Inspirationsritual, und andererseits auf den abgegrenzten Raum, der die Hermetik des Denk- und Imaginationsaktes, der poetischen Produktion und Rezeption attributiv zum Ausdruck bringt. Im Schiller'schen Werk nicht selten als Erinnerungsraum für Gesichter, als Aufbewahrungsort für Bild-

---

[113] Zum ursprünglichen *auctoritas*-Anspruch von Dichterporträts im Mittelalter vgl. Peters, Ursula: „Werkauftrag und Bücherübergabe. Textentstehungsgeschichten in Autorbildern volkssprachiger Handschriften des 12. bis 15. Jahrhunderts". In: *Autorbilder. Zur Medialität literarischer Kommunikation in Mittelalter und Früher Neuzeit.* Hg. v. Gerald Kapfhammer, Wolf-Dietrich Löhr u. Barabara Nitsche. Münster 2007 (Tholos – Kunsthistorische Studien 2), S. 25–62.

nisse verwendet und entsprechend ekphrastisch exponiert, ist die Dose Symbol für die Einbildungs-, Beurteilungs- und Erinnerungsprozesse. Im poetischen Werk entsteigen ihr Geisterscheinungen, oder es knüpfen sich antike Referenzen und damit (imaginierbare) Erzählstränge an sie. Darüber hinaus referiert die Tabatiere auf die *Sentimental Journey* – und zeigt Schiller als empfindsamen Dichter.

Als Mittel der Reinigung,[114] Inspiration und Imagination ist auch die Homer-Büste im Porträt der Simanowiz zu lesen, in deren Vordergrund Schiller positioniert ist. Sie führt dem Betrachter nicht nur den sinnierenden Dichter, sondern auch den Gegenstand seiner Reflexion vor Augen. Es handelt sich bei weitem nicht mehr um den Dichter des Sturm und Drang, sondern um den Schriftsteller der philosophischen, ästhetischen und dichtungstheoretischen Schriften. Im Geistergespräch präsentiert sich Schiller als sentimentalischer Autor, der auch die naive Dichtkunst lebendig in seine Gegenwart zu bringen vermag.

Im vierten Typus reiht sich Schiller schließlich gänzlich unter die griechischen Gottheiten; in Gestalt des Apoll inszeniert er sich als Inkarnation der Dichtkunst. Den Reflexionen seiner ästhetischen Schriften entsprechend, sollen sich im Apoll von Belvedere und damit auch in seinem Bildnis Anmut und Würde zur idealen, unsterblichen Schönheit verbinden.

Während Schiller in der Darstellung Kirschners vor allem das eigene Werk autorisiert, finden sich in den später entstandenen großen Bildtypen Verweise auf literarische, gänzlich dem europäischen Raum entstammende Vorbilder. Das Graff'sche Gemälde inszeniert ihn als einen in Sterne'scher Tradition stehenden Dichter, das Bildnis der Simanowiz im Geistergespräch mit Homer und Dannecker als antike Geistesgröße. Neben dem Sujet der Bildnisse, das auf ein europäisches Interesse verweist, ist auch die Wahl seiner Porträtisten in diesem Kontext zu sehen: Im Rahmen seiner Möglichkeiten wählt Schiller für seine in Auftrag gegebenen, authentischen und autorisierten Bildnisse Künstler, die über die deutschen Grenzen hinaus zu blicken gedachten, deren Stil durch die französische, englische und italienische Kunst geprägt wurde. Dies lässt sich schon für Graff, besonders aber für Simanowiz und Dannecker konstatieren. Bewusst hat Schiller also jene Künstler an sein Bild gesetzt, die ihren Blick in europäischen Ländern geschult hatten.

---

**114** Die Beschäftigung mit der antiken Literatur beschreibt Schiller als Reinigung des eigenen Geschmacks: „Mein Styl hat dieser Reinigung sehr nöthig", schreibt er am 12. [11.] Dezember 1788 an Körner, „[i]ch hoffe, ehe ein Jahr um ist, sollst Du von diesem Studium der Griechen – Studium kann ich es aber für jezt noch kaum nennen – schöne Früchte bei mir sehen." (NA 25, 158)

Jörg Robert
# Paris-Bilder – Schiller im Dialog mit Mercier

## 1 Eine urbane Enzyklopädie – Merciers *Tableau de Paris*

Schiller und Frankreich – das ist keineswegs nur Schiller und die Französische Revolution.[1] Die Auseinandersetzung mit französischer Kultur und Geschichte, das Studium französischer Literatur, die Bearbeitung französischer Stoffe und Vorlagen, überhaupt die Auswertung französischer Quellen spielt für Schiller in allen Lebens- und Produktionsphasen eine dominante Rolle. Frankreich ist das ‚natürliche' kulturelle Bezugsfeld der deutschen Literatur im 18. Jahrhundert – in Anziehung und Abstoßung. Für Schiller ist neben der englischen die französische Geschichte von zentraler Bedeutung: Dies zeigt der universalhistorische Aufsatz *Geschichte der französischen Unruhen, welche der Regierung Heinrichs IV. vorangingen*. Darüber hinaus ist Schiller als Herausgeber des *Pitaval* oder als Bearbeiter französischer Dramen wie Louis-Benoît Picards Komödien *Der Parasit* (frz. *Médiocre et Rampant: Ou Le Moyen de Parvenir*) und *Der Neffe als Onkel* (frz. *Encore des Ménechmes*) sowie von Racines *Britannicus* und *Phèdre* hervorgetreten. Hinzu kommt die eigene dramatische Produktion: Neben der *Jungfrau von Orleans* ist hier eines der avanciertesten Projekte der deutschen Dramengeschichte zu nennen, das unter dem Arbeitstitel *Die Polizey* im Oktober 1797 begonnen wird.[2]

---

[1] Alt, Peter-André: *Schiller. Leben – Werk – Zeit.* 2 Bände. München 2000, insb. Bd. 2, S. 111–129; Hofmann, Michael: „Schillers Reaktion auf die französische Revolution und die Geschichtsauffassung des Spätwerks". In: *Schiller und die Geschichte.* Hg. v. Michael Hofmann, Jörn Rüsen u. Mirjam Springer. München 2006, S. 180–194; Oellers, Norbert: „Bürger von Frankreich: Schiller und die Französische Revolution". In: *Friedrich Schiller und Europa.* Hg. v. Alice Stašková. Heidelberg 2007, S. 13–35.

[2] Text nach NA 12, 89–108; zur Entstehungsgeschichte des Stücks NA 12, 429–432; vgl. meinen Kommentar in Friedrich Schiller: *Sämtliche Werke* (= SW). Bd. 3: Fragmente, Übersetzungen, Bearbeitungen. Hg. v. Jörg Robert u. Albert Meier. München 2004, S. 947–951; Suppanz, Frank: *Person und Staat in Schillers Dramenfragmenten. Zur literarischen Rekonstruktion eines problematischen Verhältnisses.* Tübingen 2000 (Hermaea 83), S. 144–192; Springer, Mirjam: *Legierungen aus Zinn und Blei. Schillers dramatische Fragmente.* Frankfurt/Main u. a. 2000, S. 58–75. Nachdem der Entwurf lange Zeit kaum beachtet wurde, ist er in den vergangenen Jahren im Horizont kultur- und diskursgeschichtlicher Interessen stark in den Mittelpunkt getreten. Vgl. Vogl, Joseph: „Staatsbegehren. Zur Epoche der Policey". In: *Deutsche Vierteljahrsschrift für Literatur-*

In der Geschichte der ‚erzählten' bzw. ‚gespielten' Stadt[3] nimmt Schillers Plan eines *Polizey*-Dramas einen eminenten Rang ein. Hugo von Hofmannsthal, der als einer der ersten die Bedeutung der Schiller-Fragmente erkannte, nennt den Entwurf einen „antizipierte(n) Balzac"[4] und verweist so bereits auf die Schwierigkeiten einer Realisierung des Großstadtsujets in der dramatischen Form.

Es handelt sich um das erste deutsche Drama, das den urbanen Raum nicht nur thematisiert, sondern als Gegenstand eigenen Gewichts ins Zentrum rückt. Schiller konzipiert das Stück zunächst als Tragödie, später parallel auch als Lustspiel. Der Plan geht fließend in den Entwurf einer Kriminalkomödie mit dem Arbeitstitel *Die Kinder des Hauses* über. In der rezenten Schiller-Forschung hat das lange kaum beachtete *Polizey*-Projekt im Horizont diskursgeschichtlicher Untersuchungen zur frühneuzeitlichen Ökonomie und Politik neue Beachtung gefunden – zu Recht.[5] Es ist jedoch das Verdienst der älteren, positivistischen Literaturforschung des ausgehenden 19. Jahrhunderts, jene Quellen und Bezüge aufgedeckt zu haben, um die es mir geht. Anders als in anderen größeren Entwür-

---

*wissenschaft und Geistesgeschichte* 74 (2000), S. 600–626; Schäffner, Wolfgang u. Joseph Vogl: „Polizey-Sachen". In: *Friedrich Schiller und der Weg in die Moderne*. Hg. v. Walter Hinderer. Würzburg 2006, S. 47–65; Hahn, Thorsten: „Großstadt und Menschenmenge. Zur Verarbeitung gouvernementaler ‚Data' in Schillers *Die Polizey*". In: *Rhetoriken des Verschwindens*. Hg. v. Tina-Karen Pusse. Würzburg 2008, S. 121–134; Robert, Jörg: *Vor der Klassik – Die Ästhetik Schillers zwischen Karlsschule und Kant-Rezeption*. Berlin, Boston 2011 (Quellen und Forschungen zur Literatur- und Kulturgeschichte 72), S. 128–137; Menke, Christoph: „Vom Schicksal ästhetischer Erziehung: Rancière, Posa und die Polizei". In: *Spieltrieb* (2006), S. 58–70; Seym, Simone: „Theater, Politik und Ästhetik in Schillers Fragment *Die Polizey*". In: *Akten des XI. Internationalen Germanistenkongresses Paris 2005: „Germanistik im Konflikt der Kulturen"*. Hg. v. Jean-Marie Valentin u. a. Bern 2007, S. 215–219; Craig, Gordon Alexander: „Friedrich Schiller und die Polizei". In: *Die Politik der Unpolitischen. Deutsche Schriftsteller und die Macht, 1770–1871*. Hg. v. Gordon A. Craig. München 1993, S. 59–68; Düsing, Wolfgang: „Der Klassiker und das Kriminalstück. Schillers dramatische Fragmente *Die Polizey* und *Die Kinder des Hauses*". In: *Epochenbegriffe: Grenzen und Möglichkeiten*. Hg. v. Uwe Japp, Peter Wiesinger u. Hans Derkits. Bern 2002, S. 155–161; Gregory, Stephan: „Erkenntnis und Verbrechen: Schillers Pariser Ermittlungen". In: *Topos Tatort. Fiktionen des Realen*. Hg. v. Anna Häusler. Bielefeld 2011, S. 45–73; Steinbach, Dietrich: „Schillers Realismus im Drama: Ein Versuch über das Trauerspiel-Fragment *Die Polizei*". In: *Literatur in der Gesellschaft. Festschrift für Theo Buck*. Hg. v. Frank-Rutger Hausmann. Tübingen 1990, S. 87–96.
**3** Klotz, Volker: *Die erzählte Stadt: Ein Sujet als Herausforderung des Romans von Lesage bis Döblin*. München 1969.
**4** Hofmannsthal, Hugo von: *Gesammelte Werke*. Hg. v. Bernd Schoeller in Beratung mit Rudolf Hirsch. Bd. 1. Frankfurt/Main 1979, S. 351; vgl. Hofmannsthal: *Gesammelte Werke*, S. 425: Für solch „grosse Verhältnisse" hatte Schiller, wie schon Hofmannsthal gesehen hat, „ein Auge, damit steht er fast allein unter den Deutschen."
**5** Vgl. Schäffner u. Vogl: „Polizey-Sachen"; Robert: *Vor der Klassik*, S. 128–137.

fen, z. B. dem *Demetrius* oder dem *Warbeck*, stützt sich Schiller für das *Polizey*-Projekt auf eine einzelne Quelle: Louis-Sébastien Merciers zwölfbändiges *Tableau de Paris*, das Schiller seit 1787 kannte.[6] Die Fragmente des *Polizey*-Projekts füllen in der Nationalausgabe ungefähr zwanzig Seiten. Sie stellen im Wesentlichen eine Collage von Exzerpten aus Merciers schillernden Paris-Vignetten dar,[7] unterbrochen nur von Schillers poetologischen „Selbstunterhaltung[en]"[8].

---

6 Vgl. NA 12, 430 f.; Mercier, Louis-Sébastien: *Tableau de Paris. Nouvelle édition corrigée & augmentée*. 8 Bände. Amsterdam 1782/83, Bände 9–12 Amsterdam 1788 (Ndr. Genf 1979). Es existiert bislang keine vollständige deutsche Übertragung. Vgl. die folgenden Auswahlausgaben: Mercier, Louis-Sébastien: *Bücher, Literaten und Leser am Vorabend der Revolution. Auszüge aus dem ‚Tableau de Paris'*. Ausgew. und übers. v. Wulf D. Lucius. Göttingen 2012; *Mein Bild von Paris. Mit dreiundvierzig Wiedergaben nach zeitgenössischen Kupferstichen*. Übertr. v. Jean Villain. Frankfurt/Main 1979; *Paris am Vorabend der Revolution*. Ausgew., übers., und eingel. v. Günter Metken unter Mitw. v. F. Nies. Karlsruhe 1967. Literatur zu Merciers *Tableau*: Graczyk, Annette: *Das literarische Tableau zwischen Kunst und Wissenschaft*. München 2004, S. 117–158; Villain, Jean: „Der Fußgänger von Paris. Versuch über die Unsterblichkeit des Louis Sébastien Mercier". Nachwort zu: Louis Sébastien Mercier: *Mein Bild von Paris. Mit dreiundvierzig Wiedergaben nach zeitgenössischen Kupferstichen*. Übertr. und hg. v. Jean Villain. Frankfurt/Main 1979, S. 383–440; Stierle, Karlheinz: *Der Mythos von Paris. Zeichen und Bewusstsein der Stadt*. München, Wien 1993, S. 105–128; Kimminich, Eva: „Chaos und Struktur – Schritt und Blick in L.-S. Merciers Tableau de Paris". In: *Romanistische Zeitschrift für Literaturgeschichte* (1994), H. 3/4, S. 263–282; zum Rahmen der Paris-Literatur vgl. Hoffmann-Maxis, Angelika: *Brennpunkt der Welt. C'est l'abrégé de l'univers. Großstadterfahrung und Wissensdiskurs in der pragmatischen Paris-Literatur 1780–1830*. Bielefeld 1991; Jüttner, Siegfried: „Großstadtmythen. Paris-Bilder des 18. Jahrhunderts. Eine Skizze". In: *Deutsche Vierteljahrsschrift für Literaturwissenschaft und Geistesgeschichte* 55 (1981), S. 173–203. Die Mercier-Rezeption in Deutschland ist vor allem durch sein theoretisches Hauptwerk *Du Théâtre ou Nouvel Essai sur l'Art dramatique* (1773; Ndr. Génève 1970) bestimmt, das Heinrich Leopold Wagner auf Veranlassung Goethes 1776 unter dem Titel „Neuer Versuch über die Schauspielkunst" übersetzt. Zollinger, Oskar: „Louis-Sébastein Mercier's Beziehungen zur deutschen Litteratur". In: *Zeitschrift für französische Sprache und Litteratur* 25 (1903), S. 87–121; Beriger, Hanno: „Mercier et le ‚Sturm und Drang'". In: *Louis-Sébastien Mercier précurseur et sa fortune. Avec des documents inédits. Recueil d'études sur l'influence de Mercier*. Hg. v. Hermann Hofer. München 1977, S. 47–72; Boubia, Fawzi: *Theater der Politik – Politik des Theaters. Louis-Sébastien Mercier und die Dramaturgie des Sturm und Drang*. Frankfurt/Main 1978. Schiller lernte Merciers *Tableau* über Heinrich Georg von Hoffs *Historisch-kritische Enzyklopädie über verschiedene Gegenstände, Begebenheiten und Charaktere berühmter Menschen* (1787) kennen, zu der er im Folgejahr eine Rezension verfasste. Zu Schillers Mercier-Lektüre Pusey, William Webb: *Louis-Sébastien Mercier in Germany. His vogue and Influence in the Eighteenth Century*. New York 1939 (Ndr. New York 1966), hier S. 154 f.; Stettenheim, Ludwig: *Schillers Fragment „Die Polizey" mit Berücksichtigung anderer Entwürfe des Nachlasses*. Rostock 1893, S. 41–48.

7 Die Referenzstellen sind gut und umfassend dokumentiert in NA 12, 427–461.

8 Goethe, Johann Wolfgang von: „Über das deutsche Theater". In: *Goethes Werke*. Hg. im Auftrage der Großherzogin Sophie von Sachsen. Bd. 40. Weimar 1901, S. 86–106, Zitat S. 88 f.: „Um

Merciers *Tableau de Paris* war ein immenser publizistischer Erfolg: Bis 1790 waren etwa 100.000 Exemplare verkauft. Doch auch Polemik blieb nicht aus: Kritisiert wurde einerseits der „ton populacier" und ein „style fait pour les halles", andererseits das Fehlen einer erkennbaren Struktur und Ordnung: Rivarol schrieb, das *Tableau* sei „pensé dans la rue et écrit sur la borne"; Bachaumont bemerkt 1782, „le livre péchera toujours par le défaut de plan, d'ordre, de méthode, de goût."[9] In der Tat nähert sich Mercier der Kapitale in einer besonderen Perspektive, die er in der *Préface* zum ersten Band beschreibt:

> Je parlerai des mœurs publiques & particulieres, des idées régnantes, de la situation actuelle des esprits, de tout ce qui m'a frappé dans cet amas bizarre de coutumes folles ou raisonnables, mais toujours changeantes. Je parlerai encore de sa grandeur illimité, de ses richesses monstrueuses, de son luxe scandaleux.[10]

Das *Tableau* will kein Reiseführer sein, „ni *inventaire* ni *catalogue*",[11] keine topografische oder antiquarisch-historische Studie, sondern eine urbane Sittengeschichte („au moral & à ses nuances fugitives"), aufgenommen aus dem subjektiven Blickwinkel des Flaneurs und Beobachters: „Laufen und Sehen bilden für das literarische Schaffen Merciers unabdingbare Voraussetzungen."[12] Das *Tableau* entwickelt dabei einen proto-ethnologischen Blick, eine Perspektive ‚von unten' auf die Akteure, Schauplätze und Institutionen der Kapitale am Ende des *Ancien régime*: „Die Konzeption der Stadt als Ausdruck der gesteigerten Widersprüchlichkeit der Kulturbewegung selbst wird zum Darstellungsmittel, zum konstruktiven Prinzip."[13] Emphatisch ist Mercier immer wieder als „Begründer eines neuen Genres" bezeichnet worden: „der voll und ganz dem Authentischen, Nachprüfbaren verpflichteten, sozialkritischen literarischen *Reportage*."[14] Im Artikel über den *trouveur* (den ‚Sachenfinder'),[15] der sich darauf spezialisiert hat zu finden, was andere verloren haben, hat Mercier ein Porträt seiner eigenen Methode und Intention gegeben:

---

desto angenehmer wird Einsichtigen die Selbstunterhaltung Schillers über den projectirten und angefangenen *Demetrius* entgegenkommen, welches schöne Document prüfenden Erschaffens uns im Gefolg seiner Werke aufbewahrt ist."
9 Zitate bei Kimminich: „Chaos und Struktur", S. 263.
10 Mercier: *Tableau de Paris*, Bd. 1–2, S. III.
11 Ebd., S. V.
12 Kimminich: „Chaos und Struktur", S. 276.
13 Stierle: *Mythos*, S. 107.
14 Jean Villain: „Der Fußgänger von Paris", S. 385.
15 Mercier: *Tableau de Paris*, Bd. 9, S. 205–208. Stierle: *Mythos*, S. 111 f.

Son regard rase incessament la terre: vous passez auprès de lui, il ne vous apperçoit pas; mais il distingue une clef de montre que la poussière couvre à moitié; il voit des deux côtés, & presque derrière sa tête. [...] Qui peut calculer ce qui résulte du commerce fréquent avec les autres hommes, & tout ce qu'on y apprend? Il y a une chose vraie, c'est qu'on ne devine rien; il faut voir pour juger sûrement. Les faits! Les faits! voilà sur quoi il faut baser; c'est du sein des faits, & non de celui des conjectures, que les idées les plus inattendues prennent naissance; ainsi des mélanges chymique produisent, par la fermentation, de nouveaux ètres.[16]

Die insgesamt 1049 Kapitel und „Szenen" (S. V) entwerfen die „physionomie morale de cette gigantesque capitale"[17]. Dargestellt werden Berufs- und Bevölkerungsgruppen, urbane Brennpunkte, Personen oder Institutionen des öffentlichen Lebens – wie eben die Polizei. Das Tableau löst sich somit in eine Folge von Teil-Tableaux auf, die in der Tradition von Karikatur und Charakteristik (Kolporteur, Buchhändler, Lustspielautor usw.) stehen. In ihnen leistet Mercier eine sprachliche „Differenzierungsarbeit"[18], die der ungeheuren Differenzierung der urbanen Aktivitäten und Institutionen gerecht wird. Aufgabe des urbanen Flaneurs und *Trouveurs* ist es, die diffuse Fülle der Fakten („les faits!") auf Typen zu reduzieren. In dieser typologischen Reduktion, aber auch im Verfahren des Tableaus selbst berührt sich das *Tableau* mit Merciers dramenpoetischen Schriften: „Das Drama soll Drama der Großstadt werden."[19] Andererseits bestehen Analogien zur Naturgeschichte: Die Großstadt ist weniger ein Universum im Kleinen als ein Biotop, dessen Bewohner es im Sinne einer *histoire naturelle* der Stadt zu klassifizieren gilt.

Schon im Titel *Tableau* ist zudem die Analogie zur Malerei angesprochen.[20] Diese Analogie gewinnt bereits in den ersten Kapiteln methodische Prägnanz: Immer wieder ist von Zeichnung und Physiognomie, von Gesichtspunkt und Perspektive die Rede, etwa auch in dem Vorsatz, „nicht urteilen, sondern malen zu wollen (*„peindre*, & non *juger"*). Auf diese Weise entsteht ein großer, ethnologisch

---

16 Mercier: *Tableau de Paris*, Bd. 9, S. 205 f.
17 Ebd., Bd. 1–2, S. III-IV.
18 Stierle: *Mythos*, S. 112.
19 Ebd., S. 118.
20 Vgl. Langen, August: *Anschauungsformen in der deutschen Dichtung des 18. Jahrhunderts. Rahmenschau und Rationalismus*. Jena 1934 (Ndr. Darmstadt 1968). Es ist nur konsequent, wenn 1788 der Schweizer Maler Balthasar Anton Dunker eine 96 Bilder umfassende Folge von Illustrationen zum *Tableau* produzierte. Dunker, Balthasar Anton: *Tableau de Paris, ou Explication de Différentes Figures, gravées à l'Eau-Forte, pour servir aux différentes Editions du Tableau de Paris par M. Mercier*. Yverdon 1787. Sie finden sich in verschiedenen neueren (Sammel-)Ausgaben, z. B. der von Villain: Mercier: *Mein Bild von Paris*. Frankfurt/Main 1979.

inspirierter Bilderbogen des urbanen Lebens, dieses „großen mobilen Theaters" („ce grand mobile théâtre"). Zeitgenossenschaft, teilnehmender Blick, Perspektive von *innen* und von *unten* sind programmatische Leitmotive. Eine durchgehende Handlung existiert nicht. Kaleidoskopartig setzen sich die Einzelbilder zu einem Gesamtbild zusammen, das auf den ersten Blick assoziativ wirkt. Eva Kimminich hat jedoch zeigen können, dass dem *Tableau* durchaus eine Struktur zugrunde liegt. Der Aufbau der einzelnen Kapitel erinnert an die Artikel „einer Enzyklopädie oder eines Diktionärs".[21] Wie die 157 Bände umfassende *Encyclopédie méthodique* (1782–1832), eine Überarbeitung der Diderot'schen *Encyclopédie*, oder Voltaires *Dictionnaire Philosophique portatif* (1764) ist das *Tableau de Paris* nach Sachgebieten geordnet. Die vertraute alphabetische Gliederungsweise wird Mercier dann in seinem *Nouveau Tableau de Paris* von 1795 anwenden.[22]

Schillers Paris-Faszination wird durch Merciers urbane Enzyklopädie geweckt. Diese Faszination betrifft gleichermaßen Methode, Form und Stoff. „De ce nombre infini d'arts, de métiers, de travaux, d'occupations diverses"[23] füllt ganze Seiten in den Exzerpten. Mercier exponiert auch das Leitthema der „unmäßigen Größe der Hauptstadt" („Grandeur démésurée de la Capitale"), die an Grenzen der Darstellbarkeit heranführt. In einem Brief aus dem Jahr 1788, etwa zur Zeit der Mercier-Lektüre also, schreibt Schiller an Caroline von Beulwitz:

> Wer Sinn und Lust für die große Menschenwelt hat, muss sich in diesem weiten, großen Element gefallen; wie klein und armselig sind u n s r e bürgerliche und politische Verhältnisse dagegen! [...] Ich habe einen unendlichen Respekt für diesen großen drängenden Menschenocean, aber es ist mir auch wohl in meiner Haselnußschaale. (NA 25, 146)[24]

In der Spannung von ‚Ozean' und ‚Haselnussschale' klingt – metaphorisch verschoben – das Thema des Erhabenen an, das hier, gleichsam als Sonderfall des urbanen Sublimen, in die deutsche Literatur eingeführt wird. Die Stadt steht für die Erfahrung des „Theoretischerhabenen" (NA 20, 173). In seiner „Allheit" (NA 12, 92) überfordert die Metropole durch ihre Größe und labyrinthische Undurchdringlichkeit den ästhetischen Totaleindruck.[25] Auch die Metaphern von Ozean und Urwald zeigen die Schwierigkeiten, den urbanen Raum angemessen

---

21 Kimminich: „Chaos und Struktur", S. 265.
22 Ebd., S. 267 f.
23 Mercier: *Tableau de Paris*, Bd. 1, S. 4.
24 Brief an Caroline von Beulwitz vom 27.11.1788.
25 Zum Begriff vgl. Hard, Gerhard: „Der Totalcharakter der Landschaft. Re-Interpretation einiger Textstellen bei Alexander von Humboldt". In: *Erdkundliches Wissen* (Beiheft Geographische Zeitschrift) 23 (1970), 49–73.

zu semantisieren. Schiller spricht von der „Spur des Wildes", die die Polizeiagenten aufspüren. Der Mörder wird „durch alle seine Schlupfwinkel aufgejagt", bis er „endlich in ihre Schlingen" (NA 12, 96) geht. Der urbane Kultur- wird in den wilden Naturraum zurückverwandelt.[26] Schon Mercier sucht der Größe des Themas durch Zerlegung in Teil-Bilder zu entsprechen (s. o.): „Que de tableaux éloquens qui frappent l'œil dans tous les coins des carrefours, & quelle galerie d'images, pleine de contrastes frappans pour qui fait voir & entendre."[27] Nur das erste Kapitel – „coup-d'œil général" – will eine olympische Perspektive einnehmen: Im Bild vom Schmelztiegel, der „die Sitten, Bräuche und den Charakter der entferntesten Völker"[28] vereint, drückt Mercier die Idee der Einheit des Mannigfaltigen aus. Schon hier wird die „unglaubliche Ordnung [betont], die in einer solchen Konfusion herrscht."[29] Schiller rezipiert dabei Merciers vorrevolutionäres *Tableau* von der Warte der Post-Revolution aus, indem er ein „Meta-Theater der öffentlichen Ordnung"[30] inszeniert, das die dissoziativen Wirkungen der Revolution kompensieren soll. Wenigstens auf der Bühne soll das „aufgelöste[] Band der bürgerlichen Ordnung" (NA 20, 319) neu geknüpft werden.

## 2 Polizeiverfassung – Regulieren und Zirkulieren

Das *Tableau* ist nicht nur ein Steinbruch für Realien, es exponiert auch das ästhetische Grundproblem, an dem Schillers Entwürfe laborieren: den Antagonismus von Chaos und Ordnung, Einzelbild („Szene") und Totaleindruck, Beobachtung und Verknüpfung. Wie beide zusammenwirken, zeigt der Auftakt des Konvoluts:

> Die Handlung wird im Audienzsaal des Polizeylieutenants eröfnet, welcher seine Kommis abhört und sich über alle Zweige des Polizeygeschäfts und durch alle Quartiere der großen Hauptstadt weitumfaßend verbreitet. Der Zuschauer wird sonach schnell mitten ins Getreibe der ungeheuren Stadt versezt und sieht zugleich die Räder der großen Maschine in Bewegung.
> Delatoren und Kundschafter aus allen Ständen. (NA 12, 91)

---

[26] Transformiert wird dabei auch der Großstadtbewohner: „Der Mensch wird von dem Polizey-Chef immer als eine wilde Thiergattung angesehen und eben so behandelt". (NA 12, 93)
[27] Mercier: *Tableau de Paris*, Bd. 1, S. 7.
[28] Ebd., S. 2: „On y rencontre les mœurs, les usages & le caractere des peuples les plus éloignés".
[29] Ebd., S. 7 f.
[30] Robert: *Vor der Klassik*, S. 128.

Die Exposition ähnelt jener, die Schiller schließlich für den *Demetrius* wählen wird. Wie dort der Zuschauer der Debatte im polnischen Seym beiwohnt, so wird auch hier Öffentlichkeit und Sichtbarkeit hergestellt. Wenn die Institutionen des modernen Staates sich „in das Innere der Häuser zurückgezogen" haben (wie Schiller in der Vorrede zur *Braut von Messina* beklagt), dann muss der Dichter „die Palläste wieder aufthun, er muß die Gerichte unter freien Himmel herausführen" und „alles Unmittelbare, das durch die künstliche Einrichtung des wirklichen Lebens aufgehoben ist, wieder herstellen" (NA 10, 11 f.). Das Büro des Polizeileutnants ist damit in doppelter Weise ein archimedischer Punkt: Von ihm aus beobachtet die Polizei die Stadt, während der Zuschauer die Gelegenheit bekommt, die Beobachter zu beobachten. In der Person d'Argensons laufen die Fäden des Stückes zusammen. Daher soll sich – so der Plan – „zulezt [...] alles, im Saal des Polizeylieutenants, wechselseitig auflösen" (NA 12, 91).

Schon hier zeichnen sich die strukturellen Herausforderungen des Sujets ab: Die Darstellung der Stadt in ihrer Totalität scheint die strukturelle Integration der Handlung zu gefährden. Eine der ersten Warnungen lautet daher:

> Es ist eine ungeheure Maße von Handlung zu verarbeiten und zu verhindern, daß der Zuschauer durch die Mannichfaltigkeit der Begebenheit und die Menge der Figuren nicht verwirrt wird. Ein leitender / Faden muß da seyn, der sie alle verbindet, gleichsam eine Schnur an welche alles gereiht wird [...]. (NA 12, 91)

Diese Schnur ist die Institution Polizei mit ihren zahllosen Agenten, „Delatoren und Kundschafter[n]", die durch den einen Polizeileutnant gesteuert werden. So kann Schiller feststellen: „Die eigentliche Einheit ist die Polizey *(1)*.+ *(2)*, die den Impuls giebt und zulezt die Entwicklung bringt" (NA 12, 91). Kollektive Protagonisten sind Schillers Dramen seit den *Räubern*, die sich überhaupt als Gegenpol zum *Polizey*-Fragment lesen lassen, nicht fremd, – hier das Kollektiv der Rebellen, dort das der Ordnungskräfte: Der Dichter der Freiheit als Anwalt der Kontrolle. Zentrale Figur der *Polizey* ist Marc-René d'Argenson (1652–1721), der mächtige Minister und zweite Generalleutnant der Pariser Polizei in der Ära Ludwigs XIV. (zwischen 1697–1720).[31] Mercier charakterisiert ihn in einem Kapitel des *Tableau de Paris*:

---

**31** Combeau, Yves: *Le comte d'Argenson (1696–1764), ministre de Louis XV.* Paris 1999 (Mémoires et documents/Société de l'Ecole des Chartes 55); vgl. auch d'Argenson, René Louis de Voyer: *Politische Schriften (1737)*. Übers. u. kommentiert v. Herbert Hömig. München 1985. (Ancien Régime, Aufklärung und Revolution 13).

> Il monta en 1697 la machine de la police, non telle qu'elle existe aujourd'hui; mais il en a imaginé le premier les ressorts & les rouages principaux. On dit que cette machine roule aujourd'hui d'elle-même. Pas tout-à-fait. Son jeu admet des modifications variées; mais elles ne sont pas toutes également difficiles, parce que la machine est toute dressée & subordonnée dans toutes ses parties bien jointes à la main du chef [...].[32]

Mercier beschreibt d'Argenson als väterlichen Kenner seines Volkes, das nicht so sehr wild als hitzig sei („peuple chaud, mais sans férocité"), dessen „Bewegungen sich leicht voraussahen lassen und das daher leicht zu führen" sei.[33] Daher zeigt sich d'Argenson eher als ‚pastorale' Instanz und gütiger Menschenkenner, der seine disziplinierenden Mittel wohl dosiert einzusetzen weiß. Bei Schiller wird er gar zum „Beichtvater", der „die Schwächen und Blößen vieler Familien" kennt und daher „die höchste Discretion nöthig [hat]" (NA 12, 95). Aber Schillers d'Argenson ist eine post-revolutionäre Figur, die all jene Erfahrungen durchlaufen zu haben scheint, die in den *Ästhetischen Briefen* das Bild der Revolution eintrüben. Er ist von einem skeptischen Realismus geprägt, der bisweilen an Misanthropie grenzt. Er

> hat die Menschen zu sehr von ihrer schändlichen Seite gesehen, als daß er einen edeln Begriff von der menschlichen Natur haben könnte. Er ist ungläubiger gegen das Gute und gegen das Schlechte toleranter geworden. (NA 12, 92)

Den Hauptteil von Merciers Artikel bildet ein umfangreiches Zitat aus Fontenelles *Eloge de Monsieur d'Argenson,* verfasst kurz nach dessen Ableben 1721. Schiller verdankt diesem Exzerpt aus Mercier einige strukturbildende Motive seines Entwurfs. Er folgt Fontenelle/Mercier vor allem in der Zeichnung der Funktionen, die der Polizei innerhalb einer „ville bien polie" zukommen. Es sind die von Foucault beschriebenen umfassenden, sowohl positiven (regulativen) wie negativen (verfolgenden, strafenden) Aufgaben der vormodernen Polizeiverfassung.[34] Im Hinblick auf Schillers *Polizey*-Fragmente hat Joseph Vogl sie zuletzt eingehend dargestellt. Er geht dabei von der Staats- und Naturrechtslehre des 17. Jahrhunderts

---

**32** Mercier: *Tableu de Paris,* Bd. 8, S. 163 f.
**33** Ebd., S. 164: „peuple chaud, mais sans férocité, dont tous les mouvemens se devinent, & par conséquent facile à mener."
**34** Überblick in Knemeyer, Franz-Ludwig: „Polizei". In: *Geschichtliche Grundbegriffe. Historisches Lexikon zur politisch-sozialen Sprache in Deutschland.* Hg. v. Otto Brunner, Werner Conze u. Reinhart Koselleck. Bd. 4. Stuttgart 1978, S. 875–897; zum Verhältnis von Literatur und Polizei Darnton, Robert: *Poesie und Polizei. Öffentliche Meinung und Kommunikationsnetzwerke im Paris des 18. Jahrhunderts.* Frankfurt/Main 2002.

(Grotius, Hobbes, Pufendorf)[35] aus, in der sich bereits eine „Architektur [zeige], die den Staat als Zusammenfassung widerstrebender Teile ausweist und neben der Bildung der Staatsperson die Erhebung eines Wissens umschließt, das elementare Funktionsweisen des Gemeinwesens betrifft."[36] Dieses Wissen, das sich im Horizont kameralistischer Ökonomie mit ihrer Schutz- und Kontrollfunktion konstituiert, verdichtet sich im Begriff der ‚guten Polizey'. Ökonomie (Kameralismus) und Polizeiwissenschaft sind sachlich-methodisch nicht voneinander zu trennen. Beide setzen als Ideal den „geschlossenen Handelsstaat"[37], in dem Waren- und Kommunikationsströme zirkulieren, voraus. So wird die „Zirkulation überhaupt zum meist zitierten Begriff ökonomischer Dogmatik im 18. Jahrhundert und überdies zu einer fundamentalen Kategorie ökonomischer Analyse."[38] Die *Polizey* „übernimmt nun die Aufgaben positiver Intervention und Steuerung innerhalb der politischen Regierung".[39] Ihr Ziel ist es, „das gesamte Vermögen des Staates durch gute innerliche Verfassungen zu erhalten und zu vergrößern und der Republik alle innerliche Macht und Stärke zu verschaffen, deren sie nach ihrer Beschaffenheit nur immer fähig ist".[40] Sie reguliert Warenzirkulation und Preisentwicklung, kontrolliert, interveniert und übernimmt die „cura advertendi futuri", d. h. die Aufgaben der Prävention. Ihre Verfassung ist in den Traktaten zur Polizeiwissenschaft seit dem mittleren 18. Jahrhundert immer wieder niedergelegt worden – die Reihe der Polizei-Theoretiker reicht von Pütter über Justi und Joseph, von Sonnenfels bis Fichte und Hegel. Die Emergenz dieses Polizei-Wissens verdankt sich der Wahrnehmung einer Lücke zwischen Idee und Wirklichkeit des Staates, zwischen Verfassungstheorie und „Regulierung einer kontingenten Ereignismasse".[41] Wir kennen diese Lücke als einen ‚dritten Raum' zwischen

---

35 Pufendorf, Samuel: *Einleitung in die Historie der vornehmsten Reiche und Staaten, so itziger Zeit in Europa sich befinden*. Frankfurt/Main 1683.
36 Vogl: „Staatsbegehren", S. 601.
37 Fichte, Johann Gottlieb: „Der geschlossene Handelsstaat. Ein philosophischer Entwurf als Anhang zur Rechtslehre und Probe einer künftig zu liefernden Politik" [1800]. In: *Werke*. Hg. von Immanuel Hermann Fichte. Bd. 3: Zur Rechts- und Sittenlehre I. Berlin 1971, S. 387–513.
38 Vogl, Joseph: *Kalkül und Leidenschaft. Poetik des ökonomischen Menschen*. Zürich, Berlin 2004, S. 224; bei Schiller tritt das Zirkulationsproblem in den Horizont des *commercium*-Problems. Die Polizeiagenten, die dem Polizeilieutenant als Medium der Erkenntnis der sozialen Wirklichkeit dienen, entsprechen strukturell jener „Mittelkraft", die in Schillers Dissertation *Philosophie der Physiologie* (§ 4) als Verbindungsorgan zwischen Körper und Geist postuliert wird, vgl. Robert: *Vor der Klassik*, S. 133 f.
39 Vogl: „Staatsbegehren", S. 606.
40 Justi, Johann Heinrich Gottlob von: *Grundsätze der Polizey-Wissenschaft […]*. Göttingen 1759, Vorrede der ersten Auflage, unpag.
41 Vogl: „Staatsbegehren", S. 609.

Natur- und Vernunftstaat aus Schillers *Ästhetischen Briefen*.[42] Das Schöne lasse sich „als konsequenter Ausdruck und als Verwirklichung einer politischen Steuerungsidee begreifen". Das „Reich des schönen Scheins" – so Vogls Argumentation – sei eine „Geburt aus dem Geist der Policey".[43] Dass diese einfache Genealogie zu kurz greift, soll im Folgenden demonstriert werden.

Aufgabe der Polizei innerhalb des kameralistischen Wirtschaftssystems ist es – und damit vorerst zu Mercier zurück – mögliche Dysbalancen, Kollisionen und Kontingenzen im Raum des Staatskörpers zu minimieren, die Ökonomie des ‚ganzen Staates', seine systemische Autonomie und Autopoiesis aufrecht zu erhalten. Die Polizei muss, so Fontenelle, „tenir les abus nécessaires dans les bornes précises de la nécessité qu'ils sont toujours prêts à franchir."[44] Die Maßnahmen und Aufgabenfelder der Polizei entlehnt Schiller im Einzelnen aus Mercier/Fontenelle. Unter den genannten zählt zu den wichtigsten „Geschäfte[n] der Polizey" die Obliegenheit, „[f]ür die Bedürfnißen der Stadt so zu sorgen, daß das Nothwendige nie fehle und daß der Kaufmann nicht willkührliche Preise setze" (NA 12, 92). Zu den ökonomischen Steuerungsaufgaben kommt die Garantie öffentlicher Ordnung: „Die Beschützung der Schwachen gegen die Bosheit und die Gewalt", aber auch die „Reinigung der Sitten" (NA 12, 93). Nicht die Religion, sondern die Polizei ist bei Fontenelle Garantin öffentlicher Ordnung. Unter d'Argenson, so Fontenelle bei Mercier, habe die allgemeine Ruhe und Ordnung einen höchsten Grad erreicht. Die vollkommene, kollisionsfrei arbeitende Gesellschaft scheint verwirklicht. Die „Maschine" der Polizei sichert die Zirkulation der Lebensströme innerhalb des Staatskörpers.

## 3 Der König ist tot – es lebe die Polizei

In Merciers/Fontenelles Darstellung d'Argensons zeigt sich die „Verdopplung des politischen Körpers", die zu einer Konkurrenz zwischen einer „symbolischen bzw. repräsentativen" und einer „physischen" Instanz, zwischen Monarch und Polizei führt.[45] Auch Mercier registriert eine Dysbalance zwischen diesen beiden Körpern des Staates. Die empirische Steuerung gewinnt die Oberhand über die monarchische Ordnung. Angesichts der reibungslosen Maschinerie der Polizeior-

---

42 Vgl. Koschorke, Albrecht: „Ein neues Paradigma der Kulturwissenschaften". In: *Figur des Dritten. Ein kulturwissenschaftliches Paradigma.* Hg. v. Eva Eßlinger u. a. Berlin 2010, S. 9–31.
43 Vogl: „Staatsbegehren", S. 618.
44 Mercier: *Tableau de Paris,* Bd. 8, S. 167.
45 Vogl: „Staatsbegehren", S. 604.

ganisation wird der König als Garant von „propreté, tranquillité, sureté" überflüssig und kann sich aus der Kapitale in den Ruhestand zurückziehen: „Aussi le feu roi se reposoit-il entièrement de Paris sur ses soins".⁴⁶ Ohnehin ist der Monarch nicht das Hauptproblem im Paris der 1780er Jahre; die wahre ‚Tyrannei' ist die der Ökonomie, des entfesselten, deregulierten Marktes: Diese Tyrannei wird von den Händlern und Monopolisten ausgeübt („la tyrannie des marchands à l'égard du public"). Als Korrektiv tritt der Polizeileutnant auf, der als Stellvertreter des Königs fungiert.

Schiller geht noch einen Schritt weiter: Im *Polizey*-Entwurf ist der König omnipräsent und doch abwesend. Die einzige Erwähnung des Monarchen markiert eine Allmacht, die im Stück kaum sichtbar wird: „Paris ist ein Gefängniß, es ist in der Gewalt des Monarchen, er hat hier eine Million unter s.<einem> Schlüßel" (NA 12, 97). Das Bild der Monarchie ist ambivalent: Der König erscheint als Despot – in den Konturen eines Philipp II. –, wird aber explizit nicht ersetzt. Deutlich positiver heißt es noch im *Lied von der Glocke*: „Ehrt den König seine Würde" (NA 2.I, 236, V. 319) – statt im Ruf nach „Freiheit und Gleichheit" (NA 2.I, 237, V. 361) das Band der Gemeinschaft zu zerstören. In Schillers *Polizey*-Fragment wird überhaupt nur ein Körper *sichtbar* – der d'Argensons bzw. seiner Agenten. Wie schon in *Kabale und Liebe* oder im *Don Karlos* und später im *Wallenstein* geht die Macht im Staate von den nachgeordneten Ordnungsinstanzen aus. Aversion und Kritik richten sich gegen die Stellvertreter – nicht gegen die unsichtbaren Spitzen des Staates: gegen den Großinquisitor, den Präsidenten von Walter, den Vogt Geßler. So auch in der *Polizey*: Hier gehen Attribute, Funktionen und patriarchalisch-pastorale Überhöhungen vom Monarchen, den der Text nahezu unangetastet lässt, auf den Polizeileutnant über. Er, d'Argenson, schlüpft in die Rolle des allwissenden, alles regulierenden *pater patriae*. Als ‚Beichtvater' nimmt er eine zugleich politische und religiöse Stellung ein. Die Polizey ersetzt die Kirche bzw. die Inquisition durch eine neuartige „Pastoraltechnologie"⁴⁷.

Wenn Schiller Königtum durch Kybernetik, Providenz durch Polizeiregiment ersetzt, so muss dies im Kontext von Schillers Auseinandersetzung mit der Revolution gesehen werden. Das Paris der *Polizey* ist ein Gegenentwurf zum Paris der

---

46 Mercier: *Tableau de Paris*, Bd. 8, S. 153.
47 Vogl: „Staatsbegehren", S. 606; Hahn: „Großstadt", S. 130 f.; beide in der Nachfolge von Foucault, Michel: *Geschichte der Gouvernementalität*. Bd. 1. *Sicherheit, Territorium, Bevölkerung. Vorlesung am Collège de France 1977–1978*. Übers. v. Claudia Brede-Konersmann u. Jürgen Schröder. Frankfurt/Main 2014, S. 173–200 (zur Idee der pastoralen Fürsorge und ihren modernen Äquivalenten). Foucault, Michel: „Omnes et singulatim. Zu einer Kritik der politischen Vernunft". In: *Gemeinschaften. Positionen zu einer Philosophie des Politischen*. Hg. v. Joseph Vogl. Frankfurt/Main 1994, 65–93.

Revolution, ein urbaner Kosmos, der zwar nicht mehr – wie die rurale Kleinstadt im *Lied von der Glocke* (ebenfalls 1799 entstanden) oder die archaische Gemeinschaft der Eidgenossen – spontan durch „Bande frommer Scheu" (NA 2.I, 237, V. 370) zusammengehalten wird, aber doch in der Polizei über ein *vinculum societatis* verfügt, das die „heilige Ordnung" garantiert.[48] Als umgekehrtes Revolutionsstück soll *Die Polizey* zeigen, wie die Revolution durch *Prävention* – „Sittenreinigung", Marktregulierung, vorausschauende Infiltration – hätte verhindert werden können. Das Stück imaginiert einen dritten Weg jenseits von Monarchie und radikaler Republik. Das *Tableau de Paris* ist dabei eine wichtige Quelle, die einen historischen Übergangspunkt *vor* 1789 bezeichnet: Die *Polizey*-Fragmente, die hinter Mercier auf Fontenelle und die Ära d'Argensons zurückgreifen, zeichnen *nach* der Revolution eine spät- bzw. post-monarchische, aber zugleich *prä*-republikanische Ordnung. Schiller ist sich dieser historischen Daten bewusst. Auch er kann die Liquidierung des Königs, die ihn zum Plan einer Verteidigungsrede bewogen hatte,[49] nicht rückgängig machen; sein Entwurf bestätigt sie sogar. Nicht mehr das Königtum, sondern die Polizei ist Garantin und Band des sozialen Zusammenhalts.

Die Rede von der „Ästhetisierung der Policey"[50] trifft zweifellos etwas Richtiges, reduziert jedoch auch Komplexitäten und Ambivalenzen, die Schillers Suche nach einem postrevolutionären *vinculum societatis* bestimmen. Denn keineswegs lassen sich Schillers Überlegungen lückenlos aus dem aufgeklärten Polizeidiskurs und/oder Merciers/Fontenelles Lob d'Argensons ableiten. Historisch bleibt die Schwelle 1789 zu berücksichtigen, diskursiv die Eigenlogik der Literatur, die das Problem der ‚Gouvernementalität' ästhetisch modelliert. Drittens kommt hinzu, dass die Polizei nur die *eine* Option einer regulativen Ersatz-Instanz darstellt, die der post-revolutionäre Schiller durchspielt. Denn die Polizeiverfassung war nur *eine* Lösung für den Zerfall der „alte[n] feste[n] Form" (NA 8, 5, V. 71), von dem der Prolog zu *Wallensteins Lager* spricht. So spielt Schiller verschiedene Ins-

---

**48** Welche Konsequenzen das Fehlen solcher gesellschaftlicher Aufsichts- und Ausgleichsinstanzen hat, zeigt die Ballade *Die Kraniche des Ibykus*: Die Ermittlung der Täter bleibt in einer vormodernen Gesellschaft wie der panhellenischen der archaischen Periode an die Instanz des Theaters – und des Zufalls – gebunden. Die Aufklärung des Dichtermordes ist Leistung einer göttlichen Nemesis, die sich an die Nemesis-Dramatik von Aischylos' *Eumeniden* knüpft. In einer doppelten Bewegung wird die Nemesis zuerst an die Bühne, dann von dieser an die weltliche Jurisdiktion delegiert. Diese *translatio iuris* ist der Sinn des Satzes „Die Scene wird zum Tribunal" (NA 1, 390, V. 182).
**49** High, Jeffrey L.: „Schillers Plan, Ludwig XVI. in Paris zu verteidigen". In: JbDSG 39 (1995), S. 178–194.
**50** Vogl: „Staatsbegehren", S. 615.

tanzen durch, das Vakuum zwischen Natur- und Vernunftstaat, Idee und Wirklichkeit des Staates zu überbrücken. Die Religion ist dabei die erste und ursprünglichste. Dass Religion „die stärkste und unentbehrlichste Stütze aller Verfassung" (NA 17, 396) sei,[51] wie es Schiller in *Die Sendung Moses* in Anspielung auf den Topos *religio vinculum societatis* behauptete, muss damit als überholt gelten. Wie der Polizeileutnant den König, so beerbt die Polizei die Religion, weil auch sie, wie es in der *Schaubühnenrede* heißt, nicht nur „verneinende Pflichten" kennt, sondern auch solche, die das Band der Gesellschaft „inniger machen" (NA 20, 91). In der *Schaubühnenrede* wird diese Funktion von der Religion auf die Bühnenkunst übertragen.[52] Das *Polizey*-Fragment überträgt diese *vinculum*-Funktion von der Religion bzw. Kirche (Inquisition) auf die Polizei und reflektiert dabei stärker die Ambivalenz der obrigkeitlichen Kontrolle. Dies geschieht stets vom postreligiösen und post-revolutionären Standpunkt des Jahres 1799, in ähnlicher und doch anderer, gegenläufiger Weise als in den *Ästhetischen Briefen*. Statt Kunst und Künstler zu Agenten der politischen Transformation zu machen, werden die Agenten selbst zu Künstlern. So heißt es, d'Argenson habe „das Gefühl für das Schöne nicht verloren, und da / wo er es unzweideutig antrifft, wird er desto lebhafter davon gerührt" (NA 12, 92).

Die Rolle der Polizei ist dabei analog zur Rolle der Bühne gestaltet. Beide sind ihrem Wesen nach Dispositive der Beobachtung und Sichtbarkeit.[53] Ihrer Funktion nach sind sie von einem Willen zur Kontrolle, zum *social engineering* bestimmt, der bei Schiller in der *Schaubühnenrede* seinen Niederschlag findet.[54] Beide Aspekte wirken zusammen: Um als *vinculum societatis* wirken zu können, muss die Polizei den urbanen Raum bis in seine Schlupfwinkel durchdringen. Nichts darf ihr verborgen bleiben. Dieser Entwurf ist zunächst einmal ein Ideal, das die praktische Uneinlösbarkeit des panoptischen Willens und der zahlrei-

---

**51** Vgl. Feil, Ernst: *Religio*. Bd. 3. *Die Geschichte eines neuzeitlichen Grundbegriffs im 17. und frühen 18. Jahrhundert*. Göttingen 2001, S. 133–147 (zu Pufendorf), insb. S. 139.
**52** Vgl. die *Schaubühnenrede*: „Derjenige, welcher zuerst die Bemerkung machte, daß eines Staats festeste Säule Religion sei – daß ohne sie die Geseze selbst ihre Kraft verlieren, hat vielleicht, ohne es zu wollen oder zu wissen, die Schaubühne von ihrer edelsten Seite vertheidigt." (NA 20, 91)
**53** Vgl. dazu meine Überlegungen in *Vor der Klassik*, S. 144–153.
**54** Zum Begriff Kuchenbuch, David: *Geordnete Gemeinschaft. Architekten als Sozialingenieure – Deutschland und Schweden im 20. Jahrhundert*. Bielefeld 2010; Luks, Timo: *Der Betrieb als Ort der Moderne. Zur Geschichte von Industriearbeit, Ordnungsdenken und Social Engineering im 20. Jahrhundert*. Bielefeld 2010.

chen zeitgenössischen Passphantasien (z. B. Fichtes) kompensieren soll.⁵⁵ Die Literatur reflektiert und modelliert eine soziale Phantasie. Das durchdringende Auge d'Argensons ist dabei die Kehrseite einer Furcht vor dem Kontrollverlust.⁵⁶ Schon bei Fontenelle regiert der Absolutismus des Sichtbaren, wenn er in seiner Lobrede auf d'Argenson betont, die Polizei müsse „pénétrer par des conduits souterrains dans l'intérieur des familles, & leur garder les secrets qu'elles n'ont pas confiés", kurz: „être présent par-tout sans être vu".⁵⁷ Sehen, ohne gesehen zu werden: darin sieht noch Hegel die genuine Aufgabe und Qualität der Polizei. In seinen *Vorlesungen über Naturrecht und Staatswissenschaft* (1817/18) schreibt er:

> Ebenso ist es etwas Widriges, wenn man überall Polizeibeamte sieht. Darin wäre die geheime Polizei das beste, man soll nicht sehen, daß sie eine Beaufsichtigung ausübe, die doch notwendig ist. Aber das Verborgene hat den Zweck, daß das öffentliche Leben frei ist.⁵⁸

Die Polizey ist ein Medium, das „Data" (NA 12, 91) ermittelt und Bewegungen im sozialen Raum registriert wie eine unsichtbare Kamera: Die Polizei muss, so Schiller, „alles mit Leichtigkeit übersehen, und schnell nach allen Orten hin wirken können. Dazu dient die Abtheilung und Unterabtheilung, die Register, die Offizianten, die Kundschafter, die Angeber" (NA 12, 93). Schon bei Fontenelle erscheint Paris als ein geschlossener, absolut transparenter Kosmos, eine Art urbanes *Panopticon* (im Sinne Jeremy Benthams). Ein Unbekannter, „cet inconnu, quelque ingénieux qu'il fût à se cacher, étoit toujours sous ses yeux."⁵⁹ Die Anagnorisis

---

**55** Fichte, Johann Gottlieb: *Grundlage des Naturrechts nach Prinzipien der Wissenschaftslehre (1796)*. Mit Einleitung u. Register v. Manfred Zahn. Hamburg 1960 (Philosophische Bibliothek 256), S. 296: „In einem Staate von der hier aufgestellten Konstitution hat jeder seinen bestimmten Stand, die Polizei weiß so ziemlich, wo jeder Bürger zu jeder Stunde des Tags sei."
**56** Dies spiegelt sich in der konzeptionellen Metapher von der Großstadt als urbaner Dschungel, in dem der Mensch „eine wilde Thiergattung" (NA 12, 93) darstellt, deren „Spur" (NA 12, 96) es zu finden und verfolgen gilt.
**57** Mercier: *Tableau de Paris*, Bd. 8, S. 168.
**58** Hegel, G. F. W.: „Vorlesungen über Naturrecht und Staatswissenschaft (1817/18)". In: *Vorlesungen. Ausgewählte Nachschriften und Manuskripte*. Hg. v. Claudia Becker u. a. Hamburg 1983, S. 163.
**59** Mercier: *Tableau de Paris*, Bd. 8, S. 169. Bei Schiller finden sich Hinweise, dass die Kontrolle nicht lückenlos gelingt: „Argenson verliert nach langem Forschen die Spur des Wildes [...].", heißt es da oder: „Ein verloren gegangener Mensch beschäftigt die Polizey. Man kann seine Spur vom Eintritt in die Stadt bis auf einen gewißen Zeitpunkt und Aufenthalt verfolgen, dann aber verschwindet er." (NA 12, 96).

gewinnt „im klassischen Zeitalter der Identifikation"⁶⁰ eine neue metadramatische Funktion: In ihr zeigt sich eine Sehnsucht nach dem Pass, nach der verbrieften Wiedererkennbarkeit, die um 1800 alle Schriften zur Polizeiverfassung durchzieht.⁶¹

## 4 Kompensation I – Das Versprechen der Kontrolle

D'Argenson repräsentiert im Stück die absolute, patriarchale Gewalt, und er repräsentiert sie *allein*. Es geht dabei weniger um Macht als um Kontrolle und Steuerungshoheit. Die Polizey ist innerweltliche Stellvertreterin der Nemesis und der Providenz. So ist einmal von einem „Verzweifelnde[n]" die Rede, „gegen den sich die Polizey als eine rettende Vorsicht zeigt" (NA 12, 96). In einem anderen Fall heißt es: „Die Polizey erscheint hier in ihrer Furchtbarkeit, selbst der Ring des Gyges scheint nicht vor ihrem alles durchdringenden Auge zu schützen" (NA 12, 96). Diese Mythisierung von Kontroll- und Providenzinstanzen lässt sich in Schillers Werk der 1780er Jahre zurückverfolgen: Hier dominiert noch die Idee der Religion als *vinculum societatis*. Die absolute Kontrolle im Staat wird von den Instanzen und Institutionen der Kirche ausgeübt. Im ersten Buch der *Geschichte des Abfalls der vereinigten Niederlande von der Spanischen Regierung* beschreibt Schiller das Inquisitionsgericht als eine totalitäre Institution, die von „despotischer und hierarchischer Unterdrückung" (NA 17, 58) geprägt ist.⁶² „Bis ins Gebiet der geheimsten Gedanken dehnte es [das Inquisitionsgericht] seine unnatürliche Gerichtsbarkeit aus" , soziale und affektive Beziehungen werden infiltriert und mediatisiert, das Auge der Inquisition ist überall oder gibt dies wenigstens vor: „[...] ein dunkler Glaube an seine Allgegenwart fesselte die Freiheit des Willens, selbst in den Tiefen der Seele" (NA 17, 59).⁶³

---

**60** Groebner, Valentin: *Der Schein der Person: Steckbrief, Ausweis und Kontrolle im Europa des Mittelalters*. München 2004, S. 165.
**61** Robert: *Vor der Klassik*, S. 135.
**62** „Die Vernunft unter den blinden Glauben herab zu stürzen, und die Freiheit des Geists durch eine todte Einförmigkeit zu zerstören, war das Ziel, worauf dieses Institut hinarbeitete [...]." (NA 17, 59)
**63** Vgl. Foucault, Michel: *Überwachen und Strafen. Die Geburt des Gefängnisses*. Frankfurt/Main 1976, S. 289 f. Dieses „große empirische Erkennen, das die Dinge der Welt überzogen und in die Ordnung eines unbegrenzten, die ‚Tatsachen' feststellenden, beschreibenden und sichernden

Eine andere Spur führt zurück zum *Don Karlos*. In vor-säkularer und vor-kameralistischer Zeit ist es die Inquisition, die als Heilspolizei die Fäden der Handlung zieht. D'Argenson hat seinen Vorgänger im Großinquisitor. In der spektakulären letzten Szene eröffnet dieser dem König:

KÖNIG
*mit Befremdung*
Sie haben
von diesem Menschen schon gewußt?

GROSSINQUISITOR
Sein Leben
liegt angefangen und beschlossen in
der Santa Casa heiligen Registern. (NA 6, 327, V. 6042–6045)

So triumphiert die eine Kontroll-Verschwörung – die der Inquisition – über die andere, die des Marquis Posa, des Illuminaten *avant la lettre*.[64] Die Tränen, die der König am Ende weint, gelten der Scham über den doppelten Kontroll- und Funktionsverlust. *Don Karlos* zeigt den historischen Moment, in dem der Monarch die Macht im Staate an seinen Kontrollapparat abgibt. Während dieser in Gestalt des blinden Dominikaners alles sieht, sieht er – der König – nichts mehr.[65] D'Argenson ist der neue, säkulare Großinquisitor. Die „Nachtheile der Polizeiverfaßung" entsprechen denen der Inquisition:

Die Bosheit kann sie zum Werkzeug brauchen, der Unschuldige kann durch sie leiden, sie ist oft genöthigt schlimme Werkzeuge zu gebrauchen, schlimme Mittel anzuwenden – Die Verbrechen ihrer eignen Offizianten haben eine gewiße Straflosigkeit. (NA 12, 96)

Die despotischen Züge dieser patriarchalen Macht werden jedoch durch eine Logik kompensiert, die der Theodizee-Tradition entstammt. Die Polizei muss „oft das Ueble zulaßen, ja begünstigen und zuweilen ausüben, um das Gute zu thun" (NA 12, 93). Dieses Gute liegt in seiner patriarchalen und pastoralen Gewalt:

---

Diskurses transkribiert hat, dieses empirische Modell hat zweifellos sein Operationsmodell an der Inquisition".
64 Schings, Hans-Jürgen: *Die Brüder des Marquis Posa. Schiller und der Geheimbund der Illuminaten*. Tübingen 1996.
65 Eine ähnliche, ‚doppelte' Verschwörung inszeniert wenig später der *Geisterseher*-Roman, der nun auch das Thema des urbanen Raums einführt und in dem der Armenier als „Offizier der Staatsinquisition" (NA 16, 66) auftritt. Wo das Venedig des *Geistersehers* als unübersehbares Labyrinth erscheint, ähnelt Paris einer Kaverne, „unterhöhlt, die Steine sind über der Erde, es steht auf Höhlen" (NA 12, 97).

D'Argenson ist kein reiner Technokrat, sondern ein sorgender Hausvater, der den Objektivierungs- und Abstraktionsdruck der modernen Staatsverfassung, wie ihn die *Ästhetischen Briefe* zeichnen, zu kompensieren vermag:

> Und so wird denn allmählig das einzelne konkrete Leben vertilgt, damit das Abstrakt des Ganzen sein dürftiges Daseyn friste, und ewig bleibt der Staat seinen Bürgern fremd, weil ihn das Gefühl nirgends findet. Genöthigt, sich die Mannichfaltigkeit seiner Bürger durch Klassifizierung zu erleichtern, und die Menschheit nie anders als durch Repräsentation aus der zweyten Hand zu empfangen, verliert der regierende Theil sie zuletzt ganz und gar aus den Augen, indem er sie mit einem bloßen Machwerk des Verstandes vermengt; [...]. (NA 20, 324)

Die Figur d'Argensons ist eine Antwort auf das Unbehagen am modernen, bürokratischen Staatswesen. D'Argenson verliert niemanden aus den Augen. Er behandelt die Stadt wie seine Familie. Er sieht alles und kennt jeden. Er ist die Inkarnation des Ganzen und doch der „Beichtvater" des Einzelnen, der „die Schwächen und Blößen vieler Familien" kennt, trotz seiner „Allwißenheit" aber die „höchste Discretion" wahrt (NA 12, 95). Er überblickt das gesamte Räderwerk, entfernt sich jedoch nie von dem „konkrete[n] Leben", er klassifiziert nicht, sondern *individualisiert*.[66] Schillers Formulierungen zeigen die theologischen Residuen und Projektionen hinter der säkularen, bürokratischen Instanz. Wie das Versicherungswesen[67] gehört auch die Polizei zu den frühneuzeitlichen Instrumenten der Kompensation metaphysischer Planungsunsicherheit.[68] In d'Argensons Fürsorge für den einzelnen liegt ein Versprechen von Geborgenheit. Verschwörung und Intrige sind Symptome einer metaphysischen Verunsicherung, die sich auch in den *Räubern*, im *Fiesko*, im *Don Karlos*, aber auch – dunkler konturiert – in der

---

[66] Vgl. Foucault: *Geschichte der Gouvernementalität*, Bd. I, S. 191: Die Polizei als „individualisierende Macht". Individualisieren und Identifizieren treten mit der Erfindung der Fotografie in ein neues Stadium ein. „Die Detektivgeschichte entsteht in dem Augenblick, da diese einschneidendste aller Eroberungen über das Inkognito des Menschen gesichert war." Benjamin, Walter: „Charles Baudelaire. Ein Lyriker im Zeitalter des Hochkapitalismus". In: *Gesammelte Schriften*. Hg. v. Rolf Tiedemann u. Hermann Schweppenhäuser. Bd. I.2. *Abhandlungen*. Frankfurt/Main 1974, S. 509–690, Zitat S. 550.

[67] Exemplarisch Kampmann, Christoph u. Ulrich Niggemann (Hg.): *Sicherheit in der Frühen Neuzeit: Norm – Praxis – Repräsentation*. Köln u. a. 2013, S. 381–464.

[68] Vgl. Schmitt, Carl: *Politische Romantik* [1919]. Berlin 1968, S. 115 f.: „In der Vorstellung einer geheimen, ‚hinter den Kulissen' ausgeübten Macht, die sich in den Händen weniger Menschen vereinigt, und es ihnen ermöglicht, mit überlegener Bosheit unsichtbar die Geschichte der Menschen zu lenken, [zeigt sich] ein rationalistischer Glauben an die bewußte Herrschaft des Menschen über die geschichtlichen Ereignisse mit einer dämonisch-phantastischen Angst vor einer ungeheuren, sozialen Macht und oft noch mit dem säkularisierten Glauben an eine Providenz."

Universalintrige des Geheimbundromans äußert. Hinter allem steckt ein böser Plan – aber immerhin ein Plan.⁶⁹ Die Überdeterminiertheit der d'Argenson-Figur bei Schiller zeigt den Erwartungs- und Hoffnungsdruck, der auf ihr lastet: In ihrer inneren Vieldeutigkeit – mal Beichtvater, mal Gottvater, mal Vater des Vaterlands (wie *Andrea Doria* im *Fiesko*) – muss sie das ganze Spektrum post-metaphysischer Modernisierungsverluste und postrevolutionärer Aporien der politischen Konstitution auffangen. In der Institution der Polizei imaginiert sie ein Spitzelsystem, das gleichwohl im Zeichen des Jahres 1789 zum notwendigen *vinculum societatis* und zur tröstenden Instanz bürokratisch-administrativer ‚Geborgenheit' wird. Im vorrevolutionären Paris der Ära Ludwigs XIV. imaginiert sich Schiller eine konstruktive Lösung für die *postrevolutionäre* Misere. Solche – sehr aktuell wirkenden – Visionen waren mit sattelzeitlichen Mitteln kaum zu erreichen. Sie stellen eine regulative Idee, eine bürokratische Phantasie dar, die in dem Moment das kollektive Imaginäre befällt, in dem die soziale Entropie überhand zu nehmen scheint. In dem – ebenfalls postrevolutionären – Aufsatz *Etwas über die erste Menschengesellschaft* bringt es Schiller auf den Punkt: „Meistens gelangen die Menschen nur durch die Folgen der Unordnung zu Einführung der Ordnung, und Gesetzlosigkeit führt gewöhnlich erst zu Gesetzen" (NA 17, 407).

## 5 Kompensation II – Ästhetische Komplexitätsreduktion

Die Dialektik von Anomie und Ordnung gilt nicht nur für die politische, sondern auch für die poetologische Dimension des Entwurfs. Im *Polizey*-Fragment werde, so Joseph Vogl, „das Theater selbst wiederum zum Darstellungsraum policeylicher Wirksamkeit."⁷⁰ Zumindest stehen beide im Einflussbereich des Beobachtungsdispositivs des 18. Jahrhunderts, wie es sich in Jeremy Benthams *Panopticon*-Ideen kristallisiert. Theater *und* Polizei sind Medien und Instrumente der sozialen Kontrolle, der Intervention, ja der Vergemeinschaftung überhaupt. Die Polizei ist „das Okular, mit dem Ausschnitte des komplexen Systems Großstadt darstellbar gemacht werden können."⁷¹ Daraus ergibt sich eine wechselseitige

---

69 Wichtige Anmerkungen zur Funktion der Intrige bei Schiller bietet Alt, Peter-André: „Dramaturgie des Störfalls. Zur Typologie des Intriganten im Trauerspiel des 18. Jahrhunderts". In: *Internationales Archiv für Sozialgeschichte der deutschen Literatur* 29 (2004), S. 1–28.
70 Vogl: „Staatsbegehren", S. 621.
71 Hahn: „Großstadt", S. 132.

Analogie von Beobachtung erster Ordnung (durch die Polizei im Stück) und Beobachtung zweiter Ordnung (Beobachtung *der* Polizei durch den Zuschauer). Die „Ästhetisierung der Policey" zieht die „Verpolizeilichung der Ästhetik" nach sich, sofern Polizei und Kunst gleichermaßen die „Polizierung" der Umgangsformen, die „Reinigung der Sitten" (NA 12, 93) betreiben.[72] Diese Verschränkung von Ästhetik und Politik ist in allen theoretischen Schriften greifbar: Seit den *Kallias-Briefen* ist Schillers Ästhetik nie autonom (auch und gerade wo sie den Gedanken der Autonomie betont), sondern bezogen auf die Erfahrungen der Revolution, deren Folgen sie reflektiert und ästhetisch kompensiert. Ihre Grundfrage lautet: Wie lassen sich Kollisionen im sozialen Raum verhindern, der freie Verkehr der Individuen garantieren?

Für dieses Problem verfolgt Schiller zwischen den *Ästhetischen Briefen* und dem *Polizey*-Fragment zwei komplementäre Lösungen, die zwei komplementären sozialen Räumen entsprechen. Vogls Umkehrfigur, die nur das *Polizey*-Fragment beachtet, verkürzt diese Pluralität der Lösungsansätze (die sich etwa im Blick auf die universalhistorischen Schriften weiter steigern ließe). Schiller verfolgt nämlich eine *realistische* und eine *idealistische* Option. Die erste, pragmatisch-realistische Option setzt am „*dynamischen* Staat der Rechte", also am empirisch gegebenen „Naturstaat" an – z. B. dem Paris zur Zeit Ludwigs XIV. Der Frage, wie sich dieser reale Raum des sozialen Handelns mit seinen unübersehbaren Bewegungen wirksam beobachten und steuern lässt, ist Gegenstand des *Polizey*-Fragments. Während hier der *reale* Staat modelliert wird, entwirft Schiller in den *Ästhetischen Briefen* einen Idealstaat, der als soziales Heterotop Eingriffe und Steuerung von außen überflüssig machen würde. In der Utopie einer „reine[n] Republik", die sich vorerst „in einigen wenigen auserlesenen Zirkeln finde[t]" (NA 20, 412), verwirklicht sich das Ideal einer sozialen Selbstorganisation, die ohne Polizierung auskommt, weil sie selbst bereits über jenen „gute[n] Ton" (NA 26, 216) verfügt,[73] der die Musik und den kollisionsfreien Staat macht.[74] Schiller entwickelt diese utopisch-idealistische Linie vor allem zwischen den *Kallias-* und den *Ästhetischen Briefen*, in der Zeit der Distanznahme von den „elenden Schindersknechte[n]" (NA 26, 183) der Revolution.[75] Schon in den *Kallias*-Briefen hieß es: „Es ist auffallend, wie sich der gute Ton (Schönheit des Umgangs) aus

---

72 Vogl: „Staatsbegehren", S. 615.
73 Brief an Körner vom 23.02.1793.
74 Dass in dieser Theorie des „guten Tons" die alteuropäische Adelskultur und höfische Anthropologie (mit ihren Idealen der Eleganz und der *sprezzatura*) revitalisiert wird, ist bereits gesehen worden. Burger, Heinz Otto: „Europäisches Adelsideal und deutsche Klassik". In: ‚*Dasein heißt eine Rolle spielen'. Studien zur deutschen Literaturgeschichte*. München 1963, S. 211–252.
75 Brief an Körner vom 08.02.1793.

meinem Begriff der Schönheit entwickeln läßt". Die Doppelforderung „Schone fremde Freiheit" und „zeige selbst Freiheit" ist das „Ideal des schönen Umgangs". Der „gute Ton" mache den „vollendeten Weltmann" (NA 26, 216). Als ein solcher „vollendeter Weltmann" wird im *Polizey*-Fragment d'Argenson gezeichnet, der „trotz seiner strengen Aussenseite" als „Privatmann [...] einen ganz andern [u.] jovialischen [...] Charakter" (NA 12, 92) verrate.

Diese Diskrepanz zwischen privatem und öffentlichem Charakter ist von symptomatischem Wert. In poetologischer Hinsicht soll sie einen statischen Charakter, wie ihn etwa auch La Valette in den *Maltesern* verkörpert, profilieren. *Soziologisch* indiziert das Nebeneinander von öffentlicher und privater Rolle einen Widerspruch zwischen den beiden skizzierten Gesellschaftssphären. Unübersehbar ist jedoch, dass sich um 1800 die Hoffnungen eingetrübt haben, aus den keimhaft angelegten „auserlesenen Zirkeln" (NA 20, 412) werde sich spontan eine Gesellschaft von „civilisirten Menschen" (NA 21, 31) entwickeln. Das *Polizey*-Fragment ist demnach auch das Dokument einer skeptisch-realistischen Wende. Polizierung ist mit den Mitteln ästhetischer Erziehung nur bedingt erreichbar. Über die „Nachtheile der Polizeiverfaßung" macht sich Schiller jedenfalls keine Illusionen. Aber immerhin scheint der Zweck – Ordnung – die Mittel zu heiligen. Ordnung aus Unordnung, Kontrolle statt Kollision – so heißen die Losungen um 1800. Im „Sujet des entdeckten Verbrechens",[76] wie es der *Oedipus Rex* des Sophokles in klassischer Form repräsentiert, wird die kriminalistische Ermittlung zum Gegenstand der Dichtung:

> Der Oedipus ist gleichsam nur eine tragische Analysis. Alles ist schon da, und es wird nur herausgewickelt. Das kann in der einfachsten Handlung und in einem sehr kleinen Zeitmoment geschehen, wenn die Begebenheiten auch noch so complicirt und von Umständen abhängig waren. Wie begünstigt das nicht den Poeten. (NA 29, 141)[77]

Die Suche nach einem solchen „punctum saliens"[78] bestimmt auch die Arbeit am *Polizey*-Fragment. Aller Anfang ist Struktur, die sich eine Handlung – also Unord-

---

76 Oehme, Matthias: „,Tragisches Sujet des entdeckten Verbrechers'. Moderner Stoff und klassische Form in Dramenfragmenten Schillers". In: *Impulse* 10 (1987), S. 45–74.
77 Brief an Goethe vom 02.10.1797.
78 Zur biologischen Grundlage des Begriffs vgl. meinen Aufsatz: „*Punctum saliens* und empirische Wende – Schillers späte Fragmente und ihre Poetik". In: *Schillers Schreiben*. Hg. v. Silke Henke u. Nikolas Immer. Weimar 2013, S. 11–41; ferner Grohmann, Wolfgang: „Prägnanter Moment und punctum saliens. Zwei Begriffe aus Schillers Werkstatt". In: *Acta Germanica* 7 (1972), S. 59–76.

nung, Entropie – sucht. Die Metapher vom Keimpunkt im Hühnerei,[79] in der die Gestalt des Embryos vorgebildet ist, liefert ein biologisches Äquivalent zur ‚tragischen Analyse'. Kunst- und Naturwerk gehorchen demselben „stillen Gesetz" der Präformation. Dagegen arbeitet Schiller im *Polizey*-Fragment mit einer Metapher, die weniger eine Handlung als eine soziale Struktur beschreibt:

> Ein ungeheures, höchst verwickeltes, durch viele Familien verschlungenes Verbrechen, welches bei fortgehender Nachforschung immer zusammengesetzter wird, immer andre Entdeckungen mit sich bringt, ist der Hauptgegenstand. Es gleicht einem ungeheuren Baum, der seine Äste weitherum *(1)* durch andre *(2)* mit andren | verschlungen hat, und welchen auszugraben man eine ganze Gegend durchwühlen muß. (NA 12, 96 f.)

In der imposanten Baum-Metapher liegen Dilemma und Lösung nahe beieinander: Der Baum, der die Einheit der Handlung repräsentieren soll, stellt sie gleich wieder in Frage. Die ‚tragische Analyse' droht nämlich am unendlichen Regress, an retrograder Komplexitätssteigerung, zu scheitern. Das Ungeheure des Verbrechens liegt in seiner ungeheuren, die Grundfeste der Gesellschaft unterminierenden Größe und rhizomartigen Ausdehnung. „Alle Stände müssen in die Handlung verwickelt werden." (NA 12, 101) Das Verbrechen ist die Wurzel der Gesellschaft – *radix societatis*, ein *vinculum* negativer Art, durch das „viele Familien" verbunden werden. Das „Milieu der Delinquenz"[80] ist mit der Stadt selbst koextensiv. Polizeiarbeit geht in allgemeine Sozio-Ethnologie über, die nicht das Verbrechen, sondern die Struktur der Gemeinschaft aufklärt. Zur Besonderheit dieser sattelzeitlichen Soziologie gehört ihr negativer, polizeilicher Charakter: Die Aufklärung des Verbrechens bedeutet die Einsicht in die Schuldverflechtung der Gesellschaft selbst. Die Baummetapher zeigt weniger die Lösung als das Problem selbst. Statt Komplexität zu reduzieren, visualisiert sie die Komplexitätssteigerung des urbanen Dispositivs. Statt die Datenmenge zu reduzieren, vervielfältigt sie sich im Verlauf der Arbeit am Fragment.

In diesem Dilemma liegen die Analogien von Poetik und Polizei-Arbeit begründet. Der Autor sieht sich in derselben Situation wie d'Argenson, der wiederum als *auctor in fabula* sein Stellvertreter genannt werden kann: Wie d'Argenson eine ungeheure Menge von Daten, die ihm zuströmen, in ein logisches und historisches Verhältnis bringen muss, so steht Schiller vor der Aufgabe, die Exzerpte in

---

[79] Vgl. NA 12, 385. In einem Brief an Goethe vom 15.12.1797 äußert Schiller die Hoffnung, dass „auch einer darauf verfallen möchte, in alten Büchern nach poetischen Stoffen auszugehen, und dabei einen gewißen Takt hätte, das Punctum saliens an einer, an sich unscheinbaren Geschichte, zu entdecken" (NA 29, 169).
[80] Foucault: *Überwachen und Strafen*, S. 365–371; Hahn: „Großstadt", S. 131.

ein Handlungsschema zu fügen, das nicht nur *vertikal* (d. h. sozial), sondern auch *horizontal* (d. h. handlungslogisch) integriert. Die Funktion der Agenten und Offizianten übernimmt dabei ein einzelner Informant – Mercier und sein *Tableau de Paris*. Ansonsten ist die Ausgangssituation des Autors die seines Pendants d'Argenson: Wie dieser am Beginn der Ermittlung, steht Schiller am Ausgangspunkt der Handlungssynthese vor einem Rätsel – Handlungssynthese als progredierende Detektivarbeit, ein Vorgehen, das schon die Arbeit am *Geisterseher* belastet.[81] Vom empirischen Material berauscht, sucht Schiller, gleichsam halluzinierend, nach einer Handlung. Sie wird mehr beschworen, geahnt und imaginiert als zielgerichtet gesucht. Sie muss bestimmte Einheitserwartungen erfüllen, darf jedoch nicht hinter die Komplexität der urbanen Situation zurückfallen. Wo die Einheit der Handlung derart unsichtbar ist, rückt die Einheit der Handelnden in den Blick: „Die eigentliche Einheit ist die Polizey" (NA 12, 91). Wie der Baum des Verbrechens, so durchdringt und verbindet auch sie die Gesellschaft. Verbrechen, „geheime Gesellschaften" und Geheimpolizei sind in ganz unterschiedlicher Weise Garanten sozialen Zusammenhalts, komplementäre Kräfte sozialer Kohäsion. Was die Polizei für die Ordnung der Stadt leistet, leistet sie – poetologisch – auch für die Handlung. Sie garantiert Transparenz und Reduktion von Komplexität in einer zunehmend opaken Gesellschaft, deren einzige Bande das Verbrechen zu sein scheint.

Schillers *Polizey*-Fragmente, so lässt sich resümieren, stehen zerrissen zwischen dem Willen, die Komplexität der modernen Zeiten und urbanen Räume angemessen zu reflektieren, und dem Bedürfnis, diese Komplexität noch einmal durch reduktive Verfahren wie die ‚tragische Analysis' zu bändigen. Die Herausforderung für den Autor besteht in dieser doppelten Aufgabe der Extension und der Reduktion: Die Dichtung muss die Unordnung der Gesellschaft einerseits zeigen, andererseits kompensieren. Dass dieser Plan – wie analog der zum *Geisterseher* – Fragment geblieben ist, spricht als Befund gegen die Wahrscheinlichkeit einer solchen ästhetischen Kompensation sozialer Unordnung. Die Verheißung der Ordnung bleibt in der Realität wie in der Kunst unerfüllt.[82] Muss sie es bleiben? Vielleicht hat Schiller erkannt, dass die vollkommene Transparenz der Beobachtung, Ordnung, Gleichgewicht und Homöostase, der Literatur ihren Spielraum und ihr Spannungspotenzial nimmt. Wenn dramatische Aktion nur als *Störung* der Ordnung gedacht werden kann, als Erhöhung der Entropie, die nach Auflösung und Ausgleich drängt, dann würde absolute Ordnung den Kälte-

---

[81] Robert: *Vor der der Klassik*, S. 166–174.
[82] Für eine alternative Lesart dieses Abbruchs vgl. den Beitrag von Alexander Košenina in diesem Band.

tod der Tragödie bedeuten. Dieser thermodynamischen Pointe kommt Friedrich Schlegel in den *Vorlesungen zur Geschichte der alten und neuen Literatur* auf die Spur. Wenn erst jeder Reisende durch Biografie und Physiognomie auf seinem Pass identifizierbar werde, sei, so Schlegel, auch nichts mehr übrig, was Anlass und Stoff für Romane liefern könne: „Im geschlossenen Handelsstaat und bei vollkommener Polizei" seien Romane schlechthin unmöglich.[83]

---

[83] Nach Groebner: *Schein der Person*, S. 163.

Jürgen Barkhoff
# Wilhelm Tell als Schweizer und als Europäer – im Kontext des Schweizer Europadiskurses

„Erzählen wird man von dem Schützen Tell, / Solang die Berge stehn auf ihrem Grunde" (NA 10, 220). Schiller war sich des enormen Wirkungspotenzials der Tell-Sage und seiner eigenen Bearbeitung des Stoffes sehr bewusst, und es ist von Bedeutung, dass er diesen autopoetologisch auf die Rezeption des Stückes zu beziehenden Ausruf gleich nach dem Apfelschuss nicht einem begeisterten Schweizer, sondern dem Eindringling und Feind, Gesslers Stallmeister Harras in den Mund legt. Die europäischen Nachbarn und alle, die sich mit den Schweizern einlassen, müssen aufhorchen bei der Erzählung vom Schützen Tell, denn sie betrifft sie: Mit Apfelschuss und Rütlischwur ist sie spätestens seit Schiller zum dominanten Identitätsnarrativ der Schweiz und ihrer Selbstverständigungsdebatten geworden, und ihre politischen Aktualisierungen und Instrumentalisierungen prägen im europäischen Kontext und darüber hinaus die Außenbeziehungen der Schweiz bis heute vielfältig mit. Tell ist nicht nur in seinen Ursprüngen Europäer, sondern entfaltet als politischer Mythos in dieser europäischen Dimension einen wichtigen Teil seiner Wirkung. Tell war und ist zugleich ein Schweizer und ein europäischer Held und über Tell als Schweizer zu reden, heißt auch und notwendig, über Tell als Europäer zu reden.

Auch dies war Schiller klar. Bereits in seiner ersten Erwähnung des Stoffes, in einem Brief an Goethe aus dem Jahre 1797, in der er dessen Plan für ein Tell-Epos lobt, sah er dessen Potenzial genau darin, dass der „völlig local-characteristische[] Stoff" mit seiner „streng umschriebenen characteristischen Localität und einer gewißen historischen Gebundenheit" sich verbindet mit dem Ausblick in eine „gewiße Weite des Menschengeschlechts, wie zwischen hohen Bergen eine Durchsicht in freie Fernen sich aufthut" (NA 29, 152 f.).[1]

Diese Naturmetapher, die den zu Schillers Zeiten bereits etablierten, Naturidyllik und politische Freiheit zusammenziehenden ‚Mythos Schweiz' zitiert,[2] ist im Lichte einer politisch-gesellschaftlichen Wirkungsgeschichte, die stark von der Dynamik von Enge und Weite, Innen und Außen bestimmt wird, geradezu

---
[1] Brief an Goethe vom 30.10.1797.
[2] Vgl. hierzu grundlegend: Hentschel, Uwe: *Mythos Schweiz. Zum deutschen literarischen Philhelvetismus zwischen 1700 und 1850.* Tübingen 2002.

prophetisch. Die „Weite des Menschengeschlechts", die Schiller im Tell-Thema identifiziert, lässt die großen Menschheitsfragen assoziieren, die zu seiner Zeit ganz Europa bewegten und die Schiller im und mit dem *Wilhelm Tell* höchst anschaulich-konkret und eng an die Landschaft der Innerschweiz bindet, und zugleich auf höchstem gedanklichen Niveau verhandelt: Solidarität und nationales Einheitsstreben, Selbstbestimmungsrecht und Demokratie, Gewalt und Widerstandsrecht, individuelle und kollektive Freiheit, laut Paul Michael Lützeler in einem Aufsatz zu Schiller und Europa geradezu der „Mittelpunkt der europäischen Identität":[3] Dies waren für Schiller und seine Zeit nach den Schrecken der Französischen Revolution zentrale Probleme. Sie sind bis heute philosophisch-politische Kernfragen der europäischen Moderne. Jüngst hat Peter von Matt Schillers Schauspiel als dezidiert „europäische[s] Ereignis" identifiziert, indem er dessen Uraufführung in Weimar am 17. März 1804 mit der Veröffentlichung des Code Napoléon in der gleichen Woche parallelisiert: „*Wilhelm Tell* inszenierte die Menschenrechte als Sprachoper und Bühnenspektakel. Der Code Napoléon übersetzte sie erstmals in ein einheitliches Gesetzbuch."[4]

Freilich schaffte Schiller mit seinem *Wilhelm Tell* so eine beträchtliche Fallhöhe, der sich seither die wenigsten Aktualisierungen und Instrumentalisierungen des Tell-Mythos gewachsen zeigten. Hätte Schiller sich zum Beispiel eine Tell-Figur wie den ‚Superwilli' träumen lassen, die mit einem Sprung in Politik und Tagesaktualität kurz vorgestellt werden soll? Superwilli, das ist der Held eines Computerspiels aus dem Jahre 2014, der sich wie im Schicksalsjahr 1291 anschickt, die Schweiz zu retten.[5] Er wurde mobilisiert im jüngsten politischen Vorstoß, die Schweiz vor ‚feindlichen und fremden Einflüssen' zu beschützen und mächtige ‚unschweizerische Elemente' fernzuhalten: Der von der Schweizerischen Volkspartei lancierten Volksinitiative „Gegen Masseinwanderung", die am 9. Februar 2014 von Volk und Ständen knapp angenommen wurde und das Verhältnis zur EU mit der dadurch automatisch ausgelösten Aufkündigung der bilateralen Verträge in ihrer Gesamtheit in seine bisher größte Krise stürzte. Die rechtspopulistische, euroskeptische und xenophobe SVP, die stärkste Partei im

---

[3] Lützeler, Paul Michael: „Schiller und Europa. Identität und Konflikt". In: *Schiller und die Geschichte.* Hg. v. Michael Hofmann, Jörn Rüsen u. Mirjam Springer. München 2006, S. 27–42, Zitat S. 42.
[4] Matt, Peter von: „Drei Perspektiven auf Schillers *Tell*". In: *Das Kalb von der Gotthardpost. Zur Literatur und Politik der Schweiz.* München 2012, S. 241–248, Zitat S. 241.
[5] Hossli, Peter: „Tell bodigt Zottel. Mit einem Computerspiel zieht die Economiesuisse in den Abstimmungskampf. Wilhelm Tell vermöbelt darin die SVP-Symbole". In: *BlickCH* v. 11.01.2014. http://www.blick.ch/news/politik/die-gegner-der-masseneinwanderungs-initiative-setzen-auf-humor-und-gewalt-tell-bodigt-zottel-id2613722.html (Stand: 13.09.2016).

Lande, beruft sich geradezu reflexhaft auf Rütlischwur und Wilhelm Tell, um ihre Politik identitätspolitisch als genuin schweizerisch zu verkaufen und ihre EU-Gegnerschaft historisch und kulturell zu legitimieren. Hierzu nur ein jüngeres Beispiel aus dem gleichen Umfeld: Als die EU sich weigerte, nach dem Ja zur SVP-Einwanderungsinitiative die einseitig aufgekündigte Personenfreizügigkeit neu zu verhandeln, sah der Berner SVP-Nationalrat Adrian Amstutz im Juli 2014 einen Vertragsbruch, befürchtete eine Unterwerfung unter fremde, diesmal Brüsseler Vögte und schloss mit den Worten: „Schillers Gessler lässt grüßen. Es gilt, Tell zu folgen und Widerstand zu leisten".[6] Solche Beispiele, in denen die SVP reduktiv und historisch verfälschend, aber wirkungsvoll auf die Ursprungserzählungen der Schweiz rekurriert und Tell als einen der ihren vereinnahmt, ließen sich beinahe beliebig vermehren.

Doch zurück zu Superwilli: Seine Pointe besteht darin, dass die dunklen Mächte, gegen die er angeht, diesmal nicht von außen die Schweiz bedrohen, sondern von innen: Superwilli kämpft gegen die SVP und ihre patriotischen Symbole, welche diese, plakativ und provozierend, in früheren Abstimmungskampagnen eingesetzt hatte.[7] Superwilli ist ein guter Europäer, der für die Weltoffenheit und europäische Anbindung der Schweiz einsteht, und wurde vom Nein-Komitee zur SVP-Initiative und dem Schweizer Wirtschaftsverband Economiesuisse in den Abstimmungskampf geschickt, um vor allem jüngere Wähler, die lieber gamen als Zeitung lesen, anzusprechen, und die SVP mit ihren eigenen, politisch wie ästhetisch groben Waffen zu schlagen. Vergebens, wie wir heute wissen: in dieser Deutungskonkurrenz unterlag der europäische Tell knapp gegen den Schweizerischen.

Dieser europaorientierte Tell schreibt sich ein in eine seit dem späten 18. Jahrhundert marginale, aber bis heute erstaunlich durchgehende Diskursfigur, nach der die Schweiz gerade weil sie anders und besser als der Rest von Europa sei, Modell und Vorbild für Europa sein könne. Adolf Muschg hat verschiedentlich auf sie rekurriert und dabei ihre wichtigsten Versatzstücke identifiziert:

---

6 Büttner, Jean-Martin: „Mit geschwellter Armbrust. Die SVP bemüht immer wieder Schiller, wenn es um Europafragen geht. Mit gespeicherten Textbausteinen zu Tell, Gessler und den Habsburgern schreibt sie selber Geschichte". In: *Tagesanzeiger* v. 25.07.2014.
7 Hossli: „Tell bodigt Zottel": „Aber er bringt keinen neuen Gessler zur Strecke; er kämpft gegen Einheimische. Und zwar wie ein Berserker gegen störrische Ziegenböcke und pickende Raben. [...] Schwarze Stiefel treten ihm ins Gesicht. [...] Doch Tell ringt alle nieder, erledigt, zertrampelt, massakriert sie. Willi sammelt rot glänzende Äpfel und trifft am Ende der Odyssee Frau und Kind. Nicht den Apfel schiesst Tell von Walterlis Haupt – er befreit die Schweiz aus ihrer Knechtschaft: mit einem Nein an der Urne zur Masseneinwanderungs-Initiative."

> Immerhin hat sich die Schweiz oft und gern dazu beglückwünschen lassen, sie sei so etwas wie ein Europa-Müsterchen: der vernünftige, keineswegs hochfliegende Zusammenschluss kleiner und kleinster politischer Einheiten zu einem Bundesstaat mit einer aufs Nötigste beschränkten Zentralgewalt, starken föderalistischen Sicherungen und einem Maximum an direkter Demokratie.⁸

Wobei Muschg sogleich auf das beträchtliche Mythenpotenzial und den Konstruktionscharakter dieses diskursiven Topos hinweist, der sich „um so hartnäckiger" behaupten könne, „je weniger sich die Realität darum kümmert."⁹ Wilhelm Tell ist ein integraler Teil dieses Diskurses; Tell ist wie Superwilli als Europäer ein besserer Schweizer und als Schweizer ein besserer Europäer, indem er eine der Schweiz besonders angemessene und gerade dadurch europafähige politische Ordnung (wieder)herzustellen hilft. Diese Diskursvariante hat es zwar nicht leicht, sich gegen die laute und medienwirksame Instrumentalisierung des Tell-Mythos im Namen von Euroskepsis und Inselmentalität zu behaupten, doch es gibt sie, und deshalb verdient sie unsere Aufmerksamkeit.¹⁰

Tell wird hier als politischer Mythos im Sinne von Herfried Münkler verstanden. Münkler sieht politische Mythen als Großerzählungen, aus denen nationale Identität, politische Legitimität und historische Kontinuität geschöpft wird. Als Gründungsmythen sind Rütli-Schwur und Tell-Sage geradezu klassische Bei-

---

**8** Muschg, Adolf: „Fräulein Blechschmidt und Europa". In: *Die Schweiz am Ende, am Ende die Schweiz. Erinnerungen an mein Land vor 1991*. Frankfurt/Main 1990, S. 153–161, Zitat S. 159. Vgl. zu diesem Komplex Barkhoff, Jürgen: „Europa wird entweder untergehen oder verschweizern. Konjunkturen einer Denkfigur". In: *Schweiz schreiben. Zu Konstruktion und Dekonstruktion des Mythos Schweiz in der Gegenwartsliteratur*. Hg. v. dems. u. Valerie Heffernan. Berlin 2010, S. 197–213.
**9** Muschg: „Fräulein Blechschmidt", S. 161.
**10** Zum Tell-Mythos insgesamt vgl. die materialreichen Beiträge in Stunzi, Lily (Hg.): *Tell. Werden und Wandern eines Mythos*. Bern, Stuttgart 1973; Utz, Peter: *Die ausgehöhlte Gasse. Stationen der Wirkungsgeschichte von Schillers Wilhelm Tell*. Königstein 1984; Bergier, Jean-François: *Wilhelm Tell. Realität und Mythos*. München, Leipzig 1990; Butler, Michael: „The Politics of Myth. The Case of William Tell". In: *History and Literature. Essays in Honour of Karl S. Guthke*. Hg. v. William Collins Donahue u. Scott Denham. Tübingen 2000, S. 73–90; Charbon, Rémy: „Tells literarische Metamorphosen". In: *Tell im Visier*. Hg. v. Mechthild Heuser u. Irmgard M. Wirtz. Zürich 2007, S. 221–256. Zum Mythos Schweiz insgesamt Kreis, Georg: „Nationalpädagogik in Wort und Bild". In: *Mythen der Nationen. Ein europäisches Panorama*. Hg. v. Monika Flacke. München, Berlin 1998, S. 446–475; Im Hof, Ulrich: *Mythos Schweiz. Identität – Narration – Geschichte 1291–1991*. Zürich 1991; Marchal, Guy P.: *Schweizer Gebrauchsgeschichte. Geschichtsbilder, Mythenbildung und nationale Identität*. Basel 2007; Barkhoff, Jürgen u. Valerie Heffernan: „Einleitung: Mythos Schweiz. Zu Konstruktion und Dekonstruktion des Schweizerischen in der Literatur". In: *Schweiz schreiben. Zu Konstruktion und Dekonstruktion des Mythos Schweiz in der Gegenwartsliteratur*. Hg. v. dens. Berlin 2010, S. 7–27.

spiele für die „Sinnversprechen, durch welche die Vergangenheit mit der Gegenwart verbunden wird, und zwar so, daß die Vergangenheit über die Gegenwart hinaus in die Zukunft verweist", und durch welche „der politische Mythos, der ein vergangenes Ereignis beschwört, zum Garanten der Zukunft" wird.[11] Damit gehören Tell und Rütlischwur zu jenem Grundbestand an „Wiedergebrauchs-Texten, -Bildern und -Riten",[12] die als Sonderformen des kulturellen Gedächtnisses zu gelten haben und kollektiven Erinnerungsgemeinschaften durch retrospektive Interpretation von Geschichtsnarrationen Identität stiften und vermitteln, in Erinnerungskonkurrenzen behauptet und variiert und zur politischen Handlungsorientierung instrumentalisiert werden. Dies geschieht weitgehend unabhängig von ihrem historischen Wirklichkeitsgehalt, mit dem die Quellenforschung des 19. und 20. Jahrhunderts *in puncto* Tell ja gründlich aufgeräumt hat. Mythische Elemente in diesem Sinn sind freilich bei einer Sagengestalt umso wirksamer, da sie nicht mit den Komplexitäten einer Biografie vermittelt werden müssen, sondern auf wenige markante, typisierende und bildkräftige Eigenschaften wie Apfelschuss, Tellplatte oder Hohle Gasse reduziert werden können.[13]

Die gedankliche und strukturelle Komplexität von Schillers Schauspiel leistet freilich schablonisierenden identitätspolitischen Vereinnahmungen Widerstand; seine höchst zitierfähigen Sentenzen allerdings weniger; jedenfalls dann nicht, wenn man sie in bester – oder schlimmster – Büchmann-Manier aus dem Zusammenhang reißt. SVP-Patrioten könnten hier durchaus fündig werden: „An's Vaterland, an's theure, schließ dich an, / [...]. / Hier sind die starken Wurzeln deiner Kraft, / Dort in der fremden Welt stehst du allein" (NA 10, 170), ruft Attinghausen dem abtrünnigen Rudenz zu, und scheint dabei einen Patriotismus zu beschwören, dem das Fremde prinzipiell als Bedrohung erscheint: „– O unglücksel'ge Stunde, da das Fremde / In diese still beglückten Thäler kam, / Der Sitten fromme Unschuld zu zerstören!" (NA 10, 171). Es geht im *Wilhelm Tell* freilich gerade nicht um die Bedrohlichkeit des Fremden überhaupt, sondern um die Ablehnung

---

**11** Münkler, Herfried: „Politische Mythen und nationale Identität. Vorüberlegungen zu einer Theorie politischer Mythen". In: *Mythen der Deutschen. Deutsche Befindlichkeiten zwischen Geschichten und Geschichte*. Hg. v. Wolfgang Früchte u. Harald Pätzold. Opladen 1994, S. 21–27, Zitat S. 21. Vgl. auch die Einleitung in Münkler, Herfried: *Die Deutschen und ihre Mythen*. Berlin 2009, S. 9–30 u. 493–496.
**12** Assmann, Jan: „Kollektives Gedächtnis und kulturelle Identität". In: *Kultur und Gedächtnis*. Hg. v. Jan Assmann u. Tonio Hölscher. Frankfurt/Main 1988, S. 9–19, Zitat S. 15.
**13** Hierauf hat J. R. von Salis hingewiesen in Salis, Jean Robert von: „Ursprung, Gestalt und Wirkung des schweizerischen Mythos von Tell". In: *Tell*. Hg. v. Stunzi, S. 9–88, hier S. 15 f.

fremder Herrschaft.¹⁴ Und doch: die gern herangezogene Parallele zwischen der Fremdherrschaft der Habsburger und der bürokratischen Regelungswut der fremden Brüsseler Vögte, die zum Beispiel 2014 den prominenten SVP-Publizisten Christoph Mörgeli dazu veranlasste, den „wackeren Tell" „dem Zugriff des europäisch-habsburgischen Verwaltungsstaates" gegenüberzustellen,¹⁵ könnte sich folgendes Attinghausen-Zitat zunutze machen, das Brüsseler Regelungswut geradezu prophetisch vorwegzunehmen scheint: „Sie werden kommen, unsre Schaaf' und Rinder / Zu zählen, unsre Alpen abzumessen, / Den Hochflug und das Hochgewilde bannen / In unsern freien Wäldern, ihren Schlagbaum / An unsre Brücken, unsre Thore setzen" (NA 10, 170).

Doch genug davon, den euroskeptischen Kräften der Schweiz mit einem falsch verstandenen Schiller Artikulationshilfe zu leisten; stattdessen soll die Gegenthese von Tell als Europäer in fünf Schritten entfaltet werden. Erstens mit einem kurzen Rekurs auf die europäischen Ursprünge der Tell-Figur und zweitens ausführlicher mit der Darstellung seiner europäischen Dimension während der Helvetik 1798–1803 zur Entstehungszeit von Schillers Drama. Im dritten und vierten Schritt werden dann zwei besonders markante Punkte der Wirkungsgeschichte berührt: die Schillerfeiern 1859 und die Rolle Tells in der ‚Geistigen Landesverteidigung' 1933–45. Eine kurze Schlussüberlegung wendet sich abschließend dem europautopischen Potenzial von Schillers *Wilhelm Tell* zu.

## 1 Zum europäischen Ursprung der Tell-Figur

Dass Tell kein Schweizer ist, sondern ursprünglich aus Nordeuropa stammt, ist bekannt: Saxo Grammaticus hat um 1200 in seinen *Taten der Dänen* dem dänischen Helden Toko eine ursprünglich aus Norwegen stammende Erzählung zugeschrieben und dabei bereits alle Motive versammelt, die die Schweizer Tell-Sage prägen.¹⁶ Helmut de Boor hat 1947 gründlich die norwegischen, dänischen, isländischen, färöischen und englischen Varianten der Apfelschusssage zusammenge-

---

14 Darauf hat Walter Müller-Seidel in seinem Buch zum politischen Schiller noch einmal hingewiesen: Müller-Seidel, Walter: *Friedrich Schiller und die Politik*. „Nicht das Große, nur das Menschliche geschehe". München 2009. Darin Kap. IV.8 „Wilhelm Tell", S. 192–211, hier S. 196 f.
15 Mörgeli, Christoph: „Diffuse Ängste, diffuses Volk". In: *Die Weltwoche* 7 (2014). http://www.weltwoche.ch/ausgaben/2014-07/moergeli-diffuse-aengste-diffuses-volk-die-weltwoche-ausgabe-072014.html (Stand: 15.03.2015).
16 Vgl. zur Überlieferungsgeschichte Bergier: *Wilhelm Tell*, S. 55–114 und Salis: „Ursprung, Gestalt und Wirkung", S. 20–29.

tragen, und es gibt im 15. Jahrhundert, in dem diese Erzählungen in der Schweiz ankamen, auch deutsche Varianten aus Dithmarschen und den Rheinlanden.[17] Gemeinsam ist diesen, dass sie alle im politischen Kontext von Auseinandersetzungen zwischen einem freien Bauerntum und adligen bzw. königlichen Herrschaftsansprüchen populär geworden sind. Für de Boor hat die helvetische Tell-Sage deshalb die größte Popularität und nachhaltigste Wirkungsgeschichte, weil in der Schweiz Sagenüberlieferung und historische Entwicklung am besten zueinander passten, da sich dort die Bauernfreiheit historisch durchsetzen konnte.

Schillers Hauptquellen, vor allem Aegidius Tschudis um 1550 niedergeschriebenes und 1734–1736 vom Basler Iselin erstmals gedrucktes *Chronicon Helveticum*, spiegeln genau dies.[18] Sie schrieben die sagenhaften Taten des Schweizer Nationalhelden in einer politischen Situation fest, in der es galt, „die Selbständigkeit der Urschweizer Talschaften zu rechtfertigen" und die „Legitimität der eidgenössischen Freiheit" historisch zu verankern und zu beweisen.[19] Schiller folgt dem konservativen Tschudi hierin recht genau und übernimmt von ihm insbesondere auch die Trennung von Rütlischwur und der Tötung Gesslers, indem Tell bei Tschudi wie bei Schiller auf dem Rütli nicht mit dabei ist. Dies erlaubt beiden, die Notwehraktion der bedrängten Talgemeinschaften von Uri, Schwyz und Nidwalden als legitime Wiederherstellung alter Rechte und Freiheiten darzustellen und von dem moralisch bedenklichen Tyrannenmord als Privatsache zu distanzieren.

Hier ist an Tells europäische Ursprünge vor allem deshalb zu erinnern, weil die von den Sagen- und Märchenforschern des 19. und 20. Jahrhunderts nachgewiesenen Überlieferungsketten die Vernetzungsstruktur des europäischen Kulturtransfers so eindrucksvoll beweisen. Sie können damit die für die Prozesse des *nation building* im 19. Jahrhundert so konstitutive Vereinnahmung und Engführung dieser gesamteuropäischen Narrative als spezifisch nationale „erfundene Traditionen" eines kulturellen und politischen Nationalismus zur Schaffung von „imagined communities" im Sinne von Benedict Anderson widerlegen bzw. *ad*

---

**17** Boor, Helmut de: „Die nordischen, englischen und deutschen Darstellungen des Apfelschussmotivs". In: *Quellenwerk zur Entstehung der Schweizerischen Eidgenossenschaft. Urkunden, Chroniken, Hofrechte, Rödel und Jahrzeitbücher bis zum Beginn des 15. Jahrhunderts.* Abteilung 3. Chroniken und Dichtungen. Bd. 1. *Das Weiße Buch von Sarnen.* Bearbeitet v. Hans Georg Wirz. Aarau 1947, Anhang, S. 1–53. Vgl. auch Bendix, Regina: „Tell, Wilhelm". In: *Enzyklopädie des Märchens. Handwörterbuch zur historischen und vergleichenden Erzählforschung.* Begründet von Kurt Ranke. Hg. v. Rolf Wilhelm Brednich u. a. Bd. 13. *Suchen – Verführung.* Berlin, New York 2010, Sp. 347–352.
**18** Tschudi, Aegidius: *Chronicon Helveticum* [um 1550]. Hg. v. der Schweizerischen Gesellschaft für Geschichte. Basel 1968–2001.
**19** Salis: „Ursprung, Gestalt und Wirkung", S. 23.

*absurdum* führen.[20] Tell war ein Europäer lange bevor er zum Schweizer wurde, und eignet sich deshalb eigentlich schlecht für antieuropäische Kampagnen – was diese freilich überhaupt nicht verhindert.

## 2 Helvetik und Entstehungszeit von Schillers Drama

Die Helvetik, jene kurzlebige zentralistische Schweizer Republik von Napoleons Gnaden, die zwischen 1798 und 1803 die Errungenschaften der Französischen Revolution in die Schweiz exportierte, dabei aber die alte föderale Selbständigkeit kassierte und deshalb von den Innerschweizer Waldstätten bekämpft wurde, war in gewissem Sinne Tells große, aber auch etwas unübersichtliche Stunde, da sich alle Seiten auf ihn beriefen und er an mehreren Fronten gleichzeitig als europäischer und schweizerischer Freiheitsheld mitkämpfte.

Guillaume Tell war zusammen mit anderen Tyrannenmördern einer der Säulenheiligen der Französischen Revolution, für die seine Attraktivität zwischen idealistischem Gewährsmann der Menschenrechte und gewaltbereitem Freiheitskämpfer changierte. Für die Jakobiner gewann in den Jahren des Terrors diese zweite Dimension immer größere Bedeutung; sie beriefen sich sogar bei der ganz Europa schockierenden Hinrichtung des Königs auf ihn. In der jakobinischen Propaganda wurde der Freiheitsheld massiv zur Legitimierung politischer Gewalt eingesetzt und nahm deshalb im säkularen Politkult der Jakobiner bei Triumphzügen und Logenfesten einen prominenten Platz ein.[21] Antoine Marin Lemierres schon im vorrevolutionären Paris populäres Tell-Drama von 1766, in dem Tell als der zentrale Urheber und Initiator der schweizerischen Befreiungsbewegung erscheint, musste im Sommer 1793 auf Befehl und Kosten der Regierung zur Hebung der revolutionären Gesinnung dreimal wöchentlich zusammen mit Brutus- und Gaius-Gracchus-Dramen gegeben werden und erhielt den aktualisierenden Untertitel *Les Sansculottes Suisses*. Der Re-Export Tells in die Schweiz als Teil der Internationalisierung der Revolution war dabei Teil des Programms. So

---

**20** Anderson, Benedict: *Die erfundene Nation. Zur Karriere eines erfolgreichen Konzepts*. Frankfurt/Main 1988 [zuerst Englisch 1983]; Hobsbawm, Eric J. u. Terence Ranger (Hg.): *The Invention of Tradition*. New York, Cambridge 1983.
**21** Vgl. hierzu insbesondere Labhardt, Ricco: „Tells revolutionäre und patriotische Maskeraden". In: *Tell*. Hg. v. Stunzi, S. 89–124 u. Utz: *Die ausgehöhlte Gasse*, S. 27–41.

rief der Jakobiner Collot d'Herbois bei der Aufstellung einer Tellbüste im Jakobinerklub am 7. Juli 1794 zum Einsatz der Kunst zu diesem Zwecke auf:

> Die freien Menschen aller Länder sind wie mit einem elektrischen Draht unter sich verbunden. Wir wohnen der Entstehung eines neuen Handels bei. Stellen wir uns an seine Spitze und laden wir den Künstler ein, dessen Werk wir hier bewundern, massenweise kleine Tellen in die Schweiz zu schicken.[22]

Dieser Export schien zu funktionieren, denn die Helvetik war nicht nur von Frankreich inspiriert, sie führte auch Tell und seinen Sohn, umrahmt von den Worten Gleichheit und Freiheit, als Staatswappen auf allen offiziellen Dokumenten und drückte somit recht eindeutig den Zusammenhang zwischen Tell und den Idealen der Französischen Revolution aus. Doch nicht nur die radikalen Demokraten beriefen sich auf Tell; ebenso taten dies auch die sie bekämpfenden Altgesinnten der Urschweizer Kantone. Die Ersteren sahen in Tell den Schutzpatron aller Unterdrückten, die letzteren eher eine „Verkörperung des eidgenössischen Selbstbewusstseins" und wehrten sich im Namen Tells gegen den Zentralismus der Helvetik und die Pläne zum ‚Tellgau' zwangsfusioniert zu werden.[23] Aloys Reding, der Anführer dieses Lagers, soll im helvetischen Bürgerkrieg der Jahre 1800–1802 seine Anhänger aufgefordert haben, „zu leben als Abkömmlinge von Wilhelm Tell oder zu sterben".[24]

Doch auch die französischen Truppen, die zu Beginn der Helvetik und dann wieder nach ihrem Ende 1803 die Schweiz besetzten, taten dies im Namen Tells und marschierten mit dem Schlachtruf ‚Vive les descendants de Guillaume Tell' in die Schweiz ein. Sie beriefen sich also, indem sie der Schweiz die Freiheit nahmen, auf den Vorkämpfer der Schweizer Freiheit. Die Schweiz hatte unter den französischen Besatzungstruppen sehr zu leiden, zumal sie dadurch zum Aufmarschgebiet für die massiven europäischen Konfrontationen des Zweiten Großen Koalitionskrieges wurde und quasi in einen Zweifrontenkrieg gegen französische Besatzung und österreichische Intervention verwickelt wurde. Tell wurde dabei gleichzeitig zur Berufungsinstanz für den Selbstbehauptungswillen gegen Innen und Außen und zur Gallionsfigur des europäischen Kampfs für die Freiheit überhaupt. Heinrich Pestalozzi rief als prominenter Vertreter der Helve-

---

[22] Zit. n. Ernst, Fritz: *Wilhelm Tell: Blätter aus seiner Ruhmesgeschichte*. Zürich, Berlin 1936, S. 97.
[23] Utz: *Die ausgehöhlte Gasse*, S. 29.
[24] Torlitz, Johann Anton: *Reise in der Schweiz und einem Theile Italiens, im Jahre 1803*. Kopenhagen, Leipzig 1807, S. 285. Zit. n. Hentschel, Uwe: „Schillers *Wilhelm Tell* – ein Beitrag zum Philhelvetismus". In: *literatur für leser* 23 (2000), S. 61–77, Zitat S. 62.

tik die Schweizer in diesem Sinne auf, an den Kriegszügen Frankreichs teilzunehmen, um „die Sache der Telle und der Winkelriede gegen alle Gessler, die Sache der Völker gegen alle Unterdrücker" zu verteidigen.[25] Pestalozzis internationalistische Intervention steht allerdings selbst in einer langen Tradition: Schon 1729 hatte Albrecht von Haller die Schweiz in seinem Alpengedicht für den Freiheitskampf gepriesen, der den meisten Ländern Europas noch bevorstehe, während die Schweiz ihn schon hinter sich habe, wenn er davon singt, „wie Tell mit kühnem Mut das harte Joch zertreten, / das heute noch Europens Hälfte trägt".[26]

Schiller wusste natürlich um die zeitgenössische Präsenz und Brisanz seiner Figur. Nach der oktroyierten napoleonischen Mediationsakte vom März 1803 und der erneuten Besetzung der Schweiz durch französische Truppen schreibt er im Oktober 1803 an Wilhelm von Wolzogen: Ich „arbeite an dem Wilhelm Tell, womit ich den Leuten den Kopf wieder warm zu machen denke. Sie sind auf solche Volksgegenstände ganz verteufelt erpicht, und jetzt besonders ist von der schweizerischen Freiheit desto mehr die Rede, weil sie aus der Welt verschwunden ist" (NA 32, 81).[27] Der *Tell* enthält zahlreiche Anspielungen auf Französische Revolution und Helvetik und eine Reihe von wichtigen Arbeiten haben gezeigt, dass Schiller in seinem „antijakobinischen, republikanischem Schauspiel", um den Titel von Gouthier-Louis Finks Aufsatz zu zitieren, als gemäßigter evolutionärer Demokrat die Ideale der Französischen Revolution gegen die barbarischen Exzesse der Jakobiner verteidigt, indem er den Aufstand der Eidgenossen als Wiederherstellung alter verbriefter Freiheiten und nicht als Umsturz der Ordnung darstellt.[28] Überdies umstellt er das, in seinen eigenen Worten, „Nothwendige

---

25 Pestalozzi, Johann Heinrich: „Ein Wort über die angetragene französische Werbung". In: *Sämtliche Werke*. Hg. v. Artur Buchenau. Bd. 12. *Schriften aus der Zeit von 1797–1799*. Berlin 1938, S. 401–405, Zitat S. 403.
26 Haller, Albrecht von: *Die Alpen und andere Gedichte*. Hg. v. Adalbert Elschenbroich. Stuttgart 1965, S. 14.
27 Brief an Wilhelm von Wolzogen vom 27.10.1803. Zur Bedeutung der Helvetik vgl. insb. Höhle, Thomas: „Die Helvetische Republik (1898–1803) als zeitgeschichtlicher Hintergrund der Entstehung und Problematik von Schillers *Wilhelm Tell*". In: *Friedrich Schiller. Angebot und Diskurs. Zugänge, Dichtung, Zeitgenossenschaft*. Hg. v. Helmut Brandt. Berlin, Weimar 1987, S. 320–328.
28 Vgl. Borchmeyer, Dieter: „Altes Recht und Revolution. Schillers *Wilhelm Tell*". In: *Friedrich Schiller. Kunst, Humanität und Politik in der späten Aufklärung. Ein Symposium*. Hg. v. Wolfgang Wittkowski. Tübingen 1982, S. 69–113; Fink, Gouthier-Louis: „Schillers *Wilhelm Tell*, ein antijakobinisches republikanisches Schauspiel". In: *Aufklärung* 1 (1986), H. 2, S. 57–81; Knobloch, Hans-Jürgen: „Wilhelm Tell". In: *Schiller-Handbuch*. Hg. v. Helmut Koopmann. Stuttgart 1988, S. 486–512; Guthke, Karl S.: „*Wilhelm Tell*. Der Fluch der guten Tat". In: *Schillers Dramen. Idealismus und Skepsis*. 2., um ein Zusatzkapitel „Zehn Jahre später: Schiller im Schiller-Jahr" erweiterte und bearb. Auflage. Tübingen 2005, S. 279–304.

und Rechtliche der Selbsthilfe in einem streng bestimmten Fall" (NA 10, 458) als Hauptidee des ganzen Stücks mit vielfältigen einschränkenden ethischen Reflexionen.

Von Bedeutung ist dabei die zentrale dramaturgische Rolle der Innerschweizer Alpenlandschaft um den Vierwaldstädter See mit Tellplatte, Hohler Gasse und insbesondere der Rütliwiese, die nicht zuletzt durch *Wilhelm Tell* in der Folge zum symbolischen Zentrum und zentralen Erinnerungsort der Schweiz wird.[29] Bereits in der bedrohten Idylle der Eingangsszene inszeniert Schiller in geschichtsphilosophischer Perspektive die Kopräsenz von Natur und Geschichte und den Einklang zwischen Mensch und Natur, der die Schweizer zum ihnen naturgemäßen, entschlossenen und erfolgreichen, aber gemäßigten und bedachten Handeln befähigt.[30] Zehn der dreizehn Spielorte des Dramas liegen in der freien Natur. In ihr repräsentiert, wie Schulz dargestellt hat, die idyllisch-harmonische Horizontale die edle Natur der Schweizer Freiheitskämpfer und die erhabene Vertikale die Bedeutsamkeit ihres Kampfes.[31] Schiller war bekanntlich nie in der Schweiz, hat aber die Topografie der lokalen Schauplätze am Vierwaldstättersee sehr genau studiert und legte besonderen Wert darauf, „das Kühne, Grosse, Gefährliche der Schweitzergebirge" (NA 32, 90), wie es in einem Brief an Iffland vor der Berliner Uraufführung heißt,[32] angemessen auf die Bühne zu bringen. Für die charakterliche Glaubwürdigkeit und moralische Plausibilität seiner Figuren war ihre Verbindung zur idealisierten Schweizer Landschaft essenziell. Der erste Schweizer Rezensent des *Wilhelm Tell*, der sich auch programmatisch als ein solcher zu erkennen gab, lobt 1805 denn auch die Authentizität der Charaktere als „unmittelbar aus der Natur geschöpft" und „die wahrsten"; „so denken, so handeln sie. [...] Man würde schwören, Schiller habe seines Lebens größten Theil in Schwyz oder Uri gelebt."[33]

---

**29** Vgl. Kreis, Georg: *Mythos Rütli. Geschichte eines Erinnerungsortes*. Zürich 2004.
**30** Zur geschichtsphilosophisch-elegischen Perspektive dieser Naturdarstellung vgl. das Kapitel „Wilhelm Tell (1804)" in Alt, Peter-André: *Schiller. Leben – Werk – Zeit*. 2 Bände. München 2000. Bd. 2, S. 565–586 u. Riedel, Wolfgang: „Unwiederbringlich. Elegische Konstruktion und unentwickelte Tragödie im *Wilhelm Tell*". In: *Würzburger Schiller-Vorträge 2009*. Hg. v. dems. Würzburg 2011, S. 44–62. Riedel betont den engen Zusammenhang zu „Über naive und sentimentalische Dichtung".
**31** Schulz, Georg Michael: „Wilhelm Tell. Schauspiel (1804)". In: *Schiller-Handbuch. Leben – Werk – Wirkung*. Hg. v. Matthias Luserke-Jacqui. Stuttgart, Weimar 2005, S. 214–236, hier S. 220 f.
**32** Brief an Iffland vom 05.12.1803.
**33** Anonymus: „*Wilhelm Tell* von Schiller. Beurtheilt von einem Schweizer. In zwei Briefen an einen Freund im nördlichen Deutschland". In: *Isis. Eine Monatsschrift von Deutschen und Schweizerischen Gelehrten* 1 (1805), S. 211–228, Zitate S. 218.

Schiller schreibt sich mit dieser kunstvollen Kopräsenz von Mensch und Natur, deren Kunstcharakter die obige Rezension freilich umstandslos kassiert, in jenen europäischen Mythos Schweiz ein, dem Uwe Hentschel seine schon erwähnte profunde gleichnamige Studie gewidmet hat. Neben Albrecht von Haller sind es vor allem Gessner und Rousseau, die diesen Mythos Schweiz im 18. Jahrhundert literarisch erzeugt und popularisiert haben, nach welchem vor allem die alpine Schweiz mit dem Vierwaldstättersee als Zentrum zugleich eine Landschaft idyllischer und erhabener Natur, eines einfachen und tugendhaften Hirtenvolkes, einer natürlichen Moralität und genau deswegen auch das Land politischer Freiheit sei. Schillers historische Quellen wie Johannes von Müllers *Geschichten schweizerischer Eidgenossenschaft* von 1786–1795 und Heinrich Zschokkes *Geschichte vom Kampf und Untergang der schweizerischen Berg- und Waldkantone* von 1801 propagierten auf verschiedene Weise diesen Mythos Schweiz.[34] Indem Schiller ihre idealisierten Entwürfe übernahm und mit seiner Bühnenkunst weiter überhöhte und verfeinerte, „wurde sein Drama selbst ein Multiplikator des Mythos Schweiz" und „ein Standardwerk des Philhelvetismus."[35] Bei Hentschel kann man nachlesen, wie die Schweiz im Banne dieses Diskurses zu einer europäischen Kern- und Sehnsuchts- und Touristenlandschaft wurde. Barbara Piatti hat das jüngst aufgegriffen und ins 19. und 20. Jahrhundert weitergeführt.[36] Im Schillerjahr 2005 hat Adolf Muschg diese Rezeptionsgeschichte prägnant zusammengefasst: „Unter der Regie Rousseaus begann sich die ideale Landschaft zu konkretisieren, zugleich verschweizerte sie merklich. Das Alpenland wurde zum erklärten Sehnsuchts- und Reiseziel europäischer Pilger nach der Freiheit, der Unschuld – und jetzt auch: dem Erhabenen."[37]

## 3  19. Jahrhundert und Schillerjubiläum 1859

Im Jahrhundert des *nation building* und des kulturellen und politischen Nationalismus berufen sich junge Nationen in ganz Europa auf Tell. Das wohl bekann-

---

34 Müller, Johannes von: *Geschichten schweizerischer Eidgenossenschaft*. Leipzig 1806; Zschokke, Heinrich: *Geschichte vom Kampf und Untergang der schweizerischen Berg- und Waldkantone, besonders des alten, eidgenössischen Kantons Schwyz*. Bern, Zürich 1801.
35 Hentschel: „Schillers *Wilhelm Tell*", S. 69 und 73.
36 Piatti, Barbara: *Tells Theater. Eine Kulturgeschichte in fünf Akten zu Friedrich Schillers Wilhelm Tell. Mit einem Pausengespräch zwischen Katharina Mommsen und Peter von Matt*. Basel 2004.
37 Muschg, Adolf: „Schillers Schweiz". In: *Friedrich Schiller. Dichter, Denker, Vor- und Gegenbild*. Hg. v. Jan Bürger. Göttingen 2007, S. 76–93, Zitat S. 87.

teste kulturelle Zeugnis ist Rossinis Oper *Guillaume Tell* von 1829, die als Vorläufer der politischen Opern Verdis und als früher Beitrag zum Risorgimento gesehen werden muss.[38]

In Deutschland wird *Wilhelm Tell* im Laufe des 19. Jahrhunderts zu *dem* Nationaldrama, und seine Rezeptionsgeschichte ist entsprechend eng mit den Kämpfen um die nationale Einigung verbunden.[39] Das erste Schillerdenkmal findet sich 1813 bezeichnenderweise im Privatpark eines antinapoleonischen Freiheitskämpfers, für den der Dichter des *Tell* offensichtlich Gewährsmann und Symbolfigur für den Kampf gegen die französische Fremdherrschaft war.[40] Im Jubiläumsjahr 1859 wird Schiller dann allgemeiner, aber auch mit vielfältigen nationalistischen Tönen als „Sänger der Freiheit und Prophet deutscher Einheit" gefeiert.[41]

In der Schweiz etabliert sich der *Wilhelm Tell* ebenso als schweizerisches Nationaldrama schlechthin und macht Schiller dabei zum Eidgenossen. Diese Entwicklung kulminiert in den Schillerfeiern des Jahres 1859 und der Widmung des Mythensteins im Vierwaldstättersee neben dem Anleger zur Rütliwiese „Dem Sänger Tells F. Schiller. Die Urkantone". Im gleichen Jahr kauft die Schweizer Jugend die Rütliwiese und schenkt sie der Eidgenossenschaft. Wie Peter Utz in seiner Studie *Die ausgehöhlte Gasse* zur *Tell*-Rezeption dargestellt hat, eignete sich der *Tell* besonders gut als Integrationsmittel des modernen schweizerischen Vielvölkerstaates nach 1848, weil Schillers temperiert-konservative Radikalität und sein abstrakter Idealismus der Rhetorik des nachrevolutionären, bürgerlichen Zeitalters besonders dienlich war.[42] Die Schweiz hatte nach 1848 die modernste republikanische Verfassung Europas, in der die Ideale der Menschenrechte, für die Tell in der Revolutionsperiode eingestanden hatte, Verwirklichung fanden. Sie konnte mit Stolz und gutem Grund auf ihre Vorbild- und Vorreiterrolle für Europa verweisen.

Aus dieser dreifachen, europäischen, schweizerischen und deutschen Berufung auf den Freiheitshelden Tell ergaben sich durchaus spannungsvolle Konstellationen: Zum einen wurde Tell als europäische Idealfigur gegen expansiven

---

[38] Zu diesen Vorgängen insgesamt vgl. auch die materialreichen Studien von Berchtold, Alfred: „Wilhelm Tell im 19. und 20. Jahrhundert". In: *Tell*. Hg. v. Stunzi, S. 167–312 u. Berchtold, Alfred: *Guillaume Tell. Résistant et citoyen du monde*. Carouge-Genève 2004.
[39] Vgl. hierzu v. a. Neuhaus, Stefan: *Literatur und nationale Einheit in Deutschland*. Tübingen, Basel 2002, S. 102–114 u. Frevert, Ute: „Ein Dichter für viele deutsche Nationen". In: *Friedrich Schiller*. Hg. v. Bürger, S. 58–75.
[40] Vgl. Selbmann, Rolf: *Dichterdenkmäler in Deutschland. Literaturgeschichte in Erz und Stein*. Stuttgart 1988, S. 39.
[41] Frevert: „Ein Dichter für viele deutsche Nationen", S. 61.
[42] Vgl. Utz: *Die ausgehöhlte Gasse*, S. 49–60 u. 95–102.

Nationalismus in Stellung gebracht und mit dem Lob der Schweiz als demokratischer Ideallandschaft mit europäischer Vorbildfunktion verknüpft. Der Mailänder Widerstandskämpfer gegen Österreich und Tessiner Ehrenbürger Carlo Cattaneo beispielsweise beschwor Tell 1862 in diesem Sinne in seiner Warnung an Italien vor irredentistischen Gelüsten als Friedensstifter und Gewährsmann friedlicher kultureller Vielfalt:

> Auch nach Befreiung aller Völker müsste das mütterliche Helvetien dauern [...], um der Wünsche aller Willen, die in ihm das Heiligtum der Weltverbrüderung und des Weltfriedens sehen [...]. Ein freies Europa würde die Jahre aller denkenden Völker und aller Friedensreligionen nach Wilhelm Tell datieren.[43]

In der Deutschschweiz wurde Schiller hingegen bereits 1859 antifranzösisch und zusammen mit den deutschen Nationalhelden Luther und Scharnhorst gefeiert, was sich zwar aus der engen personellen und ideologischen Verflechtung des deutschschweizerischen und deutschen Kulturbetriebs erklären lässt, innerhalb der Schweiz aber die Entfremdung zwischen der Deutschschweiz und der Romandie verstärkte und so den ‚Röschtigraben' des Ersten Weltkriegs mit vorbereitete.[44]

## 4 Tell als Held der ‚Geistigen Landesverteidigung'

Während der sogenannten ‚Geistigen Landesverteidigung' gingen Tells schweizerische und europäische Mission besonders enge Koalitionen ein.[45] Die offizielle Kulturpolitik der 1930er Jahre und während des Zweiten Weltkriegs sollte die Schweizer durch Besinnung auf genuin schweizerische Werte und ein von ihnen geprägtes Geistesleben und Kulturschaffen von der dröhnenden Propaganda des nördlichen Nachbarn distanzieren, gegen sie immunisieren und zum Widerstand gegen die zu erwartenden Aggressionen Nazi-Deutschlands vorbereiten. Bundes-

---

43 Zit. n. Berchtold, Alfred: „Wilhelm Tell im 19. und 20. Jahrhundert", S. 203.
44 Vgl. Utz: *Die ausgehöhlte Gasse*, S. 99 f.
45 Zur ‚Geistigen Landesverteidigung' vgl. das materialreiche Kapitel von Sandberg, Beatrice: „Geistige Landesverteidigung (1933–1945)". In: *Schweizer Literaturgeschichte*. Hg. v. Peter Rusterholz u. Andreas Solbach. Stuttgart 2007, S. 210–231; vgl. auch Kreis, Georg: „Das Bild und die Bilder von der Schweiz zur Zeit des Zweiten Weltkrieges". In: *Mythen der Nationen. 1945 – Arena der Erinnerungen. Eine Ausstellung des Deutschen Historischen Museums*. 2 Bände. Begleitbände zur Ausstellung 2. Oktober 2004–27. Februar 2005. Hg. v. Monika Flacke. Berlin 2004. Bd. 2, S. 593–613.

rat Philipp Etter, der politische Pate der ‚Geistigen Landesverteidigung', formulierte diesen Zusammenhang in einer Rede 1936 an der ETH Zürich in expliziter Berufung auf die Schweizer Modellfunktion für Europa:

> Unter geistiger Landesverteidigung verstehe ich die Besinnung auf die Eigenart und Größe des eidgenössischen Staatsgedankens und auf die europäische Sendung der eidgenössischen Idee. Die eidgenössische Staatsidee lebt nicht aus einer nationalen, sondern aus einer übernationalen Kraft.

Diese Kraft definierte er als „ein geistiges, gewissermaßen europäisches und universelles Element" und als „ein freies, friedliches Zusammenspiel jener Kulturen, die zusammen die abendländische Geisteswelt tragen."[46] Der Germanist und Essayist Fritz Ernst, der in diesen Jahren zu einem einflussreichen kulturkonservativen Propagator der ‚Geistigen Landesverteidigung' wurde, interpretierte in einem Essay von 1936 ganz in diesem Sinne Wilhelm Tell als, wie es im Titel der Neuauflage von 1979 heißt, „Freiheitssymbol Europas".[47] Der heute vergessene, in den 30er Jahren aber einflussreiche Autor Max Eduard Liehburg, dem man die Begriffsschöpfung ‚Geistige Landesverteidigung' zuschreibt, verfasste 1934 in ähnlichem Geist mit seinem gleichzeitig von der mittelalterlichen Reichsidee wie von Carl Gustav Jung inspirierten Tell-Drama *Hüter der Mitte* eine Art europautopisches Weihespiel, in welchem der Gotthard zum symbolischen Herz Europas und der Rütlischwur zum Versprechen „die Mitte stets zu hüten" umgedeutet wird.[48] Liehburg sah es als Mission der Schweiz, ein vereintes, christliches Europa zu schaffen, in der sie eine Vermittler- und Vorreiterrolle hat für ein künftiges „Reich der Freien und ein freies Reich".[49] Tell hat dabei zugleich das Wächteramt der Eidgenossenschaft und eine Europa-Mission.

> Laßt uns die Mitte hüten bis zum Tage,
> Bis, wie dies Zeichen spricht, Europens Völker
> Sich über Kreuz und Bund die Hände reichen,
> Bis wiederum sie alle frei und stark,
> [...]

---

46 Etter, Philipp: „Rede zur Eröffnung der Zürcher Hochschulwoche für Landesverteidigung an der ETH Zürich 1936". Zit. n. Sandberg: „Geistige Landesverteidigung", S. 211.
47 Ernst, Fritz: *Wilhelm Tell. Blätter aus seiner Ruhmesgeschichte.* Zürich 1936. 1979 neu aufgelegt u.d.T. *Wilhelm Tell als Freiheitssymbol Europas.*
48 Liehburg, Max Eduard: *Hüter der Mitte.* Zürich, Leipzig 1934, S. 104. Zu Liehburg vgl. Butler: „The Politics of Myth", S. 81–83 u. Berchtold: „Wilhelm Tell im 19. und 20. Jahrhundert", S. 234–237.
49 Liehburg: *Hüter der Mitte,* S. 116.

> Denn wie Du hier inmitten von Europen,
> Hüter der Mitte bist und Maß der der Dinge,
> So ist Europa unter Kontinenten
> Das Maß der Dinge und der Mitte Hüter.[50]

Bundesrat Philipp Etter bezog sich in einer weiteren Rede 1937 direkt auf Liehburgs Drama, wenn er die Spezifik der Schweiz in der „Zugehörigkeit unseres Landes zu drei grossen geistigen Lebensräumen des Abendlandes und Zusammenfassung des Geistigen dieser drei Lebensräume in einem gemeinsamen Lebensraum" verortete und entsprechend um „den heiligen Berg der Mitte [...] die Idee einer geistigen Gemeinschaft der Völker und der abendländischen Kulturen" verwirklicht sah.[51] In der Art und Weise, wie hier Helvetozentrismus und Eurozentrismus zusammengezogen werden, wird die Rütliwiese als Schwurort nicht nur zum Herzen der Schweiz und Europas, sondern zum symbolischen Mittelpunkt einer freien Welt, die den Superioritäts- und Dominanzansprüchen Nazi-Deutschlands trotzt. In dieser Linie muss man auch die berühmte symbolische Inszenierung vom 25. Juli 1940 verstehen, in der der schweizerische Oberbefehlshaber General Guisan seine hohen Offiziere auf der Rütliwiese versammelte, um sie als die eigentlichen „Hüter der Mitte" auf das Verteidigungskonzept der Alpenfestung, das Reduit als Verteidigung der europäischen Freiheitsidee einzuschwören.

Es passt zur Betonung einer genuin schweizerischen Kunst, dass in diesen Jahren in einer Art frühem *iconic turn* das Tell-Drama eines Deutschen als maßgebliche künstlerische Darstellung Tells von Ferdinand Hodlers berühmtem Bild von 1897 abgelöst wird. Mit seiner Verkörperung eines nationalen Archetypus, dem bäuerlichen Helden, in dem sich Monumentalität und archaische Kraft zum Ausdruck nationalen Selbstbehauptungswillens verbinden, wurde Hodler zum Pionier eines nationalen Kunstschaffens, das sich inhaltlich und stilistisch-formal von der sterilen neoklassizistischen Monumentalität der Nazi-Kunst absetzen konnte. 1939 interpretierte Karl Schmid, ein weiterer wichtiger Vertreter der ‚Geistigen Landesverteidigung', in einer kongenialen Mischung aus Distanz und Nähe zur Blut-und-Boden-Rhetorik der Nazis Hodlers Bild als „Unseren Tell", indem er „das Dumpfe, das Bäuerisch-Langsame, das Erdhaft-Schwerfällige, das Natürlich-Gewaltige" gewissermaßen gegen die hochtechnisierten Blitzkriege der

---

50 Ebd.
51 Etter, Philipp: „Geistige Landesverteidigung". Sonderabdruck aus der Monatsschrift des Schweizerischen Studentenvereins. Bern 1937, S. 3–14. Gekürzter Wiederabdruck in: Komorowski, Dariusz (Hg.): *Ausgewählte Quellen im Diskursfeld „Identitäten". Die Schweiz. Ein Arbeitsbuch für Breslauer Germanistikstudenten*. Wroclaw 2009, S. 175–180, Zitate S. 176 f.

Nazis in Stellung brachte und Tell zum Repräsentanten einer wehrhaften Schweiz stilisierte: „Der [...] Späteste, [...] der einmal nur zum ungeheuren Schlag ausholt. Das verletzte Tier, das sich fürchterlich aufrichtet".[52]

Natürlich werden auch *Tell*-Inszenierungen von Stimmung und Imperativ der ‚Geistigen Landesverteidigung' erfasst, so wenn das Publikum bei einer Aufführung 1939 in Bern beim Rütlischwur spontan in die 1811 entstandene Nationalhymne *Rufst Du mein Vaterland* ausbricht,[53] oder wenn es in einer Rezension 1941 über eine spezifisch schweizerische Interpretation der Tell-Figur heißt: „[J]edes Wort eine biedere Wahrheit, jeder Ruck ein Eidgenosse."[54]

All dies gewinnt zusätzlich Kontur im Kontrast zur gleichzeitigen *Tell*-Rezeption im Reich. Hitler hatte zunächst den *Wilhelm Tell* zu seinem Lieblingsschauspiel erklärt; das achte Kapitel von *Mein Kampf* trägt die Überschrift „Der Starke ist am mächtigsten allein", und der *Tell* war auf den Bühnen Nazi-Deutschlands bis 1938 das meistgespielte Stück. Das änderte sich dramatisch, als Hitler 1941 Aufführungen und Schullektüre per Führererlass verbot; wohl aus Angst vor der inspirierenden Wirkung des Tyrannenmordes und auch, wie Ute Frevert plausibel vermutet, angesichts der zunehmend gegen Deutschland gerichteten Schweizer Interpretation und Rezeption: „In dieser Deutungskonkurrenz zog Deutschland den Kürzeren."[55]

# 5 Zur europapolitischen Aktualität des *Wilhelm Tell*

In jüngerer Zeit haben eine ganze Reihe von Germanisten die Ansicht vertreten, dass Einigkeit und Freiheit als die großen Themen von Schillers *Tell* in einem unter dem Zeichen der Globalisierung zusammenrückenden und zusammenwachsenden Europa aktueller seien als auf der ihre Bindekraft verlierenden

---

**52** Erich Schmidt. Zit. n. Berchtold: „Wilhelm Tell im 19. und 20. Jahrhundert", S. 239. Vgl. zu Hodlers Bild auch Utz: *Die ausgehöhlte Gasse*, S. 182–191.
**53** Vgl. Zeller, Rosemarie: „Schiller-Rezeption in der Schweiz. Das Beispiel *Wilhelm Tell* oder wie *Wilhelm Tell* zum schweizerischen Nationaldrama wird". In: *Friedrich Schiller in Europa. Konstellationen und Erscheinungsformen einer politischen und ideologischen Rezeption im europäischen Raum vom 18. bis zum 20. Jahrhundert*. Hg. v. Anne Feler, Raymond Heitz u. Gilles Darras. Heidelberg 2013, S. 103–120, Zitate S. 118.
**54** *Die Tat* vom 18.12.1941 lobt so den Tell des Schweizer Schauspielers Heinrich Gretler. Zit. n. Zeller: „Schiller-Rezeption in der Schweiz", S. 117.
**55** Frevert: „Ein Dichter für viele deutsche Nationen", S. 69.

nationalen Ebene.⁵⁶ Stefan Neuhaus etwa meint 2002: „Schiller hat im *Tell* jene politischen Prinzipien dichterisch gestaltet, nach denen heute die europäische Einigung und ein verbesserter Zusammenschluss der UNO angestrebt werden."⁵⁷ Und Adolf Muschg schließt seinen Marbacher Vortrag zum *Tell* im Schiller-Jahr 2005 elegant und recht emphatisch: „Ein sagenhafter Tell hat durch einen literarisch beglaubigten in der Schweiz Geschichte gemacht – und verweist bis heute dahin, wo die Sage herkommt und die Geschichte hinführt: nach Europa."⁵⁸ Sein Beitrag steht im Kontext seiner ein Jahr zuvor gehaltenen Essener Europavorträge, die die Titelfrage „Was ist europäisch?" unter anderem mit „die Schweiz" beantworten und für seine Europautopie die weiten Horizonte von Schillers ästhetischem Staat aufrufen.⁵⁹ Das führt zu der alten, wichtigen und unerledigten Frage nach dem utopischen Potenzial von Schillers Schauspiel. Inszeniert es im guten Ausgang und opernhaften Ende als Festspiel ein, in der Sprache der Ästhetischen Briefe „liebliche[s] Blendwerk von Freyheit" (NA 20, 412) mit geschichtsprägender Kraft, oder gestaltet der *Tell*, wie 2009 Wolfgang Riedel in den Würzburger Schiller-Vorträgen eindrucksvoll ausgeführt hat, im Horizont von geschichtsphilosophischer Triadik eine sentimentalisch-elegische Idylle, die „im Modus des Vorbei" einem modernen Publikum vorführt, was unter den Bedingungen der Moderne eben nicht mehr gelingt?⁶⁰ Angesichts des wiedererstarkenden nationalistischen Populismus in Europa nicht nur in der Schweiz und der eingangs erwähnten kruden Indienstnahme des *Tell* für allerlei Partikularinteressen muss man wohl eher Riedel zustimmen. Die Hoffnung auf die transformierende Kraft der Kunst, mit der der Tell-Mythos – noch einmal Muschg „vom Hirtenland, dem helvetisch ausstaffierten Arkadien, zum Menschheitsfest der Befreiung vom äußern Zwang" führen könne,⁶¹ scheint kaum mehr als ein schöner Dichter- und Germanistentraum. Doch Träume können realitätsverändernde und geschichtsprägende Kraft haben. Und wir können diesem Traum im Bewusstsein der identitäts- und gemeinschaftsstiftenden Funktion der Tell-Narrative als „kognitiver wie

---

56 So etwa die Schlussüberlegung in Frevert: „Ein Dichter für viele deutsche Nationen", S. 74 f.
57 Neuhaus: *Literatur und nationale Einheit*, S. 114.
58 Muschg: „Schillers Schweiz", S. 93.
59 Adolf Muschg: *Was ist europäisch? Reden für einen gastlichen Erdteil*. München 2005, S. 103. Zur Anspielung auf Schillers Briefe *Über die Ästhetische Erziehung* vgl. S. 111. Dazu auch Barkhoff: „Europa wird entweder untergehen oder verschweizern", S. 210–213.
60 Riedel: „Unwiederbringlich", S. 55.
61 Muschg: „Schillers Schweiz", S. 89.

emotionaler Ressource der Politik"⁶² die kritische Arbeit am Mythos an die Seite stellen – und ihm so zuarbeiten.⁶³

---

62 Münkler: *Die Deutschen und ihre Mythen*, S. 11.
63 Vgl. Blumenberg, Hans: *Arbeit am Mythos*. Frankfurt/Main 1979.

Francesco Rossi
# Italiener, ein „Künstlervolk"
## Zur Charakterisierung Italiens bei Friedrich Schiller

> Wenn Sie ein recht christliches Werk für die Kunst tun wollen, so schicken Sie Schiller über die Alpen, und auf einige Jahre nach Rom. Er würde hier sowohl in Rücksicht auf seinen Körper als auf seine Phantasie und ästhetischen Kolossalgeist in seinem Elemente sein, und die Welt würde etwas über die Kunst lesen, was nur ein Genie über Werke des Genies sagen kann. (NA 32, 287)[1]

Mit diesen im Februar 1795 an Jens Baggesen gerichteten Worten bringt Carl Ludwig Fernow einen Gedanken zum Ausdruck, der so manchen dem Dichter nahestehenden Zeitgenossen begeisterte. Diese Hoffnung blieb allerdings unerfüllt. Es ist wohlbekannt, dass Schiller zeit seines Lebens das deutsche Territorium nicht verließ, und dass in seiner Biografie eine italienische Reise, wie sie Goethe und nach ihm viele andere im späten 18. Jahrhundert unternahmen, fehlt. Wie der Dichter dem seit 1789 in Rom lebenden Maler und langjährigen Freund Johann Christian Reinhart noch 1801 brieflich mitteilte, war der Wunsch, Italien zu bereisen, in seinen letzten Lebensjahren zwar angeblich da, doch zu dieser Reise kam es nicht.[2] Dafür gibt es äußere und innere Gründe. Infolge der napoleonischen Feldzüge wurde die geopolitische Lage Oberitaliens in der zweiten Hälfte der 90er Jahre instabil, die Wege nach Rom und nach dem Süden wurden unsicher. Aus ebendiesem Grund musste etwa Goethe seine dritte Italienreise, die er zusammen mit Heinrich Meyer als Forschungs- und Bildungsreise konzipiert hatte, in der Schweiz unterbrechen und mit seiner Begleitung im November

---

**1** C. L. Fernow an J. I. Baggesen, Rom am 20.02.1795.
**2** Wie aus einem Brief hervorgeht, erachtete der damalige „Hausvater" Schiller eine solche Reise als ein zu großes Wagnis. F. Schiller an J. C. Reinhart, Weimar am 15.06.1801 (NA 31, 39 f.). Dessen ungeachtet fasst Lavinia Mazzucchetti Schillers Einstellung zu Italien in den folgenden Worten zusammen: „indifferenza" (Gleichgültigkeit), „diffidenza" (Misstrauen), „mancanza di ogni rapporto notevole" (Fehlen von jedwedem bemerkenswerten Bezug). Mazzucchetti, Lavinia: *Schiller in Italia*. Milano 1913, insb. S. 17–28, hier S. 17. In den vorliegenden Ausführungen soll dieser Ansatz relativiert werden. Schillers vermeintliches Desinteresse steht in scharfem Kontrast zur *fortuna* seiner Werke im Italien des 19. Jahrhunderts. Vgl. dazu Bevilacqua, Giuseppe: „Federico Schiller – eine Galionsfigur des Risorgimento". In: *Friedrich Schiller. Dichter, Denker, Vor- und Gegenbild.* Hg. v. Jan Bürger. Göttingen 2007, S. 42–56. Zu Schillers Verhältnis zu Italien vgl. außerdem Unfer Lukoschik, Rita: *Friedrich Schiller in Italien (1785–1861). Eine quellengeschichtliche Studie.* Berlin 2004, insb. S. 20–30.

1797 nach Weimar zurückkehren. Fragt man indessen nach den inneren Gründen dieses Verzichts, so ist es vielleicht nicht ganz verkehrt, einen Blick in den Briefwechsel mit Wilhelm von Humboldt zu werfen. Humboldt, der 1802 zum preußischen Residenten beim päpstlichen Stuhl ernannt wurde und daraufhin mit seiner Familie nach Rom zog, beschreibt in seinen Briefen an den in Weimar verweilenden Dichter eine Stadt, die „sich [ihrem] politischen Untergange naht" (NA 39.I, 346).[3] Er zeigt sich zutiefst begeistert von der üppigen Natur und von den Kunstschätzen Roms und lädt Schiller mehrmals zu einem Besuch ein. Zur Antwort bekommt er aber Folgendes:

> [...] oft treibt es mich mich in der Welt nach einem anderen Wohnort und Wirkungskreis umzusehen; wenn es nur irgendwo leidlich wäre, ich ginge fort. – Leider ist Italien und Rom besonders kein Land für mich, das physische des Zustandes würde mich drücken und das aesthetische Interesse mir keinen Ersatz geben, weil mir das Interesse und der Sinn für die bildenden Künste fehlt. Sie selbst, mein Freund, würden es ohne bestimmte Berufsgeschäfte schwerlich lang in Italien aushalten. (NA 32, 12)[4]

Schiller rechtfertigt seinen Verzicht auf eine Italienreise also zunächst durch ein klimatisches Argument: Das Klima der Halbinsel führe zu körperlichen Erschwernissen – ein Argument, das der medizinisch geschulte Schriftsteller in seinen Briefen nicht selten betont.[5] Hinzu kommt jedoch noch eine zweite Hürde kultureller Art, nämlich das fehlende Kunstempfinden des Gedankenmenschen, dem selbst in Bezug auf den Augenmenschen Goethe ein Italienaufenthalt „für seinen höchsten und nächsten Zweck doch immer verloren" (NA 29, 106)[6] zu sein scheint. Zur Rechtfertigung dieser Sichtweise lässt sich vielleicht hinzufügen, dass die publizistische Tätigkeit in Weimar eine stete Präsenz im literarischen Feld erforderte, die ein Schriftsteller von Italien aus unter den damaligen Umständen schwerlich oder zumindest nicht ohne Einschränkungen hätte aufrechterhalten können, dauerte eine Briefsendung von Weimar nach Rom damals doch durchschnittlich 16 Tage.

So einfach ließ sich Schiller aus seinem Weimarer Lebenskreis nicht verpflanzen – damit musste sich Humboldt schließlich, wenngleich nicht ohne Enttäuschung, abfinden. An mehreren Stellen seiner Briefe lässt sich die Unzu-

---

3 W. v. Humboldt an F. Schiller, Rom am 10.12.1802.
4 F. Schiller an W. v. Humboldt, Weimar am 17.02. [und 03.(–16.)03.] 1803.
5 Vgl. zum Beispiel die Briefe an J. Ch. Reinhart, Weimar am 7.[14.?]03.1803 (NA 32, 22) und an W. v. Humboldt, Weimar am 12.09.1803 (NA 32, 70–71), in denen es um den Tod von Humboldts Sohn Wilhelm geht.
6 F. Schiller an H. Meyer, Jena am 21.07.1797.

friedenheit über den Standpunkt des Freundes deutlich vernehmen: „Daß Ihnen Sinn und Interesse für bildende Kunst fehlen würden, glaube ich zwar gar nicht. Vielmehr würde ich fürchten, daß es Sie auf einmal so mächtig ergriffe, daß Sie dadurch eine Zeitlang für alles andre unthätig würden." (NA 40.I, 57).[7] Nach Rom – dorthin müsse der Dichter reisen, „[d]enn das ist unläugbar und nicht bloßes Phantasiespiel. Von dem Reiz, den die Lectüre der Römischen Classiker hier hat, kann man sich anderwärts schlechterdings keinen Begriff machen." (NA 40.I, 57). Trotzdem überwiegt am Ende die Resignation:

> Wie oft wünsche ich Sie hieher, wie herrliche Spatziergänge könnten wir hier machen, wie würde auch auf Sie diese Umgebung wirken; und dann muß ich mir doch wieder sagen [...], daß ich Ihnen kaum anrathen könnte, eine Reise hieher zu unternehmen. Daß der Mensch doch immer so fest an dem Boden kleben muß. Denn eigentlich ist der Unterschied zwischen einem Baum und einem Menschen nur der, daß der Mensch seine Wurzeln mit sich schleppen kann. Mit tiefen und schweren Wurzeln hängt doch auch der freieste und unabhängigste immer an dem Boden, auf dem er einmal steht. (NA 40.I, 90)[8]

Und dennoch war die Zahl der Italienreisenden und -freunde gerade im klassischen Weimar besonders hoch. Neben Goethe lebten dort Italienkenner ersten Ranges wie Christian Joseph Jagemann, Heinrich Meyer und später Carl Ludwig Fernow. Am Weimarer Diskurs über die römisch-italienische ‚Kunst-' und ‚Naturgeschichte' ist Schiller schon allein deswegen beteiligt, weil manche Schlüsseltexte in seinen Zeitschriften erscheinen. Es handelt sich dabei nicht nur um Aufsätze zur Kunstgeschichte und Ästhetik wie die von Meyer und Aloys Hirt, sondern auch um Übersetzungen aus kanonischen Texten der antiken und modernen Literatur Italiens, angefangen von den in der *Neuen Thalia* erschienenen Übertragungen aus Vergil, Ariost[9] und Petrarca[10] bis hin zu A. W. Schlegels Dante-Übersetzung und Goethes Cellini-Übersetzung in den *Horen*.

Trotzdem räumte Schiller im Gegensatz zu Goethe Italien keine maßgebende Rolle in seiner idealen Landeskunde ein. Informationen über Italien bezog er

---

7 W. v. Humboldt an F. Schiller, Rom am 30.04.1803.
8 W. v. Humboldt an F. Schiller, Rom am 09.07.1803.
9 Es handelt sich um *Ariosts Rasender Roland Neue Übersetzung Erster Gesang* [Oktaven 1–48]. In: *Neue Thalia*. Bd. 3 (1793), S. 83–107. Als beispielhaft für Schillers *Ariost*-Rezeption kann der Brief an Ch. G. Körner aus Weimar am 21.01.1802 gelten (NA 31, 89–91). Außerdem spielt dieser Autor als „Bürger einer späteren und von der Einfalt der Sitten abgekommenen Welt" eine paradigmatische Rolle in *Über naive und sentimentalische Dichtung* (NA 20, 434).
10 *Sonnette*. Übers. v. F. Werthing (Pseudonym). In: *Neue Thalia*. Bd. 1 (1792), S. 375–384. Zum Petrarkismus Schillers vgl. Robert, Jörg: *Vor der Klassik. Die Ästhetik Schillers zwischen Karlsschule und Kant-Rezeption*. Berlin, Boston 2011, S. 93–99.

hauptsächlich aus Werken, die er studienhalber oder als Vorarbeit zu seiner Dichtung las. Außerdem spielten ihm die zahlreichen Italienreisenden aus seinem Umfeld Auskünfte zu. Zusätzlich zu den vorhin genannten Autoren ist mindestens noch ein deutscher Korrespondent zu erwähnen, nämlich der Maler und Schriftsteller Karl Gotthard Graß. Die Frage, ob und wie gut er die italienische Sprache beherrschte, muss hier offengelassen werden. Er las die Tragödien Vittorio Alfieris in der französischen Übersetzung von Claude-Bernard Petitot und nutzte als Vorlage zu seiner Bühnenbearbeitung von Carlo Gozzis *Turandot* nicht das Original, sondern die Prosaübersetzung des Stuttgarter Italianisten Friedrich August Clemens Werthes.

# 1 Romantische Antike und Italienbild

Im letzten Jahrzehnt ist das Gespräch über die charakteristische Ambivalenz der Schiller'schen Klassik-Auffassung offenbar wieder aktuell geworden. Mit dem Hinweis auf eine ihm eigentümliche „hybride Klassizität"[11] gewann die Auseinandersetzung mit dem ‚Klassiker' eine neue Dimension. Seitdem scheint die Kluft zwischen Schiller und der Frühromantik nicht mehr so unüberbrückbar zu sein wie früher. Die Hervorhebung der poetologischen und ästhetischen Gemeinsamkeiten hat die Bedeutung ihrer Polarität stark relativiert. Neben einer doppelten Ästhetik ist auch von einer doppelten Antike die Rede gewesen, indem zwischen den altgriechischen, den lateinischen und den modernen Elementen der Klassizität Schillers genau unterschieden wurde.[12] Insbesondere wurde gezeigt, inwiefern der Dichter die römischen Autoren als sentimentalisch betrachtet, weswegen er während der Jenaer Zeit seine Aufmerksamkeit auf die literarische Tradition der klassischen Latinität richtet. Den Römern bescheinigt er eine eigentümliche Nähe zur Moderne, die die naiven Griechen in dieser Form nicht gehabt hätten. Zwar erhebt er das Griechentum in seinem Werk zum Ideal, doch wird er immer mehr davon überzeugt, dass der geschichtliche Prozess, aus dem sich die moderne Erfahrungsweise ergibt, erst mit den Römern beginnt.

---

11 Ebd., S. 17.
12 Zum Thema vgl. Schmidt, Ernst A.: „Schillers römische ‚Tragödien'". In: *Schiller und die Antike*. Hg. v. Paolo Chiarini u. Walter Hinderer. Würzburg 2008, S. 49–67; Robert, Jörg: „Klassizität in der Modernität. Schillers Antike(n) und der Beginn der Klassik". In: *Schiller im philosophischen Kontext*. Hg. v. Cordula Burtscher u. Markus Hien. Würzburg 2011, S. 165–180. Zur doppelten Ästhetik vgl. Zelle, Carsten: *Die doppelte Ästhetik der Moderne. Revisionen des Schönen von Boileau bis Nietzsche*. Stuttgart, Weimar 1995.

Möglicherweise aus diesem Grund hegte er angeblich bis in seine letzten Lebensmonate den Plan, nach Rom zu fahren, um dort eine römische Geschichte zu schreiben. Reinhart, Fernow und Wilhelm von Humboldt, die dort lebten, hätten ihn wahrscheinlich in diesem Vorhaben unterstützt. Nach Angaben des Letzteren hat Schiller in seiner Anwesenheit von diesem Plan, „den er sich für höhere Jahre aufsparte", sogar „mit leidenschaftlicher Wärme" (NA 42, 343)[13] gesprochen. Ihn habe die Idee ergriffen, so von Humboldt, „wie sich die größten welthistorischen Verhängnisse im Altertum und der neueren Zeit gerade an die Örtlichkeit dieser Stadt anknüpften" (NA 42, 343). Ist dieser Augenzeugenbericht zuverlässig – und im Grunde gibt es keine Veranlassung, an dessen Glaubwürdigkeit zu zweifeln –, so wollte Schiller die Geschehnisse im fünften Buch der römischen Geschichte *Ab urbe condita* des Livius, also die Besitzergreifung und Plünderung Roms durch die gallischen Senonen und die Rückeroberung der Stadt durch Marcus Furius Camillus, der im Anschluss daran seine Mitbürger von einer Umsiedlung nach Veji abhält und daher als Neubegründer der Stadt Rom gilt, zum Angelpunkt seiner eigenen historischen Erzählung machen. „Die Rede Camills gegen die Verpflanzung nach Veji", so von Humboldt, „war die Angel um die diese Geschichte sich drehen sollte" (NA 42, 342).[14] Wenn Schiller die von Livius durchaus positiv gezeichnete Gestalt des römischen Machthabers Camillus ins Zentrum seiner historischen Perspektivierung rücken wollte, dann möglicherweise deshalb, weil es sich um ein festes Vorbild der *pietas* handelte. Ein solch kritischer Moment der frühen republikanischen Zeit hätte ihn wahrscheinlich zu tief greifenden Rückschlüssen auf die Gegenwart angeregt, wie es für die Schiller'sche Geschichtsschreibung charakteristisch ist. Auf jeden Fall hätte Schiller, davon ist auszugehen, mit diesem Werk hinsichtlich seiner Reflexion über die Geschichte einen Kulminationspunkt erreicht.

Dass aus diesem Projekt nichts wurde, liegt aber nur zum Teil an den bereits erwähnten gravierenden Hindernissen, die einer Italienreise zu jenem Zeitpunkt entgegenstanden. Der Hauptgrund für Schillers Verzicht auf eine Reise nach Süden liegt nämlich vielmehr in seiner Geschichtskonzeption selbst, wobei es hier zunächst die Bedeutung dieser Aussage näher zu bestimmen gilt. Da eine umfassende Erörterung besagter Geschichtsvorstellung in ihren Oberflächlichkeiten und Tiefen den Rahmen dieses Beitrags sprengen würde, erscheint es aus heuristischen Gründen sinnvoll, sich auf ein einzelnes Beispiel zu beschränken. Dieses Beispiel kann nicht der *Brief eines reisenden Dänen* sein, ein relativ früher Text (1785), in dem Schiller noch auf ziemlich konventionelle Topoi der Winkelmann'schen Kunstauf-

---

13 Weimar, 19.–22.09.1802.
14 Weimar, 19.–22.09.1802.

fassung zurückgreift, indem er aus der Perspektive eines aus Italien zurückkehrenden Kunstenthusiasten schreibt; und auch nicht das zehn Jahre später entstandene Gedicht *Die Antike an einen Wanderer aus Norden* (1795), in welchem diese etwas unbefangene frühere Perspektive von der sprechenden Instanz – der Antike selbst (!) – stark relativiert und problematisiert wird: „Aber bist du mir jetzt näher und bin ich es dir? / [...] / Aber hast du die Alpenwand des Jahrhunderts gespalten, / Die zwischen dir und mir finster und traurig sich thürmt?" (NA 1, 257). Die Antike lebt, so könnte man zusammenfassen, in der Gegenwart fort, aber ein unbeschwertes Verhältnis zu ihr ist nun nicht mehr möglich. Ein zentraler Beleg für Schillers insgesamt ambivalenten Bezug zum Altertum ist das programmatische Gedicht *Pompeji und Herculaneum* (1796), in dem die Ruinen der römischen Städte wie eine Wärmequelle im Erdinneren dargestellt werden und der Geist der Antike sich wie ein Revenant vom Boden erhebt, ein Bild, das sicherlich etwas Aufklärerisches, aber zugleich auch Romantisches an sich hat.

Statt der genannten Texte erweist sich gerade in Bezug auf das zu entfaltende typologische Italienbild das Gedicht *An die Freunde* (1802) als überaus interessant, weil sich in ihm eine Perspektivierung der Geschichte in zeitlichen und räumlichen Kategorien erkennen lässt, aus der sich ein deutlich lesbares Raster ergibt. Das Gesellschaftslied besteht aus fünf Strophen. In den ersten beiden wird die zeit-räumliche Position des lyrischen Subjekts, das sich bereits durch die Anrede an die „lieben Freunde" in ein „wir" steigert, aufgrund eines Vergleichs mit „schön're[n] Zeiten" und „glücklichere[n] Zonen" bestimmt. Mit der dritten Strophe, in der London als Metropole des Handelsverkehrs dargestellt wird, beginnt eine genauere geografische Differenzziehung. Der fortschrittlichen Stadt im Norden stellt Schiller das südliche, arme, in seinen Monumenten ruhende Rom entgegen:

> Prächtiger als w i r in unserm Norden
> Wohnt der Bettler an der Engelspforten,
> Denn er sieht das ewig einzge Rom!
> Ihn umgiebt der Schönheit Glanzgewimmel,
> Und ein zweiter Himmel in den Himmel
> Steigt Sankt Peters wunderbarer Dom.
> Aber Rom in allem seinem Glanze
> Ist ein Grab nur der Vergangenheit,
> Leben duftet nur die frische Pflanze,
> Die die grüne Stunde streut. (NA 2.I, 225 f.)[15]

---

**15** *An die Freunde* bleibt nicht ohne Echo. Im oben zitierten Brief vom 10.10.1802 (NA 39.I, 344–348) nimmt Wilhelm von Humboldt explizit auf Schillers Gedicht Bezug: Es dient ihm als Folie bei der Schilderung seiner eigenen Erlebnisse in Rom. Bei der Konzeption dieses Gedichts

Das lyrische „wir" befindet sich sowohl in geografischer als auch in ideeller Hinsicht genau dazwischen. Zwischen London und Rom, das heißt zwischen Vergangenheit und Zukunft gestellt, zeichnet sich dieses „wir" durch den festen Bezug zu einem Ort aus und aus dieser Stellung sieht es „[...] das Große aller Zeiten / Auf den Bretern, die die Welt bedeuten, / Sinnvoll, still an [sich] vorübergehn" (NA 2.I, 226), das heißt, es rezipiert und verarbeitet das geschichtliche Werden, das Drumherum der äußeren Welt, vornehmlich durch das Theater als Medium einer höheren und zugleich kontrollierbareren Realität. Das Gedicht mündet also in Worte des Lobs für die Weimarer Theaterkultur, die somit zum Spiegel der ganzen Welt gemacht wird.

## 2 Kunst und Katholizismus: Zum Charakterbild des Italieners

Über die geopolitische Lage Italiens seit der Frühmoderne ist der Historiker Schiller sehr gut informiert. In zwei wichtigen Passagen aus seiner Antrittsvorlesung zur Universalgeschichte hebt er manche Ähnlichkeiten zwischen dem deutschen und dem italienischen Staatssystem hervor, ausgehend von der gemeinsamen Aufteilung in kleinere Territorialstaaten und dem Fehlen einer Zentralmacht: „Was erhielt in Italien und Teutschland so viele Thronen, und ließ in Frankreich alle, bis auf Einen, verschwinden?" (NA 17, 368) In der territorialen Zersplitterung sieht er aber einen wesentlichen Vorteil, indem er sie als Voraussetzung für den modernen liberalen Pluralismus betrachtet, wie im folgenden Zitat betont wird:

> Städte mußten sich in Italien und Teutschland erheben, dem Fleiß ihre Thore öffnen, die Ketten der Leibeigenschaft zerbrechen, unwissenden Tyrannen den Richterstab aus den Händen ringen, und durch eine kriegerische Hansa sich in Achtung setzen, wenn Gewerbe und Handel blühen, und der Ueberfluß den Künsten der Freude rufen, wenn der Staat den nützlichen Landmann ehren, und in dem wohlthätigen Mittelstande, dem Schöpfer unsrer ganzen Kultur, ein dauerhaftes Glück für die Menschheit heran reifen sollte. (NA 17, 369)

Durch Gilden und Gewerbe kommt es zur freien Entfaltung der liberalen Wirtschaft und der Künste, und dabei ist die Rolle des Mittelstands im frühmodernen Deutschland und in Italien die gleiche: nämlich die Grundlage der modernen bür-

---

könnte das zweibändige Werk *England und Italien* (1785) des preußischen Schriftstellers Johann Wilhelm von Archenholz, mit dem Schiller in Briefkontakt stand, eine Rolle gespielt haben.

gerlichen Gesellschaft zu sein. Mit der Reformation kommt allerdings ein erster wesentlicher Unterschied ins Spiel, denn in Italien wie auch in den anderen Südländern ist der Katholizismus zu Hause. Und wenn Schiller in seiner *Geschichte des Dreißigjährigen Kriegs* gegen Spanien und Italien den Vorwurf erhebt, sie seien „dem Stuhle zu Rom mit blinder Anhänglichkeit ergeben" (NA 18, 12), so ist dieser Vorwurf insofern besonders schwerwiegend, als die Abhängigkeit der weltlichen Institutionen von der katholischen Kirche einen Verlust der Autonomie auf moralischer Ebene impliziert. Die moralische Unterwürfigkeit der Katholiken gegenüber ihren geistlichen Stellvertretern setzt der Dichter mit einem Verzicht auf Selbstbestimmung und Emanzipation gleich, aufgrund dessen sie sich in einem Zustand der permanenten Unmündigkeit befinden.

Im folgenden, etwas ausführlicheren Zitat aus dem ersten Buch der *Geschichte des Abfalls der Vereinigten Niederlande von der spanischen Regierung* nähern wir uns dem Kern der Sache:

> Italien, damals [d. h. im 16. Jahrhundert, FR] der Sitz der größten Geistesverfeinerung, ein Land, wo sonst immer die heftigsten politischen Faktionen gewütet haben, wo ein brennendes Klima das Blut zu den wildesten Affekten erhitzt, Italien, könnte man einwenden, blieb unter allen europäischen Ländern beinahe am meisten von dieser Neuerung frei. Aber einem romantischen Volk, das durch einen warmen und lieblichen Himmel, durch eine üppige, immer junge und immer lachende Natur und die mannichfaltigsten Zaubereien der Kunst in einem ewigen Sinnengenusse erhalten wird, war eine Religion angemessener, deren prächtiger Pomp die Sinne gefangen nimmt, deren geheimnißvolle Räthsel der Phantasie einen unendlichen Raum eröfnen, deren vornehmste Lehren sich durch mahlerische Formen in die Seele einschmeicheln. Einem Volke im Gegentheil, das, durch die Geschäfte des gemeinen bürgerlichen Lebens zu einer undichterischen Wirklichkeit herabgezogen, in deutlichen Begriffen mehr als in Bildern lebt, und auf Unkosten der Einbildungskraft seine Menschenvernunft ausbildet; einem solchen Volk wird sich ein Glaube empfehlen, der die Prüfung weniger fürchtet, der weniger auf Mystik als auf Sittenlehre dringt, weniger angeschaut als begriffen werden kann. Mit kürzeren Worten: Die katholische Religion wird im Ganzen mehr für ein Künstlervolk, die protestantische mehr für ein Kaufmannsvolk taugen. (NA 17, 41 f.)

An dieser Stelle nimmt Schiller eine vergleichende Gegenüberstellung des niederländischen und italienischen Volks vor. Dieser Art der komparativen Typologisierung liegt eine lange diskursive Tradition zugrunde, die in Montesquieus Abhandlung *De l'esprit des lois* (1748) gipfelt und deren epistemische Anwendbarkeit mindestens bis Max Weber reicht.[16] Aus Montesquieus Werk lässt sich unter

---

**16** Der Hinweis bezieht sich auf Webers berühmtestes Werk *Die protestantische Ethik und der Geist des Kapitalismus*. Neben Montesquieus Werk sind zu erwähnen Adam Fergusons *Essay on*

anderem entnehmen, wie sehr die kulturellen Wertvorstellungen einer jeglichen Kultur aus einer Mischung von Affekten und Veranlagungen resultieren, die ihrerseits in ein direktes Abhängigkeitsverhältnis zum Klima gesetzt werden können. Schiller übernimmt also den klimatheoretischen Ansatz und führt ihn auf seine Art und Weise weiter, indem er eine Völkertypologie skizziert, die physiologische und zugleich charakterologische Elemente aufweist.[17]

Italien gilt also als ein Land des Katholizismus und der „wildesten Affekte", in dem die Religion fest verwurzelt ist, und mit ihr die Sinnlichkeit, die das notwendige Korrelat zur Kunst (im weitesten Sinne) bildet. Die gedankliche Verknüpfung dieser drei Aspekte führt Schiller dazu, die Italiener aus einem kritischen Blickwinkel als „Künstlervolk" beziehungsweise ein „romantische[s] Volk" zu betrachten. Es ist nun interessant, zu bemerken, dass Schiller seine Argumentation auf ethische und anthropologische Beobachtungen gründet, indem er die ziemlich geläufigen Kategorien, die er in seiner Analyse verwendet, medizinisch und historisch untermauert. Und auf diese Weise zeichnet sich in seinem Text der italienische Nationalcharakter physiologisch aus, nämlich insofern, als die affektive Dimension in ihm vorherrschend ist. Die typische Streitlust und der Sinngenuss der Italiener werden als Folge einer Erwärmung des Blutes und der klimatischen Lage erklärt.

Um ihre Neigung zur Kunst und zur Fremd- und Selbsttäuschung zu begründen, führt Schiller hingegen einen komplexeren psychologischen Beweis, indem er eine kontrastive Ästhetik der Wahrnehmung entwirft, die von den konfessionellen Unterschieden ausgeht. Die katholische sei die poetischste Wahrnehmungsart, weil sie sich auf Anschaulichkeit und Bildlichkeit stütze, während die protestantische die sachlichste sei, da sie verstandesgemäß über die Begriffe verlaufe. Der protestantische Charakter verkörpert Schiller zufolge eher die rationale Seite und fungiert dementsprechend als Vorbild echter Sittlichkeit. Und

---

*the History of Civil Society* (1767) und Voltaires *Essai sur les mœurs et l'esprit des Nations* (1756), aus dem Schiller in seiner *Geschichte des Abfalls der Vereinigten Niederlande* reichtlich schöpft.
**17** Wichtige Angaben zur Geschichte der Dekadenz des alten Roms konnte Schiller – allerdings nach der Veröffentlichung der *Geschichte* im Oktober 1788 – einem anderen Werk Montesquieus entnehmen, das er sicherlich gut kannte und hoch schätzte, nämlich den *Considérations sur les causes de la grandeur des Romains et de leur décadence* (1734). Als Beleg für die Lektüre dieses Werks vgl. Schillers Brief an Caroline von Beulwitz und Charlotte von Lengefeld, Weimar am 4. Dezember 1788 (NA 25, 151–155, insb. S. 152 f.). Kulturvergleiche dieser Art stellen interessante Fälle für die Imagologie und die Stereotypenforschung dar. Vgl. hierzu Heitmann, Klaus u. Teodoro Scamardi (Hg.): *Deutsches Italienbild und italienisches Deutschlandbild im 18. Jahrhundert*. Tübingen 1993; Beller, Manfred: *Eingebildete Nationalcharaktere. Vorträge und Aufsätze zur literarischen Imagologie*. Hg. v. Elena Agazzi in Zusammenarbeit mit Raul Calzoni. Göttingen 2006.

diese Überlegung führt er weiter, wie eine Schlusspassage aus dem ersten Aufzug der *Maria Stuart* zeigt, in der Mortimer, Marias Helfer und abtrünniger Protestant, das gleiche wahrnehmungsästhetische Argument ins Feld führt, um seine Bekehrung zum katholischen Glauben zu rechtfertigen:

> Es haßt die Kirche, die mich auferzog,
> Der Sinne Reiz, kein Abbild duldet sie,
> Allein das körperlose Wort verehrend.
> Wie würde mir, als ich ins Innre nun
> Der Kirchen trat, und die Musik der Himmel
> Heruntersteig, und der Gestalten Fülle
> Verschwenderisch aus Wand und Decke quoll [...]. (NA 9.I N, 19)

Was Mortimer hier ins Positive wendet – und er tut es bezeichnenderweise, nachdem Schiller ihn eine seiner schönsten Schilderungen Roms aussprechen lässt –, ist also mit Blick auf die Ökonomie des Trauerspiels zu deuten. Sicher ist, dass seine Neigungen zur Mystifikation und zur schwärmerischen Hingabe im Katholizismus ihre Erfüllung finden.[18] Besonders gut lässt sich der Niederschlag dieser Typologie freilich in den Werken erkennen, welche im italienischen Milieu angesiedelt sind und auf die es hier zum Schluss einzugehen gilt, nämlich in der *Verschwörung des Fiesko zu Genua* (1783), im *Geisterseher* (1786–1789) und in der *Braut von Messina* (1803).

Schillers „republikanisches Trauerspiel" spielt bekanntlich im Genua des Jahres 1547, einer Stadt, die zwar republikanisch ist, aber *de facto* unter der Ägide des Kaisers Karl V. und des Herrscherhauses der Doria steht. Selbst wenn in diesem Fall das italienische Ambiente als solches nicht sehr wichtig ist, so sind es doch die politischen Umstände und die inneren Beweggründe der Handlung. Thematisiert wird die moralische Fragwürdigkeit eines Rechtsbruchs, der für einen vermeintlich guten Zweck begangen wird. Die Rechtswidrigkeit ist also ein entscheidender Punkt im Hinblick auf die auf Zweideutigkeit angelegte Konzeption des Dramas. Der prächtige Maskenball im Hause des Grafen Fiesko von Lavagna lässt bereits bei Vorhangaufgang die Ambivalenz der Gesamtsituation sichtbar werden. Diese Begebenheit stellt eine Spiegelung der doppelten Moral des Protagonisten dar, der in den Angaben zur Person (Erstausgabe 1783) als

---

**18** Zum romantischen Hintergrund der Mortimer-Gestalt vgl. zuerst Ayrault, Roger: „La figure de Mortimer dans Marie Stuart et la conception du drame historique". In: *Études Germaniques* 14 (1959), S. 313–324. Zum Rom-Mythos als Topos in der klassisch-romantischen Zeit vgl. Crescenzi, Luca: „Il Vaticano. Genealogia di un topos romantico". In: *Rom – Europa. Treffpunkt der Kulturen: 1780–1820*. Hg. v. Paolo Chiarini u. Walter Hinderer. Würzburg 2006, S. 427–438.

„stolz mit Anstand", aber zugleich „höfischgeschmeidig, und eben so tükisch" (NA 4, 11) charakterisiert wird. Sowohl auf klassischen als auch auf modernen Quellen aufbauend (Sallust, Plutarch, aber auch Kardinal de Retz und William Robertson), zeichnet Schiller hier die Figur eines jungen Charismatikers, der zwischen Selbstaufopferung und Selbstliebe schwankt und dessen Ehrgeiz mit einer eigentümlichen Neigung zum Luxus und zur weiblichen Schönheit einhergeht. Die janusköpfige Gestalt des ‚erhabenen Verbrechers' mutet insofern renaissancehaft an, als Schiller in ihr cäsarische und genialische Attribute verbindet. Fiesko glaubt sogar, über die Realität auf eine ähnliche Weise verfügen zu können wie der nur ein einziges Mal auftretende Maler Romano: „Du [...] [s]türzest Tyrannen auf Leinwand; [...] der Schein weiche der That.[...] Ich habe gethan, was du – nur maltest." (NA 4, 61 f.)

Ein deutlich komplexeres und doch dem vorangehenden in mancher Hinsicht nicht unähnliches Italienbild zeigt sich im *Geisterseher*. Maskenspiel und Täuschungsmanöver sind als Ausdruck einer katholischen Welt noch da. Unter Tarnung agiert der Armenier – eine Figur, die bekanntermaßen Giuseppe Balsamo, dem sogenannten Graf von Cagliostro nachempfunden ist – das ganze Romanfragment hindurch, aber auch der anscheinend ehrliche und treue Diener Biondello handelt zwielichtig, indem er die Korrespondenz des Protagonisten mit dem Grafen von O*** offensichtlich manipuliert.[19] Doch noch wichtiger als diese Figuren scheint die Umgebung zu sein, nämlich Venedig mit seinem Gedränge auf dem Markusplatz, mit seinen Gassen, Kirchen, Gefängnissen, Wasserwegen und mit seinen Gondolieren, die sich „die Zeit in [ihrer] Gondel verkürz[en]", indem sie „Stanzen aus dem Tasso" singen (NA 16, 142). Durch die literarische Konnotation dieser Details geht Venedig in ein räumliches Zeichen auf. Eben diese Zeichenhaftigkeit Venedigs bringt Schiller in seinem unvollendeten Roman zur Geltung. Die Stadt in der Lagune erweist sich nämlich von Anfang an als der ideale Ort für Intrigen, als geradezu paradigmatisches Beispiel einer Heterotopie im Sinne Foucaults, nämlich als ein Ort, in dem andere Regeln als gewöhnlich herrschen und der ebendarum zum Zerrspiegel der Normalität wird. Gekennzeichnet ist dieser Ort bei Schiller durch eine labyrinthische Struktur, genauso wie das Innenleben des Protagonisten am Ende zum regelrechten Labyrinth wird.[20] Der in ein Intrigennetz verstrickte Prinz ist außerstande, sich über die eigene Lage aufzuklären, sodass sein Ich allmählich in einen Schwebezustand gerät, bis er am Ende von der Stadt gleichsam aufgesogen wird. Es besteht dabei

---

**19** Vgl. NA 16, 157.
**20** Der Prinz „hatte sich in dieses Labyrinth begeben als ein glaubensreicher Schwärmer, und er verließ es als Zweifler und zuletzt als ein ausgemachter Freigeist" (NA 16, 106).

ein kausaler Zusammenhang zwischen dem Verlust des individuellen Selbst und der literarischen Gestaltung des Raums. Dass das Venedig im *Geisterseher* nicht bloßer Anstrich bleibt, dürfte dem Leser spätestens seit dem Eintritt des Prinzen in die Geheimgesellschaft Bucentauro aufgegangen sein, in der sich die führende Gesellschaftsschicht der Stadt als eine unheimliche Mischung aus Freidenkertum und Geistlichkeit erweist. Dort verliert der Prinz seine moralische Einfalt und geht zum Libertinismus über.

Auch in der *Braut von Messina* (1803) erweist sich bei näherem Hinsehen die Schilderung der Menschen und der Natur mit Blick auf die dramatische Ökonomie als bedeutsam. Selbst wenn der Dichter sie lediglich mit rasch gesetzten Pinselstrichen umreißt, ist die ostsizilianische Küstenlandschaft gewissermaßen den handelnden Charakteren inhärent: Gepriesen von ihren Einwohnern als ein „glückliches Land" (NA 10, 28), zeichnet sie sich durch den Ätna aus, der das eine oder andere Mal wie eine schweigende, aber drohende Gottheit in Erscheinung tritt, und durch das Meer, aus dem jederzeit die Gefahr – die „kühnen Korsaren" (NA 10, 28) – zu kommen droht. Nimmt man also Schillers Begründungen für die Wahl des Ortes der Handlung ernst, die er selbst sowohl im Vorwort „Über den Gebrauch des Chors in der Tragödie" als auch in einem Brief an Körner bekannt gibt, so erweist sich die Lokalisierbarkeit der Handlung als bedeutsam für ihre Deutung:

> Das Ideenkostüme, das ich mir erlaubte, hat dadurch seine Rechtfertigung, daß die Handlung nach Messina versetzt ist, wo sich Christenthum, Griechische Mythologie und Mahomedanismus wirklich begegnet und vermischt haben. Das Christenthum war zwar die Basis und die herrschende Religion, aber das griechische Fabelwesen wirkte noch in der Sprache, in den alten Denkmälern, in dem Anblick der Städte selbst, welche von Griechen gegründet waren, lebendig fort; und der Mährchenglaube so wie das Zauberwesen schloß sich an die Maurische Religion an. Die Vermischung dieser drey Mythologien, die sonst den Character aufheben würde, wird also hier selbst zum Charakter. Auch ist sie vorzüglich in den Chor gelegt, welcher einheimisch und ein lebendiges Gefäß der Tradition ist. (NA 32, 20)[21]

Als Repräsentant des ‚kollektiven Ganzen' der Messinenser tritt der Chor auf. Schiller bezeichnet ihn im zitierten Brief an Körner nicht zufällig als „einheimisch und ein lebendiges Gefäß der Tradition". Die Tatsache, dass der Chor zum Stellvertreter einer Kollektivität gemacht wird, erlaubt dem Dichter charakterisierende Rückschlüsse auf die handelnden Personen. Während er die tragische Herrscherfamilie wiederholt als „fremdes Geschlecht" (NA 10, 27) kennzeichnet, betont der Chor seine ethnische Zugehörigkeit:

---

21 F. Schiller an Ch. G. Körner, Weimar am 10.03.1803.

> Warum ziehn wir mit rasendem Beginnen
> Unser Schwert für das fremde Geschlecht?
> Es hat an diesen Boden kein Recht.
> Auf dem Meerschiff ist es gekommen,
> Von der Sonne röthlichem Untergang,
> Gastlich haben wirs aufgenommen
> (Unsre Väter! Die Zeit ist lang)
> Und jetzt sehen wir uns als Knechte
> Unterthan diesem fremden Geschlechte!
> (*Die Braut von Messina*, V. 203–211; NA 10, 27 f.)

Thematisiert wird hier das fundamentale Verhältnis zwischen Herrschern und Beherrschten, das neben dem Hauptmotiv der Leidenschaft eine wichtige Triebfeder der Handlung ist. Der Chor erklärt sich zwar bereit, dem Willen seiner Gebieter gehorsam zu folgen, nach genauerem Hinsehen wird aber deutlich, dass er nicht im Einverständnis mit ihnen handelt, sondern blindlings und impulsiv, im entscheidenden Fall sogar der katastrophalen Anagnorisis vorauseilend. An der eben zitierten Stelle wird also eine latente Opposition deutlich. Erscheint Sizilien einerseits als eine Kolonie der Normannen (etymologisch: Männer aus dem Norden), so stellt der Chor andererseits das Urvolk der Sizilianer dar, die sich selbst als „Sklaven [...] in den eigenen Sitzen" (NA 10, 28) bezeichnen, die zwar meuterisch, aber zugleich der Autorität unterworfen sein können. Von Interesse ist jedoch vor allem, dass das koloniale Abhängigkeitsverhältnis im Text wiederum als ein charakteristisches aufgefasst wird:

> Ungleich vertheilt sind des Lebens Güter
> Unter der Menschen flüchtgem Geschlecht,
> Aber die Natur, sie ist ewig gerecht.
> Uns verlieh sie das Mark und die Fülle,
> Die sich immer erneuend erschafft,
> Jenen ward der gewaltige Wille
> Und die unzerbrechliche Kraft.
> Mit der furchtbaren Stärke gerüstet,
> Führen sie aus, was dem Herzen gelüstet.
> Füllen die Erde mit mächtigem Schall,
> Aber hinter den großen Höhen
> Folgt auch der tiefe, der donnernde Fall.
> Darum lob ich mir niedrig zu stehen,
> Mich verbergend in meiner Schwäche!
> (*Die Braut von Messina*, V. 228–241; NA 10, 28)

Ist der Charakter des Herrschers durch Aktivität und Willensstärke, aber zugleich durch Unstetigkeit gekennzeichnet, so wird der Charakter der Diener durch Passivität und Schwäche, gleichzeitig jedoch durch eine Nähe zum Leben skizziert, die ihnen Beständigkeit verleiht: „Die fremden Eroberer kommen und gehen, / Wir gehorchen, aber wir bleiben stehen." (NA 10, 29)

Trotz Schillers Definition des Chors als „ideale Person" und „blinde Menge" (NA 10, 15)[22] in der Vorrede zur *Braut* weist dieser letztendlich einen deutlich gezeichneten Charakter auf, der auf die Typologie des Italieners zurückgeführt werden kann. Als Donna Isabella ihm die Schuld an der Zwietracht unter ihren Söhnen in die Schuhe zu schieben versucht, beschreibt sie das Volk der Messinenser mit folgenden Worten:

> Lernt dieß Geschlecht, das herzlos falsche kennen!
> Die Schadenfreude ists, wodurch sie sich
> An eurem Glück, an eurer Größe rächen.
> Der Herrscher Fall, der hohen Häupter Sturz
> Ist ihrer Lieder Stoff und ihr Gespräch,
> Was sich vom Sohn zum Enkel fort erzählt,
> Womit sie sich die Winternächte kürzen.
> (*Die Braut von Messina*, V. 349–355; NA 10, 32)

## 3 Fazit: Faszination auf Distanz

Es erklärt sich, warum Schiller lebenslang auf eine Italienreise verzichten konnte: So wenig die modernen Italiener den alten Römern gleichen, so wenig konnte er im zeitgenössischen Rom das finden, was er wirklich suchte, nämlich das Ideal der sentimentalischen Antike. Er entscheidet sich dafür, lieber in den Geschichtsbüchern nach Informationen zu stöbern als sich mit einer dekadenten Realität aus erster Hand zu konfrontieren. Sein notorisch schlechter Gesundheitszustand tat das Übrige. Da er nie jenseits der Alpen war, blieb sein Bezug zur italienischen Kultur und Geschichte zeitlebens indirekt. Seinen Verzicht auf eine Italienreise begründete er damit, dass er „ein Barbar in allem was bildende Kunst betrifft" (NA 32, 22)[23] sei. Anderseits war er sich der Wichtigkeit dieser Kultur in Hinsicht auf das Aufleben einer neuen, modernen Klassizität bewusst, wie aus einem Brief an Goethe hervorgeht: „Wären Sie als ein Grieche, ja nur als ein Italiener gebohren worden, und hätte schon von der Wiege an eine auserlesene Natur und eine idealisierende Kunst Sie umgeben, so wäre Ihr Weg unendlich verkürzt, vielleicht

---

22 Schiller, Friedrich: „Vorrede zu *Die Braut von Messina*. Ueber den Gebrauch des Chors in der Tragödie."
23 F. Schiller an J. Ch. Reinhart, Weimar am 07.[14.?]03.1803.

ganz überflüßig gemacht worden." (NA 27, 25)[24] Aus diesen Worten lässt sich herauslesen, dass er eine gewisse Affinität zu den Künsten als ein wesentliches Merkmal der Italianität erachtete.

Der italienische Charakter zeichnet sich in seinem Werk durch die einseitige Prädominanz der affektiven Seite des Menschen und durch eine poetisch-künstlerische Wahrnehmungsart aus, die sich von der protestantischen grundsätzlich unterscheidet, weil sie mehr über Bilder als über Begriffe verläuft. Der Katholizismus wird also als ein Religionstyp dargestellt, der insofern am besten mit dem italienischen Temperament zusammenpasst, als er sich aus ihm heraus gleichsam adaptiv entwickelt hat. Betrug, Zauberei und Aberglaube korrelieren mit ihm. Mit seinen Nationalcharakteristiken befindet sich Schiller im Fahrwasser der langen Tradition der kulturellen Typologie, die sich von Montesquieu und den früheren Moralisten zurückzuverfolgen lässt.

Schließlich spielt Italien eine wichtige Rolle in seinem „dramenpoetisch gestalteten Europa".[25] Im *Fiesko* überlagern sich die Charakterzüge eines Tatmenschen und eines Künstlers. Im *Geisterseher* besteht dabei ein kausaler Zusammenhang zwischen dem Verlust des individuellen Selbst und der literarischen Gestaltung des Raums. Am Ende des Romans wird der Übertritt des Prinzen zum Katholizismus als Konsequenz einer gestörten Ordnung der Dinge und eines gestörten Wahrnehmungsvermögens dargestellt. Wahrnehmungsästhetik und moralisches Urteil gehen also auch in diesem Fall ineinander über. In Messinas kultureller Gemengelage wird der anthropologische Urzustand sichtbar, in dem eine archaische, prärationale, der Sinnlichkeit noch nahe Form der Religiosität obwaltet. Deswegen wird der Zuschauer mit einem Menschentypus konfrontiert, der beinahe ausschließlich von der Natur und von ihren Affekten gesteuert wird. Zwischenmenschliches Vertrauen kann unter diesen Voraussetzungen nicht entstehen. Doch genau dort, wo Leidenschaft und Aberglaube so prächtig gedeihen, blüht ebenfalls die Kunst. Hierin liegt die Faszination, die Italien auf Schiller ausgeübt hat.

**Danksagung:** Für weiterführende Hinweise danke ich Cordula Burtscher.

---

**24** F. Schiller an J. W. Goethe, Jena am 23.08.1794.
**25** Henke, Silke u. Nikolas Immer (Hg.): *Schiller und Europa*. Weimar 2010, hier S. 6.

Nikolas Immer
# Von der „Wohlthat [...], in Europa gebohren zu seyn"
## Schillers elitärer Eurozentrismus

Schon immer hat der Jahreswechsel die Gelegenheit geboten, Casualgedichte zu verfassen. Besonders die Wende vom 18. zum 19. Jahrhundert hat manchen Lyriker herausgefordert, über die Resultate des vergangenen Jahrhunderts und über die Erwartungen an die kommende Zeit zu reflektieren. Einer dieser Lyriker war der hessische Dichter Christian Karl Ernst Wilhelm Buri, der sein Doppelgedicht *Das scheidende Jahrhundert/Das neue Jahrhundert* im Jahr 1801 in der Zeitschrift *Der Genius des neunzehnten Jahrhunderts* veröffentlichte.[1] Im ersten Teil des Gedichts, das einen Rückblick auf *Das scheidende Jahrhundert* enthält, entwirft Buri ein desaströses Bild der jüngsten Vergangenheit, ohne allerdings die beschriebenen Verhältnisse historisch oder politisch zu konkretisieren: „Leichen decken das Gefild. / Welche nahmenlose Trauer, / Die den halben Erdkreis hüllt! / Wüthriche stehn auf der Lauer, / Zünden nach der Hölle Plan / Neue Zwietrachtsflammen an."[2] In der Folge wird ein konventionelles Arsenal lyrikpoetischer Kriegsbeschreibung entfaltet: Neben dem Kanonendonner ist von wehklagenden Witwen, getöteten Kindern und der Asche der Erwürgten die Rede. Angesichts dieser umfassenden Leiderfahrung wird alle Hoffnung auf die nahe Zukunft gerichtet: „Mit des neuen Säculs Lauf, / Aus dem Schutt zerstörter Hütten, / Blüh' ein Reich der Ordnung auf."[3] Tatsächlich scheint sich diese Erwartung zu erfüllen, wenn sich im zweiten Teil des Doppelgedichts „Schmerzensthränen" in „Freudenthau" verwandeln und wenn sogar „Vulcans Geselle" dabei hilft, „[b]lutge Schwerdter" zwar nicht zu Pflugscharen, aber immerhin zu „blanke[n] Sicheln" umzuschmieden.[4] Wenn schließlich sogar die Liebe den „Kreis der Menschenbrüder" belebt und sich die Erde zum friedvollen „Vorhof von Elisium" entwickelt, scheint jenes universale Prinzip der Freude wirksam geworden zu sein, das Schiller 1785 in seiner Ode *An die Freude* gepriesen hatte.[5] Doch 1801, im Publikationsjahr von

---
1 Buri, Christian Karl Ernst Wilhelm: „Das scheidende Jahrhundert. Das neue Jahrhundert". In: *Der Genius des neunzehnten Jahrhunderts* 1 (1801), S. 115–119.
2 Ebd., S. 115.
3 Ebd., S. 117.
4 Ebd., S. 118.
5 Ebd., S. 119.

Buris Doppelgedicht, bezieht Schiller eine weitaus kritischere Position, die er in einem Gedicht artikuliert, das er später mit *Am Antritt des neuen Jahrhunderts* überschreiben wird. Angesichts der andauernden kriegerischen Auseinandersetzungen infolge des zweiten Koalitionskriegs zwischen Frankreich und England versagt er sich jegliche Form von Fortschrittsoptimismus: „Zwo gewaltge Nationen ringen / Um der Welt alleinigen Besitz, / Aller Länder Freiheit zu verschlingen, / Schwingen sie den Dreizack und den Blitz." (NA 2.1, 128). Während die französischen Truppen mit dem Blitz auf dem Festland unterwegs sind, um „jede[r] Landschaft" Gold abzupressen, durchmessen die britischen Truppen mit dem Dreizack die Weltmeere, wobei ihre „Handelsflotten" gierig die „Polypenarme" nach fremden Kontinenten ausstrecken (ebd.). Wenn Schiller überdies darlegt, dass ihr Machthunger schließlich „[a]lle Inseln" sowie „alle fernen / Küsten" erfasse (ebd.), nimmt er bereits die koloniale Expansionswut des aufsteigenden *British Empire* vorweg. Mit Blick auf Frankreich darf in diesem Zusammenhang auch an Napoleons Ägypten-Feldzug von 1798 gedacht werden, der immerhin den ersten „europäischen Übergriff auf die Kernländer der arabischen Welt seit den Kreuzzügen" darstellt.[6] Auf die ideologischen Vorbereitungen zu diesem Übergriff hatte schon Schillers einstiges Vorbild Christian Daniel Friedrich Schubart in seiner *Vaterlandschronik* vom 13. März 1789 aufmerksam gemacht. Darin zitiert er aus den *Considérations sur la Guerre des Turks*, die der französische Reiseschriftsteller und Geschichtsphilosoph Constantin François de Volney 1788 der französischen Regierung übergeben hatte. De Volney legt unter anderem dar:

> Egypten ist der fruchtbarste Boden in seinem ganzen Umfange, in der Kultur der leichteste, in seinen Erndten der zuverläßigste. Das Klima würde bald durch französischen Kunstfleiß veredelt werden. [...] In Egypten vereinigen sich die Produkte von Asien und Europa, so, daß Frankreich bei dem Besitze dieses Landes leicht den Verlust aller seiner Kolonien verschmerzen könnte.[7]

Von de Volneys Eifer für die koloniale Annexion Ägyptens irritiert, kommentiert Schubart: „Ein schwindlicht großer Vorschlag, dessen Realisierung Frankreich drei Kriege kosten würde: den ersten gegen die Türken, [...] den zweiten gegen

---

6 Schlicht, Alfred: *Die Araber und Europa. 2000 Jahre gemeinsamer Geschichte*. Stuttgart 2008, S. 119.

7 Schubart, Christian Friedrich Daniel: *Vaterlandschronik von 1789. Erstes Halbjahr*. Stuttgart 1789, S. 162. Die deutsche Übersetzung von de Volneys *Considérations sur la Guerre des Turks* erschien noch im Publikationsjahr der französischen Vorlage unter dem Titel *Ueber den gegenwärtigen Türkenkrieg* (Leipzig 1788).

England, [...] [und] den dritten gegen die Egyptier selbst".[8] Tatsächlich kam es infolge des Ägypten-Feldzugs zu verstärkten Rivalitäten zwischen Frankreich und England, die 1801 dazu führten, dass Frankreich – wie es in einer zeitgenössischen Darstellung heißt – „durch die militairische Macht der Engländer, und durch ihre Leitung der Türkischen, zur Kapitulazion gezwungen" wurde.[9] Denkbar ist, dass Schiller mit seinem Gedicht auch auf diesen Hintergrund rekurriert, zumal er Goethe bereits am 26. Januar 1798 von seiner de Volney-Lektüre berichtet hatte. Dieser Hinweis wiederum findet sich im Rahmen einer längeren Briefpassage, in der Schiller eine detaillierte Einschätzung der zivilisatorischen Hegemonialstellung Europas liefert:

> Unterdeßen habe ich mir mit Niebuhrs und Volneys Reise nach Syrien und Egypten die Zeit vertrieben, und ich rathe wirklich jedem [...] eine solche Lecture; denn erst so sieht man, welche Wohlthat es bei alledem ist, in Europa gebohren zu seyn. Es ist doch wirklich unbegreiflich, daß die belebende Kraft im Menschen nur in einem so kleinen Theil der Welt wirksam ist, und jene ungeheuren Völkermassen für die menschliche Perfectibilität ganz und gar nicht zählen. Besonders merkwürdig ist es mir, daß es jenen Nationen und überhaupt allen NichtEuropæern auf der Erde nicht sowohl an moralischen als an aesthetischen Anlagen gänzlich fehlt. Der Realism, so wie auch der Idealism zeigt sich bei ihnen, aber beide Anlagen fließen niemals in eine menschlich schöne Form zusammen. (NA 29, 196)

Schiller bekundet mit diesen Worten eine Haltung, die mit den Attributen ‚europhil' oder ‚euroaffin' nur unzureichend erfasst wäre. Vielmehr bricht sich hier ein radikaler Eurozentrismus Bahn, der die übrige Weltbevölkerung zugunsten der Einwohner Europas einseitig abwertet. Zivilisatorischen Fortschritt, so lässt sich *ex negativo* schließen, kann es nur auf dem europäischen Kontinent geben, da es allen anderen Nationen, wie unterstellt wird, „an moralischen" sowie „an aesthetischen Anlagen" grundsätzlich mangele. Dass Schiller mit dieser Ansicht gegen Ende des 18. Jahrhunderts keineswegs allein dasteht, bestätigt beispielsweise Johann Georg Sulzers *Untersuchung über den Ursprung der angenehmen und unangenehmen Empfindungen* (1773), in der sich die Behauptung findet: „Die [fremden] Völker, bey welchen die Unwissenheit allgemein ist, sind d[]er höhern Vergnügungen gänzlich beraubt; nur die gesitteten und aufgeklärten schwim-

---

**8** Ebd., S. 162. Präzisierend heißt es bei Roger Dufraisse: „Ägypten [...] war türkischer Besitz, und die Türkei war zu dieser Zeit weder Englands Verbündeter, noch befand sie sich im Krieg mit Frankreich." Dufraisse, Roger: *Napoleon. Revolutionär und Monarch. Eine Biographie*. 4. Aufl. München 2005, S. 36.
**9** *Der Friede zwischen Frankreich und England*. Berlin 1802, S. 65 f.

men, so zu reden, in einem Meere von Vergnügungen umher".[10] Ergänzend setzt Sulzer hinzu: „Jener alte Weltweise hatte also sehr Recht, den Göttern zu danken, daß sie ihn vielmehr zum Athenienser, als zum Bürger irgend einer andern griechischen Stadt gemacht hätten."[11] Sulzer, der hier offenkundig von Sokrates spricht,[12] vergegenwärtigt die Tradition der eurozentrischen Selbstermächtigung, die von Sokrates bis in die Gegenwart des späten 18. Jahrhunderts reicht.[13] Auch Schiller reiht sich in diese Linie ein, verdeutlicht aber, seinen Standpunkt aus der Lektüre von Carsten Niebuhrs und Constantin François de Volneys Reiseberichten über Vorderasien bzw. Nordafrika gewonnen zu haben. Der daraus resultierende ‚elitäre Eurozentrismus', der bei Schiller offenkundig zu beobachten ist, soll im Folgenden mit Blick auf seine kulturanthropologischen, geschichtsphilosophischen und sozioästhetischen Implikationen untersucht werden. Dabei wird zunächst das bei Niebuhr und de Volney entfaltete Bild von fremden Völkerstämmen zu rekonstruieren sein, um ferner danach fragen zu können, inwiefern diese Vorstellung bereits Schillers akademischer Antrittsrede eingeschrieben ist. Schließlich bleibt zu erörtern, welche Konsequenzen sich daraus für Schillers Konzept der ästhetischen Erziehung des Menschen ergeben.

# 1 Auf den Spuren von Carsten Niebuhr und Constantin François de Volney

In seiner Biografie über *Carsten Niebuhrs Leben* (1817) gibt sein Sohn Barthold Georg Niebuhr eine Anekdote wieder, die sich im Spätsommer 1758 ereignet hat. Völlig unerwartet sei der Göttinger Professor für Naturlehre und Geometrie Abraham Gotthelf Kästner in die Wohnung Niebuhrs gestürmt gekommen und habe gefragt: „‚Hätten Sie wohl Lust nach Arabien zu reisen?' – ‚Warum nicht, wenn jemand die Kosten bezahlt!' erwiederte mein Vater [...]. ‚Die Kosten', ant-

---

10 Sulzer, Johann Georg: „Untersuchung über den Ursprung der angenehmen und unangenehmen Empfindungen". In: *Vermischte Philosophische Schriften*. Hg. v. dems. Leipzig 1773, S. 1–98, hier S. 49.
11 Ebd., S. 49.
12 Vgl. Cramer, Johann Friedrich: *Geschichte der Erziehung und des Unterrichts in welthistorischer Entwickelung*. 2 Bände. Bd. 1. Elberfeld 1832–1838, S. 147.
13 Zum Ursprung dieses Denkens vgl. Ueding, Gert: „Welche Wohlthat es [...] ist, in Europa gebohren zu seyn'". In: *Schiller und Europa*. Hg. v. Silke Henke u. Nikolas Immer. Weimar 2010, S. 71–89, hier S. 79.

wortete Kästner, ‚soll Ihnen der König von Dännemark bezahlen.'"¹⁴ Dieser kurze Wortwechsel hat zur Folge, dass Niebuhr nur wenige Jahre später eine Expedition in den Jemen antreten wird, die von 1761 bis 1767 andauert und die tatsächlich der dänische König Friedrich V. finanzieren wird. Weil die Expedition „ausschließlich wissenschaftlichen Zwecken diente, ist sie als die erste moderne Forschungsreise zu betrachten und gilt deshalb [...] als eine der Glanzleistungen der kosmopolitischen Kopenhagener Kulturpolitik der zweiten Hälfte des 18. Jahrhunderts".¹⁵ Niebuhr, der schließlich als einziger Überlebender aus Vorderasien zurückkehrt, legt seine Beobachtungen in mehreren Reiseberichten nieder.¹⁶ Auf seine *Beschreibung von Arabien* aus dem Jahr 1772 folgt seine letztlich drei Bände umfassende *Reisebeschreibung nach Arabien und andern Ländern,* deren erster Band 1774 erscheint. Schon im Vorbericht zu diesem Band verleiht Niebuhr seiner Zufriedenheit Ausdruck, „daß ich die Araber eben so menschlich fand, als andere gesittete Nationen".¹⁷ Wie Lucian Reinfandt herausgearbeitet hat, ist Niebuhrs „Beurteilung der gesellschaftlichen Verhältnisse" grundsätzlich „von erheblichem Einfühlungsvermögen geprägt und zeigt durchweg die Tendenz, eher Gemeinsamkeiten als Unterschiede zu sehen".¹⁸ Seine hohe Toleranz für die fremden Völker führt bisweilen sogar zur Relativierung der europäischen Kultur. So schildert Niebuhr zunächst, wie er in der Nähe von Alexandrien einen Bauern durch sein Fernglas sehen lässt, der sofort an die Wirkung magischer Kräfte glaubt, da alle Häuser auf dem Kopf zu stehen scheinen. Kommentierend setzt Niebuhr hinzu: „Man darf sich eben nicht sehr verwundern, daß die Mohammedaner über dergleichen Beobachtungen argwönisch werden, da man nicht vor langer Zeit auch noch Europäer genug gefunden hat, die alles für Zauberey hielten, was sie nicht gleich begreifen konnten."¹⁹ Indem er auf die universale anthropologische Disposition hinweist, magische Erklärungen für nicht rationalisierbare Phänomene zu suchen, nimmt er die staunenden Mohammedaner gegenüber der technisch überlegenen Reisegesellschaft in Schutz. Neben dieser relativierenden Haltung

---

**14** Niebuhr, Barthold Georg: „Carsten Niebuhrs Leben". In: *Kieler Blätter* 3 (1816), S. 1–86, hier S. 12. Bei dem Zitat wurden einige Anführungsstriche von mir nachträglich eingefügt.
**15** Lohmeier, Dieter: „Carsten Niebuhr. Ein Leben im Zeichen der Arabischen Reise". In: *Carsten Niebuhr (1733–1815) und seine Zeit*. Hg. v. Josef Wiesehöfer u. Stephan Conermann. Stuttgart 2002 (Oriens et occidens 5), S. 17–41, hier S. 17.
**16** Vgl. ebd., S. 33.
**17** Niebuhr, Carsten: *Reisebeschreibung nach Arabien und andern umliegenden Ländern.* 3 Bände. Bd. 1. Kopenhagen 1774–1837, S. XII.
**18** Reinfandt, Lucian: „Vierzig Jahrhunderte mit dem Astrolabium auf den Kopf gestellt. Carsten Niebuhr in Ägypten". In: *Carsten Niebuhr.* Hg. v. Wiesehöfer u. Conermann, S. 105–119, hier S. 117.
**19** Niebuhr: *Reisebeschreibung,* S. 50.

versucht Niebuhr, die fremde Kultur sowohl mit einem möglichst objektiven als auch mit einem universal registrierenden Blick zu erfassen.[20] Vor allem deshalb wird er in der *Allgemeinen deutschen Bibliothek* für seinen Verdienst gewürdigt, „sehr viel neue und brauchbare Nachrichten von Arabien und den Sitten [...] der Araber geliefert" zu haben.[21]

Es wird deutlich, dass Niebuhrs auf Ausgleich bedachter Darstellungsgestus Schiller kaum dazu angeregt haben dürfte, über die „Wohlthat" zu sinnieren, „in Europa gebohren zu seyn" (NA 29, 196). Zu Beginn der Reise gibt Niebuhr zwar den Hinweis, dass er sich fortan daran gewöhnen müsse, „der Stüle und vieler anderer Bequemlichkeiten, welche man überall in Europa antrifft, ganz zu entbehren".[22] Doch auch wenn Schiller an den Komfort eines mit rotem Samtbezug bespannten Sessels gewöhnt war,[23] erscheint es wenig glaubhaft, dass er aufgrund der Absenz solcher Sitzgelegenheiten im vorderasiatischen Ausland für den generellen Vorrang Europas optiert hätte. Als gravierender erweisen sich demgegenüber die gewalttätigen Übergriffe durch die Beduinen, die Niebuhr schildert: In einem Fall führen die Ausschreitungen zum Tod eines Bauern, in einem anderen Fall wird er selbst das Opfer eines erpresserischen Angriffs.[24] Doch auch hier ließe sich einwenden, dass Schiller mit Blick auf die *terreurs* der Französischen Revolution weitaus drastischere Beispiele für menschliche Gewaltausbrüche kennengelernt hatte.[25] Es erscheint daher lohnenswert, auch nach dem Gehalt von de Volneys Reisebericht zu fragen.

Im Gegensatz zu Niebuhrs Expedition sind die näheren Umstände von de Volneys Reise nicht mehr zu rekonstruieren, die er in den Jahren 1782 bis 1785 von

---

20 Vgl. Reinfandt: *Vierzig Jahrhunderte*, S. 119.
21 Köhler, J. B.: „Rezension von ‚Carsten Niebuhr: Reisebeschreibung nach Arabien und andern umliegenden Ländern. Bd. 1. Kopenhagen 1774'". In: *Allgemeine deutsche Bibliothek* 23 (1774), Stück 1, S. 58–104, hier S. 59.
22 Niebuhr: *Reisebeschreibung*, S. 34.
23 Vgl. Tezky, Christina u. Viola Geyersbach: *Schillers Wohnhaus in Weimar*. München, Wien 1999, S. 118.
24 Vgl. Reinfandt: *Vierzig Jahrhunderte*, S. 108.
25 Vgl. beispielsweise Schillers *Lied von der Glocke* (1800), in dem bekanntlich die Rede davon ist, dass „Weiber zu Hyänen" werden (NA 2.1, 237, V. 365), womit Schiller auf den Zug der Marktfrauen nach Versailles vom 5. und 6. Oktober 1789 anspielt. Über dieses Ereignis hatte ihm Charlotte von Lengefeld in ihrem Brief vom 12. und 13. November 1789 Folgendes berichtet: „Eben erhalte ich einen Brief von [Friedrich Wilhelm Ludwig von] Beulwitz [aus Paris] [...] – von den Pariser Frauens erzählt er schöne Geschichten die hoffe ich, nicht so sein sollen, es hätten sich einige bei einen erschlagnen Garde du Corps versammelt, sein Herz heraus gerißen, und sich das Blut in Pokalen zu getrunken." (NA 33.1, 410 f.)

Alexandria bis nach Jaffa unternimmt.²⁶ Seine *Voyage en Égypte et en Syrie* wird 1787 gedruckt, ein Jahr später ins Deutsche übersetzt und neben Schiller auch von Goethe und Wieland gelesen.²⁷ Wie Anette Mook dargelegt hat, präsentiert de Volney „eine ausgesprochen nüchterne Beschreibung der geografischen und politischen Lage des nahen Ostens".²⁸ Der Verfasser wendet sich strikt gegen eine Romantisierung Ägyptens und Syriens, indem er vermittels „Desillusionierung und Demystifizierung" ein möglichst wirklichkeitsnahes und ungeschminktes Bild der bereisten Regionen zu zeichnen versucht.²⁹ Das wiederum hat zur Konsequenz, dass de Volney nahezu durchgängig die Alterität der ostafrikanischen und vorderasiatischen Lebenswelt gegenüber der europäischen Kultur profiliert. Schon die Ankunft in der ägyptischen Hafenstadt Alexandria wird wie ein Kulturschock erlebt:

> Steigt er [der Reisende] ans Land, so dringt sich allen seinen Sinnen eine Menge unbekannter Gegenstände auf; er hört eine Sprache, deren barbarische Töne und scharfer und kreischender Accent sein Ohr beleidigen; er sieht Kleidungen, deren Formen bizarr, und Figuren, die ihm ganz neu und fremd sind. [...] [M]it Erstaunen [erblickt er] [...] diese häßlichen Kamele, die in ledernen Schläuchen Wasser tragen; [...] diese schmutzige Rotte Hunde, die in den Straßen herumirren; und diese wie Gespenster herumwandelnden Gestalten, die unter der Bekleidung von einem einzigen Stück Zeug nichts menschliches als zwey weibliche Augen sehen lassen.³⁰

In gleicher Weise, wie sich die Andersartigkeit des ägyptischen Volkes zeige, so setzt de Volney hinzu, werde auch die urbane Beschaffenheit Alexandrias als unangenehm wahrgenommen: Erst wenn der Reisende in seiner Herberge angekommen ist, „betrachtet er mit Nachdenken diese engen und ungepflasterten Straßen; diese niedrigen Häuser, deren einzelne Fenster blos mit Gitterwerk verwahrt sind, dieses magere und schwarzbraune Volk, das mit bloßen Füßen einhergehet".³¹ Auch wenn de Volney aus eigener Anschauung berichtet, festigt er doch die gegen Ende des 18. Jahrhunderts bestehenden Vorurteile gegenüber der afrikanischen Kultur, die er als barbarisch, bizarr und grundlegend fremd

---

**26** Zur Reiseroute de Volneys vgl. Mook, Anette: *Die freie Entwicklung innerlicher Kraft. Die Grenzen der Anthropologie in den frühen Schriften der Brüder von Humboldt*. Göttingen 2012, S. 268.
**27** Vgl. Gaulmier, Jean: *L'Idéologue Volney. 1757–1820. Contribution à l'étude de l'Orientalisme en France*. Genève, Paris 1980, S. 120 f.
**28** Mook: *Die freie Entwicklung*, S. 269.
**29** Ebd., S. 270.
**30** Volney, C.[onstantin] F.[rançois]: *Reise nach Syrien und Aegypten in den Jahren 1783, 1784, 1785*. Aus dem Franz. übers. 3 Bände. Bd. 1. Jena 1788–1800, S. 3.
**31** Ebd., S. 3 f.

beschreibt.³² Aus dieser Abwehrhaltung resultieren wiederum verschiedene Vergleiche, die er mit Blick auf die europäischen Sitten und Gebräuche anstellt. So kommt er beispielsweise auf die Gefahren zu sprechen, die dem Reisenden während einer solchen Expedition begegnen können: „Hierinn ist es in der Türkey nicht so wie in Europa; bey uns sind Reisen angenehme Spatzierfahrten; hier aber mühselige und gefahrvolle Unternehmungen."³³ Ein anderes Beispiel ist dem Bereich der Agrarwirtschaft entnommen, da de Volney im libyschen Tripolis feststellt, dass die dortigen Maulbeerbäume schon weitgehend verfallen sind, so dass er sich fragt, warum keine jungen Bäume angepflanzt werden. Sofort lautet die Antwort:

> dieß ist ein Europäischer Vorschlag! Hier pflanzt man niemals. Denn wenn einer pflanzt oder baut, so sagt der Pascha: der Mensch hat Geld. Er läßt ihn kommen; und fodert welches von ihm: schlägt er es ab, so bekömmt er die Bastonade [d. h. Stockhiebe auf die Sohlen], und versteht er sich dazu, so bekömmt er sie auch, damit er noch mehr herausgeben soll.³⁴

Neben diesen Gefahren für die körperliche Unversehrtheit, die sowohl von den Wegelagerern als auch von den Despoten ausgehen, ist es insbesondere die Kargheit der ägyptischen Landschaft, die de Volney ausdrücklich bemängelt:

> Uebrigens gewährt kein Land einen so einförmigen Anblick als dieses; so weit das Auge reicht eine öde und nackende Ebne; ein ungetrübter und sich gleich bleibender Horizont [...]. Kein Land ist weniger mahlerisch als Aegypten und liefert dem Pinsel des Mahlers und Dichters weniger Stof; nicht einen einzigen Zug findet man hier, der ihren Gemählden Anmuth und Reichthum verleihen könnte: und es ist allerdings merkwürdig, daß weder die Araber noch die Alten, je eines Aegyptischen Dichters erwähnen. Was könnte auch ein Aegyptier auf Theokrits und Gesners Flöte singen?³⁵

Die vermeintliche Monotonie der ägyptischen Landschaft wird von de Volney als Argument angeführt, um den Mangel an kultureller Entwicklung zu begründen. Indem er auf das Fehlen von klaren Bächen, frischen Rasen und einsamen Grotten hinweist, verdeutlicht er zum einen, wie sehr der ägyptische Naturraum einem arkadischen *locus amoenus* entgegengesetzt ist. Zum anderen unter-

---

32 Vgl. Kattner, Anke J.: „François Le Vaillant bei den ‚wilden Hottentotten'. Eine Begegnung und ihre Verarbeitung im Reisebereicht". In: *Transkulturalität. Gender- und bildungshistorische Perspektiven*. Hg. v. Wolfgang Gippert, Petra Götte u. a. Bielefeld 2008, S. 85–104, hier S. 91.
33 Volney: *Reise nach Syrien*, Bd. 1, S. 10.
34 Ebd., Bd. 2, S. 129. Die Passage ist im Original durch die Schwabacher Drucktype hervorgehoben.
35 Ebd., Bd. 1, S. 203.

streicht er, dass eine solche topografische Ausstattung künstlerische Fruchtbarkeit überhaupt erst bedinge. Vor diesem Hintergrund erscheint es denkbar, dass Schiller implizit auf de Volneys kulturgeografische Überlegungen rekurriert, wenn er später unterstellt, dass bei den nicht-europäischen Völkern keine „aesthetischen Anlagen" (NA 29, 196) zu entdecken seien. Und auch die von Schiller vermerkte Absenz ‚moralischer Anlagen' lässt sich mit de Volneys Ausführungen direkt belegen, da dieser wiederholt den Despotismus in den afrikanischen und arabischen Ländern thematisiert. So wird am Beispiel des Mamluken-Emirs Ali Bey al-Kabir, der 1766 die Alleinherrschaft in Ägypten erlangt hatte, der Typus des despotischen Regenten exemplarisch vergegenwärtigt. De Volney kritisiert nicht nur dessen „thörigte Eroberungssucht",[36] sondern auch dessen autokratischen Herrschaftsstil:

> Man kann nicht in Abrede seyn, daß die mehresten Handlungen des *Ali-Beck*, weit eher eine Würkung seiner Ruhmsucht und persönlichen Eitelkeit, als jener edeln Grundsätze der Gerechtigkeit und Menschenliebe zu seyn schienen. Aegypten war in seinen Augen sein Eigenthum, und das Volk seine Heerde, mit denen er nach Gefallen schalten und walten könnte.[37]

Schiller wiederum war dieser Typus des ruhmsüchtigen und selbstbezogenen Herrschers nur allzu vertraut, hatte er ihn doch bereits 1783 in seinem Trauerspiel *Die Verschwörung des Fiesko zu Genua* dramenpoetisch gestaltet. Damit lässt sich vorläufig festhalten, dass es insbesondere de Volneys Reisebericht gewesen sein dürfte, der Schiller zu der Überzeugung von der uneingeschränkten Vorrangstellung des europäischen Kontinents kommen ließ.

## 2 Schillers universalhistorischer Blick auf die nicht-europäischen Völker

Wenn Schiller am 26. Januar 1798 von seiner Niebuhr- und de Volney-Lektüre berichtet, ist freilich zu ergänzen, dass ihn Charlotte von Lengefeld schon knapp zehn Jahre zuvor auf de Volneys Reisebericht aufmerksam gemacht hatte. Bereits am 3. Dezember 1788 hatte sie ihm mitgeteilt: „Ich habe mir die Reisen des Mr. de Volney von ihm [Karl Ludwig von Knebel] ausgebeten, es stand einmal etwas davon im Journal aller *Journale.*" (NA 33.1, 260). Tatsächlich werden vom Juli 1787

---

36 Ebd., S. 107.
37 Ebd., S. 110.

bis zum Februar 1788 vier Auszüge aus de Volneys *Reisen in Aegypten und Syrien* in der Hamburger Zeitschrift abgedruckt.[38] Der erste Auszug präsentiert auch folgerichtig de Volneys – bereits zitiertes – Ankunftserlebnis in Alexandria, in dessen Rahmen das ägyptische Volk als barbarisch und fremd charakterisiert wird.[39] Wie Charlotte von Stein allerdings am 13. Januar 1789 berichten muss, habe sich Knebel „viele Mühe [gegeben], den Volney zu schaffen, [...] ihn aber nicht bekommen können".[40] Im Verlauf der kommenden Wochen scheint es Knebel allerdings geglückt zu sein, den erbetenen Reisebericht zu beschaffen, da Charlotte am 25. März 1789 an Schiller schreibt: „Seit ein paar tagen habe ich geeilt die Reisen des Herrn v. Volney nach Ägypten und Syrien durch zu lesen, [...] ich fand aber nichts, oder nur wenig darinne was mich intereßirte, ausgenommen die beschreibung von Heliopolis, und [...] Palmyra." (NA 33.1, 323). Bemerkenswerterweise schildert Charlotte just am gleichen Tag auch Knebel ihren Lektüreeindruck, geht aber dort detaillierter auf das Gelesene ein:

> In den Reisen des Herrn Volney habe ich nicht gefunden, was ich dachte; er sieht die Dinge auch ziemlich flach an. Ich möchte die Reise dahin nicht machen; es muß gar nicht hübsch dort sein, nur der Sonnentempel und die Ruinen von Palmyra interessiren mich. [...] [D]as Herz muß recht arm werden, wenn man so große Wüsten vor sich sieht, und ich dächte, jedes Gefühl für das Schöne der Kunst müßte da unterdrückt werden [...]. Uebrigens sind die Menschen dort gar nicht interessant, so unthätig und unwissend; aber es ist nicht ihre Schuld allein, und ich kann mir denken, wie jeder Keim des Guten, jeder Trieb nach Vollkommenheit erstickt wird oder gar nicht aufkommen kann wegen der despotischen Regierung.[41]

---

**38** Zu den Nachweisen vgl. NA 33.2, 444.
**39** Vgl. Volney, C.[onstantin] F.[rançois]: „Auszüge aus Reisen in Aegypten und Syrien, in den Jahren 1783, 1784, 1785. Paris 1787". In: *Journal aller Journale Oder Geist der vaterländischen und fremden Zeitschriften* (Juli 1787), S. 3–23, hier S. 3 f. In dieser Übersetzung wird allerdings nicht der Begriff der Bizzarerie gebraucht.
**40** Von Urlichs, Ludwig (Hg.): *Charlotte von Schiller und ihre Freunde*. 3 Bände. Bd. 2. Stuttgart 1860–1865, S. 264. Daraufhin schreibt Charlotte am 18. Januar 1789 an Knebel: „Es ist mir leid, daß Sie sich so viele Mühe um Volney gegeben haben; verzeihen Sie nur, daß ich Sie so viel plage." Düntzer, Heinrich (Hg.): *Briefe von Schiller's Gattin an einen vertrauten Freund*. Leipzig 1856, S. 34.
**41** Ebd., S. 41. Knebel antwortet daraufhin am 21. April 1789: „Ich hätte auch gedacht, daß Volney Ihnen nicht so viel gegeben, als Sie erwarteten; mir ist er wirklich oft recht trocken vorgekommen. Er beschreibt Alles so ganz flach; seine Phantasie hätte billig sollen die unfruchtbaren Gegenden schöner ausschmücken. Können Sie Syrien wirklich angenehm finden? und das Volk, bei dem jetzt der Despotismus der Obern jeden Trieb zur Wirksamkeit und zur Freude erstickt? Finden Sie vielleicht auch die Wüsten schön? Ich kann mir nichts Traurigeres denken!" (Ebd., S. 44 f.)

Die Stellungnahme Charlotte von Lengefelds zu de Volneys Reisebericht ist nun in dreifacher Hinsicht bedeutsam: Erstens scheinen die Auszüge im Hamburger *Journal aller Journale* eine andere Erwartungshaltung geweckt zu haben, da sie sowohl Schiller als auch Knebel ihre Enttäuschung über die Darstellungstendenz des Reiseberichts mitteilt. Zweitens wird sichtbar, wie sehr sie sich die bei de Volney entfalteten Stereotype aneignet. So kennzeichnet Charlotte von Lengefeld „die Menschen dort" als „nicht interessant", „unthätig und unwissend" und scheint damit de Volneys Türkencharakteristik zu rekapitulieren. „Vergebens", heißt es bei de Volney,

> schildert man uns des Türken Glück, der sich unter ihrem Schatten [dem der Cedrasbäume] bequem und sanft hinstreckt, und seine Pfeife gedankenloß raucht. Unwissenheit und stumpfe Sinne gewähren ohne Zweifel auch einen Genuß, wie Verstand und Wissenschaft; aber ich muß gestehen, daß ich nie die Sklaven um ihre Ruhe und Automaten um ihre Unempfindlichkeit beneiden kann.[42]

Drittens präformiert Charlotte von Lengefelds briefliche Zusammenfassung jene Erkenntnis, die Schiller zehn Jahre später aus de Volneys Reisebericht gewinnen wird. Denn ebenso wie sie resümiert, dass angesichts der Wüstenlandschaft „jedes Gefühl für das Schöne der Kunst [...] unterdrückt" und dass angesichts der despotischen Regierung „jeder Trieb nach Vollkommenheit" erstickt werde, wird Schiller rigoros behaupten, dass es allen Nicht-Europäern sowohl an ‚ästhetischen' als auch ‚moralischen' Anlagen „gänzlich" gebreche.[43]

Es bleibt freilich festzuhalten, dass Charlotte von Lengefeld ihre differenziertere Einschätzung in einem Brief an Knebel niederlegt und Schiller nur knapp darüber informiert, dass ihr de Volneys Darstellung wenig interessant erschienen sei. Gleichwohl ragt diese Konfrontation mit einem vergleichsweise prominenten zeitgenössischen Reisebericht in die unmittelbare Entstehungszeit von Schillers akademischer Antrittsrede hinein,[44] die er bekanntermaßen unter dem Titel „Was und zu welchem Ende studiert man Universalgeschichte?" am 26. Mai 1789 in Jena hält. Im Anschluss an die darin entfaltete Opposition von Brotgelehrtem und philosophischem Kopf nähert sich Schiller „dem Begriff der Universalgeschichte

---

42 Volney: *Reise nach Syrien*, Bd. 1, S. 205.
43 Charlotte von Lengefelds Rede vom erstickten „Trieb nach Vollkommenheit" kann darüber hinaus mit Schillers Behauptung in Verbindung gebracht werden, dass „jene ungeheuren Völkermassen für die menschliche Perfectibilität ganz und gar nicht zählen".
44 Noch am 17. April 1789 versichert Schiller Caroline von Beulwitz und Charlotte von Lengefeld, dass er noch gar nicht dazu gekommen sei, darüber nachzudenken, „was ich meinen Herrn Studenten in den ersten Collegien vorsetzen werde" (NA 25, 244).

selbst" (NA 17, 364). Dies geschieht, indem er auf die „Entdeckungen" der „europäischen Seefahrer" rekurriert:

> Sie zeigen uns Völkerschaften, die auf den mannichfaltigsten Stuffen der Bildung um uns herum gelagert sind, wie Kinder verschiednen Alters um einen Erwachsenen herum stehen, und durch ihr Beyspiel ihm in Erinnerung bringen, was er selbst vormals gewesen, und wovon er ausgegangen ist. (NA 17, 364)

In der skizzierten Gegenüberstellung werden zunächst zwei Völkergruppen einander konfrontiert: die Gruppe des „uns" und die Gruppe der anderen „Völkerschaften". Während das „uns" bereits auf jene ‚europäische Familie' gemünzt ist, von der erst später die Rede ist, umfassen die „Völkerschaften" jene teils exotischen Nationen, die nur dank der Entdeckungsreisen bekannt geworden sind. Das Hierarchieverhältnis zwischen beiden Völkergemeinschaften wird dabei über die Entwicklungsmetaphorik verdeutlicht: Bilden die Europäer als ‚Erwachsene' das Zentrum des zivilisatorischen Fortschritts, verkörpern die nicht-europäischen Nationen in Form von ‚Kindern' unterschiedliche menschheitsgeschichtliche Progressionsstufen.[45] Gleichzeitig zielt Schiller aber auch auf die kulturhistorische Inklusion: Zwar werden die nicht-europäischen „Völkerschaften" auf die Funktion eines „Spiegel[s]" (NA 17, 364) reduziert,[46] doch wird ihnen auch die Qualität zuerkannt, gleichsam den Ursprung der europäischen Entwicklungsgeschichte anzuzeigen.

Im direkten Anschluss an diese Zuordnung präsentiert Schiller das geläufige Bild jener „Wilden", das die „Reisebeschreiber" (NA 17, 364) inzwischen in Europa etabliert haben.[47] In diesem Zusammenhang liefert er allerdings keinen Hinweis darauf, aus welchen Reiseberichten sich seine Kenntnisse speisen.[48] Summarisch heißt es über die „Wilden":

---

[45] Zu diesem Lebensaltermodell vgl. Kaufmann, Sebastian: „Der ‚Wilde' und die Kunst. Ethno-Anthropologie und Ästhetik in Goethes Aufsatz *Von deutscher Baukunst* (1772) und Schillers philosophischen Schriften der 1790er Jahre". In: *Zeitschrift für interkulturelle Germanistik* 4 (2013), H. 1, S. 29–57, insb. S. 46 f.
[46] Ebd., S. 46 f.
[47] Ebd.
[48] Auch im Kommentar der Frankfurter Schiller-Ausgabe findet sich dazu keine Angabe. Vgl. FA 6, 852–863.

> Manche fanden sie ohne Bekanntschaft mit den unentbehrlichsten Künsten, ohne das Eisen, ohne den Pflug, einige sogar ohne den Besitz des Feuers. Manche rangen noch mit wilden Thieren um Speise und Wohnung, bey vielen hatte sich die Sprache noch kaum von thierischen Tönen zu verständlichen Zeichen erhoben. [...] [S]orglos sah man den Wilden das Lager hingeben, worauf er heute schlief, weil ihm nicht einfiel, daß er morgen wieder schlafen würde. Krieg hingegen war bey allen, und das Fleisch des überwundenen Feindes nicht selten der Preis des Sieges. Bey andern, die mit mehrern Gemächlichkeiten des Lebens vertraut, schon eine höhere Stuffe der Bildung erstiegen hatten, zeigten Knechtschaft und Despotismus ein schauderhaftes Bild. Dort sah man einen Despoten Afrikas seine Unterthanen für einen Schluck Brandwein verhandeln: – hier wurden sie auf seinem Grab abgeschlachtet, ihm in der Unterwelt zu dienen. (NA 17, 364 f.)

Schillers Blick auf die afrikanischen „Völkerschaften" ist gekennzeichnet von elitärer Distanz: Sowohl die niederen als auch die höheren Entwicklungsstadien dieser Gemeinschaften werden als defizitär beschrieben. Scheinen einige dieser Völkergruppen noch dem Stadium des Animalischen verhaftet zu sein, da sie ihre intellektuellen Fähigkeiten und ihr Sprachvermögen offenkundig noch nicht ausgebildet haben, sind andere, die bereits „eine höhere Stuffe der Bildung erstiegen" haben, der Tyrannei verfallen. Einige seiner Zuschreibungen erinnern darüber hinaus an die Ausführungen de Volneys, ohne dass jedoch von direkten Parallelen zu sprechen wäre. So ähnelt der Befund, dass die Sprache jener „Völkerschaften" zuweilen noch „thierischen Tönen" gleiche, der Feststellung de Volneys, dass die Sprache der Nordägypter vielfach „barbarische Töne" enthalte.[49] Auch Schillers dezidierte Profilierung des afrikanischen Despotismus lässt an die Charakterisierung von Ali Bey al-Kabir denken, über den de Volney geschrieben hatte: „Aegypten war in seinen Augen sein Eigenthum, und das Volk seine Heerde, mit denen er nach Gefallen schalten und walten könnte."[50] Gleichwohl erscheint Schillers hyperbolische Darstellung weitaus drastischer, stellt er doch das Lebensrecht einer ganzen Völkergruppe der Fixierung auf „einen Schluck Brandwein" gegenüber.

Bei de Volney hingegen wird der Branntwein nur einmal kurz erwähnt, als er auf die europäischen Handelsbeziehungen mit der Türkei zu sprechen kommt.[51] Erst in seiner *Schilderung der vereinigten Staaten von Nordamerika* aus dem Jahr 1804 thematisiert er die unmittelbaren Auswirkungen der Branntweinsucht:

---

[49] Volney: *Reise nach Syrien*, Bd. 1, S. 3.
[50] Ebd., S. 110.
[51] Vgl. ebd., Bd. 3, S. 110.

> Von frühen Morgen an laufen Männer und Weiber in den Straßen herum, in der einzigen Absicht sich Branntwein zu verschaffen. Ihre Felle, ihre Kostbarkeiten, selbst ihre Kleider geben sie hin, um Branntwein zu erbetteln, den sie so lange hinunterschlucken, bis sie die Besinnungskraft ganz verloren haben.[52]

Unklar ist dagegen, aus welcher Quelle Schiller die Charakteristik des afrikanischen Despoten gewonnen hat, der „seine Unterthanen für einen Schluck Brandwein verhandel[t]" – sofern es dafür überhaupt eine konkrete Vorlage gegeben hat. Selbst in Andreas Sparrmanns *Reise nach dem Vorgebirge der guten Hoffnung* aus dem Jahr 1784, die in Schillers Bibliothek vorhanden gewesen ist,[53] heißt es über die Handelsbeziehungen im südafrikanischen Swellendam nur:

> Für eine Flasche Branntwein, eine bis anderthalb Ellen Tobak, und ungefehr so viel messingene Korallen, als einen Viertheilreichsthaler werth sind, pflegt alsdenn der Hottentotte einen Ochsen, den er übrig hat, abzustehen, wenn er auch fünf bis sechs Reichsthaler werth ist.[54]

Sparrmann dokumentiert zwar ein ökonomisch ungleichgewichtiges Tauschgeschäft, jedoch lässt es sich in keiner Weise mit der menschenverachtenden Handelsauffassung jenes afrikanischen Despoten vergleichen, von dem Schiller berichtet. Ergänzend ist anzumerken, dass Schillers pointierte Darstellung vom Braunschweiger Staatswissenschaftler August Ferdinand Lueder aufgegriffen und in seiner Abhandlung *Entwickelung der Veränderungen des menschlichen Geschlechts aus den Ursachen derselben* aus dem Jahr 1810 popularisiert wird. Ohne allerdings seine Quelle zu nennen, schreibt Lueder: „Er [der Despot] kann Unterthanen wie Vieh verkaufen: er kann sie für einen Schluck Brantwein ver-

---

52 Volney, C.[onstantin] F.[rançois]: *Schilderung der vereinigten Staaten von Nordamerika, vorzüglich in Hinsicht ihrer Lage, Naturbeschaffenheit und ihrer Ureinwohner*. Aus dem Franz. auszugsweise übers. Hg. v. Theophil Friedrich Ehrmann. Weimar 1804, S. 215.
53 Vgl. NA 41.1, 794, Nr. 639.
54 Sparrmann, Andreas: *Reise nach dem Vorgebirge der guten Hoffnung, den südlichen Polarländern und um die Welt, hauptsächlich aber in den Ländern der Hottentotten und Kaffern in den Jahren 1772 bis 1776*. Aus dem Schwed. frey übers. v. Christian Heinrich Groskurd. Hg. und mit einer Vorrede begleitet v. Georg Forster. Berlin 1784, S. 223. Dieses Handelsgeschäft wird erneut thematisiert in: Kolb, Peter: *Ueber den gegenwärtigen Zustand der Kolonie am Vorgebürge der guten Hoffnung verglichen mit ihrem ursprünglichen*. Aus dem Franz. frey übers. und mit Anmerkungen begleitet v. August Ferdinand Lueder. Göttingen 1786.

handeln. Es können auf des Despoten Grabe Unterthanen zu Dutzenden abgeschlachtet werden, damit sie dem Herrn in der Unterwelt dienen."[55]

Ein weiterer Blick auf den Argumentationsverlauf der Antrittsvorlesung lässt erkennen, dass Schiller eine grundsätzlich feindliche Haltung des Wilden gegenüber allem Neuen und Fremden festzuschreiben versucht (NA 17, 365). Selbst der Eingeborene, der den entwickelteren „Völkerschaften" angehört, wird von Schiller wortreich als Mängelwesen gekennzeichnet: „Sein roher Geschmack sucht Fröhlichkeit in der Betäubung, Schönheit in der Verzerrung, Ruhm in der Uebertreibung; Entsetzen erweckt uns selbst seine Tugend, und das was er seine Glückseligkeit nennt, kann uns nur Ekel oder Mitleid erregen." (ebd.) Mit dieser dezidierten Frontstellung gegenüber den „rohen Völkerstämme[n]" (NA 17, 364) nimmt Schiller seine spätere Distanzierung gegenüber „allen NichtEuropæern" (NA 29, 196) vorweg: Ist deren Schönheitsempfinden nur auf die „Verzerrung" gerichtet und erwecken deren Tugendbegriffe nur „Entsetzen", verwundert es nicht, wenn Schiller später unterstellt, „daß es jenen Nationen [...] nicht sowohl an moralischen als an aesthetischen Anlagen gänzlich fehlt" (ebd.). Die fremden „Völkerschaften" werden einzig nach europäischen Maßstäben bewertet, ohne in ihrer kulturellen Eigenheit wahrgenommen zu werden. In dieser einseitigen und polemischen Beurteilung gewinnt Schillers elitärer Eurozentrismus plastische Kontur.

## 3 Über die ästhetische Erziehung des ‚Wilden'

Freilich ist zu berücksichtigen, dass der nächste Satz, der an Schillers pointierte Charakterisierung der ‚Wilden' in der Antrittsvorlesung anschließt, lautet: „So waren wir." (NA 17, 365). Damit werden die zunächst kulturgeografisch abgerückten „Völkerschaften" wieder in eine kulturhistorische Entwicklungslinie integriert, die sie mit Europa verbindet. Ferner wird ihnen sogar indirekt das Potenzial zuerkannt, sich zivilisatorisch ebenso wie das europäische Vorbild zu entfalten, wenngleich dieser Prozess, wie Schiller geltend macht, mindestens 1.800 Jahre andauern dürfte (ebd.). Aus dieser zeitlichen Progressionsdifferenz ergibt sich wiederum der im Grunde uneinholbare Entwicklungsvorsprung der europäischen Kultur. Folglich stellt sich die Frage, ob es Bildungskonzepte gibt,

---

[55] Lueder, August Ferdinand: *Entwickelung der Veränderungen des menschlichen Geschlechts aus den Ursachen derselben.* Bd. 1. Braunschweig 1810, S. 5.

die eine akzelerierende zivilisatorische Entwicklung der sogenannten ‚Wilden' ermöglichen?

Bekanntermaßen taucht die Figur des Wilden auch gegen Ende des vierten von Schillers Briefen *Über die Ästhetische Erziehung des Menschen* auf und wird dort der Figur des Barbaren entgegengesetzt.[56] Nach Schillers Bestimmung „verachtet" der Wilde „die Kunst, und erkennt die Natur als seinen unumschränkten Gebieter" (NA 20, 318). Um dieser Vereinseitigung entgegenzusteuern, wird im Rahmen der ästhetischen Erziehung der Schönheit die Funktion zugewiesen, die sinnlichen Triebe zu dämpfen und das sittliche Vermögen anzuregen. Konkreter ist im 17. Brief davon die Rede, dass der „von Gefühlen einseitig beherrschte oder sinnlich angespannte Mensch [...] in Freyheit gesetzt [wird] durch Form", dass folglich die „ruhige Form" imstande sei, sowohl „das wilde Leben [zu] besänftigen" als auch „von Empfindungen zu Gedanken den Uebergang [zu] bahnen" (NA 20, 365). In diesem Zusammenhang stellt sich die Frage, ob und wie diese ‚Besänftigung' insbesondere bei dem außereuropäischen Wilden gelingen soll.[57] Wie Sebastian Kaufmann eingeräumt hat, „streckt [Schiller] vor dieser Frage [...] gewissermaßen die Waffen rationaler Erklärung, indem er jenen Entwicklungssprung als ein kontingentes glückliches Ereignis begreift".[58] Tatsächlich legt Schiller zu Beginn des 26. der *Ästhetischen Briefe* pointiert dar: „die Gunst der Zufälle allein kann die Fesseln des physischen Standes lösen, und den Wilden zur Schönheit führen" (NA 20, 398). Die Möglichkeit, sich zu einem ‚ganzen Menschen' zu entfalten, gründet folglich nicht auf einer autonomen Entscheidung, sondern auf den arbiträren Bedingungen seiner individuellen Existenz. Dazu zählen, wie Schiller weiter ausführt, vor allem die geografischen Gegebenheiten seiner Lebenswelt, denn der „Keim" zur Schönheit könne sich nur „in den fröh-

---

56 Vgl. zum Folgenden Alt, Peter-André: „Akkulturation des Wilden bei Schiller". In: *Poetik des Wilden. Festschrift für Wolfgang Riedel.* Hg. v. Jörg Robert u. Friederike F. Günther. Würzburg 2012, S. 263–286.

57 Die Auseinandersetzung mit der Figur des Wilden hat Sebastian Kaufmann mit Blick auf Schillers philosophische Schriften der 1790er Jahre detailliert nachvollzogen. Gesondert wäre zu diskutieren, inwieweit es ab der von Georg Bollenbeck konstatierten ‚kulturkritischen Wende' Schillers zu einer adäquaten Inklusion des Wilden in das Modell der ästhetischen Erziehung kommt. Trotz der schlüssigen Argumentation Kaufmanns wäre ferner zu erörtern, inwiefern Schillers Konzept des Naiven tatsächlich mit der Figur des Wilden engführen lässt. Vgl. Kaufmann: „Der ‚Wilde' und die Kunst", S. 49–53.

58 Kaufmann, Sebastian: „Was ist der Mensch, ehe die Schönheit die freie Lust ihm entlockt?' Völkerkundliche Anthropologie und ästhetische Theorie in Kants *Kritik der Urteilskraft* und Schillers Briefen *Über die ästhetische Erziehung des Menschen*". In: *Der ganze Mensch – die ganze Menschheit. Völkerkundliche Anthropologie, Literatur und Ästhetik um 1800.* Hg. v. Stefan Hermes u. dems. Berlin 2014, S. 183–211, hier S. 204.

lichen Verhältnissen, und in der gesegneten Zone" entwickeln (NA 20, 398). Wie schon Jörg Robert betont hat, verweisen diese Formulierungen auf die klimatischen und kulturellen Vorzüge, die Johann Joachim Winckelmann dem antiken Griechenland attestiert hatte,[59] und bringen damit eine dezidiert eurozentrische Tendenz zum Ausdruck. Demgegenüber hat Kaufmann allerdings zu Recht eingewendet, dass Schiller diese Überlegungen explizit auf die Gesamtheit von „allen Völkerstämme[n]" ausweitet, die zweifellos auch den außereuropäischen Wilden in die Betrachtung einschließt.[60] Wenn Schiller behauptet, dass „die Freude am Schein, die Neigung zum Putz und zum Spiele" bereits den „Eintritt in die Menschheit" ankündige (NA 20, 399), scheint er tatsächlich eine anthropologische Grundeinsicht aussprechen zu wollen. Demzufolge werden auch die künstlerischen Produkte des Wilden als erste und rudimentäre Kristallisationsformen des „ästhetische[n] Spieltrieb[s]" (NA 20, 407) gewertet, wenngleich Schiller deren expressive Fremdheit ausdrücklich betont: „Er [der Wilde] bildet groteske Gestalten, liebt rasche Uebergänge, üppige Formen, grelle Kontraste, schreyende Lichter, einen pathetischen Gesang." (NA 20, 408).[61] Doch im Gegensatz zu dieser inkludierenden Deutung bleibt zu berücksichtigen, welche Beispiele Schiller im 27. der *Ästhetischen Briefe* wählt, um den völkergeschichtlichen „Sprung zum ästhetischen Spiele" zu illustrieren (NA 20, 407). Denn es ist bezeichnend, dass ausgerechnet vom „alte[n] Germanier" sowie vom „Kaledonier" die Rede ist (NA 20, 408),[62] wenn jener Augenblick vergegenwärtigt werden soll, an dem Objekte des täglichen Lebens vom Zustand funktionaler Zweckhaftigkeit in den der ästhetischen Zweckfreiheit überführt werden. Somit entsteht der Eindruck, als entwerfe Schiller in den Schlusspassagen seiner *Ästhetischen Briefe* eher die Vorstellung eines ‚europäisierten Wilden', der in „fröhlichen Verhältnissen" seiner „gesegneten Zone" lebt. Indirekt ist damit der Aufstieg des außereuropäischen Wilden zu einem zivilisierten Mitglied der Völkergemeinschaft abgewehrt, da es ihm, wie Schiller im Brief vom 26. Januar 1798 unterstellen wird, „an aesthetischen Anlagen gänzlich fehlt".

---

**59** Vgl. Robert, Jörg: „Ethnofiktion und Klassizismus. Poetik des Wilden und Ästhetik der ‚Sattelzeit'". In: *Poetik des Wilden.* Hg. v. Robert u. Günther, S. 3–39, hier S. 31.
**60** NA 20, 399. Vgl. Kaufmann: „Was ist der Mensch", S. 205.
**61** Wie schon Kaufmann ausgeführt hat, bezieht Schiller damit eine Gegenposition zu seinem Nachlassfragment *Wohlgefallen am Schönen,* in dem es heißt: „Man findet bei dem Kind und bei wilden Völkern zwar eine Neigung zum Schmuck und Putz, [...] [a]ber von allem diesen ist kein Uebergang zu einem freien Wohlgefallen an der schönen Gestalt" (NA 21, 89). Vgl. Kaufmann: „Der ‚Wilde' und die Kunst", S. 48.
**62** Im folgenden Absatz wird zudem die Gemessenheit des griechischen Militärs der Unordnung des trojanischen Heers gegenübergestellt. Vgl. NA 20, 409.

Aus diesem Befund kann die Konsequenz gezogen werden, dass Schillers Konzept einer ästhetischen Erziehung eher einem sozialen Exklusionsmodell entspricht. Die nicht-europäischen „Völkerschaften" dienen nicht nur dazu, den Europäern ihren erlangten zivilisatorischen Fortschritt vorzuführen, sondern tragen durch ihre Arbeitskraft und ihre nationalen Ressourcen zur Sicherung des europäischen Wohlstands bei. Wenn im 27. der *Ästhetischen Briefe* einerseits von Menschen als „dienende[n] Werkzeug[en]" und andererseits von Menschen als den „edelsten" Bürgern die Rede ist, wird die schematische Zuordnung offenbar: Die sogenannten Wilden schaffen überhaupt erst die ökonomische Grundlage für die Bildung jener ‚auserlesenen Zirkel', in denen sich der ästhetische Staat realisiert (NA 20, 412).[63] Offen bleibt am Ende, ob die zur vollgültigen Menschlichkeit erzogenen Mitglieder dieses Staates jemals genug Empathie aufbringen werden, um darüber zu reflektieren, ob es tatsächlich eine solche „Wohlthat" ist, „in Europa gebohren zu seyn".

---

[63] Zugegebenermaßen wird Schillers Formulierung in diesem Zusammenhang gegen ihn gewendet, da er vielmehr davon spricht, dass im ästhetischen Staat „auch das dienende Werkzeug ein freyer Bürger [sei], der mit dem edelsten gleiche Rechte hat" (NA 20, 412). Es fragt sich jedoch, ob der Bürger, der zugleich „dienende[s] Werkzeug" und „freye[s]" Individuum sein soll, nicht schlichtweg ein Oxymoron darstellt.

# Abbildungsverzeichnis

Abb. 1: Friedrich Schiller, 1794–1795
Pastell von Dorothea Stock (Vorlage von Anton Graff), 83 × 69 cm
(DLA Marbach)  175

Abb. 2: Friedrich Schiller, spätes 18./1. Hälfte 19. Jh.
Ölgemälde, Jakob Friedrich Weckherlin zugeschrieben, vermutlich aber von Unbekannt, 31 × 25 cm
(DLA Marbach)  187

Abb. 3: Friedrich Schiller, zwischen 1783 und 1785
Radierung von Friedrich Kirschner, 27 × 24 cm
(DLA Marbach)  188

Abb. 4: Friedrich Schiller, um 1794
Kupferstich von Johann Gotthard Müller (Vorlage von Anton Graff), 34 × 26 cm
(DLA Marbach)  196

Abb. 5: Friedrich Schiller, um 1860
Ölgemälde von Koppenhöfer (Vorlage von Anton Graff), 78 × 65 cm
(DLA Marbach)  203

Abb. 6: Friedrich Schiller, 1793–1794
Ölgemälde von Ludovike Simanowiz, 104 × 88 cm
(DLA Marbach)  204

Abb. 7: Friedrich Schiller, 1794
Gipsbüste von Johann Heinrich von Dannecker, Höhe 79 cm
(DLA Marbach)  205

Abb. 8: Friedrich Schiller, 1807
Kupferstich von Heinrich Schmidt (Vorlage von Ludovike Simanowiz), 31 × 23 cm
(DLA Marbach)  209

Abb. 9: Friedrich Schiller, 1793
Ölgemälde von Franz Seraph Stirnbrand (Vorlage von Ludovike Simanowiz), 69 × 55 cm
(DLA Marbach)  211

Abb. 10: Friedrich Schiller, um 1805
Ölgemälde von Johann Friedrich August Tischbein, 97 × 82 cm
(DLA Marbach)  214

www.ingramcontent.com/pod-product-compliance
Lightning Source LLC
Chambersburg PA
CBHW031724230426
43669CB00007B/231